Wirtschaftspolitik

Module der Volkswirtschaftslehre
Band III

von

Prof. Dr. Lothar Wildmann
Duale Hochschule Baden-Württemberg,
Villingen-Schwennigen

2. überarbeitete und verbesserte Auflage

Oldenbourg Verlag München

Bibliografische Information der Deutschen Nationalbibliothek

Die Deutsche Nationalbibliothek verzeichnet diese Publikation in der Deutschen
Nationalbibliografie; detaillierte bibliografische Daten sind im Internet über
http://dnb.d-nb.de abrufbar.

© 2012 Oldenbourg Wissenschaftsverlag GmbH
Rosenheimer Straße 145, D-81671 München
Telefon: (089) 45051-0
www.oldenbourg-verlag.de

Lektorat: Dr. Stefan Giesen
Herstellung: Constanze Müller
Titelbild: thinkstockphotos.de
Einbandgestaltung: hauser lacour
Gesamtherstellung: Grafik & Druck GmbH, München

Dieses Papier ist alterungsbeständig nach DIN/ISO 9706.

ISBN 978-3-486-70768-7

Vorwort zur 2. Auflage

Die erste Auflage dieses VWL-Buches in drei Bänden wurde von den Studenten und Studentinnen sehr gut angenommen. Den Studierenden verdanke ich viele interessante und wertvolle Anregungen, die nun auch in diese zweite Auflage des dritten Bandes aufgenommen wurden. Und auch dieser dritte Band wurde – wie bei Band I und Band II schon geschehen – vollständig überarbeitet und aktualisiert, wobei ich die modulare Ausgestaltung als bewährtes Konzept beibehalten habe.

Module der Volkswirtschaftslehre

Die drei Bände beinhalten die wichtigsten Themen der Volkswirtschaftslehre im Rahmen eines Bachelorstudiums an Hochschulen und Universitäten. Thematische Grundlage ist der Modulplan der Dualen Hochschule Baden-Württemberg. Jeder Band entspricht einem Studienjahr beziehungsweise einer Moduleinheit. Die Bände bauen thematisch aufeinander auf, sind aber unabhängig voneinander konzipiert, so dass jeder Band für sich gelesen werden kann. Die drei Bände bieten somit eine verlässliche Grundlage für ein erfolgreiches Studium der Volkswirtschaftslehre.

Band I: Einführung in die Volkswirtschaftslehre, Mikroökonomie und Wettbewerbspolitik

Modul 1.1: Einführung in die Volkswirtschaftslehre
Modul 1.2: Mikroökonomie und Wettbewerbspolitik

Band II: Makroökonomie, Geld und Währung

Modul 2.1: Makroökonomie
Modul 2.2: Geld und Währung

Band III: Wirtschaftspolitik

Modul 3.1: Wirtschaftspolitik I: Stabilisierungspolitik
Modul 3.2: Wirtschaftspolitik II: Finanz- und Sozialpolitik

Das Buch ist in der Sprache der Studierenden geschrieben. Es ist eingängig, verständlich und leicht zu lesen. Ökonomische Kenntnisse werden nicht vorausgesetzt. Fachbegriffe werden „übersetzt" und erläutert. Hinzu kommen zahlreiche Abbildungen, Beispiele und Praxisfälle.

Anregung

Will man sich mit dem Thema Essen und Ernährung befassen, ist es eine Sache, Kalorien zu zählen, Nährwerte zu errechnen, den Vitamingehalt zu bestimmen und Vorschläge für vernünftiges Ernähren zu geben. Dem Thema ganzheitlich gerecht zu werden, ist eine ganz andere Sache. Hier geht es um Befindlichkeiten, um Rituale, um kulturelle Belange und religiöse Aspekte.

Analog verhält es sich mit der Wirtschaft. Was beim Essen Kalorien und Vitamine sind, definieren sich in der Wirtschaft als Produktionsfaktoren und Zahlungsmittel. Und was auf der einen Seite als vernünftiges Ernährungsverhalten propagiert wird, entspricht auf der anderen Seite rationalem ökonomischen Handeln. Rationalität und Objektivität stehen im Mittelpunkt der volkswirtschaftlichen Analyse – einerseits. Andererseits sieht sich die Ökonomie mit dem letztlich unkalkulierbaren Verhalten des Menschen und nicht vorhersehbaren Ereignissen konfrontiert.

In diesem Spannungsfeld von Gesetzmäßigkeiten und Zufällen, von Berechenbarkeit und subjektivem Verhalten bewegt sich die Ökonomie. Wirtschaft ist eingebettet in eine Geschichte; sie ist von Menschen geprägt; sie betrifft uns und macht uns betroffen.

Dieses Spannungsfeld soll auch in diesem Buch zum Ausdruck kommen. Es beinhaltet Fakten und Formeln, Grundlagen und Gesetze der Ökonomie, doch immer vor dem Hintergrund, dass hinter diesen Objektivitäten Menschen und Meinungen stehen und die Wirtschaft und deren Lehre nicht statisch sind sondern facettenreich und lebendig.

In diesem Sinne wünsche ich Ihnen viel Freude beim Entdecken der Ökonomie und viel Erfolg beim Studium.

wildmann@t-online.de
wildmann@dhbw-vs.de

Lothar Wildmann   Hausen ob Verena, im Sommer 2011

Für meine Töchter Vanessa und Adriana

Inhaltsverzeichnis

Modul: 3.1
Stabilisierungspolitik

Modul: 3.2
Finanz- und Sozialpolitik

Modul 3.1

Stabilisierungspolitik

1 Einführung in die Wirtschaftspolitik

Wirtschaftspolitik verbindet zwei Elemente, die zuerst einmal nicht zueinander zu passen scheinen, die Wirtschaft und die Politik. Denn Wirtschaft ist Sache der Wirtschaft und Politik Sache des Staates.

Nun kann man aber nicht leugnen, dass der Staat eine nicht unwesentliche Rolle in der Ordnung und Gestaltung der Wirtschaft spielt. Insofern sind in diesem Kapitel zur Wirtschaftspolitik Fragen zu beantworten, welcher Art diese Einflussnahme des Staates auf die Wirtschaft ist.

Einleitend erfolgt eine Definition von Wirtschaftspolitik mit der Beschreibung der Ziele und Funktionen sowie der Akteure und Träger der Wirtschaftspolitik. Im Anschluss an dieses Kapitel zur Einführung in die Wirtschaftspolitik werden die einzelnen inhaltlichen Themenfelder der Wirtschaftspolitik dargestellt. Diese Themenfelder orientieren sich an den Zielsetzungen des Stabilitätsgesetzes (magisches Viereck) sowie an umwelt- und verteilungspolitischen Fragen. Hinzu kommen finanz- und sozialpolitische Themenbereiche.

Themenfelder der Wirtschaftspolitik:
- Beschäftigung und Arbeitslosigkeit
- Preisniveaustabilität und Inflation
- Konjunktur und Wachstum
- Außenwirtschaft
- Umweltpolitik
- Einkommensentstehung und -verteilung
- Finanzpolitik
- Sozialpolitik

1.1 Definition von Wirtschaftspolitik

Eine einfache Definition von Wirtschaftspolitik lässt sich über die Begriffe der Ordnung, Steuerung und Gestaltung konstruieren.

Definition von Wirtschaftspolitik
➢ Gesamtheit aller Maßnahmen zur Ordnung, Steuerung und Gestaltung einer Volkswirtschaft durch die Träger der Wirtschaftspolitik.

Zu beachten ist, dass diese Definition zwei Dimensionen der Wirtschaftspolitik beinhaltet, nämlich die Funktionen (Sachfrage) und die Personen (Personalfrage).

Mit Funktionen sind die Ordnung (z. B. Wettbewerbspolitik und -recht), die Steuerung (z. B. Konjunkturpolitik und Steuerreformen) und die Gestaltung (z. B. die Förderung bestimmter Branchen oder Regionen) einer Wirtschaft gemeint. Mit Personen sind die Träger der Wirtschaftspolitik wie z. B. der Wirtschaftsminister oder der Zentralbankpräsident gemeint.

Dimensionen der Wirtschaftspolitik:

Sachfragen: Welches sind die Funktionen der Wirtschaftspolitik?
            ➤ Ordnungs-, Ablauf- und Strukturpolitik.

Personalfragen: Wer macht Wirtschaftspolitik?
            ➤ Träger der Wirtschaftspolitik.

1.2   Funktionen der Wirtschaftspolitik

Die Wirtschaftspolitik kann in Anlehnung an die obige Definition in drei grundlegende Bereiche beziehungsweise Funktionen gegliedert werden, nämlich in die Ordnungspolitik (Ordnung), Ablaufpolitik (Steuerung) und Strukturpolitik (Gestaltung).

Ordnung: → Ordnungspolitik
Steuerung: → Ablaufpolitik
Gestaltung: → Strukturpolitik

Diesen drei grundlegenden Funktionen lassen sich entsprechende Themenfelder zuordnen (Abbildung 1.01).

Funktionen der Wirtschaftspolitik		
Ordnungspolitik	**Ablaufpolitik**	**Strukturpolitik**
Wirtschaftsverfassung	Wirtschaftsentwicklung	Wirtschaftsbereiche
„Verfassungs"- und Wettbewerbspolitik (rechtlicher Rahmen)	Konjunktur- und Wachstumspolitik (Globalsteuerung)	Sektoral- und Regionalpolitik, evtl. Industriepolitik
• Wettbewerbsrecht: z. B. Kartellverbot • Recht auf Privateigentum und Gemeinwohlverpflichtung (Art 14 GG) • Gewerbefreiheit	• Steuerpolitik: z. B. Reform der Einkommensteuer • Investitionspolitik: z. B. Straßenbau oder Ausbau des ÖPNV	• Subventionspolitik: z. B. Kohlepfennig oder Agrarsubventionen • Regionalpolitik: z. B. Berlinförderung • Arbeitsmarktpolitik • Bildungspolitik

Abbildung 1.01: Funktionen der Wirtschaftspolitik.

1.2.1   Ordnungspolitik

Die Ordnungspolitik steht an erster Stelle und klärt die Frage, mit welcher Verfassung und Ordnung die Wirtschaft eines Staates ausgestattet sein soll. So geht es zuerst um die grundlegende Entscheidung zwischen Markt- und Planwirtschaft. Sodann erfolgt die rechtliche und institutionelle Ausgestaltung des Wirtschaftssystems. In Deutschland ist die Wirtschaft als Marktwirtschaft geordnet, genauer als Soziale Marktwirtschaft. Im Grundgesetz der Bundesrepublik Deutschland ist diese Wirtschaftsordnung der Sozialen Marktwirtschaft zwar nicht explizit erwähnt, aber bestimmte Formulierungen wie „demokratischer und sozialer Rechtsstaat" in Artikel 20 oder das Recht auf Privateigentum in Artikel 14 fundieren eine marktwirtschaftliche Ausgestaltung.

Ordnungspolitik:

- Verfassung und Ordnung einer Volkswirtschaft
- Rechtliche und institutionelle Ausgestaltung eines Wirtschaftssystems

---

Wettbewerbspolitik: Da das Wirtschaftssystem einer Marktwirtschaft den Wettbewerb als „conditio sine qua non"[1] enthält, heißt Ordnungspolitik im nächsten Schritt immer auch Wettbewerbspolitik. In Deutschland ist die Wettbewerbspolitik rechtlich durch das Gesetz gegen Wettbewerbsbeschränkungen (GWB) aus dem Jahre 1957 geregelt. Hier sind Themen wie die Überwachung des Verbotes von Kartellbildungen oder die Kontrolle von Fusionen behandelt.[2]

1.2.2   Ablaufpolitik

Mit Hilfe der Ablaufpolitik, auch Prozesspolitik genannt, versuchen staatliche Akteure den Ablauf der Wirtschaft zu steuern. Mit Ablauf der Wirtschaft ist die wirtschaftliche Entwicklung einer Volkswirtschaft, i.e. die Konjunktur, gemeint; insofern bedeutet Ablaufpolitik in erster Linie Konjunkturpolitik.

Ablaufpolitik:

- Steuerung der wirtschaftlichen Entwicklung einer Volkswirtschaft
- … insbesondere Konjunktur- und Wachstumspolitik

Konjunktur- und Wachstumspolitik: Nun kann aber die Konjunktur, also die Entwicklung einer Wirtschaft, gut oder schlecht sein. Die Wirtschaft kann sich in einer Rezession oder in einer Boomphase befinden; sie kann sich abschwächen oder sie kann an Fahrt gewinnen. Stagniert die Wirtschaft oder ist sie sogar rückläufig, sollte Konjunkturpolitik bedeuten, die Wirtschaft zu stärken, also für mehr

---

[1] Notwendige Bedingung, ohne die etwas nicht geht.
[2] Zum Thema Wettbewerbspolitik vgl. auch Band I „Einführung in die Volkswirtschaftslehre, Mikroökonomie und Wettbewerbspolitik", 2010, Kapitel 15.

Wachstum zu sorgen. Und insofern ist Ablaufpolitik nicht nur Konjunkturpolitik, sondern vor allem auch Wachstumspolitik. Im Übrigen ist mit Wachstum der Wirtschaft das Wachstum des Bruttoinlandsprodukts gemeint.

Steuerpolitik: Wie Konjunktur und Wachstum durch den Staat gesteuert und beeinflusst werden können, wird später noch Thema sein. An dieser Stelle sei schon einmal beispielhaft die Steuerpolitik angesprochen. Durch Steuererhöhungen oder Steuersenkungen könnte – so die Hoffnung – die Wirtschaft gedämpft oder in Schwung gebracht werden.

Globalsteuerung: Die Steuerung der Wirtschaft seitens des Staates unabhängig von bestimmten Branchen oder Regionen nennt sich Globalsteuerung. Die Wirtschaft im Gesamten (global) soll durch staatliche Maßnahmen gelenkt und gefördert werden (Steuerung).

1.2.3   Strukturpolitik

Werden einzelne Bereiche der Wirtschaft durch den Staat gefördert, spricht man von Strukturpolitik.

Strukturpolitik:

- Gestaltung und Förderung einzelner Wirtschaftsbereiche
- Sektorale und regionale Wirtschaftspolitik

Bereiche können Sektoren beziehungsweise Branchen (zum Beispiel die Landwirtschaft oder das Baugewerbe) oder auch Regionen (Bundesländer, Landkreise oder Kommunen) sein. Man spricht dann je nachdem von sektoraler oder regionaler Wirtschaftspolitik.

1.2.3.1   Drei-Sektoren-Modell

Betrachtet man Sektoren und Branchen, lässt sich eine Volkswirtschaft in drei klassische Sektoren einteilen, in den primären, sekundären und tertiären Sektor (Abbildung 1.02).

Primärer Sektor: Der primäre Sektor beinhaltet die Land- und Forstwirtschaft sowie die Fischerei. Man könnte sagen, dass dieser erste Sektor als ursprünglicher Sektor die Wirtschaftstätigkeiten beschreibt, die unmittelbar mit der Natur, der Erde, den Tieren und Pflanzen, den Rohstoffen zu tun haben. Die Gewinnung dieser Ressourcen umfasst die erste Stufe wirtschaftlicher Tätigkeit.

Sekundärer Sektor: Der sekundäre Sektor beinhaltet die Verarbeitung dessen, was die Erde hervorgebracht hat. Erze und Metalle werden zu Blechen und Schrauben verarbeitet. Äpfel, Wasser und Zucker werden zu Fruchtsäften verarbeitet. Holz und Schrauben werden zu Tischen verarbeitet. Industrie und Handwerk transformieren also in einer zweiten Stufe die ursprünglichen Ressourcen der Natur in bearbeitete und verarbeitete Güter. Es sind Produkte als das „Hervorgebrachte" entstanden.

Sektoren	Branchen
Primärer Sektor	**Landwirtschaftssektor:** Land- und Forstwirtschaft, Fischerei. → Rohstoffe und Ressourcen
Sekundärer Sektor	**Industriesektor:** Bergbau, Industrie, Handwerk. → Produkte
Tertiärer Sektor	**Dienstleistungssektor:** Öffentliche und private Dienstleister, Handel, Gastgewerbe, Verkehr, Finanzierung, Vermietung, Unternehmensdienstleister. → Dienstleistungen

Abbildung 1.02: Drei-Sektoren-Modell.

Tertiärer Sektor: Neben der Gewinnung von Rohstoffen und der Verarbeitung dieser Rohstoffe zu Gütern, bedarf es des Transports, der Organisation, des Handels, der Geld- und Versicherungsgeschäfte und vieler weiterer Dienstleistungen, um das Funktionieren der Wirtschaft zu vervollständigen und zu optimieren. Der dritte Sektor beschreibt also die Gesamtheit der Dienstleistungen.

1.2.3.2 Sektoraler Strukturwandel

Will man die unterschiedliche Bedeutung der drei Sektoren einschätzen, lassen sich im Rückblick interessante Entwicklungen beobachten. Während in der Mitte des letzten Jahrhunderts noch ein Viertel aller Beschäftigten in der Landwirtschaft tätig war, sind es heute nur noch zwei Prozent.

Anteil der Erwerbstätigen nach Wirtschaftssektoren (prozentual) [3]			
Sektor	**Branche**	**1950**	**2010**
Primärer Sektor	Landwirtschaft	25 %	2 %
Sekundärer Sektor	Industrie	43 %	25 %
Tertiärer Sektor	Dienstleistungen	32 %	73 %

Relativ gesehen spielt also der landwirtschaftliche Sektor heutzutage nur noch eine untergeordnete Rolle, wobei die Betonung auf dem *relativen* Anteil liegt. Denn absolut gesehen wird mehr denn je landwirtschaftlich erzeugt und produziert. In den westlichen Industrienationen herrscht nämlich Nahrungsmittelüberschuss und nicht Nahrungsmittelknappheit, aber im Verhältnis zum Industrie- und

---

[3] Quelle: Statistisches Bundesamt.

Dienstleistungssektor hat der primäre Sektor einen großen Bedeutungsverlust erlitten.[4]

Die Bedeutungsverschiebung vom Agrar- und Industriesektor zum Dienstleistungssektor lässt sich auch im Wandel der Erwerbstätigenstruktur beobachten (Abbildung 1.03). Im Jahr 1950 war in Deutschland rund die Hälfte (49 Prozent) der Erwerbstätigen als Arbeiter beschäftigt, während der Anteil der Angestellten nur 17 Prozent betrug. Heute dagegen sind weit über die Hälfte (56 Prozent) als Angestellte beschäftigt und nur noch 27 Prozent als Arbeiter.

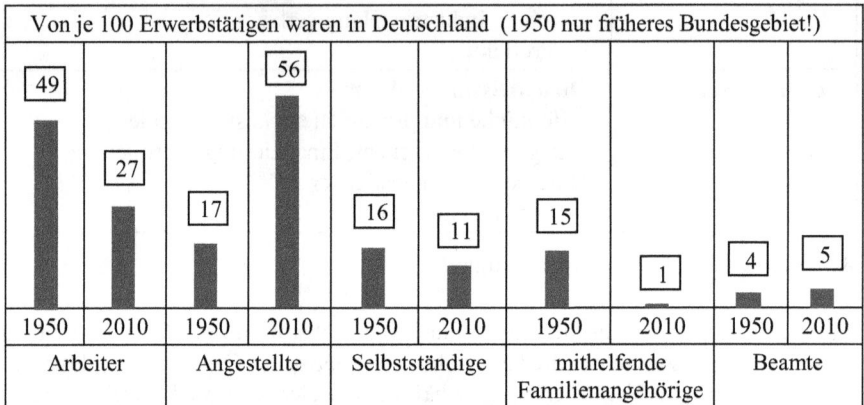

Von je 100 Erwerbstätigen waren in Deutschland (1950 nur früheres Bundesgebiet!)									
49	27	17	56	16	11	15	1	4	5
1950	2010	1950	2010	1950	2010	1950	2010	1950	2010
Arbeiter		Angestellte		Selbstständige		mithelfende Familienangehörige		Beamte	

Abbildung 1.03: Wandel in der Erwerbstätigenstruktur. [Quelle: Statistisches Bundesamt]

Diese Entwicklung einer Volkswirtschaft von einer Agrar- zu einer Industriegesellschaft und dann zu Dienstleistungsgesellschaft lässt sich nicht nur in Deutschland, sondern generell feststellen (Abbildung 1.04).

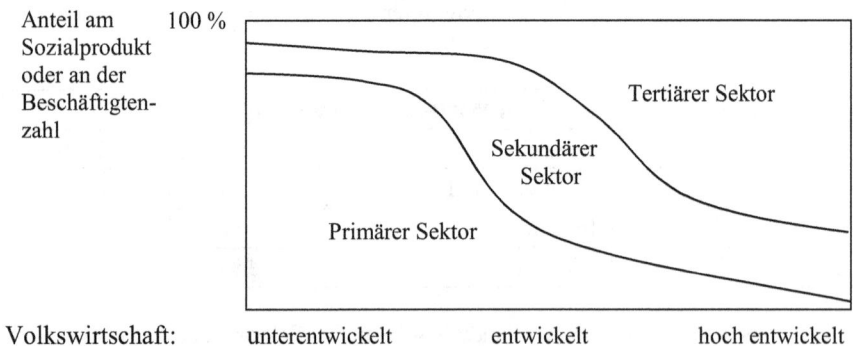

Anteil am 100 % Sozialprodukt oder an der Beschäftigtenzahl

Tertiärer Sektor

Sekundärer Sektor

Primärer Sektor

Volkswirtschaft: unterentwickelt   entwickelt   hoch entwickelt

Abbildung 1.04: Sektoraler Strukturwandel nach der Drei-Sektoren-Theorie.

---

[4] Zu früheren Zeiten, als der Bezug des Menschen zur Natur und zum Boden, quasi das (Über-)Leben aus der Erde heraus, ein viel unmittelbarerer war als heute, hieß es denn auch: „Der Ackerbau ist die erste der Künste. Nur das ist wahrer Reichtum, was die Erde hervorbringt." (Preußenkönig Friedrich der Zweite).

Ein Zahlenvergleich der drei Sektoren in Entwicklungsländern, Schwellenländern und Industrieländern in den Jahren 1990 und 2001 belegt, dass vor allem der primäre Sektor abnimmt, während der tertiäre Sektor zunimmt – hier nun gemessen anhand des Bruttoinlandsprodukts (Abbildung 1.05).

Anteile der Sektoren in Prozent des Bruttoinlandsprodukts					
Entwicklungsländer		Schwellenländer		Industrieländer	
1990	2001	1990	2001	1990	2001
Landwirtschaft 29	24	14	10	3	2
Industrie 30	32	39	36	33	29
Dienstleistungen 40	45	47	54	64	70

Abbildung 1.05: Vergleich der Sektoren. [Quelle: Weltbank]

Die Entwicklung des Dienstleistungssektors darf wiederum nicht zu der falschen Annahme verleiten, dass mit dem Rückgang des Industriesektors weniger produziert wird. Es wird mehr denn je produziert, wobei jedoch der relative Anteil im Verhältnis zur absoluten Zunahme der Dienstleistungen abnimmt.

Der Dienstleistungssektor nimmt heutzutage eine so beherrschende Stellung ein, dass analog der Forderung, Wissen als vierten Produktionsfaktor einzuführen, auch der Wissens- und Informationssektor als vierter Sektor zu benennen wäre. Die nächsten Jahre werden zeigen, inwieweit sich Wissen als weiteres Modul – sei es als Produktionsfaktor oder als Wirtschaftssektor – in der Volkswirtschaftslehre etablieren wird.

1.3 Akteure der Wirtschaftspolitik

Wenn es um die Frage nach den Akteuren oder auch Trägern der Wirtschaftspolitik geht, steht hinter dieser Formulierung die Frage, wer eigentlich der Staat ist. Wirtschaftspolitik bedeutet per se, dass nicht die eigentlichen Wirtschaftsakteure, nämlich die Unternehmen und die Konsumenten Wirtschaft betreiben, sondern der Staat. Der Begriff „Staat" ist jedoch vielschichtig, so dass dieser Begriff nun konkretisiert werden soll: Also wer ist der Staat? Wer macht Wirtschaftspolitik?

Die Antwort auf diese Frage kann anhand verschiedener Perspektiven gegeben werden. Diese sind:

- die nationalstaatliche Ebene: Bundesrepublik Deutschland
- die supranationale Ebene: Europäische Union
- die internationale Ebene: Weltgemeinschaft

Hinzu kommen auf nationaler Ebene halbstaatliche und privatrechtliche Institutionen, die wirtschaftspolitische Aufgaben erfüllen:

- der intermediäre Sektor: öffentlich-rechtliche Institutionen
- der private Sektor: privatrechtliche Institutionen

1.3.1   Wirtschaftspolitik auf nationalstaatlicher Ebene

1.3.1.1   Staatliche Gewalt und Gebietskörperschaften

Zu definieren, wer und was der Staat auf nationalstaatlicher Ebene ist, führt in einem ersten Schritt zur grundgesetzlichen Definition des Staates im Sinne der horizontalen und vertikalen Gewaltenteilung. Der Begriff der Gewalt macht eine Aussage darüber, wer zum Beispiel ermächtigt ist, Gesetze zu erlassen, Menschen zu verurteilen und Menschen in Gefängnisse einzusperren. Diese Macht wird bei uns in Deutschland allein dem Staat zugestanden. Der Staat hat das Monopol und das alleinige Recht auf Gewalt (Gewaltmonopol).

„horizontal": Die horizontale Gewaltenteilung beinhaltet nach Art. 20 GG die gesetzgebende Gewalt (Legislative), die ausführende bzw. vollziehende Gewalt (Exekutive) und die rechtsprechende Gewalt (Judikative).

„vertikal": Unter vertikaler Gewaltenteilung versteht man die Aufteilung in Gebietskörperschaften (Föderalismus). Auf der nationalen Ebene der Bundesrepublik Deutschland sind dies die Ebenen des Bundes, der Länder und der Gemeinden (Abbildung 1.06).

horizontal / vertikal	Legislative (gesetzgebend)	Exekutive (vollziehend)	Judikative (rechtsprechend)
Bund	Parlament Bundestag und Bundesrat	Bundesregierung Bundesverwaltung	Bundesverfassungsgericht Fünf oberste Gerichtshöfe
Länder	Länderparlamente Landtage	Landesregierungen Länderverwaltungen	Landgerichte Arbeits- und Sozialgerichte
	Regionalverbände und Landkreise		Amtsgerichte
Gemeinden	Kommunalparlamente Stadt- und Gemeinderäte	Bürgermeister und Kommunalbehörden „Rathaus"	

Abbildung 1.06: Staatliche Gewaltenteilung.

In folgender Übersicht (Abbildung 1.07) sind beispielhaft Entscheidungen, Beschlüsse und Aktivitäten genannt, die wirtschaftspolitischen Bezug haben und auf den jeweiligen staatlichen Ebenen relevant sind. Nicht immer lassen sich die Fälle klar abgrenzen, denn oft sind mehrere staatliche Akteure in den Entscheidungsprozess involviert. Gesetze beispielsweise werden von der Exekutive initiiert, müssen dann aber von den jeweiligen Parlamenten „abgesegnet" werden.

	Legislative	Exekutive	Judikative
Bund	Konjunkturpaket, Wachstumsbeschleunigungsgesetz	Konjunkturpaket Technologieoffensive	Urteil zur Pendlerpauschale und zu den Hartz-IV-Sätzen
Länder	Gründung der Dualen Hochschule Baden-Württemberg	Wirtschaftsförderung Imagekampagne	Urteil zu Kündigungsfällen, z. B. bei Bagatelldelikten
	Projekt ‚Stuttgart 21'		
Gemeinden	Ausweisung von Gewerbegebieten	Wirtschaftsförderung Bauleitplanung	

Abbildung 1.07: Staatliche Gewaltenteilung und Praxisbeispiele.

1.3.1.2   Träger mit öffentlich-rechtlichen Entscheidungs-, Beratungs- und Informationsfunktionen

Parlamente, Regierungen und Gerichte sind die eigentlichen und originären staatlichen Institutionen. Wirtschaftspolitische Belange werden jedoch nicht allein von diesen staatlichen Institutionen im engeren Sinne wahrgenommen, sondern darüber hinaus von einer Vielzahl weiterer Institutionen mit öffentlich-rechtlichen Entscheidungs-, Beratungs- und Informationsfunktionen. Dazu gehören unter anderem folgende Institutionen:

- Bundeskartellamt
- Bundesagentur für Arbeit
- Bundesbank
- Bundesversicherungsanstalten
- Die Industrie- und Handelskammern (IHK) und deren Dachorganisation ‚Deutscher Industrie- und Handelskammertag' (DIHK)
- Die Handwerkskammern und deren Dachorganisation ‚Deutscher Handwerkskammertag'; Zentralverband des Deutschen Handwerks (ZDH)
- Landwirtschaftskammern

Neben diesen Trägern mit Entscheidungsfunktion, lassen sich eine zunehmende Zahl von öffentlich-rechtlichen Institutionen finden, die zwar keine Entscheidungsgewalt ausüben, aber wichtige Informations- und Beratungsfunktionen wahrnehmen. Es handelt sich um staatliche Institutionen oder vom Staat eingesetzte und finanziell unterstützte Institutionen.

Sachverständigenrat: Zu nennen ist hier der Sachverständigenrat zur Begutachtung der gesamtwirtschaftlichen Entwicklung („Die fünf Weisen"). Dieser Rat wurde 1963 gegründet und gibt jährlich im Herbst ein Jahresgutachten mit einer Bewertung der wirtschaftlichen Lage und daraus abgeleiteten Empfehlungen für die Bundesregierung heraus.

Wirtschaftsforschungsinstitute: Nicht zu verwechseln mit den „fünf Weisen" sind die Wirtschaftsforschungsinstitute, die ebenfalls ein gemeinsames Gutachten zur Lage der Weltwirtschaft und der deutschen Wirtschaft und entsprechende Empfehlungen veröffentlichen – die so genannte Gemeinschaftsdiagnose. Die aktuell daran beteiligten Institute sind das ifw, RWI, ifo und IWH (Stand 2010).

HWWI: Hamburgisches WeltWirtschaftsInstitut (2006),
ehemals HWWA: Hamburgisches Welt-Wirtschafts-Archiv (1908).

ifw: Institut für Weltwirtschaft an der Universität Kiel (1914).

DIW: Deutsches Institut für Wirtschaftsforschung in Berlin (1941),
ehemals Institut für Konjunkturforschung (1925).

RWI: Rheinisch-Westfälisches Institut für Wirtschaftsforschung in Essen (1926).

ifo:[5] ifo Institut für Wirtschaftsforschung in München (1949).

ZEW: Zentrum für Europäische Wirtschaftsforschung, Mannheim (1990).

IWH: Institut für Wirtschaftsforschung Halle (1992).

Neben diesen öffentlich-rechtlichen Instituten finden sich auch private Wirtschaftsforschungsinstitute; eine exponierte Stellung nimmt hier das **Institut der Deutschen Wirtschaft e.V. (iw)** mit Sitz in Köln ein. Dieses 1951 gegründete Institut ist ein von Verbänden und Unternehmen der privaten Wirtschaft getragenes Wirtschaftsforschungsinstitut.

1.3.1.3   Träger mit privatrechtlichen Entscheidungs- und Informationsfunktionen

Abschließend lassen sich Institutionen charakterisieren, die zwar privatrechtlich sind, aber wirtschaftspolitische Entscheidungs- und Informationsfunktionen ausüben. Zu diesen Trägern der Wirtschaftspolitik mit privatrechtlichen Entscheidungs- und Informationsfunktionen gehören die Unternehmer- beziehungsweise Arbeitgeberverbände und die Gewerkschaften.

a) Unternehmerverbände (Arbeitgeberverbände)

Im Mittelpunkt der Unternehmerverbände stehen die Bundesvereinigung der Deutschen Arbeitgeberverbände und der Bundesverband der Deutschen Industrie.

---

[5] ifo steht für „Information und Forschung".

Bundesvereinigung der Deutschen Arbeitgeberverbände (BDA): Der BDA ist die Spitzenorganisation der Arbeitgeberverbände mit Sitz in Berlin und vertritt die gemeinschaftlichen und sozialpolitischen Belange der Arbeitgeber, die über den Bereich eines Bundeslandes oder eines Wirtschaftszweiges hinausgehen und von grundsätzlicher Bedeutung sind.

Bundesverband der Deutschen Industrie e.V. (BDI): Der BDI vertritt die Belange seiner Mitglieder in unternehmerischen Fragen und wurde 1949 als Arbeitsgemeinschaft der Wirtschaftsverbände und der Industrie im Gebiet der Bundesrepublik Deutschland mit Sitz in Köln gegründet.

Neben diesen zwei bekanntesten Verbänden existiert eine große Zahl an weiteren Unternehmerverbänden. Dazu gehören branchenübergreifende Verbände wie der Bundesverband der Mittelständischen Wirtschaft (BVMW) und branchenspezifische Verbände wie der Deutsche Hotel- und Gaststättenverband (DEHOGA).

b) Gewerkschaften (Arbeitnehmerverbände):

Die zwei bekanntesten und größten Einzelgewerkschaften sind die IG Metall und ver.di mit jeweils über 2 Millionen Mitgliedern.[6] Drittgrößte Gewerkschaft im Bunde ist die IG Bergbau, Chemie, Energie. Versammelt sind diese drei und weitere Gewerkschaften unter dem Dach des Deutschen Gewerkschaftsbundes (DGB).

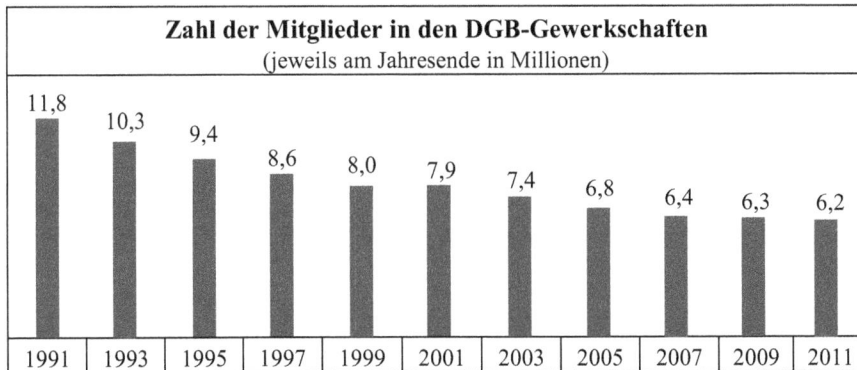

Zahl der Mitglieder in den DGB-Gewerkschaften
(jeweils am Jahresende in Millionen)

1991	1993	1995	1997	1999	2001	2003	2005	2007	2009	2011
11,8	10,3	9,4	8,6	8,0	7,9	7,4	6,8	6,4	6,3	6,2

Abbildung 1.08: Mitgliederentwicklung der DGB-Gewerkschaften.
[Quelle: DGB]

Was die Mitgliederzahlen anbelangt, musste der DGB in den letzten Jahren deutliche Rückgänge verzeichnen. Während 1991 noch 11,8 Millionen Mitglieder registriert waren, beläuft sich die Zahl im Jahr 2010 auf 6,26 Millionen (Abbildung 1.08).

---

[6] ver.di steht für Vereinigte Dienstleistungsgewerkschaft und IG für Industriegewerkschaft.

c) Konzertierte Aktion und Bündnis für Arbeit

Konzertierte Aktion: Im Rahmen der Großen Koalition und der Ausgestaltung des Stabilitätsgesetzes im Jahr 1967 unternahm die Politik den Versuch, die Sozialpartner und oftmals Kontrahenten, also die Unternehmerverbände auf der einen Seite und die Gewerkschaften auf der anderen Seite, an einen Tisch zu bringen. Die Tarifpartner sollten sich unter Regierungsbeteiligung kooperativer und weniger konkurrierend für gesamtwirtschaftliche Ziele einsetzen. Die Konzertierte Aktion war geboren.

Konzertierte Aktion

➢ Nach §3 des StabG (1967) versteht man unter Konzertierter Aktion ein zwischen den Gebietskörperschaften, Gewerkschaften und Unternehmerverbänden abgestimmtes Verhalten zur Erreichung gesamtwirtschaftlicher Ziele.

Nachdem diese Konzertierte Aktion in den 70er Jahren gescheitert war, gab es in den 90er Jahren unter der Bezeichnung „Bündnis für Arbeit" eine Neuauflage.

Bündnis für Arbeit: Das „Bündnis für Arbeit, Ausbildung und Wettbewerbsfähigkeit" wurde 1998 in Anlehnung an die Konzertierte Aktion gegründet und stellte eine Gesprächsrunde bestehend aus Bundesregierung, Gewerkschaften und Arbeitgeberverbänden dar. Ziel war, sich gemeinsam für den Abbau von Arbeitslosigkeit und die Schaffung von Ausbildungsplätzen einzusetzen. Das Bündnis für Arbeit ist zwischenzeitlich „eingeschlafen".

1.3.2   Europäische Union und supranationale Ebene

Von der nationalstaatlichen Ebene kommen wir nun zur nächst höheren Ebene, nämlich der supranationalen Ebene, und das ist in unserem Fall die Europäische Union.

Europäische Union: Supranational bedeutet von der Wortherkunft her „überstaatlich". Die Europäische Union ist ein über den National- und Mitgliedstaaten stehender Staatenverbund. Im Unterschied zur internationalen Ebene, die potentiell die ganze Welt beinhaltet, ist die Europäische Union eben auf Europa bezogen.

Die politischen Hauptakteure der Europäischen Union sind der Ministerrat als Legislative, das Europäische Parlament als eingeschränkte Legislative, die Kommission als Exekutive und der Europäische Gerichtshof als Judikative. Zu beachten ist, dass diese Institutionen in Entwicklung sind und nicht die scharfe Gewaltenteilung aufweisen wie das auf nationalstaatlicher Ebene der Fall ist.

Europäische Zentralbank: Neben diesen politischen Institutionen ist für geld- und währungspolitische Belange vor allem eine Institution zu erwähnen, nämlich die Europäische Zentralbank (EZB). Die Europäische Zentralbank nimmt eine enorm wichtige wirtschaftspolitische Aufgabe wahr. Sie ist nämlich allein und unabhängig für die Geldpolitik verantwortlich.[7]

Europäische Institutionen:

- Europäisches Parlament
- Rat der Europäischen Union
- Ministerrat
- Europäische Kommission
- Gerichtshof der Europäischen Gemeinschaften
- Europäischer Rechnungshof
- Ausschuss der Regionen
- Europäische Zentralbank (EZB)

Neben diesen allgemein wirtschaftspolitischen und geldpolitischen Trägern finden sich spezielle, industriepolitische Institutionen wie zum Beispiel die European Space Agency (ESA), also die Europäische Weltraumorganisation, oder das Airbus-Konsortium.

1.3.3   Internationaler Sektor

a) Vereinte Nationen

Die bedeutendste politische Institution auf internationaler Ebene ist die der Vereinten Nationen, engl. United Nations (Organization) – abgekürzt UN bzw. UNO. Die Vereinten Nationen werden von Ban Ki Moon geleitet. Der Südkoreaner ist der achte Generalsekretär, der dieses Amt innehat. Wenn es um „Krieg und Frieden" geht, spielen die Vereinten Nationen eine wichtige Rolle. Aufgabe und Ziel der Vereinten Nationen bestehen darin, zukünftige Generationen vor weiteren Kriegen zu schützen, die Menschenrechte zu wahren und zu diesem Zwecke die wirtschaftliche und soziale Entwicklung in der Welt zu fördern.

Vereinte Nationen (UN):

- 1945 in New York von 51 Ländern gegründet
- 1979 Beitritt der Bundesrepublik Deutschland
- Mitgliederstand: 191 Staaten

- Aufgaben: - Einhaltung des Völkerrechts
            - Schutz der Menschenrechte
            - Förderung der internationalen Zusammenarbeit

- Zielsetzung: Sicherung des Weltfriedens

---

[7] Eine ausführlichere Beschreibung der Europäischen Zentralbank findet sich in Band II „Makroökonomie, Geld und Währung", 2010, Kapitel 13.

Unterorganisationen: Den Vereinten Nationen gehören über zwanzig Unterorganisationen an. Eines der bekanntesten dieser Spezialorgane ist das Kinderhilfswerk der Vereinten Nationen. Auf wirtschaftspolitischem Gebiet ist die Konferenz der Vereinten Nationen für Handel und Entwicklung zu nennen.

UNICEF:	Kinderhilfswerk der Vereinten Nationen (United Nations International Children's Emergency Fund)
UNCTAD:	Konferenz der Vereinten Nationen für Handel und Entwicklung (United Nations Conference on Trade and Development)

Sonderorganisationen: Neben diesen Unterorganisationen der Vereinten Nationen existieren Sonderorganisationen, die mit den Vereinten Nationen durch eigene, zwischenstaatliche Abkommen in Beziehung stehen:

FAO:	Organisation für Ernährung und Landwirtschaft (Food and Agriculture Organization of the United Nations)
ILO:	Internationale Arbeitsorganisation (International Labour Organizations)
UNESCO:	Organisation der Vereinten Nationen zur Förderung der Erziehung, Wissenschaft und Kultur (United Nations Educational, Scientific and Cultural Organization)
WHO:	Weltgesundheitsorganisation (World Health Organization)
WTO:	Welthandelsorganisation (World Trade Organisation)

Finanzinstitutionen: Schließlich sind die internationalen Finanzinstitutionen zu erwähnen, nämlich der Internationale Währungsfonds (IWF) und die Weltbankgruppe.

b) Organisation für wirtschaftliche Zusammenarbeit und Entwicklung

Eine weitere wichtige quasi-internationale und europäisch-westlich ausgerichtete Organisation ist die OECD. Das Kürzel 'OECD' steht für „Organization for Economic Cooperation and Development" (dt. „Organisation für wirtschaftliche Zusammenarbeit und Entwicklung").

Organisation für wirtschaftliche Zusammenarbeit und Entwicklung (OECD)

- Gründungsjahr 1961
- Europäisch-westlich-orientierte Organisation mit Sitz in Paris und 30 Mitgliedsländern.
- Aufgabe: Koordinierung der Wirtschaftspolitik untereinander und Förderung des Wachstums der Mitgliedsländer.

Die OECD ist die Nachfolgeorganisation des Europäischen Wirtschaftsrates OEEC (Organisation für europäische wirtschaftliche Zusammenarbeit) mit Sitz in

Paris. Der Europäische Wirtschaftsrat wurde 1948 als Konvention für europäische und wirtschaftliche Zusammenarbeit gegründet und sollte die Zusammenarbeit der Mitgliedsländer beim Wiederaufbau nach dem Krieg fördern, wozu vor allem auch die Verteilung der amerikanischen Wirtschaftshilfe gehörte. Mitgliedsländer waren damals 18 europäische Staaten, seit 1949 auch die Bundesrepublik Deutschland.

Mit Beschluss von 1960 und der Ratifizierung im Jahre 1961 ging die OEEC in die OECD über. Neben den ursprünglichen 18 Mitgliedsländern traten die USA und Kanada und später auch Japan, Finnland, Australien und Neuseeland bei. Die Zahl der Mitgliedsstaaten ist weiter im Anwachsen und beträgt zur Zeit 30. Dazu gehören zwischenzeitlich auch Mexiko, Tschechien, Ungarn, Polen und Südkorea.

c) Die Gruppe der 20 (G20)

Jenseits von UN und OECD sind in den letzten Jahren vermehrt die „Gipfeltreffen" ins Bewusstsein der Bevölkerung gerückt – G7, G8 und G20. Diese Gremien und Gipfeltreffen sind im Gegensatz zu UN und OECD informelle Zusammenkünfte – quasi „Arbeitsessen" der Staats- und Regierungschefs der wichtigsten Industrie- und Schwellenländer, um jeweils anstehende globale Probleme wie Weltklima und Weltwirtschaftskrise zu besprechen und Lösungen zu finden.

Folgende Länder sind Mitglieder dieser Gipfelgremien:

G7: USA, Deutschland, Frankreich, Großbritannien, Italien, Japan, Kanada.

G8: G7-Staaten sowie Russland.

G20: G8-Staaten sowie Mexiko, Brasilien, Argentinien, Saudi-Arabien, Südafrika, Türkei, China, Indien, Südkorea, Indonesien, Australien und die Europäische Union.[8]

Sich mit „großen" Themen zu befassen wie Weltklima oder Weltfinanzsystem heißt immer auch abzuwägen, welche Ziele dringlich sind und ob sie in einem Konflikt miteinander stehen oder sich gegenseitig bedingen.

---

8 Die Gruppe der 20 wurde 1999 gegründet und umfasst einen Anteil am Weltinlandsprodukt und Welthandel von rund 85 Prozent und einen Anteil an der Weltbevölkerung von rund zwei Drittel.

1.4   Ziele der Wirtschaftspolitik

Das oberste Ziel der *Wirtschaftspolitik* zu formulieren, heißt zwei Aspekte zu beachten. Erstens zu fragen, worin überhaupt das oberste Ziel der *Wirtschaft* beziehungsweise des Wirtschaftens besteht und zweitens die Frage zu klären, was Ziel der *Politik* ist. Die erste Frage nach dem grundsätzlichen Sinn und Zweck des Wirtschaftens führt zur Existenz- und Sinnfunktion, während sich der zweite Aspekt, also der Rolle der Politik, auf die Gemeinwohlorientierung des Staates bezieht.

Fasst man beide Aspekte zusammen, ergeben sich bekannte Zielformulierungen wie „Wohlstand der Nationen" von Adam Smith (1776) oder „Wohlstand für alle" von Ludwig Erhard (1957).

Wirtschaften und Haushalten heißt im Sinne der Existenzfunktion das Sorgen um Güter, das Sichern der materiellen Grundversorgung für Essen, Trinken, Wohnen, das „Schaffen und Schuften" – das „Überleben". Wirtschaften im Sinne der Sinnfunktion bedeutet Selbstverwirklichung, Anerkennung, Teilhabe, Wohlstand, Arbeit und Kreativität – das „Leben".

Ziel der Wirtschaftspolitik: Existenzsicherung und Wohlstand!

Zielbereiche: Neben diesem Einsatz für Existenz und Wohlstand können weitere inhaltliche Ziele festgelegt werden, die mit einem jeweils unterschiedlichen Ansatz dem Ziel von Wohlstand dienen sollen:

- Beschäftigungspolitik
- Politik der Preis- und Geldwertstabilität
- Konjunktur und Wachstumspolitik
- Außenwirtschaftspolitik
- Umweltpolitik
- Verteilungspolitik
- Finanzpolitik
- Sozialpolitik

Die Verfolgung der einzelnen Ziele hat wiederum Auswirkungen auf die anderen Ziele, wobei sich unterschiedliche Zielbeziehungen definieren lassen.

1.4.1   Zielbeziehungen

Werden diese unterschiedlichen Ziele der Wirtschaftspolitik wie zum Beispiel Beschäftigungsförderung und Sicherung der Preisstabilität formuliert, ist von Interesse, inwieweit sich Ziele gegenseitig bedingen oder auch behindern. Unabhängig von wirtschaftspolitischen Zielsetzungen, können im Allgemeinen folgende Zielbeziehungen bestimmt werden: Harmonie, Konflikt, Neutralität und Antinomie.

Zielbeziehungen:

- Harmonie: Die Verfolgung eines Zieles begünstigt zugleich die Erreichung eines anderen Zieles.

- Konflikt/Konkurrenz: Die Verfolgung eines Zieles beeinträchtigt die Verfolgung eines anderen Zieles.

- Neutralität/Indifferenz: Die Erreichung eines Zieles ist unabhängig von der Erreichung eines anderen Zieles.

- Antinomie: Die Erreichung eines Zieles schließt die Erreichung eines anderen Zieles völlig aus.

In folgender Abbildung sind die unterschiedlichen Zielbeziehungen grafisch dargestellt.

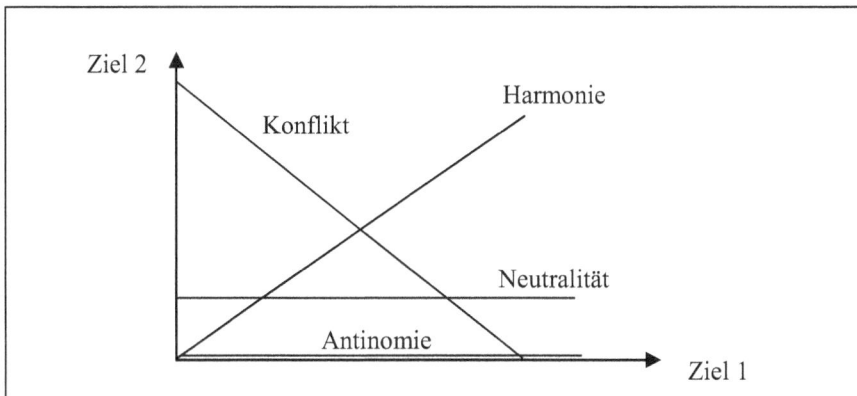

Abbildung 1.09: Zielbeziehungen in grafischer Darstellung.

1.4.2   Zielkonflikte

Politische Entscheidungen sind oftmals von Zielkonflikten geprägt. So war zum Beispiel die Einführung der „Ökosteuer" im Jahr 1999 von heftigen Diskussionen über das für und wider geprägt.

Zum einen sollte durch die höhere Besteuerung von Energie (z. B. auf Benzin) der Energieverbrauch reduziert werden, was letztlich dem Umweltschutz dienen sollte. Mit den zusätzlichen Einnahmen sollte andererseits die Rentenkasse bezuschusst werden, um die Rentenbeiträge zumindest stabil zu halten, wenn nicht gar reduzieren zu können. Durch die niedrigeren Rentenbeiträge wiederum sollten die Lohnnebenkosten gesenkt und somit der Faktor Arbeit verbilligt werden, was letztlich die Arbeitslosigkeit vermindern, beziehungsweise die Beschäftigung fördern sollte (Abbildung 1.10).

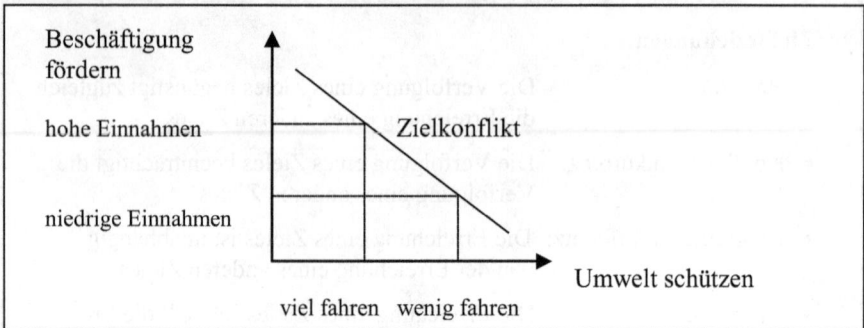

Abbildung 1.10: Zielkonflikt am Beispiel der Ökosteuer.

Je mehr Energie also verbraucht wird, desto mehr Geld kommt in die Rentenkasse. Je umweltbewusster sich jedoch die Menschen verhalten, desto geringer sind die Zuschüsse in die Rentenkasse.

Ökosteuer	Ökologie	Ökonomie
Ziel	Umwelt schützen und Ressourcen schonen	Beschäftigung fördern und Arbeitslosigkeit abbauen
Mittel	Energie verteuern	Arbeit verbilligen
Maßnahme	Benzinpreis erhöhen	Lohnnebenkosten senken (Zuschuss in die Rentenkasse)

Viele wirtschaftspolitische Entscheidungen führen zu den unterschiedlichsten Zielbeziehungen, oftmals sind es Konflikte. Wichtig ist, dass die möglichen Wirkungen und Folgen von Entscheidungen analysiert und antizipiert werden:

Erhöhung der Tabaksteuer: Je mehr geraucht wird, desto besser für die Staatsfinanzen. Je weniger geraucht wird, desto besser für die Volksgesundheit!

Konjunkturpaket: Je größer das Konjunkturpaket, desto schlechter für die Staatsfinanzen und besser für die Konjunkturankurbelung und je kleiner das Konjunkturpaket, desto besser für die Staatsfinanzen und schlechter für die Konjunktur.

Eine der bekanntesten Darstellungen und Dilemmata eines Zielkonflikts stellt die Phillipskurve dar. Sie vermittelt die angebliche Unvereinbarkeit von hoher Beschäftigung einerseits und Preisstabilität andererseits. Doch bevor die Phillipskurve dargestellt wird (Kapitel 3.6), sollen die wirtschaftspolitischen Ziele der Beschäftigung und der Preisstabilität thematisiert werden.

2 Beschäftigung und Arbeitslosigkeit

Arbeitslosigkeit ist ein Problem, das Deutschland und andere Staaten seit Jahren beschäftigt. Von Vollbeschäftigung ist man meist weit entfernt und vielen stellt sich die Frage, ob eine solche überhaupt wieder herstellbar ist. Doch das dürfte zu fatalistisch sein – zumal sich auch Beispiele für eine erfolgreiche Bekämpfung der Arbeitslosigkeit finden lassen. Je nach demografischer Entwicklung könnte man sogar mit einem Mangel an Arbeitskräften – zumindest was Fachkräfte anbelangt – konfrontiert werden.

2.1 Definition von Arbeitslosigkeit

2.1.1 Arbeitslosenzahl und Arbeitslosenquote

Will man das Ausmaß der Arbeitslosigkeit in Deutschland benennen, steht an erster Stelle die absolute Zahl der Arbeitslosen. In Deutschland sind das im Jahr 2011 rund 3 Millionen Menschen. Neben dieser Absolutzahl spielt der Anteil der Arbeitslosen, das heißt die Arbeitslosenquote, eine wichtige Rolle. Die Arbeitslosenquote beträgt 7 Prozent.

Arbeitslosigkeit in Deutschland (Stand 2011)[9]
• absolut: 3 Millionen • relativ: 7 Prozent

Die eben genannten Zahlen und Quoten können je nach Quelle variieren, denn die Definition und Berechnung von Arbeitslosigkeit kann auf unterschiedliche Weise erfolgen.

Offizielle Arbeitslosenstatistiken	
Sozialgesetzbuch SGB III	Gesetzliche Definition für die Zahlen der Bundesagentur für Arbeit: Arbeitslos ist, wer keine Beschäftigung über 14 Stunden ausübt, um Arbeit bemüht ist und dem Arbeitsmarkt zur Verfügung steht.
Statistisches Bundesamt	Erwerbslos ist, wer in keiner Weise erwerbstätig ist (Bevölkerungsstichprobe).
OECD	Erwerbslosenquote gemäß ILO-Definition
ILO	ILO-Erwerbslosenquote

---

[9] Aktuelle Zahlen sind per se schnell überholt. Trotzdem soll hier wie auch in den anderen Kapiteln nicht auf Aktualität verzichtet werden. Aktuelle Zahlen geben – auch wenn sie dann später nicht mehr „stimmen" sollten – eine Orientierungsgröße und der jeweils neue Stand der Dinge ist schnell über entsprechende Internet-Recherchen erbracht.

Die Bundesagentur für Arbeit veröffentlicht Zahlen und das Statistische Bundesamt macht das ebenso. Daten liefern schließlich auch der Sachverständigenrat und Wirtschaftsforschungsinstitute sowie supranationale Organisationen wie die Organisation für wirtschaftliche Zusammenarbeit und Entwicklung (OECD) und internationale Organisationen wie die Internationale Arbeitsorganisation (ILO).

Wir konzentrieren uns auf die offiziellen Zahlen der Bundesagentur für Arbeit, die im monatlichen Turnus veröffentlicht werden.

Arbeitslosenquote: Die Arbeitslosenquote als wichtigstes Messkriterium für Arbeitslosigkeit ist allgemein definiert als Anteil der Arbeitslosen an den Erwerbspersonen.

$$\text{Arbeitslosenquote} = \frac{\text{Arbeitslose}}{\text{Erwerbspersonen}}$$

Arbeitslose: Die Begriffe „Arbeitslose" und „Erwerbspersonen" bedürfen noch einer Konkretisierung. Mit Arbeitslosen sind nämlich in diesem Fall die registrierten Arbeitslosen, also die beim Arbeitsamt gemeldeten Arbeitslosen, gemeint. Wenn es registrierte Arbeitslose gibt, wird es auch nicht registrierte Arbeitslose geben. Dazu gehören zum einen Personen, die zwar gemeldet sind, aber nicht als arbeitslos registriert sind (verdeckte Arbeitslosigkeit, z. B. bei einer Weiterbildungsmaßnahme) und zum anderen Personen, die überhaupt nicht gemeldet sind, obwohl sie dem Arbeitsmarkt zur Verfügung stehen könnten (Stille Reserve).

Erwerbspersonen: Unter Erwerbspersonen versteht man alle Menschen, welche eine Arbeit haben (Erwerbstätige) und die Menschen, die keine Arbeit haben und eine suchen (registrierte Arbeitslose). Die Erwerbstätigen selbst lassen sich wiederum unterscheiden in abhängige Erwerbstätige (Arbeitnehmer wie Arbeiter, Angestellte und Beamte) und in unabhängige Erwerbstätige (Selbstständige oder Unternehmer).

Arbeitslose:	Registrierte, das heißt beim Arbeitsamt als arbeitslos gemeldete Personen.
Erwerbstätige:	Beschäftigte bzw. aktive Arbeitskräfte.
Erwerbspersonen:	Erwerbstätige und arbeitslos gemeldete Personen.

Die Bundesagentur für Arbeit definiert die Arbeitslosenquote als Verhältnis von registrierten Arbeitslosen zu den abhängigen Erwerbspersonen.

$$\textbf{Arbeitslosenquote} = \frac{\text{registrierte Arbeitslose}}{\underbrace{\text{abhängige Erwerbstätige} + \text{registrierte Arbeitslose}}_{\text{abhängige Erwerbspersonen}}}$$

Rechenbeispiel zur Bestimmung der Arbeitslosenquote:

- registrierte Arbeitslose: 3,0 Mio.
- abhängige Erwerbstätige: 39,8 Mio.
- abhängige Erwerbspersonen: 42,8 Mio. (39,8 Mio. + 3,0 Mio.)

➤ Arbeitslosenquote = 3,0 Mio. / 42,8 Mio. = 0,07 = 7,0 %

2.1.2   Kennziffern des Arbeitsmarktes

Was die oben angeführte Definition der Arbeitslosigkeit anbelangt, sind zwei
Aspekte besonders wichtig. Der eine Aspekt betrifft die Definition der Arbeitslosen als registrierte Arbeitslose und der andere Aspekt die Definition der Erwerbstätigen beziehungsweise Erwerbspersonen als abhängige Erwerbstätige und Erwerbspersonen.

Registrierte Arbeitslose: In der amtlichen Statistik der Bundesagentur für Arbeit
werden die Personen als arbeitslos gezählt, die sich beim Arbeitsamt melden und
als arbeitslos registriert werden. Das heißt, es kann Arbeitslose geben, die sich
arbeitslos melden könnten, das aber aus irgendwelchen Gründen nicht tun. Es
kann aber auch Personen geben, die bei der Arbeitsagentur gemeldet sind, aber
nicht als arbeitslos registriert werden. Um sich arbeitslos melden zu können, sind
folgende Voraussetzungen nötig:

- Arbeitslose müssen um Arbeit bemüht (arbeitsuchend) sein und dem Arbeitsmarkt zur Verfügung stehen.
- Arbeitslose müssen im Alter von 15 bis 65 Jahre sein.
- Arbeitslose müssen eine Arbeit von mindestens 15 Wochenstunden für mindestens drei Monate suchen.

Gemeldet, aber nicht als arbeitslos registriert werden Personen, wenn folgende
Kriterien gelten:

- Arbeitssuchende in „Warteschleife": Umschulung, Zweitstudium.
- Arbeitssuchende in Arbeitsbeschaffungsmaßnahmen (ABM).
- Arbeitssuchende im Vorruhestand.

Arbeitslose in Deutschland (Stand 2010)			
Arbeitslose	**Merkmal**	**Anzahl**[10]	**Quote**
offizielle Arbeitslosigkeit	bei der Arbeitsagentur als arbeitslos registriert	3,2 Mio.	7,7 %
verdeckte Arbeitslosigkeit	Umschulung, ABM, Kurzarbeit, Vorruhestand	1,3 Mio.	3.3 %
stille Reserve	nicht gemeldet, aber potentiell erwerbstätig	0,5 Mio.	1,3 %
gesamt	alle Arbeitslosen	5,0 Mio.	12,3 %

---

[10] Quelle: Sachverständigenrat-Jahresgutachten 2010 und eigene Schätzungen.

Stille Reserve: Zur stillen Reserve rechnet man potentiell erwerbstätige Personen, die sich aber nicht als Arbeit suchend melden; sie tun dies nicht, weil sie als Ehepartner finanziell abgesichert sind und keiner Erwerbsarbeit bedürfen oder weil sie für sich sowieso keine Chance auf dem Arbeitsmarkt sehen und auch keinen Anspruch auf eine Arbeitslosenunterstützung haben. Manche zählen zur stillen Reserve im weiteren Sinne auch die verdeckte Arbeitslosigkeit hinzu – also die Personen, die durch Arbeitsbeschaffungsmaßnahmen und Weiterbildungsmaßnahmen nicht registriert werden. Die Schätzungen für Deutschland liegen bei 1 bis 3 Millionen Menschen.

Während unter Einbeziehung der stillen Reserve die „wahre" Arbeitslosigkeit viel höher eingeschätzt wird als es in der offiziellen Quote zum Ausdruck kommt, vermindert umgekehrt das Konzept der natürlichen Arbeitslosigkeit das Ausmaß der eigentlichen Arbeitslosigkeit.

Natürliche Arbeitslosigkeit: Die sogenannte „natürliche Arbeitslosigkeit" wurde von Milton Friedman in die wirtschaftspolitische Diskussion eingebracht. Argumentiert wird, dass ein gewisses Maß an Arbeitslosigkeit normal ist. Denn sogar in einer florierenden Wirtschaft kann es durch Arbeitsplatzsuche und -wechsel zu kurzfristiger Arbeitslosigkeit kommen. Diese Such- und Wechselarbeitslosigkeit gehört zum Anpassungssystem einer Marktwirtschaft. Als „natürlich" wird eine Quote von 1 bis 3 Prozent angesehen.

Vollbeschäftigung: Analog kann es aufgrund von Anpassungsprozessen in einer Marktwirtschaft „Vollbeschäftigung" im Sinne einer nullprozentigen Arbeitslosigkeit kaum geben. Somit kann aufgrund der natürlichen Arbeitslosigkeit eine Arbeitslosenquote von bis zu 3 Prozent als Vollbeschäftigung interpretiert werden.

2.1.3   Die Beveridge-Kurve

Der Arbeitsmarkt wird meist von der Arbeitslosigkeit her betrachtet. Zu kurz kommt oft die Perspektive der Beschäftigten und der offenen Stellen. Schaut man sich beide Seiten an, wird man feststellen, dass üblicherweise ein inverser Zusammenhang zwischen Arbeitslosigkeit und offenen Stellen besteht.

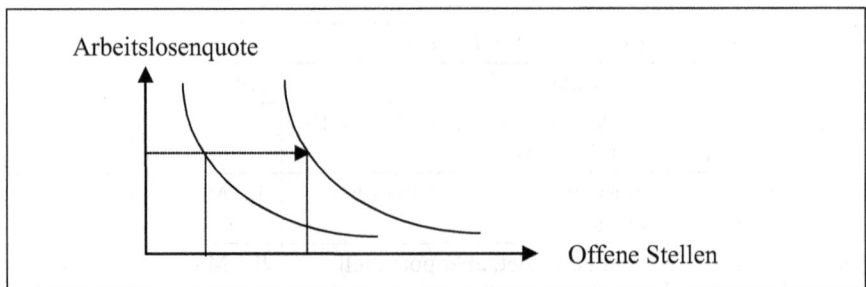

Abbildung 1.11: Die Beveridge-Kurve.

Je höher die Arbeitslosigkeit, desto weniger offene Stellen sind zu verzeichnen und je geringer die Arbeitslosigkeit, beziehungsweise je größer der Arbeitskräftemangel, desto höher ist die Zahl der offenen Stellen. Grafisch beschrieben wird dieser Zusammenhang im Rahmen der Beveridge-Kurve (Abbildung 1.11).

In den letzten Jahren konnte man jedoch die Beobachtung machen, dass die hohe Arbeitslosigkeit mit einer zunehmend hohen Zahl an offenen Stellen korrespondiert. Trotz hoher Arbeitslosigkeit können zum Beispiel wegen nicht passender Qualifikation Stellen nicht besetzt werden. Grafisch würde dies eine Rechtsverschiebung der Kurve bedeuten.

2.1.4   Daten und Fakten: Arbeitslosigkeit in Deutschland und Europa

Die zwei wichtigsten Größen der Arbeitslosigkeit sind die absolute Zahl der Arbeitslosen und die Arbeitslosenquote. Diese zwei Größen markieren das Problem Arbeitslosigkeit. Doch wie in den meisten Fällen, gibt es auch hier Differenzierungen. Diese Differenzierungen können sich auf das Geschlecht, das Alter, die Ausbildung, die Region, die Jahreszeit und viele andere Aspekte beziehen.

2.1.4.1   Arbeitslosigkeit in ihrer regionalen Differenzierung

West- und Ostdeutschland: Die offensichtlichste Differenzierung findet zwischen West- und Ostdeutschland statt. Während in den alten Bundesländern rund sechs Prozent Arbeitslosigkeit zu vermelden ist, beträgt diese Quote in den neuen Bundesländern mit rund 11 Prozent bald das Doppelte.

Arbeitslosenquote West- und Ostdeutschland (Stand 2011):
- Westdeutschland   6,0 %
- Ostdeutschland   11,0 %
- Gesamtdeutschland   7,0 %

Bundesländer: Diese regionalen Unterschiede der Arbeitslosenquoten lassen sich nicht nur zwischen West- und Ostdeutschland feststellen, sondern auch zwischen den 16 Bundesländern in Deutschland. Während Baden-Württemberg und Bayern mit unter 5 Prozent recht gut dastehen, bilden Länder wie Berlin, Mecklenburg-Vorpommern, Sachsen-Anhalt, Bremen und Sachsen mit deutlich über 10 Prozent ein trauriges Schlusslicht (Abbildung 1.12).

Bundesländer	Arbeitslosenquoten in Prozent aller Erwerbspersonen (2010)
Bayern	4,5
Baden-Württemberg	4,9
Rheinland-Pfalz	5,7
Hessen	6,4
Saarland	7,5
Niedersachsen	7,5
Schleswig-Holstein	7,5
Hamburg	8,2
Nordrhein-Westfalen	8,7
Thüringen	9,8
Brandenburg	11,1
Sachsen	11,9
Bremen	12,0
Sachsen-Anhalt	12,5
Mecklenburg-Vorp.	12,7
Berlin	13,6

Abbildung 1.12 Arbeitslosenquoten in den Bundesländern. [Quelle: Bundes-agentur für Arbeit]

Europa: Noch größere Unterschiede in den Arbeitslosenquoten erhält man, wenn man die regionale Differenzierung auf ganz Europa ausweitet. Die Bandbreite reicht von unter fünf Prozent in Österreich und den Niederlanden bis zu rund 20 Prozent in Lettland und Spanien (Abbildung 1.13).

Staaten in Europa	Arbeitslosenquoten in Prozent (Stand Juli 2010, saisonbereinigt)
Österreich	3,8
Niederlande	4,4
Luxemburg	5,3
Malta	6,5
Slowenien	6,8
Dänemark	6,9
Deutschland	6,9
Zypern	7,1
Tschechien	7,3
Rumänien	7,4
Großbritannien	7,8
Italien	8,4
Finnland	8,5
Schweden	8,5
Belgien	8,9
Polen	9,4
Bulgarien	9,7
Frankreich	10,0
Ungarn	10,3
Portugal	10,8
Griechenland	11,0
Irland	13,6
Slowakei	15,0
Litauen	17,3
Estland	18,6
Lettland	20,1
Spanien	20,3

Abbildung 1.13: Arbeitslosigkeit im europäischen Vergleich. [Quelle: Eurostat]

Der europäische Durchschnittswert liegt bei 9,6 Prozent für die Europäische Union im Gesamten und bei 10,0 Prozent für den Euroraum.

2.1.4.2   Arbeitslosigkeit in ihrer zeitlichen Entwicklung

Arbeitslosigkeit muss kein Dauerzustand sein. Nicht nur der Blick in andere Regionen und Länder, wie eben geschehen, sondern auch der Blick in die Vergangenheit und vielleicht auch in die Zukunft kann helfen, Vollbeschäftigung denken und haben wollen zu können.

Betrachtet man nämlich die Entwicklung der Arbeitslosigkeit in Deutschland seit 1949 wird man feststellen (Abbildung 1.14), dass vor allem die sechziger Jahre Zeiten der Vollbeschäftigung gewesen waren. In den unmittelbaren Jahren nach dem Zweiten Weltkrieg hatte man noch mit Arbeitslosigkeit zu kämpfen. Im Jahr 1952 lag die Arbeitslosenquote bei 9,5 Prozent. Im Wirtschaftswunder ging dann die Arbeitslosigkeit drastisch zurück. Die historisch niedrigste Zahl lag Mitte der sechziger Jahre bei rund 150.000 Arbeitslosen. In den sechziger Jahren herrschte mit einer Quote von 0,7 Prozent Vollbeschäftigung.

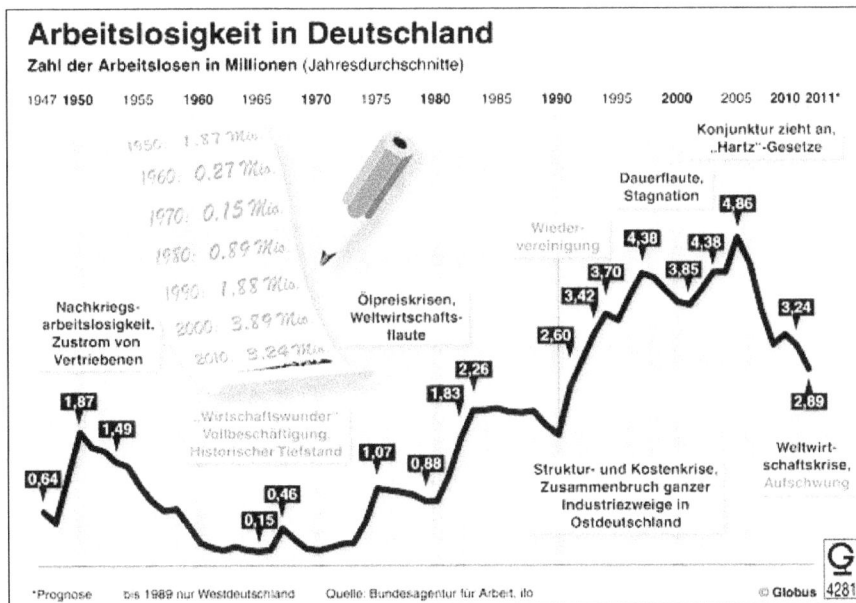

Abbildung 1.14: Entwicklung der Arbeitslosigkeit in Deutschland. [Quelle: Globus 4281][11]

Die siebziger Jahre zeichneten sich dann durch eine rasante Zunahme der Arbeitslosenzahlen aus. Im Jahr 1975 überschritt die Arbeitslosenzahl erstmals die 1 Million Grenze. Die Bundesanstalt für Arbeit wurde vor dem Hintergrund immer düster werdender Zahlen „Bundesunke" gerufen. In den achtziger Jahren überschritt man die 2 Millionen Marke. In den neunziger Jahren wurde diese Zahl verdoppelt. 1994 waren vier Millionen Menschen arbeitslos. In den 2000er Jahren kam man immer wieder bedenklich an die fünf Millionen Marke. Im Jahr 2005

---

[11] In der Ex-DDR gab es offiziell keine Arbeitslosigkeit.

wurde die 5 Millionengrenze erstmals überschritten.[12] Doch seit dem Jahr 2006 ist wieder ein Rückgang zu verzeichnen, der trotz Wirtschaftskrise im Jahr 2009 die Arbeitslosenzahlen in der zweiten Dekade dieses Jahrhunderts auf unter 3 Millionen sinken lassen könnte.

2.2   Arten und Ursachen der Arbeitslosigkeit

Arbeitslosigkeit zu bekämpfen und zu reduzieren, heißt um deren Ursachen zu wissen. Solche Ursachen und entsprechende Klassifizierungen in verschiedene Arten von Arbeitslosigkeit sind folgende:

Arten und Ursachen von Arbeitslosigkeit:

- friktionelle Arbeitslosigkeit: Fluktuationsarbeitslosigkeit
- saisonale (jahreszeitlich bedingte) Arbeitslosigkeit
- konjunkturelle Arbeitslosigkeit: Nachfrage- und Angebotsarbeitslosigkeit
- strukturelle Arbeitslosigkeit: sektoral, regional, demografisch, qualifikationsspezifisch und technologisch
- institutionelle Arbeitslosigkeit

Neben diesen erwähnten Arten von Arbeitslosigkeit lässt sich auch noch eine Unterscheidung in freiwillige und unfreiwillige Arbeitslosigkeit vornehmen. Diese Unterscheidung hat jedoch im Gegensatz zu den anderen Faktoren mit persönlichen Motiven zu tun.

2.2.1   Friktionelle Arbeitslosigkeit

Die friktionelle Arbeitslosigkeit wird auch als Fluktuationsarbeitslosigkeit oder Sucharbeitslosigkeit bezeichnet. Friktionelle Arbeitslosigkeit rührt aus einer „Friktion", also einem „Bruch" her.[13] Ein Bruch kann entstehen, wenn jemand seinen Arbeitsplatz wechselt und dieser Arbeitsplatzwechsel nicht nahtlos verläuft, sondern eine Zeit der Suche und des Wechsels bedarf. Diese Zeit der Suche kann freiwillig im Sinne einer Auszeit, aber auch unfreiwillig im Sinne einer „Durststrecke" sein.

Friktionelle Arbeitslosigkeit:

auch Fluktuationsarbeitslosigkeit oder Sucharbeitslosigkeit genannt

➢   Arbeitslosigkeit wegen Arbeitsplatzsuche, Arbeitsplatzwechsel oder Auszeit

---

[12] Die hohe Arbeitslosigkeit von über 5 Millionen kam unter anderem auch durch deinen statistischen Effekt zustande. Personen, die bis dahin Sozialhilfe bezogen, wurden in das Arbeitslosengeld II überführt und galten somit als Arbeitslose.

[13] Friktion: med. Reibung, Einreibung; ökon. Widerstand, Verzögerung bei Wiederherstellung des Gleichgewichts.

Die Sucharbeitslosigkeit hat ihre Gründe vor allem auch in der Nicht-Homogenität des Arbeitsmarktes. Angenommen eine Schuhfabrik muss Insolvenz anmelden und schließen. Dann kann es zwar sein, dass sich gleichzeitig eine andere Schuhfabrik besser am Markt behauptet und Arbeitskräfte eingestellt werden. Trotzdem wird es Zeit brauchen, sich zu informieren, Anzeigen zu schalten, Einstellungsgespräche zu führen und vieles mehr. Das heißt, auch in einer Zeit relativ guter Beschäftigung kann und muss es friktionelle Arbeitslosigkeit geben.

2.2.2   Saisonale Arbeitslosigkeit

Die saisonale Arbeitslosigkeit begründet sich aus dem unterschiedlichen Bedarf an Arbeitskräften in Abhängigkeit von den Jahreszeiten, also letztlich vom Klima. Bildhaft könnte man diese saisonale Arbeitslosigkeit auch als „Wetterarbeitslosigkeit" bezeichnen, zumal es auch so etwas wie „Schlechtwettergeld" gibt.

Saisonale Arbeitslosigkeit:
➢ Jahreszeitlich bedingte „Wetterarbeitslosigkeit" in der Landwirtschaft, im Baugewerbe und im Tourismus

---

Die jahreszeitlich bedingte Arbeitslosigkeit ist vor allem in Branchen wie dem Baugewerbe, der Landwirtschaft oder dem Tourismus zu finden. Im Sommer bei trockenem Wetter lässt sich nun mal besser bauen als bei Schnee und Kälte. Und ein Skilift im Wintersportgebiet ist im Winter im Einsatz und nicht in der Sommerhitze.

2.2.3   Konjunkturelle Arbeitslosigkeit

Die konjunkturelle Arbeitslosigkeit ergibt sich aus dem „Auf und Ab" der wirtschaftlichen Entwicklung eines Landes. Je besser die wirtschaftliche Entwicklung, desto mehr Arbeitskräfte werden eingestellt und je schlechter die Konjunktur, desto mehr Arbeitskräfte werden entlassen. Die Arbeitslosigkeit verläuft quasi entlang der Konjunktur. Ein Nachlassen des Wachstums führt üblicherweise zu zunehmender Arbeitslosigkeit. Ob umgekehrt eine Zunahme des Wachstums gleich wieder zu einem Rückgang der Arbeitslosigkeit führt, ist angesichts von „jobless growth"[14] fraglich. Zumindest braucht es einen deutlichen Anstieg des Wachstums.

2.2.3.1   Okunsches Gesetz

Wachstum und Arbeitslosigkeit: Wenn Arbeitslosigkeit konjunkturell durch mangelndes Wirtschaftswachstum (Wachstumsdefizit-Arbeitslosigkeit) erklärt werden kann, müsste umgekehrt ein konjunktureller Aufschwung zu Abbau von Arbeitslosigkeit und Ausweitung der Beschäftigung führen.

---

[14] „Jobless growth" bedeutet Wachstum ohne Jobs.

Betrachtet man die Entwicklung der Wachstumszahlen und der Arbeitslosenquoten in Deutschland lässt sich dieser eben formulierte Zusammenhang zumindest
im Trend feststellen. Hohes Wirtschaftswachstum korrespondiert mit niedriger
Arbeitslosigkeit und umgekehrt (Abbildung 1.15).

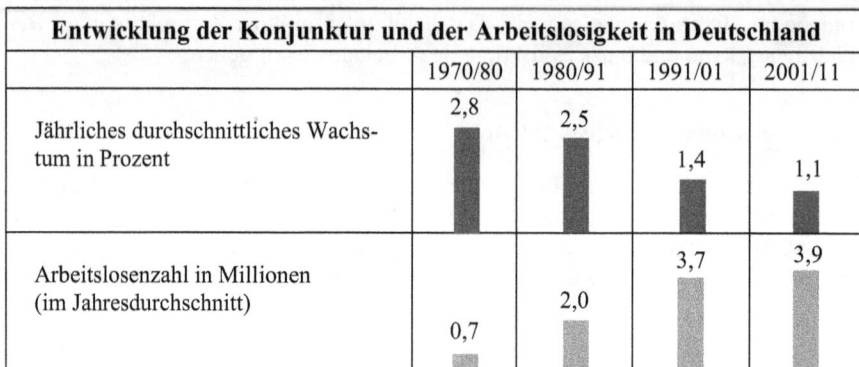

Entwicklung der Konjunktur und der Arbeitslosigkeit in Deutschland				
	1970/80	1980/91	1991/01	2001/11
Jährliches durchschnittliches Wachstum in Prozent	2,8	2,5	1,4	1,1
Arbeitslosenzahl in Millionen (im Jahresdurchschnitt)	0,7	2,0	3,7	3,9

Abbildung 1.15: Wachstum und Arbeitslosigkeit. [Quelle: Statistisches Bundesamt, Bundesagentur für Arbeit]

Erhofft man sich den Abbau von Arbeitslosigkeit durch bessere Konjunkturaus-
sichten, stellt sich die Frage, wie hoch das Wachstum sein muss, um den Arbeitsmarkt zu stimulieren.

Okunsches Gesetz: Eine Antwort auf die Frage nach dem Zusammenhang von
Wirtschaftswachstum und Arbeitslosigkeit gibt der US-amerikanische Ökonom
und ehemalige Regierungsberater Arthur M. Okun[15]. Okun untersuchte empirisch
den Zusammenhang zwischen der Änderung der Arbeitslosenquote und dem
Wachstum des realen Bruttoinlandsprodukts, indem er entsprechende Daten für
die USA im Zeitraum von 1947 bis 1960 analysierte und diese in eine Formel
brachte: $\Delta ALQ = -1/2 \ (\Delta BIP_r - 3)$.[16]

Okun-Regel:

➤ Zusammenhang zwischen der Änderung der Arbeitslosenquote und
dem Wachstum des realen Bruttoinlandsprodukts.

$\Delta ALQ = -\frac{1}{2} \ (\Delta BIP_r - 3)$ **[in Prozentpunkten]**

ΔALQ = Veränderungsrate der Arbeitslosenquote
ΔBIP_r = Wachstum des realen Bruttoinlandsprodukts

Ein Zusammenhang lässt sich also empirisch begründen und mathematisch erfassen. Zu beachten ist, dass erst ab einer bestimmten Wachstumsrate Beschäfti-
gungseffekte einsetzen (Beschäftigungsschwelle)!

---

[15] Okun hat von 1928 (New Jersey) bis 1980 (Washington) gelebt.
[16] Eine modifizierte Formel lautet: $\Delta ALQ = 1,06 - 0,234 \cdot \Delta Y$.

Nach der Okunschen Formel liegt der beschäftigungswirksame Wert bei 3 Prozent Wirtschaftswachstum: $0 = -\frac{1}{2}(\Delta BIP - 3) \Rightarrow \Delta BIP = 3$

Stagniert die Wirtschaft ($\Delta BIP = 0$), bedeutet das keine Stagnation der Beschäftigung, sondern sogar eine Zunahme der Arbeitslosigkeit und zwar um 1,5 Prozentpunkte: $-\frac{1}{2}(0 - 3) = 1,5$

Beschäftigungsschwelle:

➢ Wirtschaftswachstum (Veränderungsrate des Bruttoinlandsprodukts), ab der die Beschäftigung gerade zunimmt.

In Deutschland lag die Beschäftigungsschwelle in Bezug auf das Arbeitsvolumen zwischen 1992 und 2004 durchschnittlich bei 2,2 %. Jeder Prozentpunkt Wachstum über der Beschäftigungsschwelle steigerte die Beschäftigung um 0,75 % und umgekehrt.[17] Schätzungen der Praxis zeigen im Übrigen, dass in Deutschland bei einem realen BIP-Wachstum von mittelfristig 2 % ein jährlicher Anstieg der Zahl der Beschäftigten von rund 1,5 Prozent oder rund 500.000 zu erwarten wäre – vorausgesetzt die Reallöhne würden stagnieren.[18]

2.2.3.2   Nachfrage- und Angebotsarbeitslosigkeit

Nachfrageseite: Die konjunkturelle Arbeitslosigkeit bezieht sich vor allem auf die Nachfrageseite. Aus Sicht der Unternehmen meint das deren Absatz- und Umsatzseite und aus Sicht der Konsumenten meint das deren Kaufkraft und Konsumfähigkeit. Ein Rückgang der gesamtwirtschaftlichen Nachfrage durch den Rückgang des Konsums privater Haushalte kann zu Nachfragemangelarbeitslosigkeit führen.

Angebotsseite: Konjunkturelle Arbeitslosigkeit wird üblicherweise von der Nachfrageseite her definiert, sie könnte aber auch von der Angebotsseite her erklärt werden. Ursachen auf der Angebotsseite können durch ungünstige Produktionsbedingungen – z. B. durch eine Verteuerung der Rohstoffe wie Erdöl – erklärt werden. Alternativ könnten starke Lohnsteigerungen höhere Personalkosten bedingen.

Konjunkturelle Arbeitslosigkeit:

➢ Arbeitslosigkeit durch ein Nachlassen der gesamtwirtschaftlichen Nachfrage.

• **Nachfrageseite**: Es wird weniger konsumiert, weil man zu wenig Geld hat (kaufkraftinduziert).

• **Angebotsseite**: Es wird weniger produziert, weil es zu teuer ist (rohstoff-, oder lohninduziert).

---

[17] Vgl. Thomas Siebe. In WiSt, 12, 2006, S. 670 - 676.
[18] Vgl. Helmut Wienert: Zur Bedeutung der Löhne für Preise und Beschäftigung. In: WiSt Heft 11, Nov. 2005, S. 640 - 642.

Produktionspotential: Konjunkturelle Arbeitslosigkeit kann schließlich durch eine mangelnde Auslastung des Produktionspotentials begründet werden. Das heißt, dass nicht alle Maschinen und nicht alle Menschen in Einsatz sind, obwohl sie vorhanden sind. Abgesehen davon, dass Menschen im wahrsten Sinn des Wortes ihre Kapazitäten nicht einsetzen können, bedeutet eine nicht voll ausgelastete Produktionskapazität auch ein „Weniger" an Gütern, also weniger an Wohlstand.

2.2.4   Strukturelle Arbeitslosigkeit

Neben der konjunkturellen Arbeitslosigkeit bestimmt die strukturelle Arbeitslosigkeit die wirtschaftspolitische Debatte um Ursachen und Lösungsansätze zur Bekämpfung von Arbeitslosigkeit. Will man verstehen, was mit „strukturell" gemeint ist, sei an die Definition von Strukturpolitik erinnert. Analog der Unterscheidung einer Wirtschaft in Strukturen wie Branchen oder Regionen kann auch Arbeitslosigkeit nach solchen Unterscheidungen differenziert werden. Man spricht dann von sektoraler beziehungsweise branchenspezifischer, regionaler, demografischer, qualifikationsspezifischer und technologischer Arbeitslosigkeit.

Strukturelle Arbeitslosigkeit:

➤ Arbeitslosigkeit, die bestimmte Teilmärkte (Strukturen) betrifft:

- sektoral oder branchenspezifisch
- regional
- demografisch
- qualifikationsspezifisch
- technologisch

2.2.4.1   Sektorale Arbeitslosigkeit

Offensichtlichstes und bekanntestes Kriterium einer strukturellen Arbeitslosigkeit dürfte die Unterscheidung nach Wirtschaftssektoren und Branchen sein. Es gibt Branchen, die in der Weiterentwicklung einer Volkswirtschaft an Bedeutung verlieren, ja sogar ganz untergehen, und solche, die aufstrebend an Bedeutung gewinnen.

Sektorale oder branchenspezifische Arbeitslosigkeit:

➤ Arbeitslosigkeit, die bestimmte Branchen wie den Bergbau oder die Textilbranche betrifft.

Strukturwandel: Wenn eine Firma Spinnräder oder Schwarzweißfernseher produziert, wird sie am Markt nicht bestehen können und ihre Mitarbeiter entlassen müssen. Das wäre eine strukturelle, und in diesem Fall eine branchenspezifische, Arbeitslosigkeit. Dieses Beispiel zeigt, dass eine solche – hoffentlich zeitlich absehbare – Arbeitslosigkeit zum Umwandlungsprozess einer Wirtschaft notwendigerweise dazu gehört. Wenn die betroffenen Arbeitslosen in einer neuen Firma, die Flachbildschirmfernsehgeräte der neuesten Generation produziert, einsteigen können, wäre die „Welt wieder in Ordnung" – sowohl für den Einzelnen als auch für die Volkswirtschaft im Allgemeinen.

Beispiel IT-Branche: Wenn man fragt, welches die „Sorgenkinder" der Wirtschaftsbranchen sind, kann sich die Beantwortung dieser Frage schnell ändern. Die IT-Branche (IT = Informations-Technologie) erfuhr in den neunziger Jahren parallel zur Aktienentwicklung einen Boom. IT-Kräfte wurden damals über die Greencard-Regelung aus Indien und anderen Ländern nach Deutschland geholt. Mit Platzen der Spekulationsblase erfuhr sie dann wieder einen steilen Absturz. Viele Firmen gingen Konkurs und viele Arbeitsplätze gingen dementsprechend verloren. Momentan findet wieder eine Erholung statt und ein Fachkräftemangel wird befürchtet.

Dritter Sektor: Im Unterschied zur branchenspezifischen kann der Begriff der sektoralen Arbeitslosigkeit weiter gefasst werden und meint dann die grundsätzliche Bedeutungsverschiebung des ersten landwirtschaftlichen Sektors zum zweiten industriellen Sektor und schließlich zum dritten dienstleistungsorientierten und vierten wissensbasierten Sektor. Während im 19. Jahrhundert in Deutschland noch der überwiegende Teil der Erwerbsbevölkerung in der Landwirtschaft sein Auskommen fand, sind heutzutage die meisten Menschen im Dienstleistungsbereich beschäftigt. Sie eröffnen ein Beauty-Studio oder organisieren Internet-Auktionen.

2.2.4.2   Regionale Arbeitslosigkeit

Mit der branchenspezifischen Arbeitslosigkeit steht oftmals die regionale Arbeitslosigkeit in einem engeren Zusammenhang. Branchen konzentrieren sich meist auch in bestimmten Regionen, so dass eine Zunahme der Arbeitslosigkeit in einer Branche auch eine Zunahme in der entsprechenden Region bedeutet.

Regionale Arbeitslosigkeit:

➤ Arbeitslosigkeit, die sich durch eine schwache Wirtschaftsstruktur in einer bestimmten Region ergibt; oftmals im Zusammenhang mit dem Auf und Ab bestimmter Branchen in der jeweiligen Region.

• ehemals Ruhrgebiet mit Kohle und Stahl, heute neue Bundesländer.

• z. B. die zu Spanien gehörenden Kanarischen Inseln mit der höchsten Arbeitslosigkeit in Europa (28,6 % im Jahr 2010)

So galt einst das Ruhrgebiet mit seiner Schwerindustrie wie der Stahlherstellung und dem Bergbau als Vorzeigeregion im Wirtschaftswunderland Deutschland. Im Gegensatz dazu führte der Süden Deutschlands ein eher noch karges Wirtschaftsdasein. Mit zunehmendem Niedergang von Kohle und Stahl kam auch die Region des Ruhrgebiets in eine Krise. Mittlerweile scheint diese durch die Ansiedlung neuer Branchen und Firmen wieder einigermaßen überwunden zu sein. Der Süden

Deutschlands mit Baden-Württemberg und Bayern hat seinen Standortnachteil durch Fehlen dieser Großindustrien längst überwunden und kann durch eine stark ausgeprägte mittelständische Struktur mit vielen hochqualifizierten und weltmarktführenden Firmen zurzeit die niedrigste Arbeitslosigkeit in Deutschland vorweisen.

Problemregionen: Typische Problemregionen waren vor der Wiedervereinigung die Zonenrandgebiete. Man lag zu abseits, denn jenseits der Ostgrenze war der Markt nicht erreichbar. Durch die Wiedervereinigung und die Osterweiterung sind zwischenzeitlich ehemalige Randgebiete zu zentralen „Mittelgebieten" geworden. Inwieweit sich das für diese Regionen – zum Beispiel Brandenburg an der polnischen Grenze – auszahlt, wird sich zeigen. Zum einen sind osteuropäische Absatzmärkte dazugekommen, zum anderen sind dadurch aber auch Wettbewerber auf den Plan getreten. Prinzipiell müssten Wettbewerb und Markt jedoch mehr Chancen als Gefahren beinhalten.

2.2.4.3   Demografische Arbeitslosigkeit

Von zunehmender Bedeutung für den Arbeitsmarkt in Deutschland ist die demografische Arbeitslosigkeit. „Demografisch" bedeutet die Bevölkerungsstruktur betreffend (griech. „demos": das Volk). Die Bevölkerungsstruktur wiederum kann sich auf so unterschiedliche Kriterien wie Altersaufbau einer Gesellschaft, Verhältnis von Männern und Frauen und die Zuwanderung beziehen.

Demografische Arbeitslosigkeit:

➢ die Bevölkerungsstruktur betreffend

• geburtenstarke Jahrgänge drängen auf den Arbeitsmarkt
• Zuwanderung aus dem Ausland
• Jugendarbeitslosigkeit und Vorruhestandsarbeitslosigkeit
• geschlechtsspezifische Arbeitslosigkeit

Wenn also geburtenstarke Jahrgänge auf den Arbeitsmarkt drängen oder geburtenschwache Jahrgänge zu einem Arbeitskräftemangel führen, handelt es sich um demografische Arbeitslosigkeit. Demografische Arbeitslosigkeit kann sich auch als geschlechtsspezifische Arbeitslosigkeit definieren. Wenn beispielsweise in der Textilbranche Arbeitsplätze verloren gehen, betrifft das meist Frauen; wenn immer mehr Teilzeitstellen ausgebaut werden, betrifft das meist auch die Frauen.

Ob und inwieweit Zuwanderung Arbeitslosigkeit verschärfen oder eine Wirtschaft unterstützen kann, ist nicht generell zu beantworten. Wenn Zuwanderer auf bestimmte Märkte dringen, zum Beispiel in den Gastronomiebereich, kann das einheimische Kräfte verdrängen. Bei Fachkräftemangel kann eine Unterstützung von „außen" sehr willkommen sein.

2.2.4.4   Qualifikationsspezifische Arbeitslosigkeit

Qualifikationsspezifische Arbeitslosigkeit kann zweierlei bedeuten. Eine Person ist arbeitslos, weil sie keine oder nur eine ungenügende Qualifikation vorzuweisen hat. Oder eine Person ist arbeitslos, obwohl sie sehr qualifiziert ist, diese Qualifikation aber zurzeit nicht gebraucht wird.

Qualifikationsspezifische Arbeitslosigkeit:

- Arbeitslosigkeit wegen fehlender oder ungenügender Qualifikation, z. B. junge Menschen ohne Schulabschluss und Lehre.
- Arbeitslosigkeit wegen „falscher" (nicht marktgerichteter) Qualifikation, z. B. Lehrer, für die es einen Einstellungsstopp gibt.

Minderqualifikation: Arbeitslosigkeit wegen mangelnder Qualifikation trifft auf Menschen zu, die keinen Schulabschluss haben, ihre Lehre abbrechen, sich nicht weiterbilden. Doch muss Minderqualifizierung und Arbeitslosigkeit kein Automatismus sein. Denn un- und minderqualifizierte Menschen müssen nicht unbedingt arbeitslos sein oder werden. Tätigkeitsfelder und Beschäftigungsmöglichkeiten für einfache Tätigkeiten gäbe es genügend.

„Falsche" Qualifikation: Da unqualifizierte Arbeitsplatzsuchende kaum Chancen haben und größtenteils arbeitslos sind, wird oft der Umkehrschluss gezogen, dass Qualifizierung automatisch Nichtarbeitslosigkeit bedeutet. Diese Argumentation ist falsch. Qualifizierung muss nicht zwingend zu einer Beschäftigungsmöglichkeit führen. Es ließen sich ausreichende Beispiele finden, wo Leute hoch qualifiziert sind, aber für diese Qualifikationen keinen Stellen da sind. Man sagt, dass diese eventuell hohe Qualifizierung nicht marktgerichtet ist, sprich keine entsprechende Nachfrage auf dem Markt nach dieser Kompetenz besteht.

2.2.4.5   Technologische Arbeitslosigkeit

Werden Mitarbeiter einer Bank durch Bankautomaten und Arbeiter am Fließband durch Roboter ersetzt, sind das Beispiele einer technologischen Arbeitslosigkeit. Klassenkämpferisch könnte man formulieren: Sachkapital ersetzt Humankapital oder Maschine ersetzt Mensch.

Technologische Arbeitslosigkeit:

- ➤ Die menschliche Arbeitskraft wird durch Sachkapital ersetzt: „Maschine statt Mensch.".
  z. B. Roboter ersetzt Fließbandmitarbeiter

Wenn Unternehmer vermehrt Sachkapital, also beispielsweise ein softwaregestütztes chaotisches Lagerhaltungssystem einrichten und dafür Lagermitarbeiter entlas-

sen, sind dafür betriebswirtschaftliche Gründe geltend zu machen. Der Kapitaleinsatz wird zu einer höheren Produktivität führen und die Kosten pro Stück werden
sinken.

Den Umkehrschluss zu ziehen, Arbeitslosigkeit durch weniger Kapitaleinsatz zu
vermeiden, wäre fatal, würde es doch bedeuten, auf einer arbeitsintensiven aber
letztlich weniger produktiven Entwicklungsstufe zu verharren und Fortschritt zu
leugnen. Hinzu kommt, dass vermehrter Kapitaleinsatz in einem Unternehmen
dort zu vermindertem Arbeitseinsatz führen kann, dieser Kapitaleinsatz aber wieder zu Arbeitsmöglichkeiten in anderen und neuen Firmen führen kann. Die Soft-
warefirma SAP in Walldorf mit tausenden neuen Arbeitsplätzen würde es nicht
geben, wenn Unternehmen keine Betriebssoftware einsetzen würden. Davon abgesehen, würde ein Leugnen des technischen Fortschritts zwar kurzfristig Beschäfti-
gungsverhältnisse wahren, aber langfristig die Bestandssicherung von Firmen und
Volkswirtschaften gefährden.

Es kann also nicht ausgeschlossen werden, dass es durch den technologischen
Umstrukturierungsprozess zu zunehmender Arbeitslosigkeit in manchen Branchen
und Unternehmen kommt, doch dieser Prozess wird in anderen Branchen und
Unternehmen den Aufbau neuer Arbeitsplätze bedingen.[19]

2.2.5   Institutionelle Arbeitslosigkeit

Institutionelle Arbeitslosigkeit ist eine Folge von Verkrustungen am Arbeitsmarkt,
die durch zu viele Vorschriften und Überregulierungen oder durch Standortnach-
teile infolge zu hoher Steuer- oder Sozialabgabenbelastungen herrühren kann. Die
institutionelle Arbeitslosigkeit kann also als standortbezogene Arbeitslosigkeit
charakterisiert werden, wenn falsch gesetzte nationalstaatliche Rahmenbedingungen Arbeitslosigkeit verursachen.

Institutionelle Arbeitslosigkeit:

- Arbeitslosigkeit aufgrund gesetzlicher, tarifvertraglicher und betrieb-
  licher Hemmnisse (zu viel Bürokratie und Überregulierung).
- Arbeitslosigkeit aufgrund zu hoher Abgabenbelastung durch Steuern
  und Sozialabgaben.

Das heißt nun nicht, einer völligen Freigabe von Regeln und Gesetzen das Wort zu
reden, sondern es ist das rechte Maß von Verbindlichkeit und Verlässlichkeit auf
dem Arbeitsmarkt zu finden.

---

[19] Des einen Freud, des andern Leid!? Die Rolle der Politik darf nicht darin bestehen,
diesen Prozess zu verhindern, sondern sie muss den Fortschritt ermöglichen und fördern
und gleichzeitig versuchen, die Menschen fair in dieser Umstrukturierung zu unterstützen.

2.2.6   Exkurs: Fluch oder Segen der Arbeit?

Ob nun konjunkturelle oder strukturelle Arbeitslosigkeit, ob nun friktionelle oder institutionelle Arbeitslosigkeit – Arbeitslosigkeit ist ein vielschichtiges Problem und geht den Einzelnen an (Existenz und Würde), die Wirtschaft (Kosten und Wohlfahrtsverluste) und die Gesellschaft (Vertrauen in die Demokratie).

Arbeit hat für den einzelnen Menschen wie auch für die Gesellschaft vielerlei Facetten. Arbeit bewegt sich in einem Spannungsfeld von der „Vita Contemplativa" des antiken Griechenland über das „Ora et Labora" des Ordensgründers Benedict bis zu „Ich will Spaß" hedonistisch geprägter Gesellschaften.

Aphorismen zum Thema „Arbeit"

- Glück hilft nur manchmal, Arbeit immer. (Friedrich Rückert)
- Sie sähen nicht, sie ernten nicht und werden trotzdem ernährt. (Bibel)
- Vita contemplativa (Antikes Griechenland)
- Ora et labora. Bete und arbeite. (Lateinisches Sprichwort, Benedict)
- Müßiggang ist aller Laster Anfang. (Protestantismus)
- Entfremdung / Befreiung durch Arbeit. (Marx)
- Arbeit macht frei. (Nationalsozialismus)
- Arbeit adelt. (Deutsches Sprichwort)
- Wie die Arbeit, so der Lohn. (Deutsches Sprichwort)
- Freude an der Arbeit lässt das Werk trefflich geraten. (Aristoteles)
- Wer gesund ist und arbeiten will, hat auf dieser Welt nichts zu fürchten. (Lessing)
- Der Mensch ist das einzige Tier, das arbeiten muss. (Kant)
- Wer arbeitet, der hat keine Zeit, Geld zu verdienen. (aus Ungarn)
- Arbeitsteilung: Der Student studiert, der Arbeiter arbeitet, der Chef scheffelt. (unbekannt)
- Wer mitessen will, muss auch mitarbeiten. (Sprichwort)
- Solange mein Chef so tut, als würde er mir ein richtiges Gehalt zahlen, solange tue ich so, als würde ich richtig arbeiten. (Kalenderspruch)
- Gott gab uns zwei Hände zum arbeiten und zwei Beine, um der Arbeit aus dem Weg zu gehen. (Volksmund)
- Gott schütze uns vor Feuer und Wind und vor Arbeitern, die langsam sind. (Eduard Mörike)
- Lieber in der dunkelsten Kneipe als am hellsten Arbeitsplatz. (unbekannt)

Arbeit kann als Fluch oder als Segen aufgefasst werden. Man braucht Arbeit um zu leben, ja Arbeit ist für viele sogar das eigentliche Leben. Man lernt und studiert, macht eine Ausbildung und Weiterbildung und erfährt Bestätigung und Glück in der Arbeit.

Auf der anderen Seite wird Arbeit als Belastung und Mühsal empfunden. In der Lottowerbung werden die Befreiung von Arbeit und das sorglose finanziell abgesicherte Nichtstun am Südseestrand als die Erfüllung aller Sehnsüchte vermittelt. Es soll also nichts Schöneres geben als *nichts* zu tun, aber wehe dieser Zustand tritt ein. Unfreiwillige und ungewollte Arbeitslosigkeit deprimiert und freiwillige Nichtbeschäftigung langweilt auf Dauer.[20]

Zur Erinnerung: Wie zu Beginn des ersten Kapitels des ersten Bandes erwähnt, existieren nur drei Zustände, wo es keine Mühsal der Arbeit gibt:

- Das Paradies, aus dem wir vertrieben worden sind.
- Das Schlaraffenland, das noch niemand gefunden hat.
- Der Himmel, den es bekanntlich hier auf Erden nicht gibt und der noch fern ist.

Da uns diese Zustände im Moment verwehrt bleiben, sind wir „im Schweiße unseres Angesichts" gezwungen, zu sorgen, zu arbeiten, beschäftigt zu sein und uns selbst zu beschäftigen.

2.3   Lohn und Beschäftigung

Inwieweit Arbeit als Mühsal oder als Bereicherung empfunden wird, hängt vor allem auch von der Honorierung und Entlohnung der Arbeit ab. Und über die richtige Entlohnung der Arbeit haben sich schon viele Gedanken gemacht: Was ist der gerechte Lohn und wer bestimmt den Lohn? Muss man von seiner Arbeit und dem entsprechenden Lohn leben können? Schauen wir uns die Akteure der Lohnpolitik und die Lohnfindung genauer an.

2.3.1   Tarifpolitik und Insider-Outsider-Problematik

Die wichtigsten Akteure der Lohnvereinbarung und -gestaltung sind die Unternehmen, die Tarifparteien und der Staat:

Träger der Lohnpolitik:
- Arbeitnehmer und Arbeitgeber (individuell und betrieblich)
- Tarifparteien: Arbeitgeberverbände und Gewerkschaften (kollektiv)
- Staat: als Arbeitgeber und durch gesetzliche Regelungen, z. B. Mindestlohn (staatlich)

---

[20] Wie unterschiedlich Arbeits- und Lebenseinstellungen sein können, illustriert die „Anekdote zur Senkung der Arbeitsmoral" des Nobelpreisträgeres Heinrich Böll, anlässlich des Tages der Arbeit (!) am 1. Mai 1963. Die Kurzgeschichte handelt von einem Touristen und einem Fischer, die sich über unterschiedliche Positionen zu Arbeit, Muße und Lebenssinn austauschen.

Tarifautonomie: In Deutschland spielt neben der individuellen und betrieblichen Lohnvereinbarung die der kollektiven durch Gewerkschaften und Arbeitgeberverbände eine herausragende Rolle. Das Konzept der Tarifautonomie charakterisiert diese lohnpolitische Verhandlungsmacht. Die Tarifparteien haben das Recht, die Löhne (Tarife) zu bestimmen.[21]

Tarifautonomie:
➢ Autonomes Recht der Tarifparteien (Arbeitgeberverbände und Gewerkschaften), die Löhne ihrer Mitglieder festzulegen.

Die Verhandlungen zwischen den Tarifpartnern sind meist mediale Ereignisse, zumal sie oft von Drohungen, Warnstreiks und Schlichtungen begleitet werden. Ist ein Tarifabschluss erreicht, gilt das Günstigkeitsprinzip. Abweichungen sind demnach nur zu Gunsten des Arbeitnehmers möglich, das heißt wenn die Löhne höher sind oder die Arbeitszeiten niedriger. Denn im Tarifvertragsgesetz heißt es:

„Abweichende Abmachungen sind nur zulässig, sowie (soweit) sie durch den Tarifvertrag gestattet sind oder eine Änderung der Regelungen zugunsten des Arbeitnehmers enthalten." (§ 4 Absatz 3 Tarifvertragsgesetz).

Unternehmensleitung und Belegschaft können nicht dezentral Vereinbarungen treffen, wenn dies nicht im Flächentarifvertrag vorgesehen ist, beziehungsweise diese sind rechtlich wirkungslos, wenn Klage erhoben wird.[22]

Die Gewerkschaften sind Interessenvertreter ihrer Mitglieder. Ihre Mitglieder sind Arbeitnehmer. Der Einsatz für die Mitglieder kann aber dazu führen, dass die Chancen derjenigen, die nicht im Arbeitsprozess sind, dadurch umso geringer werden. Lohnsteigerungen über dem Gleichgewichtslohn oder auch Mindestlohnforderungen zugunsten der Beschäftigten wirken zu Ungunsten der Entlassenen und Nichteingestellten. Bekannt ist dieses Dilemma unter dem Begriff der Insider-Outsider-Problematik.[23]

Insider-Outsider-Modell:
➢ Insider (die Beschäftigten) haben die Macht, die Anstellung von Outsidern (Arbeitslose) für das Unternehmen unattraktiv zu machen; Strategie, die Transaktionskosten neuer Beschäftigter (entrants) durch Kooperationsverweigerung anzuheben: „Leben schwer machen".

---

[21] Die Tarifautonomie und der Tarifvertrag gehören neben dem Streikrecht und der Aussperrung zu den Institutionen des Arbeitsmarktes. Geregelt sind diese im Grundgesetz, im Tarifvertragsgesetz und im Betriebsverfassungsgesetz.
[22] Der Ökonom Horst Siebert kommentierte: „Diese und andere gesetzliche Vorschriften schaffen ein Kartell der Tarifverbände, das die Insider schützt, aber zum Nachteil der Outsider wirkt. Spitzt man es zu, so ist das Tarifkartell auch ein Kartell zu Lasten der Arbeitslosen." [Siebert, 2003, S. 326; vgl. auch Siebert, 2007, S. 163 - 165]
[23] von Dennis Snower und Assar Lindbeck 1988 entwickelte Theorie.

2.3.2   Kaufkraft- versus Kostenargument

Bei Lohnverhandlungen prallen oft zwei Welten aufeinander. Die einen wollen möglichst hohe Lohnsteigerungen, die anderen möglichst geringe. Höhere Löhne werden von den politisch „Linken", den Nachfrageorientierten und den Arbeitnehmern mit dem Kaufkraftargument begründet, nach dem höhere Löhne eine höhere Kaufkraft und damit mehr Nachfrage und mehr Umsatz für die Unternehmen bedeuten. Die „Rechten", die Angebotsorientierten und die Arbeitgeber setzen das Kostenargument dagegen. Höhere Löhne bedeuten höhere Kosten mit der Folge von Arbeitsplatzabbau oder höherer Produktpreise, was die Nachfrage wieder dämpfen würde.

Kaufkraft gegen Kosten:

Kosten: Verbilligung des Faktors Arbeit durch niedrigere Löhne
              (Kostenargument für die Anbieterseite)

Kaufkraft: Nachfrageerhöhung durch höhere Löhne
              (Kaufkraftargument für die Nachfragerseite)

Um zu klären, welche der beiden Parteien Recht hat, ist die Produktivität in die Argumentation mit einzubeziehen.

Lohn und Produktivität: Ein neuer Mitarbeiter in einer Pizzeria erhält einen Stundenlohn in Höhe von 30 Euro. In einer Stunde bäckt und verkauft dieser Mitarbeiter 20 Pizzas. Der Stücklohn beträgt also 30 Euro pro 20 Stück (entspricht 1,50 Euro pro Stück). Mit anderen Worten betragen die Personalkosten pro Pizza 1,50 Euro. Es handelt sich um Minipizzas. Der Pizzabäcker arbeitet nun schon einige Wochen und macht seine Sache gut und erhöht „Produktion" und Absatz um 10 Prozent. Er fordert mehr Lohn.

Frage: Um wie viel darf der Stundenlohn maximal steigen, wenn die Lohnstückkosten zumindest konstant bleiben sollen, also auf keinen Fall zunehmen sollen?

Antwort: Stückzahl: 20 mal 1,1 = 22 Stück; Stundenlohn: 1,50 Euro/Stück mal 22 Stück = 33 Euro, Zunahme um 10 Prozent von 30 auf 33 Euro!

Allgemeines Ergebnis:

- Eine Lohnerhöhung in Höhe der Produktivitätszunahme lässt die Stückkosten konstant.

- Liegt die Lohnerhöhung unterhalb der Produktivitätsrate, sinken die Stückkosten und der Unternehmer könnte die zusätzlichen Mittel investieren.

- Liegt die Lohnerhöhung über dem Produktivitätszuwachs, steigen die Stückkosten des Unternehmers. Diese kompensiert er über einen höheren Verkaufspreis, mit der Folge, dass man für den höheren Lohn (Nominallohn) nicht entsprechend mehr kaufen kann (kein Anstieg des Reallohns).

Anpassungsprozesse aufgrund einer veränderten Produktivität sind auch bei der Beschäftigung denkbar. Fällt die Lohnerhöhung niedriger aus als der Produktivitätszuwachs, könnten aufgrund der gesunkenen Stückkosten neue Arbeitskräfte eingestellt werden. Im umgekehrten Fall könnte es zu einem Beschäftigungsrückgang kommen.

Lohnerhöhung und Produktivitätszuwachs:

Lohnerhöhung = Produktivitätszuwachs → Beschäftigung konstant

Lohnerhöhung < Produktivitätszuwachs → Beschäftigungszunahme

Lohnerhöhung > Produktivitätszuwachs → Beschäftigungsrückgang

---

Inflationserwartung: Neben der Produktivität spielt in Lohnverhandlungen ein weiterer Faktor eine wichtige Rolle und zwar die Preisentwicklung, gemessen an der Inflationsrate. Arbeitnehmer wollen nicht allein einen Ausgleich für ihre höhere Leistung (Produktivität), sondern auch dafür, dass Güter teurer werden, um keinen realen Kaufkraftverlust hinnehmen zu müssen. Da sich Lohnverhandlungen auf zukünftige Werte beziehen, wird in Bezug auf die Preissteigerung von einer erwarteten Inflationsrate ausgegangen. Die betriebswirtschaftlich kalkulierenden Arbeitgeber verneinen diese Inflationsausgleichskomponente mit dem Argument, dass eine zu starke Lohnsteigerung gerade eben diese Preissteigerung verursache und nicht Folge von ihr sei (Lohn-Preis-Spirale).

Die lohnpolitischen Forderungen der verschiedenen Akteure ranken sich also um Produktivität, Inflation und eventuell um eine Umverteilungskomponente.

Lohnpolitische Forderungen:

Gewerkschaften: Lohnerhöhung ≥ Produktivitätszunahme + Inflationsrate (+ evtl. Umverteilungskomponente)

Arbeitgeber: Lohnerhöhung ≤ Produktivitätszunahme (Konstanz beziehungsweise Senkung der Stückkosten)

Wissenschaft: Produktivitätszunahme ≤ Lohnerhöhung ≤ Produktivitätszunahme + Inflationsrate

---

Auch die Zentralbank propagiert im übrigen eine produktivitätsorientierte Lohnpolitik, indem sich die Nominallöhne an der Produktivitätszunahme plus Inflationsrate orientieren sollen.

Beispiel: Der Produktivitätszuwachs beträgt 2 Prozent und die erwartete Inflationsrate 1 Prozent.

- Gewerkschaften: Lohnanstieg mehr als drei Prozent.
- Arbeitgeber: Lohnzuwachs höchstens zwei Prozent.
- Wissenschaft: Lohnbildung zwischen zwei und drei Prozent.

Exkurs: Henry Ford führte 1914 den 5-Dollar-Arbeitstag ein, was damals dem Doppelten des herrschenden Lohnsatzes entsprach. In Folge gab es lange Schlangen von Bewerbern, die Ausfallzeiten sanken, der Arbeitsplatzwechsel ging zurück und die Produktivität stieg. Henry Ford kommentierte die Lohnerhöhung als „eine der besten Maßnahmen zur Kostensenkung, die je durchgeführt wurde." Nicht zu vergessen ist, dass diese Lohnpolitik mit der Einführung des Fließbandes einherging.

Lohnkonzepte: Orientiert man den Lohn an einer kostenniveauneutralen Lohnentwicklung – also an der Produktivität und der Inflation –, spricht man vom funktionsgerechten Lohn. Den Lohn könnte man aber auch dadurch erklären, inwiefern er den eigenen Lebensunterhalt und den der Familie sichert. Dieser lebensunterhaltsbezogene Lohn wird als bedarfsgerechter Lohn bezeichnet. Der leistungsbezogene Lohn schließlich bemisst sich nach der erbrachten Leistung, sofern diese mess- und bestimmbar ist. Letztlich ließe sich noch ein verteilungsgerechter Lohn charakterisieren. Die Verteilung des Lohnes bzw. Einkommens erfolgt hierbei nach dem Einsatz der Produktionsfaktoren Arbeit und Kapital (Lohn- und Gewinnquote).

3 Preisniveaustabilität und Inflation

Im Gegensatz zur Arbeitslosigkeit wird Inflation von vielen als eher unbedeutendes und harmloses Problem empfunden. Die jetzige Generation ist in einer Zeit aufgewachsen, die Inflation beziehungsweise Geldentwertung kaum kennt, geschweige denn Hyperinflation.[24] Im Gegensatz zur Arbeitslosigkeit, von der man selbst betroffen sein könnte oder ist, scheint das mögliche Unheil einer Inflation weit weg, sofern es als solches überhaupt bekannt ist. Inflation als Gefahr ist (medial) nicht präsent, wobei sich Einschätzungen und Gefahrensituationen auch schnell wieder ändern können. Die Finanz- und Wirtschaftskrise im Jahr 2009 hat auch plötzlich wieder Geldentwertungsängste bei der Bevölkerung aufkommen lassen. Die massive Flucht in das Gold mit ständig neuen Höhenflügen des Goldpreises ist Ausdruck dieser Inflationssorgen.

Ob und inwieweit Inflation und gegebenenfalls auch das Gegenteil von Inflation, nämlich die Deflation, tatsächlich eine Gefahr für die Zukunft darstellen, wird zu klären sein. Dass es Gefahren und Probleme durch Inflation schon immer gegeben hat, zeigt ein Blick in die wirtschaftspolitische Geschichte.

3.1 Inflation im Spannungsfeld von Deflation und Hyperinflation

Als Einstieg in das Thema Inflation sollen drei Fälle vorgestellt werden, die die unterschiedlichen Facetten von Inflation zum Ausdruck bringen. Fall 1 beschreibt die Situation Ende des neunzehnten Jahrhunderts in den USA, in der Inflation mit umgekehrtem Vorzeichen als Deflation auftrat. Spektakulär und verheerend, was die Auswirkungen anbelangt, kommt Fall 2 daher, nämlich die Hyperinflation in Deutschland in den zwanziger Jahren. Nicht spektakulär, aber interessant und aufschlussreich sind auch die „normalen" Zeiten. Fall 3 beschreibt Inflation als „Feind und Freund" in den siebziger Jahren des vorangegangenen Jahrhunderts.

3.1.1 Fall 1: Deflation und der Zauberer von Oz

Die USA hatten sich Ende des 19. Jahrhunderts mit dem Gegenteil einer Inflation, das heißt mit einer Deflation, auseinanderzusetzen. Nach einem massiven Preisverfall lag das Preisniveau von 1896 23 Prozent unter dem Niveau von 1880. Dies führte zu erheblichen Vermögensumverteilungen. Die meisten Bauern im Westen waren Schuldner. Deren Gläubiger waren Bankiers im Osten. Das Absinken des Preisniveaus führte dazu, dass der Realwert der Schulden zu Lasten der Bauern und zu Gunsten der Banken als Gläubiger anstieg.

---

[24] Relativ unbekannt dürfte auch eine andere – nicht monetäre – Inflation sein, nämlich die Universumsentstehungsinflation. In einem Zeitpunkt von 10^{-43} Sekunden soll sich das Universum explosionsartig ausgedehnt haben – die *inflationäre* Phase der Entstehungsgeschichte des Weltalls.

Um das Problem zu lindern, wurde – politisch heftig! – diskutiert, den Goldstandard durch einen Bimetallstandard zu ersetzen und neben Goldmünzen auch Silbermünzen zu prägen. Durch den damit verbundenen Anstieg des Geldangebots und des Preisniveaus hätte sich auch wieder der Realwert der Schulden der Bauern verringert. Ein Befürworter des Bimetallstandards war William Jennings Bryan, der demokratische Kandidat für die Präsidentschaftswahl im Jahre 1896. Wahlgewinner war jedoch der Republikaner William McKinley und die USA behielten den Goldstandard bei.

Die Beschreibung dieses wirtschaftlichen und politischen Szenarios der damaligen Zeit ist dem Buch „Grundzüge der Volkswirtschaftslehre" von Gregory Mankiw entnommen. Mankiw weist auch darauf hin, dass die geldpolitischen Gegebenheiten der damaligen Zeit in einem Kinderbuch und in dem auf diesem Buch beruhenden Film verarbeitet wurden. Buch und Film dürften uns allen bekannt sein. Es handelt sich um „Der Zauberer von Oz"! Diese Geschichte von L. Frank Baum aus dem Jahre 1900 und deren Verfilmung 1939 kann somit als Allegorie der amerikanischen Geldpolitik im späten neunzehnten Jahrhundert gedeutet werden.

„L. Frank Baum, der Autor von Der Zauberer von Oz, war ein Journalist aus dem mittleren Westen. Als er daran ging, eine Geschichte für Kinder zu schreiben, verlieh er seinen Figuren die Charakterzüge der Hauptakteure der größten politischen Schlacht seiner Zeit. Dorothy (sie repräsentiert die traditionellen amerikanischen Werte) und ihre Freunde, die Vogelscheuche (sie repräsentiert die Bauern), der blecherne Holzfäller (er repräsentiert die Industriearbeiter) und der Löwe, dessen Stimme stärker ist als seine Macht (William Jennings Bryan) wandern zusammen auf einer gelb gepflasterten Straße (der Goldstandard), in der Hoffnung, den Zauberer zu finden, der Dorothy den Weg nach Hause zeigen kann. Am Ende von Baums Geschichte findet Dorothy den Weg nach Hause, allerdings nicht auf die Weise, dass sie nur der gelb gepflasterten Straße folgt. Nach einer langen und gefährlichen Reise hat sie gelernt, dass der Zauberer (William McKinley) nicht in der Lage ist, ihr und ihren Freunden zu helfen. Stattdessen entdeckt Dorothy schließlich die magische Kraft ihrer silbernen Schuhe. (Als Der Zauberer von Oz 1939 verfilmt wurde, wurde die Farbe von Dorothys Schuhen von Silber in Rot geändert. Offensichtlich waren sich die Filmemacher aus Hollywood nicht bewusst, dass sie eine Geschichte über die amerikanische Geldpolitik des neunzehnten Jahrhunderts erzählten.)[25]

3.1.2   Fall 2: Hyperinflation in Deutschland

Das spektakulärste Beispiel einer Inflation dürfte die Hyperinflation in Deutschland zu Beginn der zwanziger Jahre nach dem ersten Weltkrieg gewesen sein. Eine Mark des Jahres 1919 entsprach einer Trillion Mark im Oktober 1923.[26] Der

---

[25] Mankiw, 2008, S. 755f.
[26] Vgl. Bofinger, 2011, S. 283.

Preis einer Tageszeitung stieg von 0,30 Mark im Januar 1921 auf 70.000 Mark in weniger als zwei Jahren an.

Hyperinflation ist eine extreme Form von Inflation. Im Laufe eines Jahres können sich die Preise verhundertfachen, ja ins Unermessliche explodieren. Formal wird dann von einer Hyperinflation gesprochen, wenn die Inflationsrate pro Monat über 50 Prozent beträgt. Aufs Jahr gesehen bedeutet das dann einen mehr als hundertfachen Anstieg des Preisniveaus.

Hyperinflation:
- ➢ Formal wird dann von einer Hyperinflation gesprochen, wenn die Inflationsrate pro Monat über 50 Prozent beträgt. Aufs Jahr gesehen bedeutet das dann einen mehr als hundertfachen Anstieg des Preisniveaus.

In Hyperinflationszeiten soll es vorgekommen sein, dass am Auszahlungstag des Lohnes Frauen mit Schubkarren zur Firma ihres Mannes gekommen waren, um mit dem „vielen" Geld gleich auf dem Markt ein Brot für mehrere Milliarden Reichsmark zu kaufen.

Abbildung 1.16: Inflationsgeld.

Wenn man nach den Ursachen dieser völlig ausufernden und haltlosen Inflation fragt, dürfte sich eine Antwort schnell aufdrängen, nämlich die Tatsache, dass der Staat Geld gedruckt hatte. Deutschland musste eine exzessive Staatsverschuldung finanzieren und diese Finanzierung geschah anhand der Notenpresse. Für die wirtschaftliche Praxis war das ein Desaster, denn viele Menschen verloren ihre wertlos gewordenen Ersparnisse. Für die wirtschaftliche Theorie bedeutet das einen Lehrbuchfall. Wächst nämlich die Geldmenge im Vergleich zur Gütermenge viel stärker – und im Falle des Gelddruckens ist das offensichtlich –, bedeutet das Inflation und Geldentwertung.[27]

---

[27] Stoppen lässt sich eine Hyperinflation nur durch die „Notbremse" und das ist eine Währungsreform, so wie im November 1923 in Deutschland geschehen.

Österreich: Zur damaligen Zeit war nicht nur Deutschland von einer Hyperinflation betroffen. Auch Österreich, Ungarn und Polen hatten enorme Preissteigerungen zu verzeichnen. In Österreich erreichte die Inflation im Jahr 1921 mit einer Inflationsrate von fast 600 Prozent einen Höchststand. Die anschließende Sanierung der Staatsfinanzen endete am 20. Dezember 1924 mit der Ablösung der Krone durch die neue Währung „Schilling".

Extremste Ausprägungen von Inflation sind jedoch nicht nur Relikte früherer Zeiten. Schaut man sich aktuell Simbabwe an, sieht man eine solch immense Geldentwertung, nämlich 2,2 Millionen Prozent (!), dass Staatschef Robert Mugabe sogar schon zehn Nullen von der Landeswährung streichen ließ – die Zahlen wurden einfach zu lang. Doch den Rekord der Weimarer Republik mit 528 Milliarden Prozent im Jahr 1922 konnte Mugabe bisher nicht brechen.

3.1.3   Fall 3: „Normale" Inflation – Freund oder Feind?

Hyperinflationen sind „Naturkatastrophen" des Wirtschaftslebens. Sie faszinieren und erschrecken gleichermaßen. Doch auch das normale „Wetter" verdient Beachtung.

USA: Die USA z. B. mussten bisher nicht – zumindest seit dem Unabhängigkeitskrieg im 18. Jahrhundert – mit einer Hyperinflation zurecht kommen, sondern hatten relativ gemäßigte Raten. Doch in den siebziger Jahren des vorigen Jahrhunderts war die Inflationsrate in den USA relativ hoch. Sie war mit über fünf Prozent so hoch, dass sie den US-amerikanischen Präsidenten Gerald Ford im Jahr 1974 dazu veranlasste, die Inflation als *„öffentlichen Feind Nr. 1"* zu benennen.[28]

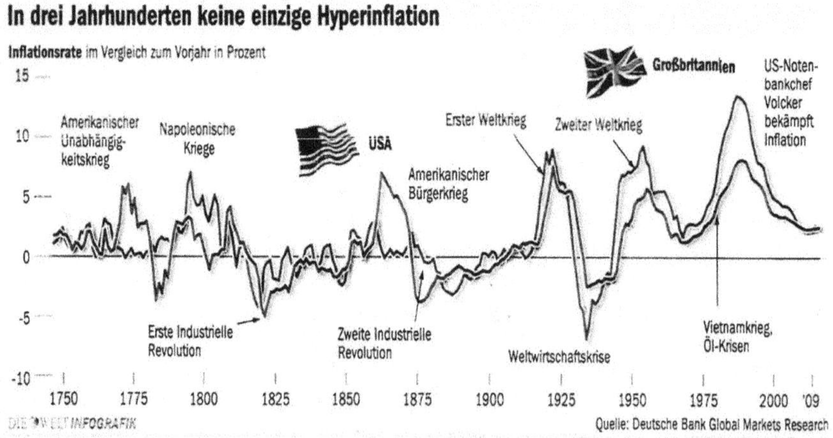

Abbildung 1.17: Inflation in den USA und Großbritannien.
[Quelle: Die Welt Infografik]

---

[28] Vgl. Mankiw, 2008, S. 734.

Deutschland: Auch in Deutschland waren in Folge der Ölpreiskrise relativ hohe Inflationsraten von bis zu sieben Prozent zu verzeichnen (Abbildung 1.18). Der damalige Bundeskanzler Helmut Schmidt gab jedoch im Gegensatz zur Meinung des amerikanischen Präsidenten eine andere Einschätzung der Lage. Schmidt konstatierte: *„Fünf Prozent Inflation sind leichter zu ertragen als fünf Prozent Arbeitslosigkeit."* [29]

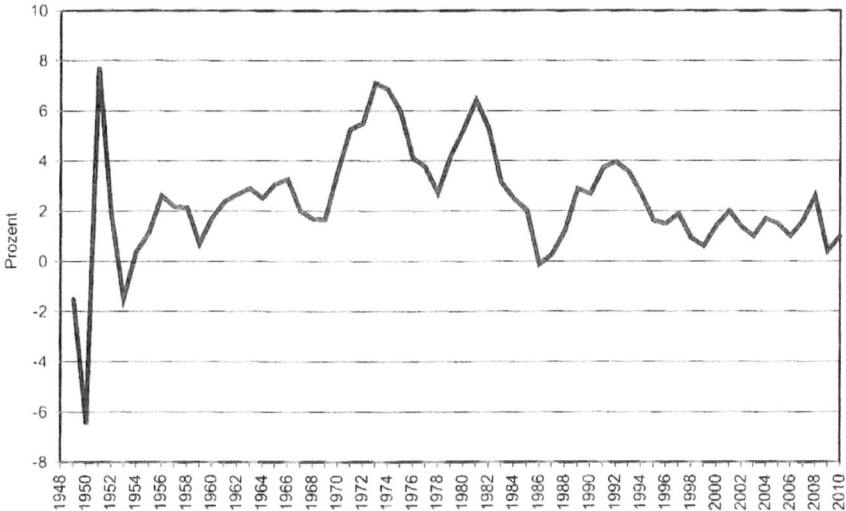

Abbildung 1.18: Entwicklung der Inflationsrate in Deutschland. [Quelle: Statistisches Bundesamt, entnommen aus: Bofinger, 2011, S. 284]

Referenzwert: Doch welche Inflationsraten sind nun letztlich normal und akzeptabel und ab welchem Wert wird die Entwicklung besorgniserregend? Um hier einen Maßstab zu geben, sei an den Referenzwert der Europäischen Zentralbank für die Preisentwicklung in Europa erinnert. Der Referenzwert für die Inflationsrate – gemessen am harmonisierten Verbraucherpreisindex HVPI – beträgt 2 Prozent. [30]

Betrachtet man die Entwicklung der Inflationsraten in Deutschland nach dem Zweiten Weltkrieg bis zum Jahr 2010, sind Amplitudenwerte von rund plus 8 bis minus 6 Prozent festzustellen. Von 2000 bis 2010 pendelten sich die Inflationsraten zwischen 0 und 3 Prozent ein.

Europäische Union: Betrachtet man die Inflationsraten im EU-Ländervergleich, lassen sich Preisniveauanstiege zwischen 0,7 % für die Slowakei und 4,7 % für Griechenland feststellen. Und in Irland herrscht sogar Deflation (Abb. 1.19)

---

[29] Die Wahl zwischen den zwei Übeln der Inflation und der Arbeitslosigkeit kommt auch in der Phillipskurve zum Ausdruck (siehe Kapitel 3.6).

[30] Vgl. auch Band II „Makroökonomie, Geld und Währung", 2010, Kapitel 10 „Geldpolitik der Europäischen Zentralbank".

Staaten in Europa	Inflationsraten im EU-Ländervergleich (Stand 2010)
Griechenland	4,7 %
Luxemburg	2,8
Zypern	2,6
Belgien	2,3
Slowenien	2,1
Malta	2,0
Spanien	1,8
Finnland	1,7
Frankreich	1,7
Österreich	1,7
Italien	1,6
Portugal	1,4
Deutschland	1,2
Niederlande	0,9
Slowakei	0,7
- 1,6	Irland

Abbildung 1.19: Inflation im EU-Ländervergleich. [Quelle: Eurostat]

Welche Preisentwicklung man zukünftig in Europa und der Welt zu erwarten hat, ist völlig offen – sei es eine gemäßigte und harmlose, eine stark ansteigende wie in den 70er Jahren oder eine deflationäre wie in Japan.

3.2   Definition, Berechnung und Messung der Inflation

3.2.1   Definition von Inflation

Inflation (lat. inflatio: Anschwellen) kann durch zwei Begriffe definiert werden, nämlich durch Preisniveauanstieg und Geldentwertung. Landläufig würde man sagen, dass „alles teurer wird" beziehungsweise „das Geld nichts mehr wert ist". Definiert man den (inneren) Geldwert als Kaufkraft des Geldes, lässt sich Inflation auch als Kaufkraftverlust beschreiben.

Inflation bedeutet: - Preisniveauanstieg $\left.\right\}$ Kaufkraftverlust
 - Geldentwertung

Definition von Inflation:

➤ Ein über einen längeren Zeitraum anhaltender Anstieg des Preisniveaus beziehungsweise dauerhafter Geldentwertungsprozess (Verlust an Kaufkraft).

Geldwert und Kaufkraft beschreiben eine Beziehung zwischen Geldmarkt und Gütermarkt. Kaufkraft ist die Menge an Gütern, die mit einer Geld- oder Währungseinheit gekauft werden kann. Geldentwertung und Kaufkraftverlust bedeuten also, dass man mit der gleichen Menge an Geld weniger Güter kaufen kann. Dazu ein einfaches Beispiel.

Beispiel zur Definition und Begriffsbestimmung von Inflation:

1.) 1 Brötchen kostet 0,25 €:

- Preisniveau: 1 Brötchen ist 0,25 Euro wert.
- Geldwert: 1 Euro ist 4 Brötchen wert.

$\rightarrow$ bzw. Kaufkraft: 4 Brötchen für 1 Euro!

2.) 1 Brötchen kostet 0,50 €.

- Preisniveau: 1 Brötchen ist 0,50 Euro wert.
- Geldwert: 1 Euro ist 2 Brötchen wert.

$\rightarrow$ bzw. Kaufkraft: 2 Brötchen für 1 Euro!

Die Verdoppelung des Preises für ein Brötchen führt zu einer Halbierung des Geldwertes beziehungsweise zu einer Halbierung der Kaufkraft.

Werden in einer Volkswirtschaft nicht allein Brötchen, sondern auch andere Güter wie Benzin oder Wohnungsmieten teurer – steigt also das Preisniveau im Gesamten –, haben wir Inflation.

Hinweis: Inflation bedeutet einen Anstieg des Preisniveaus. Dieser Anstieg des Preisniveaus bezieht sich auf die Güter einer Volkswirtschaft im Gesamten und ist zu unterscheiden von der Zu- oder Abnahme einzelner Preise oder Preisgruppen – man spricht hier übrigens auch von Teuerung. Die „Freiheit" der Preise an sich ist eine wesentliche Voraussetzung der Marktwirtschaft, so dass es völlig normal und erwünscht ist, dass manche Güter teuer und manche billiger werden. Es mag sein, dass Wasser und Heizöl sowie Mieten teurer, andere Güter wie MP3-Player und Flachbildschirme jedoch billiger werden. Preisvariabilität im Sinne des freien Preismechanismus gehört zum Funktionieren der Marktwirtschaft.

3.2.2   Bestimmung und Berechnung der Inflationsrate

Inflation bedeutet, dass das Preisniveau gestiegen ist, das heißt Güter teurer geworden sind. Aber woher weiß man das? Gehen Statistiker in den Aldi oder Lidl und schauen sich die Preise von Butter und Mehl an? Notieren sie sich die Preisentwicklung des Benzins an den Zapfsäulen der Tankstellen? Welche Güter werden überhaupt in Erwägung gezogen? Denn die Preise aller Güter zu erfassen, ist unmöglich.

Begnügt man sich aber mit einer Auswahl von Gütern, ist zu fragen, welche Güter es „wert" sind, in die Analyse mit einbezogen zu werden. Macht es einen Unterschied, ob die Preise für Wohnungsmieten oder für Körnerbrot gestiegen sind? Hinter einer einzigen, „kleinen" Inflationszahl wie zum Beispiel 1,8 Prozent steckt eine Menge Wissen und Arbeit.

Um die Inflationsrate zu berechnen, sind fünf Schritte vorzunehmen:

Kriterium	Beschreibung
Mengen	Festlegung des Warenkorbes durch Auswahl der Güter und deren Gewichtung.
Preise	Feststellung der Preise für jedes Gut in jedem Jahr.
Wert	Berechnung des Wertes des Warenkorbes für jedes Jahr (Preise mal Mengen).
Preisindex	Auswahl eines Basisjahres und Berechnung des Preisindex für die Lebenshaltung für jedes Jahr.
Inflationsrate	Berechnung der Inflationsrate mit Hilfe des Preisindex.

Beispiel zur Berechnung der Inflationsrate

Unsere vereinfachte Volkswirtschaft bietet lediglich zwei Güter an, nämlich Bier (alkoholfrei!) und Brezeln.[31]

Mengen	Festlegung des Warenkorbes: 5 Flaschen Bier und 10 Brezeln.
Preise	Feststellung der Preise für Bier und Brezeln in jedem Jahr: Jahr Bier [€] Brezeln [€] 2010 3,00 0,50 2011 2,90 0,65 2012 3,20 0,70
Wert	Berechnung des Warenkorbwertes für jedes Jahr (Preis x Menge). Die Menge wird als konstant betrachtet: Jahr $P_1 \cdot X_1$ + $P_2 \cdot X_2$ 2010 3,00 €/St · 5 St + 0,50 €/St · 10 St = 15,00 € + 5,00 € = 20,00 € 2011 2,90 €/St · 5 St + 0,65 €/St · 10 St = 14,50 € + 6,50 € = 21,00 € 2012 3,20 €/St · 5 St + 0,70 €/St · 10 St = 16,00 € + 7,00 € = 23,00 €
Preis-index:	Auswahl eines Basisjahres (2010) und Berechnung des Preisindex: Jahr Preisindex für die Lebenshaltung 2010 20 € / 20 € · 100 = 100 2011 21 € / 20 € · 100 = 105 2012 23 € / 20 € · 100 = 115
Inflati-onsrate	Berechnung der Inflationsrate mit Hilfe des Preisindex: Jahr Inflationsrate 2010 - 2011 (105 - 100) / 100 · 100 = 5,0 % 2012 (115 - 105) / 105 · 100 = 9,5 % bzw. [(115/105) - 1] · 100 = 9,5 %

[31] In Anlehnung an ein Beispiel in: Mankiw, 2008, S. 587.

Das Preisniveau unserer vereinfachten Volkswirtschaft nahm um 5 % vom Jahr 2010 auf das Jahr 2011 zu und im darauf folgenden Jahr 2012 betrug die Preissteigerung 9,5 %.

3.2.3   Messung der Inflation in Deutschland

Die Berechnung und Bestimmung der Inflation in Deutschland läuft prinzipiell nach dem gleichen Muster ab wie im vorigen Beispiel aufgezeigt. Durchgeführt wird die Berechnung vom Statistischen Bundesamt.

3.2.3.1   Festlegung des Warenkorbes

Der erste Schritt liegt in der Festlegung des Warenkorbes. Wie viele und welche Güter, das heißt Waren und Dienstleistungen, sollen in den Warenkorb hinein genommen werden? In Deutschland sind es zur Zeit rund 750 Waren und Dienstleistungen, die der Warenkorb enthält.

Warenkorb (Erhebungskatalog):
➢ Zusammensetzung aus rund 750 Waren und Dienstleistungen.

Die Menge und Zusammensetzung ändern sich im Zeitablauf. In der Regel wird der Warenkorb alle fünf Jahre neu geordnet. Alte Produkte fallen heraus und neue Produkte kommen hinzu. Die letzte Umstellung war im Jahr 2005. Zuvor gab es Umstellungen in den Jahren 1995 und 2000. Der nächste neue Warenkorb soll für 2010 zusammengestellt werden. Die Umstellung erfolgt immer im Nachhinein. Der Warenkorb 2005 wurde im Jahr 2008 umgestellt; der 2010er dürfte dann im Jahr 2013 neu bestimmt werden. Meistens sind es zwei bis drei Dutzend Produkte, die gestrichen werden und neu hinzukommen.

Beispiele für Warenkorbumstellungen (Basisjahr):

Basisjahr	Neu	gestrichen
1995	Körnerbrot, Mikrowellenherd, Blumenerde	Spaghetti, Diarahmen, Unkrautvernichter
2000	Scanner, Laserdrucker, CD-Rohlinge, Digitalkameras, Essen auf Rädern	Schreibmaschinen, Disketten
2005	DVD-/MP3-Player, USB-Sticks, Flatrate-Internet-Tarife, Espresso-Maschinen	sonstige Kameras, Videokassetten, Kleinbildfilme
2010	Festlegung voraussichtlich im Jahr 2013	

Die Waren und Dienstleistungen werden schließlich in bestimmte Bereiche wie Wohnung oder Nahrungsmittel eingeordnet und unterschiedlich gewichtet. So betragen zum Beispiel die Ausgaben für „Wohnung, Wasser, Strom und Gas" rund 31 Prozent gemessen an den Gesamtausgaben eines Haushalts (Abb. 1.20).

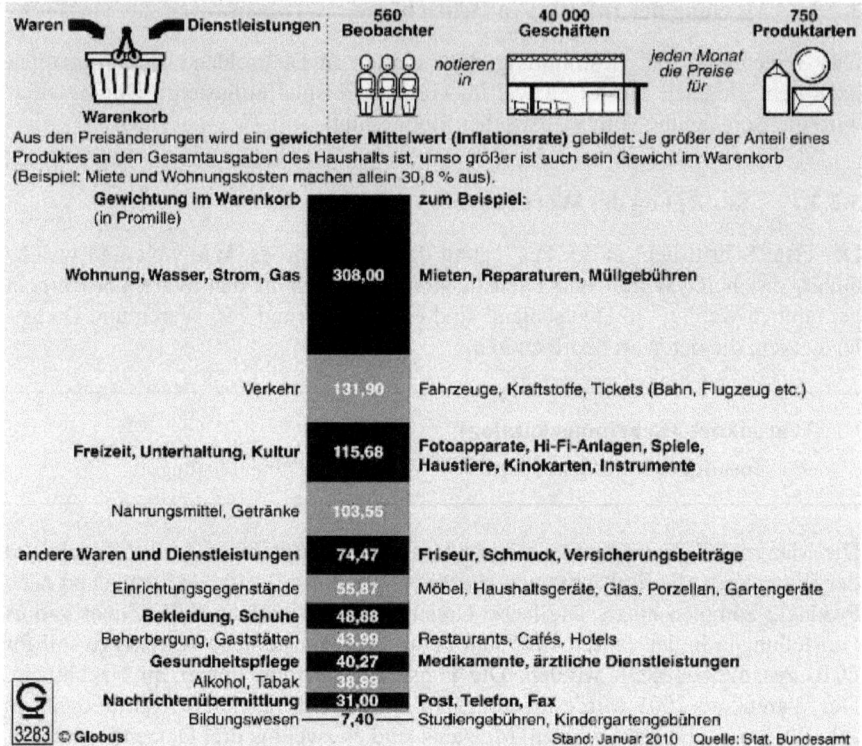

Abbildung 1.20: Der Warenkorb. [Quelle: globus 3283]

3.2.3.2   Feststellung der Preise der Güter

Rund 560 Preisermittler im Auftrag des Statistischen Bundesamtes (dezentrale Erhebung) und ca. 15 Mitarbeiter (zentrale Erhebung) kontaktieren ca. 40.000 verschiedene Geschäfte (Kaufhäuser, Discounter, Versand- und Internethandel, etc.) und erfragen für rund 750 Waren und Dienstleistungen die jeweiligen Preise. Insgesamt werden 350.000 Einzelpreise ermittelt.

Für die Ermittlung der Preise der Waren und Dienstleistungen sowie des Ausgabenanteils der Haushalte wird ein erheblicher Aufwand betrieben. Hinzu kommen:

- Ermittlung laufender Preise durch Interviews in ca. 190 Gemeinden.
- Einkommens- und Verbrauchsstichproben (EVS) bei 40.000 bis 50.000 Haushalten alle fünf Jahre.
- Laufende Wirtschaftsrechnungen (Panels): 2.000 Haushalte führen Haushaltsbücher.

3.2.3.3 Berechnung des Warenkorbwertes

Nachdem die Güter mit deren Mengen und Preisen bestimmt sind, kann der Wert des Warenkorbes insgesamt berechnet werden. Dazu werden die Preise des jeweiligen Gutes mit der entsprechenden Menge multipliziert.

Wert des Warenkorbes für einen repräsentativen Haushalt:

- Preise mal jeweilige Mengen
- Warenkorb: $x_1 \cdot p_1 + x_2 \cdot p_2 + \ldots + x_n \cdot p_n = X \cdot P$

3.2.3.4 Berechnung der Preisindizes und der Inflationsraten

Grundlage für die Berechnung der Inflationsrate in Deutschland ist der Verbraucherpreisindex (VPI), genauer der „Preisindex für die Lebenshaltungskosten aller privaten Haushalte". Der Verbraucherpreisindex ist eine Kennziffer zur Messung der durchschnittlichen Preisentwicklung.[32]

Preisindex zur Berechnung der Inflationsrate in Deutschland:

➢ „Preisindex für die Lebenshaltungskosten aller privaten Haushalte";
  kurz: Verbraucherpreisindex (VPI)

Der Verbraucherpreisindex seinerseits fließt in die Berechnungen des Harmonisierten Verbraucherpreisindex (HVPI) des Euro-Währungsraumes ein – ermittelt von Eurostat. Der HVPI gilt als Maßstab für die Preisstabilität im Euro-Währungsraum. Ein Wert von unter 2 Prozent gegenüber dem Vorjahr (Referenzwert) wird von der Europäischen Zentralbank als preisstabil betrachtet.

Preisindex zur Berechnung der Inflationsrate im Euro-Währungsraum

➢ Harmonisierter Verbraucherpreisindex (HVPI),
  Referenzwert: 2 % gegenüber dem Vorjahr.

Exkurs „gefühlte" Inflation: Da viele Bundesbürger nach der Euroumstellung eine höhere Inflation, als die nach dem Verbraucherpreisindex bestimmte offizielle Inflationsrate wahrnahmen, wurde im Rahmen eines Forschungsprojektes des Statistischen Bundesamtes der „Index der wahrgenommenen Inflation" (IWI) entwickelt. Dass viele Bürger Inflation höher wahrnehmen als sie tatsächlich ist, liegt zum Beispiel daran, dass Preiserhöhungen („Verluste") deutlicher wahrgenommen als Preissenkungen („Gewinne"). So werden Preisanstiege in diesem Modell doppelt so hoch bewertet wie Senkungen, und auch die Häufigkeit von

---

[32] So bedeutet z. B. ein VPI von 115,0 für das Jahr 2012 einen Anstieg der Verbraucherpreise um 15 % gegenüber dem Basisjahr 2010.

Produktkäufen wird mitberücksichtigt. Je nach Berechnungsmethode liegen aber auch die IWI-Werte nicht viel höher als die VPI-Werte.[33]

Indexbildung: Um Preisindizes zu bilden, bedient man sich üblicherweise zweier mathematischer Verfahren, nämlich der Methode nach dem Laspeyres-Index oder der Methode nach dem Paasche-Index. Der Unterschied besteht in der Wahl des Referenzjahres. Der Wert des Referenzjahres – sei es das Basisjahr oder das Berichtsjahr – wird dann auf 100 gesetzt.

Laspeyres-Index

- Verbrauchszahlen (Mengen) beziehen sich auf das Basis- bzw. Vorjahr.
- Ein Anstieg bedeutet eine Verteuerung des „gleichen" Warenkorbs; man braucht also mehr Geld für den gleichen Warenkorb.

Paasche-Index

- Verbrauchszahlen (Mengen) beziehen sich auf das aktuelle Jahr.
- Ein Anstieg bedeutet, dass ein „heutiger" Warenkorb mit heutigen Preisen teuer ist als ein Korb zu damaligen Preisen.

Die bei uns übliche Berechnung der Inflationsrate erfolgt anhand des Laspeyres-Index.

$$\textbf{Laspeyres-Index} = P^L_{0,t} = \frac{\sum_{i=1}^{n} P_i^t \cdot X_i^0}{\sum_{i=1}^{n} P_i^0 \cdot X_i^0}$$

$i = $ Gut
$0 = $ Basisjahr
$t = $ Berichtsjahr
$P = $ Preis
$X = $ Menge

Nehmen wir das Beispiel von oben auf (Bier und Brezeln) und berechnen anhand der Formel die Preisindizes und Inflationsraten.

Laspeyres-Index	Berechnung		Preisindex	Inflationsrate
$P^L_{2010/2011} = $	$\frac{2,90 \times 5 + 0,65 \times 10}{3,00 \times 5 + 0,60 \times 10}$	$= \frac{21,00\ €}{20,00\ €}$	x 100 = 105,0	5,0 %
$P^L_{2011/2012} = $	$\frac{3,20 \times 5 + 0,70 \times 10}{2,90 \times 5 + 0,65 \times 10}$	$= \frac{23,00\ €}{21,00\ €}$	x 100 = 109,5	9,5 %
$P^L_{2010/2012} = $	$\frac{3,20 \times 5 + 0,70 \times 10}{3,00 \times 5 + 0,50 \times 10}$	$= \frac{23,00\ €}{20,00\ €}$	x 100 = 115,0	15,0 %

---

[33] Vgl. Jörg Hinze: „Wahre" Teuerungsrate – Divergenzen zwischen Preismessung und Inflationswahrnehmung. In: Wirtschaftsdienst 2006, 2; HWWA-Konjunkturforum.

3.3   Inflationsursachen

Nachdem erläutert wurde, wie Inflation berechnet wird, wird nun thematisiert, wie
es überhaupt zu Inflation kommt.

3.3.1   Notenpresse, Ölpreiskrise und Rohstoffknappheit

Eine Inflationsursache haben wir schon kennen gelernt und zwar im Zusammenhang mit der Hyperinflation – die „Notenpresse" der Regierung, also das Gelddru-
cken. Nun sollte diese spezielle Ursache – so interessant sie auch für die Wirtschaftstheorie ist – nicht zum alltäglichen wirtschaftspolitischen Instrumentarium
gehören. Doch auch mit Abschaffung der Notenpresse muss man nicht auf praktische Fallbeispiele für inflationäre Preisentwicklungen verzichten. So gab es in den
siebziger Jahren Inflation durch Ölpreissteigerungen. Und auch heute stößt man
immer wieder auf spezielle Ursachen für Preissteigerungen, zum Beispiel Preissteigerungen bei Rohstoffen und Agrarprodukten infolge von Naturkatastrophen,
Spekulationen und eines starken Anstiegs der weltweiten Nachfrage.

So unterschiedlich und vielfältig sich diese Ursachen und Anlässe auch präsentie-
ren, ist ihnen allen doch eines gemeinsam, nämlich ein Ungleichgewicht zwischen
Angebot und Nachfrage auf den Gütermärkten – und zwar ein Ungleichgewicht
derart, dass in allen Fällen die Nachfrage größer ist als das Angebot. Und dieses
Nachfrage-Angebots-Ungleichgewicht gilt als generelle Ursache für Inflation.

Inflationsursache:
> ➢ Ungleichgewicht zwischen Angebot und Nachfrage:
>
> **Nachfrage > Angebot!**

Alle Arten von Inflation sind vom Ergebnis her „Nachfrageüberhänge", nur die
Ursachen für diese Ungleichgewichte sind unterschiedlich. Je nachdem, worin die
Ursache für einen Nachfrageüberhang liegt, lassen sich unterschiedliche Inflati-
onsursachen klassifizieren:

Inflationsursachen und -arten:
- Nachfrageinflation
- Angebotsinflation:
  - Angebotslückeninflation
  - Kostendruckinflation (Sonderfall: Lohndruckinflation)
  - Gewinndruckinflation
- Geldmengeninflation

Nachfrageinflation: Ist die Ursache für ein Ungleichgewicht von Angebot und
Nachfrage auf der Nachfrageseite zu suchen, handelt es sich um eine Nachfragein-

flation (demand-pull-inflation). Die Nachfrage erhöht sich, während das Angebot als konstant betrachtet wird.

Angebotsinflation: Ein Ungleichgewicht zwischen Angebot und Nachfrage kann auch durch einen Rückgang des Angebots bei gleich bleibender Nachfrage entstehen. In diesem Fall spricht man von einer Angebotsinflation. Je nachdem woher die Veränderungen auf der Angebotsseite herrühren, definiert man die Angebotslückeninflation, die Kostendruckinflation (cost-push-inflation) mit dem Sonderfall der Lohndruckinflation und die Gewinndruckinflation.

Geldmengeninflation: Auch die Geldmengeninflation ist letztlich nur eine Modifikation der Nachfrageinflation. Doch wird die Geldmengeninflation im Unterschied zu den vorigen Modellen nicht allein mit güterwirtschaftlichen Variablen erklärt, sondern mit monetären Größen. Doch auch hier gilt, dass die Nachfrage größer ist als das Angebot.

3.3.2   Nachfrageinflation

Die Nachfrageinflation beschreibt eine Inflation, die sich aus einem Ungleichgewicht von Angebot und Nachfrage auf dem Gütermarkt ergibt, wobei die Ursache für dieses Ungleichgewicht der Nachfrageseite entspringt. Die Nachfrage steigt, während das Angebot konstant bleibt. Modellhaft entspricht dies einem Nachfrageüberhang, wie er in Band I (Kapitel 2) im Rahmen des Markt- und Preismechanismus behandelt wurde. Diese Zunahme der Nachfrage mit Folge eines Nachfrageüberhangs bedingt eine sogenannte inflatorische Lücke. Je nachdem wie starr oder flexibel die Angebotsfunktion ist, wird die Lücke beziehungsweise inflatorische Wirkung größer oder kleiner sein.

3.3.2.1   Nachfrageinflation als Nachfrageüberhang

Eine Zunahme der Nachfrage bedeutet grafisch eine Rechtsverschiebung der Nachfragefunktion. Die Angebotsfunktion wird ceteris paribus als fix betrachtet.

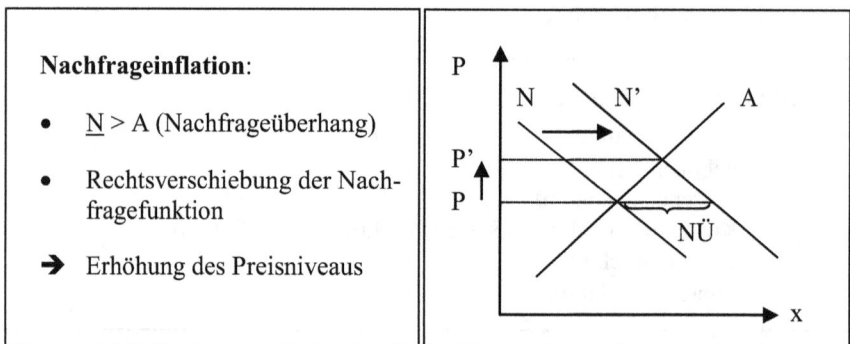

Nachfrageinflation:

• $\underline{N} > A$ (Nachfrageüberhang)

• Rechtsverschiebung der Nachfragefunktion

→ Erhöhung des Preisniveaus

Abbildung 1.21: Funktionsweise der Nachfrageinflation.

Angebotsstarrheit: Dass die Angebotsfunktion als fix betrachtet wird, bedeutet, dass auf die erhöhte Nachfrage nicht mit einer Produktionsausweitung oder einer Erhöhung des Dienstleistungsangebot reagiert wird, was das Preisniveau konstant halten würde.

Die Gründe für ein starres Angebot können vielfältig sein. Die Zeit ist zu kurz, um mengenmäßig reagieren zu können. Die Produktionskapazitäten sind ausgelastet (Vollbeschäftigung), so dass zuerst einmal investiert werden müsste und neue Arbeitskräfte einzustellen wären, was lange dauern kann. Die erhöhte Nachfrage könnte auch als kurzfristiger Strohfeuereffekt betrachtet werden, so dass eine langfristig angelegte Angebotsausweitung nicht sinnvoll wäre.

Schließlich bedeuten höhere Preise durch eine erhöhte Nachfrage auch höhere Gewinnspannen, so dass eine mengenmäßige Reaktion seitens der Unternehmen nicht unbedingt anzustreben ist.

3.3.2.2 Ursachen für Nachfragesteigerungen

Nachfrage der privaten Haushalte und Unternehmen: Woran kann es nun liegen, dass die Nachfrage steigt? Gründe können darin liegen, dass private Haushalte mehr Einkommen zur Verfügung haben oder aus bestimmten Gründen mehr ausgeben möchten oder müssen. Ein höheres Einkommen kann sich durch eine Erhöhung der Löhne der Arbeitnehmer oder der Gewinne der Unternehmer ergeben.

Grund für eine Zunahme des Konsums der privaten Haushalte und der Investitionen der Unternehmen kann aber auch eine Abgabensenkung sein. Steuerreduzierungen beispielsweise erhöhen das verfügbare Einkommen und können somit ebenfalls die Nachfrage ankurbeln.

Viele Marktteilnehmer finanzieren ihre Einkäufe über Kredite. Wenn das Zinsniveau sinkt, wird man eventuell eher mal die Wohnzimmereinrichtung kaufen, beziehungsweise bei niedrigen Hypothekenzinsen das Haus bauen.

Staatsnachfrage: Als Nachfrager kann neben den privaten Haushalten und den Unternehmen auch der Staat auftreten. Eine Erhöhung der Staatsausgaben bedeutet ebenfalls eine Erhöhung der Nachfrage, sofern dadurch nicht die Nachfrage der privaten Akteure verdrängt wird – zum Beispiel durch höhere Steuerbelastungen. Sollten die öffentlichen Haushalte ihre Staatsausgabenerhöhungen über Kredite finanzieren, könnte das zu höheren Zinsen führen und die Privatwirtschaft mit Zeitverzögerung ebenfalls wieder belasten.

Kompensationseffekte: Die bisher angeführten Ursachen für Nachfrageinflationen beruhen auf einer Erhöhung der Ausgaben für Konsum, Investitionen und Staatstätigkeit. Schaut man sich diese Mechanismen an, wird man feststellen, dass sie sich zum Teil kompensieren. Angenommen der Staat will die Wirtschaft durch Steuersenkungen ankurbeln, kann das zur Folge haben, dass Konsumenten und

Unternehmer durch ihre höhere Kaufkraft tatsächlich mehr nachfragen und einkaufen. Gleichzeitig kann aber auch kurzfristig die Nachfrage des Staates infolge
verminderter Steuereinnahmen zurückgehen.

Ursachen für Nachfrageerhöhungen:

- Lohnerhöhungen (brutto)
- Steuer- und Sozialabgabensenkungen (Nettolohnerhöhung)
- Gewinnsteigerungen
- Zinssenkung
- Staatsausgabenerhöhung
- Bevölkerungswachstum
- Anstieg der Exportnachfrage

Demografie: Die Nachfrage muss nicht unbedingt dadurch zunehmen, dass die
einzelnen Nachfrager mehr ausgeben. Es kann auch sein, dass insgesamt die Zahl
der Nachfrager zunimmt, ausgelöst durch ein Bevölkerungswachstum oder durch
Zuzug (zahlungskräftiger) Einwanderer. In Krisensituationen kann es zu Hamster-
käufen kommen, die ebenfalls einen Nachfragesog bewirken.

Auslandsnachfrage: Bezieht man das Ausland in die Analyse mit ein, kann man
eine auslandsnachfragebedingte Inflation definieren. Wenn der Export stark an-
steigt – in diesem Fall fragen die ausländischen Importeure mehr nach – kann das
ebenfalls eine Nachfrageerhöhung bedeuten. In diesem Fall spricht man von einer
importierten Nachfrageinflation (Importpreiseffekt).

3.3.3   Angebotsinflation

Die Angebotsinflation lässt sich als Angebotslückeninflation oder als Kostendruckinflation beschreiben.

3.3.3.1   Angebotslückeninflation

Die Angebotslückeninflation beschreibt den prinzipiell gleichen Zusammenhang
wie bei der Nachfrageinflation. Die Nachfrage ist größer als das Angebot – mit
dem Unterschied, dass die Ursache dieses Ungleichgewichts auf der Angebotsseite
liegt. Es handelt sich also um einen Rückgang des Angebots bei modelltheoretisch
gleich bleibender Nachfrage.

Wenn das Angebot zurückgeht und somit bei gleich bleibender Nachfrage die
Nachfrage nach Gütern größer ist als die angebotene Menge, führt dies zu Preissteigerungen. Man denke an ein Popkonzert, wo auf dem Schwarzmarkt für wenige Karten sehr hohe Preise bezahlt werden.

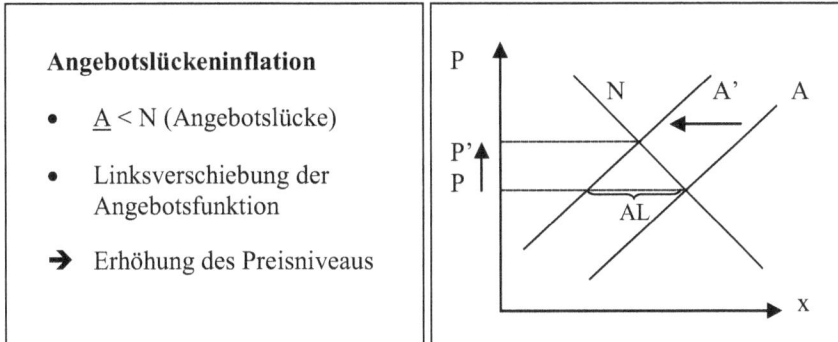

Abbildung 1.22: Funktionsweise einer Angebotslückeninflation.

Angebotsrückgang: Die Ursachen für einen Rückgang des Angebots können in Produktionsausfällen liegen. Produktionsausfälle kann es durch Krisen und Katastrophen wie Krieg, Missernten, Naturkatastrophen und Streiks geben. In Kriegs- und Krisenzeiten, die sich ja oft durch eine Güterknappheit auszeichnen, haben immer wieder Menschen solche Engpässe ausgenutzt und Waren zu überhöhten Preisen auf den Markt gebracht, um dadurch zu Kriegsgewinnlern zu werden. Auch Teilmärkte wie der Markt für Rauschgift sind letztlich hoch inflationäre Märkte. Eine relativ große Nachfrage trifft auf ein kleines Angebot, das es offiziell überhaupt nicht geben dürfte. Je schwieriger ein Produkt zu erhalten ist, desto knapper und teurer wird es.

Um höhere Preise durchsetzen zu können, ist auch eine künstliche Verknappung vorstellbar. Insbesondere in einer Monopolsituation ist das durchführbar. Die OPEC dient als bekanntes Beispiel. Durch eine Reduzierung des Fördervolumens von Öl können die Preise nach oben getrieben werden.

Ursachen für Angebotsrückgänge:
- Produktionsausfälle durch Streik, Krieg, Missernten, Naturkatastrophen
- Künstliche Verknappung des Angebots
- Ausbleibende Lieferungen aus dem Ausland

Einen Angebotsrückgang kann es auch infolge ausbleibender Importlieferungen aus dem Ausland geben (importierte Inflation).

3.3.3.2   Kostendruckinflation und Lohndruckinflation

Die Kostendruckinflation (cost-push-inflation) basiert auf steigenden Kosten für den Einsatz der Produktionsfaktoren. Das können steigende Preise für Stahl auf dem Weltmarkt als Rohstoff für viele Produktionsunternehmen sein. Das können steigende Energiepreise sein, seien es die Kosten für den Energieträger Öl oder für

Strom. Das können steigende Löhne sein – oder auch steigende Lohnnebenkosten wie Rentenbeiträge, die vom Arbeitgeber anteilig zu entrichten sind. Betrifft die Kostenzunahme den Faktor Arbeit, also steigende Lohnkosten, spricht man von einer Lohndruckinflation. Generell können höhere Löhne in einer Volkswirtschaft einen Druck auf die Preise ausüben – eben die Lohndruckinflation.

Ursachen der Kostendruckinflation:

- Lohn(neben)kostensteigerung → Lohndruckinflation (Lohn-Preis-Spirale)
- Steuern- und Gebührenerhöhungen
- Zinserhöhungen
- Preissteigerungen bei importierten Produktionsfaktoren (Importpreis-effekt), z. B. durch Ölpreissteigerungen

---

Hinweis: Steigende Produktionskosten müssen nicht automatisch zu höheren Verkaufspreisen führen. Ist eine größere Gewinnspanne im Unternehmen vorhanden, könnten die höhere Preise auch zu Lasten der Gewinnspanne kompensiert werden. Ist das Unternehmen nicht in der Lage, die höheren Kosten zu Lasten der Gewinnspanne zu kompensieren, weil keine Gewinnspanne vorhanden ist – was öfters vorkommen soll, oder ist das Unternehmen nicht bereit dazu die Gewinnspanne zu schmälern, kann der erhöhte „Dampfdruck" nur über höhere Verkaufspreise abgelassen werden.

Will man eine Kostendruckinflation grafisch darstellen, ergibt sich prinzipiell das gleiche Bild wie bei der Angebotslückeninflation – mit einem wesentlichen Unterschied in der Darstellung. Bei der Angebotslückeninflation verschiebt sich die Angebotsfunktion nach *links*. Auf einer bestimmten Höhe des Preisniveaus wird weniger angeboten. Bei der Kostendruckinflation erfolgt eine Verschiebung der Angebotsfunktion nach *oben*. Eine bestimmte Menge wird zu einem höheren Preis angeboten. Die neue Angebotsfunktion A' ist in beiden Fällen jedoch vom Ergebnis her identisch.

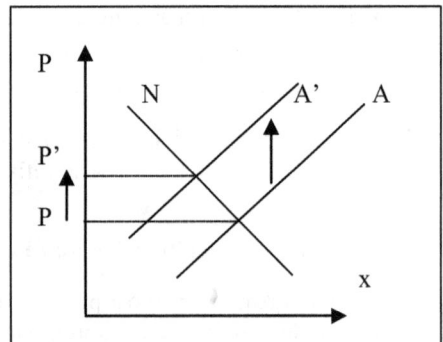

Kostendruckinflation:

- A̲ < N (Angebotslücke)
- Nachobenverschiebung der Angebotsfunktion
- → Erhöhung des Preisniveaus

Abbildung 1.23: Funktionsweise einer Kostendruckinflation.

3.3.3.3   Gewinndruckinflation

Neben den bisher erwähnten Inflationsursachen existiert als Sonderfall die Gewinndruckinflation. Eine Gewinndruckinflation lässt sich aus verschiedenen Argumentationen ableiten. Unternehmen können infolge einer marktbeherrschenden Stellung (Monopolsituation) höhere Preise am Markt durchsetzen, die sie sonst in einer wettbewerbsstarken Situation nicht realisieren könnten. Durch diese Preiserhöhung kann schließlich die Gewinnspanne vergrößert werden.

Gewinndruckinflation:
> Das Bestreben nach Gewinnmaximierung führt zu einem inhärenten Anstieg der Preise (Gewinnspannenausweitung), insbesondere in Monopolsituationen.

Unabhängig von einer Monopolsituation sind Unternehmen per se bedacht, den Gewinn zu maximieren. Wenn es der Markt ermöglicht, werden sie im Rahmen einer Stückkostenkalkulation einen möglichst hohen Gewinnaufschlag einkalkulieren, der somit ebenfalls preiserhöhend wirken kann (mark-up-pricing).

Grundsätzlich kann das ökonomisch nachvollziehbare Bestreben der Unternehmen, ihren Gewinnanteil am Gesamteinkommen zu erhöhen, preistreibend wirken (profit-push-inflation). Die Annahmen zur Gewinndruckinflation sind allerdings umstritten. Betrachtet man die heutige Situation, liefern sich viele Unternehmen einen teils ruinösen Preiswettbewerb. Hier geht es nicht mehr um höhere Gewinne, sondern um Überleben und Marktanteilssicherung. Werden die Zeiten besser und sind die Wettbewerber ausgeschaltet, kann man über eine Erhöhung der Preise eventuell verlorenes Terrain wiedergewinnen.

3.3.4   Geldmengeninflation

Die Nachfrage- und die Angebotsinflation lassen sich durch Ungleichgewichte auf dem Gütermarkt erklären. Das Konzept der Geldmengeninflation erweitert den Blickwinkel, indem der Faktor Geld in die Ursachenanalyse von Inflation einbezogen wird. Letztlich läuft es ebenfalls wieder auf ein Nachfrageübergewicht im Verhältnis zum Angebot hinaus, der Begründungs- und Ursachenansatz ist jedoch ein anderer.

Quantitätsgleichung des Geldes: X · P = M · v
X = Gütermenge   M = Geldmenge
P = Preisniveau   v = Umlaufgeschwindigkeit des Geldes

Quantitätsgleichung: Die Geldmengeninflation lässt sich am besten und elegantesten anhand der Quantitätsgleichung erläutern. Die Quantitätsgleichung stellt einen Zusammenhang zwischen bewerteter Gütermenge beziehungsweise Sozialprodukt (X · P) und dem entsprechenden Geldvolumen (M · v) her.

Beispiel „Rosen":

In einer Minivolkswirtschaft werden im Jahr 5.000 Rosen gezüchtet und geerntet (einziges Gut!). Verkauft werden die Rosen zu einem Preis von 2 Euro je Stück. Die Geldmenge beträgt 2.000 Euro und die Umlaufgeschwindigkeit des Geldes 5.

5.000 St x 2 €/St   =   2.000 € x 5
10.000 €   =   10.000 €

Angenommen die Geldmenge erhöht sich durch eine expansive Geldpolitik der Zentralbank auf das Doppelte. Was passiert mit dem Preisniveau, unter der Annahme, dass die Geldumlaufgeschwindigkeit konstant ist und die „Produktion" der Rosen ebenfalls als konstant betrachtet werden kann?

Der Preis steigt auf das Doppelte: Inflationsrate: 100 %!

5.000 St x 4 €/St   =   4.000 € x 5
20.000 €   =   20.000 €

Preisniveauanstieg durch Geldmengenerhöhung: Inflation liegt vor, wenn sich das Preisniveau (P) erhöht. Das Preisniveau seinerseits nimmt zu, wenn die Geldmenge (M) steigt. Die Umlaufgeschwindigkeit des Geldes (v) kann als relativ konstant betrachtet werden. Die Produktionsmenge einer Volkswirtschaft (X) kann kurzfristig ebenfalls als relativ konstant betrachtet werden. So muss eine Erhöhung der Geldmenge unter der Annahme der Konstanz der Umlaufgeschwindigkeit und der Gütermenge zu einer Erhöhung des Preisniveaus führen. Die Erhöhung des Preisniveaus basiert auf der Erhöhung der Geldmenge – die Geldmengeninflation.

Inflation: $X \cdot P\uparrow = M\uparrow \cdot v$

Annahme: X, v = konstant

Ergebnis: Geldmengenerhöhung $M\uparrow$ => Preisniveauerhöhung $P\uparrow$

Eine Erhöhung der Geldmenge erfolgt durch den Einsatz geldpolitischer Instrumente wie der Offenmarktpolitik und Zinspolitik seitens der Zentralbank. Eine Zinssenkung beispielsweise erhöht die Geldmenge, verbilligt Kredite und steigert die Nachfrage nach Investitions- und Konsumgütern. Insofern entspricht die Geldmengeninflation einer Nachfrageinflation.

Geldmengeninflation ≡ Nachfrageinflation: $\underline{N} > A$

Gedankenexperimente: Die Geldmengeninflation beruht – wie auch die anderen Inflationsursachen – auf einem Ungleichgewicht von Nachfrage und Angebot bzw. von Geld und Gütern. Hierzu ein paar Gedankenexperimente:

Angenommen man lebe auf einer Insel und bekomme 1 Mio. Euro geschenkt. Auf dieser Insel gebe es einen einzigen Apfel zum Verkauf. Dieser Apfel wird dann 1 Mio. Euro kosten, sofern man nicht verhungern will und der Verkäufer sich überhaupt mit der wertlosen Million zufrieden geben sollte.

Angenommen, jeder Bürger eines Staates bekomme 1 Mio. Euro geschenkt, um die Wirtschaft anzukurbeln. Keiner braucht dann mehr zu arbeiten; alle sind am konsumieren. Es wird nur noch wenige Produkte geben, die unendlich viel kosten.

Angenommen, eine Regierung druckt Geld. Bei gleichem Gütervolumen wird das vermehrte Geld dann auf die konstante Menge verteilt – mit der Folge, dass alles teurer wird, aber nicht mehr Güter da sind als vorher.

3.3.5   Arten von Inflation

Man kann wie oben beschrieben Inflation nach deren Ursachen unterscheiden. Inflationsarten können schließlich auch nach dem Ausmaß der Inflation, also nach der Stärke der Preissteigerung, unterschieden werden. Danach lassen sich folgende Inflationsarten unterscheiden:

- säkulare Inflation
- schleichende Inflation
- galoppierende Inflation
- Hyperinflation

Die Definition dieser Inflationsarten ist nicht eindeutig vorgegeben, sondern umschreibt mehr oder weniger gebräuchliche Begriffe.[34]

Säkulare Inflation: Lang anhaltender, aber moderater Prozess von Preissteigerungen ohne Selbstverstärkungstendenz (0 bis 2 Prozent). Die säkulare Inflation ist vor allem in den westlichen Industrienationen vorzufinden und „begleitet" den meist üblichen Wachstumsprozess in diesen Nationen.

Schleichende Inflation: Anhaltende Preissteigerungen zwischen 2 und 5 Prozent jährlich. Charakteristisch für die schleichende Inflation ist ein zyklischer Verlauf entsprechend der allgemeinen und meist ebenfalls zyklisch verlaufenden Konjunktur.

Galoppierende Inflation: Stark kumulative Geldwertminderung. Bei einer galoppierenden Inflation verliert Geld seine Funktion als Wertaufbewahrungsmittel. Galoppierende Inflation und Hyperinflation werden manchmal gleichgesetzt

Hyperinflation: Extreme Ausprägung der galoppierenden Inflation mit Preissteigerungsraten von über 50 Prozent im Monat (Cagan'sche Schwelle). Eine Hyperinflation bedeutet eine Paralysierung der Geldwirtschaft und Kontrollverlust der Wirtschaftspolitik und tritt oft nach Kriegen und gesellschaftlichen Systemveränderungen ein.

---

[34] Vgl. Geigant u.a. (Lexikon Volkswirtschaft), 2000.

3.4   Inflationswirkungen und -probleme

Die negativen Wirkungen infolge Inflation – man spricht auch von Kosten der Inflation – sind vielfältig. Sie reichen vom Kaufkraftverlust mit der möglichen Folge der Verarmung bis hin zu ordnungspolitischen Problemen und völligem Vertrauensverlust und Destabilisierung eines politischen Systems.

Negative Wirkungen einer Inflation (Kosten der Inflation):

Einkommensverluste:
- Kaufkraftverlust
- kalte Progression
- inflationsbedingte Steuer- und Zinsverzerrungen
- Besteuerung inflationsbedingter Scheingewinne
- Lohn-lag-Hypothese und Transfer-lag-Hypothese

Vermögensverluste:
- Gläubiger-Schuldner-Hypothese
- Kapitalflucht

Transaktionskosten:
- „Schuhsohlenkosten"
- „Speisekartenkosten"

Vertrauensverlust:
- Wertverlust
- ordnungspolitische Probleme

3.4.1   Einkommensverluste durch Inflation

Einkommensverluste durch Inflation können auf verschiedene Art entstehen. Die ursprünglichste Form des „Ärmerwerdens" ist der unmittelbare Kaufkraftverlust.

3.4.1.1   Kaufkraftverlust durch Inflation

Inflation bedeutet Kaufkraftverlust. Geld verliert an Wert, so dass man mit dem gleichen Geldbetrag weniger Güter erhält wie das zuvor der Fall war. Zu Kindheitszeiten kostete eine Brezel 10 Pfennig, heute kostet eine Brezel über 50 Cent – eine Verzehnfachung des Preises. Mit demselben Betrag von 50 Cent hätte man früher umgerechnet 10 Brezeln konsumieren können.

Zu beachten ist jedoch, dass Preiserhöhungen und Geldwertverlust zwar einen absoluten Kaufkraftverlust darstellen, aber relativ gesehen unproblematisch sein können. Wenn man – um beim Brezelbeispiel zu bleiben – mehr als das Zehnfache an Geld gegenüber früher zur Verfügung hat, hat die Kaufkraft insgesamt nicht abgenommen.

Um einen relativen Kaufkraftvergleich im Hinblick auf verschiedene Zeitpunkte zu ermöglichen, ist die Kaufkraft pro Zeiteinheit ein hilfreiches Mittel.

Kaufkraft der Lohnminute:

➢ Arbeitszeit, um einen bestimmten Geldbetrag zu verdienen.

Die Preise der meisten Güter in Deutschland haben in den letzten Jahrzehnten zwar deutlich zugenommen, doch ist der Anstieg der Kaufkraft pro Lohnminute weitaus stärker gewesen. Das heißt, dass wir heute weniger lang arbeiten müssen um 1 Brot kaufen zu können (11 Minuten), als das 1960 der Fall war (19 Minuten). Und das trifft nicht allein auf Brot, sondern auf die meisten Konsumgüter zu (Abbildung 1.24). Zu bemerken ist allerdings aber auch, dass die Kaufkraft bei manchen Produkten gegenüber den 90er Jahren wieder abgenommen hat.

Güter	Einheit	1960			1991			2010		
		Preis	Arbeitszeit		Preis	Arbeitszeit		Preis	Arbeitszeit	
		Euro	Std.	Min.	Euro	Std.	Min.	Euro	Std.	Min
Mischbrot	1 kg	0,41	0	19	1,82	0	11	2,54	0	11
Brathähnchen	1 kg	2,82	2	12	2,60	0	15	2,91	0	12
Bohnenkaffee	500 g	4,50	3	31	3,95	0	23	4,45	0	19
Normalbenzin	1 l	0,31	0	14	0,68	0	4	1,41	0	6
Wasch-maschine	1 St.	285,30	222	54	542,99	53	27	435,56	30	30
Briefporto	1 Brief	0,10	0	5	0,51	0	3	0,55	0	2

Abbildung 1.24: Kaufkraft der Lohnminute. [Quelle: Deutschland in Zahlen 2011, Tabelle 6.5, S. 57; Deutscher-Instituts-Verlag Köln]

3.4.1.2 Die Inflationssteuer – Kosten der Bargeldhaltung

Unter dem Begriff der Inflationssteuer versteht man, dass Inflation die Bargeldhaltung „besteuert". Je höher die Inflation und je länger man Bargeld hält, desto weniger wird dieses Bargeld wert. Inflation benachteiligt Bargeldhaltung, indem sie wie eine Besteuerung auf Bargeld wirkt.

Inflationssteuer:

➢ Inflation wirkt wie eine Steuer auf die Bargeld- bzw. Kassenhaltung. Inflation „besteuert" also die Kassenhaltung, mit der Folge, dass Bargeld weniger wert wird.

Beispiel: Angenommen zu Beginn eines Monats hebt man 2.000 Euro ab, um am Ende des Monat ein Fahrrad zu kaufen. Wenn die Inflationsrate 5 % pro Monat beträgt, werden diese 2.000 Euro entsprechend weniger wert sein, beziehungsweise das Fahrrad, das zu Beginn des Monats mit 2.000 Euro ausgezeichnet war, wird nun 2.100 Euro kosten.

3.4.1.3   Einkommensverluste durch kalte Progression

Kalte Progression bedeutet, dass man trotz oder wegen einer Gehaltserhöhung einen Kaufkraftverlust erleidet. Das kann dann der Fall sein, wenn im Falle einer Inflation eine Erhöhung des Nominaleinkommens infolge eines progressiven Steuersystems zu einem abnehmenden Realeinkommen führt.

Kalte Progression:

➢ Ein Anstieg der Nominallöhne aufgrund von Preissteigerungen kann durch die höhere progressive Besteuerung zu einer realen Einkommensverschlechterung führen.

Kalte Progression nennt sich die negative Auswirkung einer Nominallohnerhöhung aufgrund von Inflation deshalb, weil keine direkte und offensichtliche Minderung der Kaufkraft stattfindet. Der Kaufkraftverlust kommt indirekt über die Einstufung in eine höhere Progressionsstufe der Einkommensteuer zustande. Es erwischt einen „kalt".

Folgendes Beispiel soll die „Funktionsweise" einer kalten Progression verdeutlichen:[35]

Ein verheirateter Facharbeiter erhält für 2012 eine Lohnerhöhung von 2,5 Prozent, um die Inflation des Jahres 2011 in Höhe von 2,5 Prozent auszugleichen. Das Einkommen nach Steuern nimmt zwar nominal zu, aber die zu entrichtende Einkommensteuer nimmt durch die Progression relativ stärker zu, so dass sich das nominale Einkommen nur um 2,1 Prozent erhöht. Bezieht man nun noch den Kaufkraftverlust durch die Inflation mit ein, ergibt sich sogar ein realer Einkommensverlust von 138 Euro.

Kalte Progression:	2011	2012
Bruttoeinkommen	**43.000 €**	**44.075 €**
Einkommensteuer insgesamt	4.644 €	4.902 €
Einkommen nach Steuern		
... nominal	38.356 €	39.173 €
... in Preisen von 2011	**38.356 €**	**38.218 €**
Sozialbeiträge	8.976 €	9.200 €
Nettoeinkommen		
... nominal	29.380 €	29.973 €
... in Preisen von 2011	**29.380 €**	**29.242 €**
realer Einkommensverlust		**-138 €**

Annahme: Die steuerlich abzugsfähigen Vorsorgeaufwendungen und Freibeträge sowie die Beitragssätze und Beitragsbemessungsgrenzen in der Sozialversicherung bleiben gegenüber 2011 konstant.

---

[35] Beispiel aus iw-dienst, Nr. 24, 16.06.2011, S. 6 (Hinweis: Sozialbeiträge „2012" geändert von 9.201 Euro in 9.200 Euro!).

3.4.1.4   Besteuerung inflationsbedingter Scheingewinne

Um die Besteuerung inflationsbedingter Scheingewinne zu erläutern, sind zwei Beispiele zur Abschreibungspraxis und zum Wertpapierverkauf gewählt.

Beispiel Gewinnermittlung: Ein Unternehmen erzielt einen Jahresumsatz von 200.000 €. Diesem Umsatz stehen Aufwendungen in Höhe von 50.000 € gegenüber. Diese Aufwendungen ergeben sich aus Abschreibungen, die sich steuerrechtlich nach dem Anschaffungswert der abzuschreibenden Maschine (500.000 €) ergeben. Zu versteuern ist ein Gewinn von 150.000 €. Im Folgejahr erhöht sich der Umsatz aufgrund von Preissteigerungen auf 250.000 €. Der Aufwand wird jedoch weiterhin mit 50.000 € angesetzt. Zu versteuern ist nun ein Gewinn von 200.000 €.

Würde man statt dem steuerrechtlichen einen kalkulatorischen Abschreibungswert ansetzen, müsste dieser analog der Preissteigerung beim Umsatz ebenfalls höher angesetzt werden (62.500 €) und zwar deshalb, weil bei der kalkulatorischen Abschreibung der Wiederbeschaffungswert und nicht der Anschaffungswert festgesetzt wird. Und in Folge von Inflation wäre der Wiederbeschaffungswert deutlich höher anzusetzen als die Anschaffungskosten. Insofern kann man argumentieren, dass der neue Gewinn von 200.000 € zum Teil auf inflationsbedingten Scheingewinnen beruht und diese zu „Unrecht" besteuert werden.

Besteuerung inflationsbedingter Scheingewinne:
➢ Da Aufwendungen für Abschreibungen nach dem Anschaffungswertprinzip und nicht kalkulatorisch nach dem Wiederbeschaffungswert angesetzt werden, Umsätze jedoch durch die inflationäre Anpassung „aufgebläht" werden, ergeben sich Scheingewinne, die besteuert werden (Steuern auf „unrichtige" Gewinne).

Beispiel Wertpapierverkauf: Im Jahr 1995 hat ein Aktionär Papiere im Wert von 10.000 € gekauft. 2010 wird das Aktienpaket zu einem Wert von 30.000 € veräußert. Auf den Gewinn von 20.000 € sind 25 % Steuer anzusetzen, so dass eine Steuerzahlung von 5.000 € zu leisten ist (wir sehen von Spekulationsfristen ab).

Angenommen in den 15 Jahren des Aktienbesitzes hätte eine Verdoppelung des Preisniveaus stattgefunden. Wie hoch wäre dann der Steuerbetrag, wenn statt des Nominalgewinns von 20.000 € der Realgewinn als inflationsbereinigter Gewinn besteuert wird?

Der Aufwand in Höhe von 10.000 € im Anschaffungsjahr 1995 wäre im Jahr 2010 der Abrechnung mit 20.000 € zu bewerten (das Doppelte von 10.000 €). Der Realgewinn hätte dann nur noch eine Höhe von 10.000 € (30.000 € minus 20.000 €) und die Steuer würde 2.500 € betragen.

3.4.1.5   Lohn-Lag-Hypothese

Die Lohn-lag-Hypothese beschreibt das Dilemma von Lohnbeziehern, in Zeiten von Inflation trotz Lohnerhöhungen hinter den allgemeinen Preissteigerungen herzuhinken und mit Realeinkommensverlusten zu kämpfen. Grund für dieses Manko ist die Lohn-Preis-Spirale.

Lohn-Preis-Spirale: Im Angesicht oder in Erwartung steigender Preise machen die Arbeitnehmer höhere Löhne geltend. Werden Lohnsteigerungen, die über der Produktivität liegen, durchgesetzt, erhöhen die Unternehmen aufgrund der höheren Lohnkosten ihre Güterpreise mit der Folge, dass das Preisniveau steigt. Die Arbeitnehmer werden sich in ihrer Lohnpolitik bestätigt sehen und wieder höhere Löhne fordern, um den Preisauftrieb wett zu machen. Die Löhne steigen – die Preise steigen – die Löhne steigen – die Preise steigen – und so fort: Die Lohn-Preis-Spirale ist im Gange und kann sich eventuell sogar beschleunigen.

> * wage lag: verzögerte Lohnanpassung
> * transfer lag: verzögerte Rentenanpassung

Folge für die Arbeitnehmer ist, dass das Realeinkommen nicht zunimmt, eventuell sogar abnimmt, wenn die Lohnsteigerungen geringer ausfallen als die Preissteigerungen. Analoges gilt für Transfereinkommensbezieher wie Kindergeld- oder Rentenbezieher. Je nachdem spricht man von wage lag oder von transfer lag:

3.4.2   Vermögensverluste

Inflation führt zu Vermögensumverteilung bzw. -verlust im Sinne der Gläubiger-Schuldner-Hypothese und infolge von Kapitalflucht.

Gläubiger-Schuldner-Hypothese: Änderungen des Preisniveaus können zu Vermögensumverteilungen führen, die entweder die Gläubiger (Kreditgeber) oder die Schuldner (Kreditnehmer) begünstigen. Inflation begünstigt üblicherweise die Schuldner und Deflation die Gläubiger.

> **Gläubiger-Schuldner-Hypothese:**
> ➢ Inflation führt zu einem realen Verlust der Gläubiger und zu einem realen Gewinn der Schuldner.

Beispiel: Lisa leiht ihrer Freundin Mia 10.000 Euro aus. Zinsen verlangt sie keine, denn ihrer Freundin gegenüber will sie nicht als Wucherer dastehen. Nach einem Jahr erhält sie den Betrag wie vereinbart zurück. Die Preissteigerung betrug in diesem Zeitraum 10 Prozent. Die 10.000 Euro, die Lisa zurück erhalten hat, sind nur noch 9.090,91 Euro (10.000 dividiert durch 1,1) wert; alternativ hätte ein Produkt zum jetzigen Preis von 10.000 Euro vor einem Jahr nur 9.090,91 Euro gekostet. Insofern würde Lisa als Gläubigerin einen Wertverlust erleiden, während Mia einen Vorteil genießen würde. Eventuell hat sie zwischenzeitlich eine inflationsbedingte Gehaltserhöhung erhalten, so dass die Rückzahlung der 10.000 Euro „leichter" gefallen ist. Denn die 10.000 Euro sind nun weniger wert.

Da Inflation zu Wertverlusten für den Gläubiger führen kann, werden sich die Gläubiger versuchen abzusichern. Dies machen sie, indem sie eine Verzinsung verlangen, die über die antizipierte (erwartete) Inflationsrate hinausgeht (Zinsgewinnspanne plus Inflationsrate). [36]

Während tendenziell die Schuldner in Inflationszeiten im Vorteil sein können, sind Schuldner in Deflationszeiten die Benachteiligten. Wenn jemand 20.000 € Schulden aufgenommen hat, um diese in fünf Jahren zurück zu bezahlen und in dieser Zeit das Preis- und Lohnniveau massiv gesunken ist, wird die Rückzahlung ungleich schwerer fallen, als wenn es eine allgemeine Lohn- und Preissteigerung gegeben hätte.

Kapitalflucht: Vermögensumverteilungen in Zeiten von Inflation finden nicht nur zwischen Gläubigern und Schuldnern statt, sondern auch zwischen Inland und Ausland sowie zwischen monetären Werten und Sachwerten.

Kapitalflucht ins Ausland: Geld- und Kapitalbesitzer „retten" ihre Besitzmittel ins preisstabile Ausland.

Kapitalflucht in Sachwerte: Je höher der potentielle Geldverlust ist, desto größer sind die Anreize, Geld in Sachwerte wie Schmuck oder Immobilien anzulegen. Eine extreme Form der Sachwertflucht wäre auch die Ersetzung der Geldwährung durch eine Güterwährung wie zum Beispiel die Zigarettenwährung.

3.4.3   Transaktionskosten

Zu den Transaktionskosten zählen die sogenannten Schuhsohlen- und Speisekartenkosten, die dadurch entstehen, dass man mit Inflation „mehr Arbeit und Umstände hat". Im wissenschaftlichen Sprachgebrauch bezeichnet man das als eine Erhöhung der Transaktionskosten. Was ist damit gemeint?

3.4.3.1   Schuhsohlenkosten

Beginnen wir mit den Schuhsohlenkosten. Angenommen, jemand hebt sein Gehalt von 3.000 Euro am Monatsanfang komplett ab, um damit über den Monat verteilt Einkäufe zu erledigen. Wenn nun eine hohe Inflation herrscht, hätte das zur Folge, dass das Geld immer weniger wert wird, je länger man es als Bargeld im Geldbeu-

---

[36] Grundsätzlich gilt, dass Inflationswirkungen im Hinblick darauf unterschieden werden können, ob sie antizipiert werden oder nicht. Inflation antizipieren heißt, negative Inflationswirkungen vorwegzunehmen und zu kompensieren. Typisches Beispiel ist das Einkalkulieren von Zinsen.

tel mit sich herumträgt. Um diese Wertverluste wenigstens zum Teil zu kompensieren, müsste man das Geld zinsbringend auf der Bank deponieren und bei Bedarf kleinere Beträge abheben, bevor es als zu lang aufbewahrtes Bargeld an Wert verliert.

Schuhsohlenkosten:

- fachlich gesprochen: Höhere Transaktionskosten zur Vermeidung von Verlusten der Bargeldhaltung.

- bildlich gesprochen: Um kleinere Bargeldbeträge abzuheben, muss man häufiger zur Bank gehen, was zu einer schnelleren Abnutzung der Schuhsohlen führt.

Die konkreten Kosten dieses Verhaltens liegen darin, dass Zeit Geld ist. Man muss häufiger zur Bank gehen, was Zeit kostet, muss eventuell Geld für die Fahrt zum Bankschalter investieren und wenn man zu Fuß geht, kostet es tatsächlich „Schuhsohlen".

3.4.3.2   Speisekartenkosten

Die Speisekartenkosten beschreiben ein ähnliches Problem wie das der Schuhsohlenkosten. Wenn man in preisstabilen Zeiten ins Restaurant zum Essen geht, werden die Preise auf den Speisekarten für Prosecco und Kürbiscremesuppe konstant bleiben. Die letzte Änderung der Preise, meist eine Erhöhung, liegt vielleicht sogar Jahre zurück.

Speisekartenkosten:

- fachlich gesprochen: Höhere Transaktionskosten zur Anpassung der Preise (Kosten der laufenden Preisanpassung).

- bildlich gesprochen: In Restaurants müssen wegen laufender Preiserhöhungen die Speisekarten ständig neu geschrieben werden.

In Zeiten ausgeprägter Inflation würden sich die Restaurantbesitzer gezwungen sehen, die Speisekartenpreise öfter zu ändern, vielleicht sogar monatlich oder wöchentlich. In Hyperinflationszeiten könnte das täglich, wenn nicht stündlich der Fall sein. Tritt dieser Fall ein, findet man kaum mehr Zeit für die eigentliche Tätigkeit des Kochens und Servierens. Stattdessen ist man ständig mit dem Thema „Geld" beschäftigt. Was für die Restaurantbesitzer gilt, trifft auch für alle Einzelhändler, ja für alle, die irgend etwas verkaufen, zu. Ständig müssten im Schaufenster die Preisschilder ausgewechselt werden; auf der Homepage müssten die Preise geändert werden; in den Angebotsunterlagen müssten sie immer wieder erneuert werden.

Generell kann man sagen, dass Menschen immer häufiger damit beschäftigt sind, die Folgen dieser ständigen Preiserhöhungen zu kompensieren, je höher die Inflation ausfällt. Und das führt dazu, dass man immer weniger Zeit für die eigentliche Arbeit des Produzierens und des Anbietens von Dienstleistungen hat. Eine Volkswirtschaft wird einen enormen Produktivitätsverlust erleiden. Es wird immer weniger produziert und das „immer-weniger" wird immer teurer.

3.4.4   Wertverlust und ordnungspolitische Probleme

Inflation beeinträchtigt die Informationseffizienz des Preissystems. Preise funktionieren wie eine Sprache, die uns mitteilt, ob ein Produkt teuer oder billig ist. Wenn man ins Ausland fährt und sich mit einer fremden Währung anzufreunden hat, muss man einschätzen lernen, ob ein Kleidungsstück für 8.000 Yen teuer oder billig ist. Normalerweise sind uns die Preise in der eigenen Währung geläufig und helfen uns, Güter, Löhne, Aktien und Immobilien anhand der Preise zu vergleichen und zu bewerten. Doch kann eine ausgeprägte Inflation mit ständigen Preisänderungen dazu führen, dass der Informationsgehalt von Preisen beeinträchtigt wird. Sind 100 Euro nun viel wert oder nicht viel wert?[37]

Durch Inflation wird also der Wertmaßstab des Preissystems beeinträchtigt oder geht sogar verloren. Das ist sowohl technisch gemeint als auch im übertragenen Sinne. Der Wert im Sinne von Verlässlichkeit und Vertrauen in die Wirtschaft eines Staates geht verloren. Schwarzarbeit nimmt zu. Staatseingriffe wie Lohn- oder Preisstopps, Kapital- oder Devisenkontrollen nehmen zu. Die Staatsverschuldung nimmt zu. Der Vertrauensverlust der Bürger in den Staat nimmt zu. Schließlich sind Stabilität und Demokratie in Gefahr. Eine Hyperinflation führt schließlich zum Bankrott des Staates!

3.5   Inflationsvermeidung und -bekämpfung

So komplex sich Inflationsursachen und Inflationswirkungen darstellen, so einfach gestalten sich im Prinzip Inflationsvermeidung und Inflationsbekämpfung.

Auf einen Nenner gebracht heißt Inflationsvermeidung und -bekämpfung Einhaltung der vierten Kardinaltugend, die besagt, dass man im Leben das Gebot des rechten Maßes befolgen soll.[38] Doch wer ist angesprochen, wenn eine maßvolle Wirtschaftspolitik gefordert ist?

Vier Akteure sind es, die Gutes oder Schlechtes bewirken können, nämlich die Zentralbank, der Staat, die Arbeitgeber und die Arbeitnehmer. Die Zentralbank ist für eine moderate Zinspolitik und der Staat für eine moderate Abgabenpolitik

---

[37] Das prinzipiell gleiche Problem besteht, wenn in Sachbüchern oder Romanen von Dukaten und Talern die Rede ist und man nicht einschätzen kann, wie hoch ein Verdienst oder ein Vermögen verglichen mit heute nun wirklich wert sind.

[38] Die vier Kardinaltugenden sind die Klugheit, Tapferkeit, Gerechtigkeit und das rechte Maß.

zuständig, während Arbeitgeber für moderate Preise und Arbeitnehmer für moderate Löhne verantwortlich sind.

Inflationsvermeidung und -bekämpfung:

➢ maßvolle bzw. moderate Wirtschaftspolitik

- Zentralbank: maßvolle Zinspolitik
- Staat: maßvolle Abgabenpolitik
- Arbeitgeber: maßvolle Preispolitik
- Arbeitnehmer: maßvolle Lohnpolitik

Eine maßvolle Politik ist deshalb wichtig, weil die Wirtschaft Zeit braucht, sich an veränderte Gegebenheiten anzupassen. Inflation ist letztlich Ausdruck dafür, dass Störungen und Ungleichgewichte im Wirtschaftssystem vorhanden sind, deren Ursachen, wie beschrieben, sehr vielschichtig sein können.

Und eine maßvolle Wirtschaftspolitik ist auch deshalb vonnöten, weil bei zu überstürztem und unausgewogenem Handeln die Gefahr von „Nebenwirkungen" sehr groß ist. Es können bei der Inflationsbekämpfung Zielkonflikte durch die Beeinträchtigung anderer Ziele auftreten – und dazu gehört vor allem die Beschäftigungssicherung. Dass es hier immer wieder Konflikte zwischen Inflation und Arbeitslosigkeit gibt, zeigt die Phillipskurve.

3.6   Die Phillips-Kurve

„Die Phillipskurve ist möglicherweise der wichtigste makroökonomische Zusammenhang." (George Akerlof)[39]

Die Phillips-Kurve ist als eine der bekanntesten Zielkonflikt-Darstellungen (man spricht auch von Substitutionskurve oder trade-off-Kurve) in der Volkswirtschaftslehre bekannt. Unterschieden werden die originäre und die modifizierte Phillipskurve. In der Originalversion thematisiert die Phillipskurve die Wechselwirkung zwischen Arbeitslosigkeit und Lohnentwicklung.

3.6.1   Originäre Phillipskurve

Im Jahr 1958 veröffentlichte der englische Nationalökonom Alban William Phillips den Aufsatz „The Relationship between Unemployment and the Rate of Change of Money Wage Rates in the United Kingdom, 1861 - 1957".[40] Untersuchungsgegenstand waren also Arbeitslosigkeit und Lohnentwicklung.

---

[39] … so der Nationalökonom Akerlof anlässlich seiner Rede zur Entgegennahme des Nobelpreises im Jahr 2001. [Quelle: Mankiw, 2008, S. 890]
[40] In: Economia, Vol 25 (158), S. 283 - 299.

Phillips konnte zeigen, dass ein negativer Zusammenhang zwischen diesen beiden Größen bestand.

Originäre Phillipskurve

➢ Zusammenhang zwischen der prozentualen Arbeitslosenquote (Niveau der Arbeitslosigkeit) und der prozentualen Veränderungsrate des Nominallohnniveaus (pro Jahr).

Lohnänderung [%]

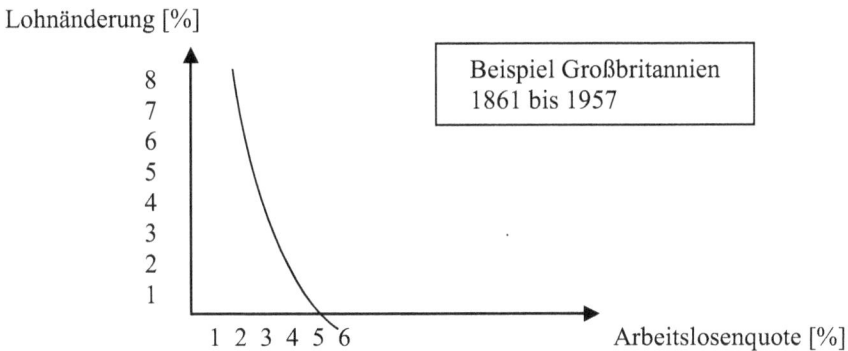

Abbildung 1.25: Die originäre Phillipskurve.

Wie sind diese Daten zu interpretieren? Wichtig ist, dass die Lohnentwicklung in Abhängigkeit von der Beschäftigung zu interpretieren ist und nicht umgekehrt:

• Hohe Beschäftigung bzw. geringe Arbeitslosigkeit führt zu hohen Lohnforderungen!
• Hohe Arbeitslosigkeit führt zu geringen Lohnforderungen!

Als Ergebnis dieser empirischen Untersuchungen lässt sich resümieren: Nominallöhne steigen umso stärker, je geringer die Unterbeschäftigung ist.

3.6.2   Modifizierte Phillipskurve

Die modifizierte Phillipskurve basiert auf Untersuchungen von Paul A. Samuelson und Robert M. Solow (1960).[41] Im Hinblick auf die Ergebnisse von Phillips führten Samuelson und Solow ebenfalls eine empirische Untersuchung durch – allerdings mit zwei Unterschieden.

Untersuchungsgegenstand war bei Ihnen nicht Großbritannien sondern die USA. Entscheidend und interessant ist aber der zweite Aspekt. Sie untersuchten nämlich nicht ausschließlich den Zusammenhang von Arbeitslosigkeit und Lohnentwicklung, sondern von Arbeitslosigkeit und Inflation.[42]

---

[41] "Analytical Aspects of Anti-Inflation Policy" in: American Economic Review 1960.
[42] Samuel und Solow gaben diesem Zusammenhang den Namen "Phillipskurve".

Modifizierte Phillipskurve
➢ Zusammenhang zwischen Niveau der Arbeitslosigkeit und Veränderungsrate des Preisniveaus (Inflation).

Inflation ersetzt Lohn: Hinter dieser Idee, Lohnentwicklung durch Inflationsentwicklung zu ersetzen, steckt eine einfache aber wirkungsvolle Annahme. Wenn man davon ausgehen kann, dass Lohnerhöhungen wesentlich zu Preissteigerungen und damit zu Inflation beitragen, müsste sich Lohn durch Inflation ersetzen lassen und bei Bestätigung der Annahme ein ebenfalls inverser (umgekehrter/negativer) Zusammenhang zwischen Arbeitslosigkeit und Inflation feststellen lassen. Und dieser Zusammenhang ließ sich tatsächlich feststellen.

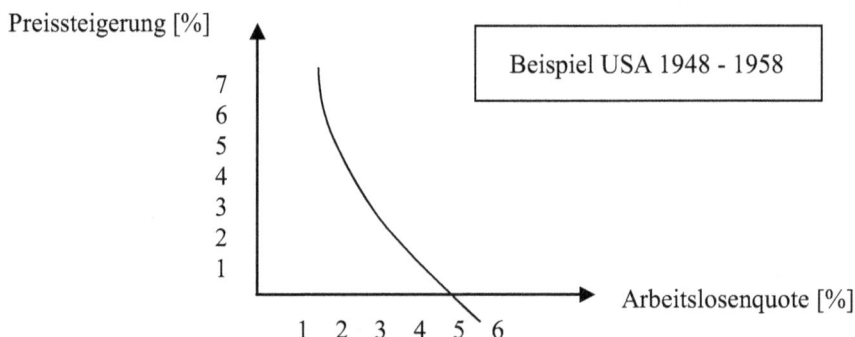

Abbildung 1.26: Die modifizierte Phillipskurve.

Die modifizierte Phillipskurve beschreibt somit einen Zielkonflikt zwischen Preisstabilität und Beschäftigung.

These: Geldwert- beziehungsweise Preisstabilität ist nur bei einem bestimmten Grad von Arbeitslosigkeit erreichbar oder umgekehrt ist ein hoher Beschäftigungsstand nur bei einer bestimmten Inflationsrate möglich.

Um die Konjunktur anzukurbeln und die Beschäftigung zu erhöhen, kann man die Zinsen senken und die Geldmenge erhöhen (Geldpolitik) und/oder die Staatsausgaben und Schulden erhöhen (Fiskalpolitik) – beides führt zu höherer Inflation. Will man durch höhere Zinsen und fiskalpolitische Sparbemühungen den Geldwert stabilisieren, könnte das zu Wachstums- und Beschäftigungseinbußen führen.

Eine alternative Argumentation stellt den Zusammenhang zwischen Inflation und Arbeitslosigkeit über die Nominal- und Reallöhne her. Inflation führt zu einer Senkung der Reallöhne, was für die Unternehmen eine Kostenreduzierung bedeutet, die ihrerseits zu mehr Investitionen und Beschäftigung führen kann. Die Nominallöhne ziehen nach, was wiederum Preissteigerungen notwendig macht (Nominallohnfixierung).

Nachdem die originäre und die modifizierte Kurve auf Daten Großbritanniens und der USA beruhen, sind für verschiedene Länder eigene Phillipskurven konstruiert worden, so auch für Deutschland (Abbildung 1.27).

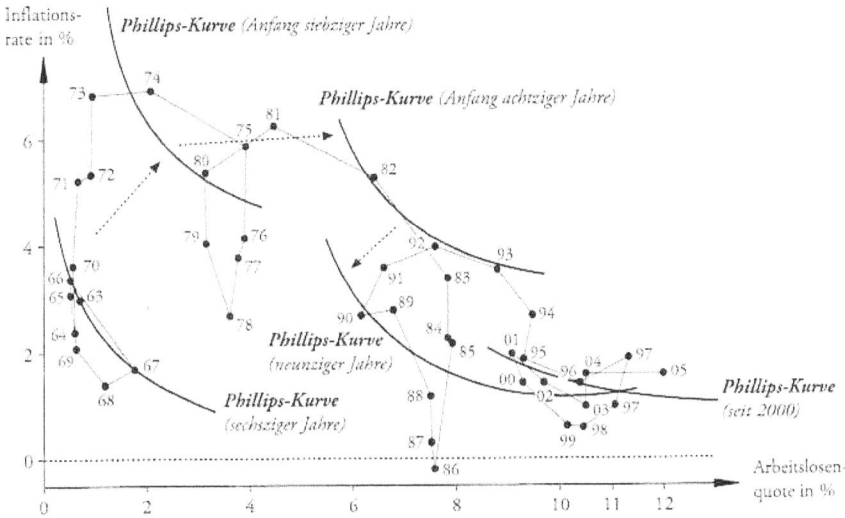

Abbildung 1.27: Phillipskurve für Deutschland. [Quelle: Mussel/Pätzold, 2008, S. 98]

In Anbetracht des „unangenehmen" Zielkonflikts zwischen Wachstum und Beschäftigung einerseits und Preisniveaustabilität andererseits, gehört die Phillips-Kurve zu den am meisten diskutierten Ansätzen nach dem Zweiten Weltkrieg. Was als wissenschaftliche These formuliert wurde, fand schließlich Eingang in den wirtschaftspolitischen Diskurs: *„Eine Inflationsrate von 5 v. H. ist uns lieber als eine Arbeitslosenquote von 5 v H."*[43]

Allerdings gelten die empirischen Befunde als nicht ausreichend, um eine Gesetzmäßigkeit ableiten zu können: „Das Phillips-Theorem kann insgesamt nicht als verlässliche Grundlage einer rationalen Konjunkturpolitik dienen."[44]

Der Wirtschaftsnobelpreisträger des Jahres 2006 Edmund S. Phelps wies im Rahmen der „Mikrofundierung" der Makroökonomie nach, dass mittels ausgabenorientierter Fiskalpolitik oder expansiver Geldpolitik kein langfristiger Beschäftigungsaufbau zu erreichen ist. Unternehmer und Arbeitnehmer durchschauen eine solche Politik und kalkulieren eine erwartete höhere Inflation in ihr Preis- und Lohnverhalten mit ein, war zur Folge hat, dass dann beide Werte steigen: Inflation und Arbeitslosigkeit.

---

[43] Der ehemalige Bundeskanzler Helmut Schmidt Anfang der siebziger Jahre.
[44] Bartling/Luzius, 2008, S. 212.

Verfolgt man eine stabilitätsorientierte Politik, die niedrigere Inflationsraten und Geldwertstabilität verspricht, so kann dieses „Versprechen" Sicherheit und Verlässlichkeit vermitteln und Unternehmen zu vermehrten Investitionen und Arbeitsplatzaufbau animieren. Preisstabilität korrespondiert also mit Wirtschaftswachstum und hoher Beschäftigung!

4 Konjunktur- und Wachstumspolitik

"An economist is an expert, who will know tomorrow,
why the things he predicted yesterday, didn't happen today."

4.1 Konjunktur und Wirtschaftswachstum

Konjunktur beschreibt die Entwicklung und den Verlauf der Wirtschaft. Zeigt der Verlauf der wirtschaftlichen Entwicklung nach oben, sind wir mit Wachstum gesegnet. Insofern könnte Wachstum als eine (positive) Teilmenge der Konjunktur beschrieben werden und wir müssten keine Unterscheidung in Konjunkturpolitik und in Wachstumspolitik vornehmen. Die Unterscheidung wird trotzdem vorgenommen, weil sich im Hinblick auf die zwei Begriffe unterschiedliche Ansätze entwickelt haben:

1.) Konjunktur wird eher kurzfristig und Wachstum eher langfristig betrachtet.

2.) Konjunktur wird eher nachfrageorientiert (Einkommen und Konsum) und Wachstum eher angebotsorientiert (Investition und Produktion) verstanden.

	Konjunktur	Wachstum
Zeithorizont	kurzfristig	langfristig
Perspektive	nachfrageorientiert	angebotsorientiert
Variablen	Einkommen und Konsum	Investitionen und Produktion

Inhalte der Konjunkturtheorie und -politik sind die Beschreibung von Konjunkturverläufen sowie die Vorhersage und die Erklärung von Konjunkturzyklen im Rahmen verschiedener Konjunkturtheorien.

Die Wachstumstheorie stellt Zusammenhänge zwischen Investitionen, Produktivität, Wachstum und Wohlstand in den Vordergrund.

4.1.1 Definition von Konjunktur

Konjunktur gehört zu den am meisten gebrauchten Begriffen in der Wirtschaftspolitik: „Die Binnenkonjunktur läuft zu schlecht". „Der konjunkturelle Aufschwung lässt auf sich warten". „Die Konjunktur zieht an." „Die Konjunkturprognosen verheißen Gutes."

4.1.1.1 Begriff der Konjunktur

Spricht man von der Konjunktur, ist allgemein die wirtschaftliche Entwicklung einer Volkswirtschaft gemeint.

Konjunktur: Verlauf und Entwicklung der Wirtschaft.

Konjunkturelle Erholung oder ein Anziehen der Konjunktur bedeutet zum Beispiel, dass es der Wirtschaft besser geht. Ein konjunktureller Abschwung ist als Nachlassen und Rückgang der Wirtschaft zu verstehen.

Doch woran ist eigentlich zu erkennen, wie sich die Wirtschaft entwickelt? Wie ist Konjunktur zu definieren und zu messen? Misst man Konjunktur an der Quote der Arbeitslosen, an der Bautätigkeit, an der Konsumquote der Verbraucher oder am Bruttoinlandsprodukt? Letzteres bietet sich an, doch so selbstverständlich und einfach ist die Bestimmung der Konjunktur nicht. Es existieren tatsächlich unterschiedliche Möglichkeiten, Konjunktur zu definieren.

Zu den bekanntesten Möglichkeiten, Konjunktur konkret zu erfassen und zu definieren (auch als Indikatoren bezeichnet) gehören:

- Wachstumsrate des Bruttoinlandsprodukts
- Auslastungsgrad des gesamtwirtschaftlichen Produktionspotentials
- Abweichungen des tatsächlich erzielten Volkseinkommens von einem mehrjährigen Trend

4.1.1.2 Konjunktur und Bruttoinlandsprodukt

Die wirtschaftliche Leistungsfähigkeit eines Landes wird mit Hilfe des Sozialprodukts, genauer des Bruttoinlandsprodukts, bestimmt. Insofern bietet es sich an, den Verlauf und die Entwicklung der Wirtschaftskraft eines Landes durch die Entwicklung des Bruttoinlandsprodukts zu bestimmen. Man könnte absolute Werte des Bruttoinlandsprodukts, zum Beispiel 2.491 Milliarden Euro, oder relative Werte, zum Beispiel 3,5 Prozent Wachstum, verwenden. Letzteres ist der Fall.

Erste Definition von Konjunktur:

➤ Wachstumsrate des realen Bruttoinlandsprodukts [in Prozent].

Die Wachstumsrate des Bruttoinlandsprodukts wird in Prozent gegenüber dem Vorjahreswert gemessen. Wenn das Bruttoinlandsprodukt im Jahr 2009 ein Volumen von 2.407 Milliarden Euro hatte und im Jahr 2010 mit 2.491 Milliarden Euro bewertet wird, hat das Bruttoinlandsprodukt um 3,5 Prozent zugenommen. So werden schließlich für die einzelnen Jahre die entsprechenden realen Wachstumsraten des Bruttoinlandsprodukts (ΔBIP_{real}) dargestellt (Abbildung 1.28).

ΔBIP_{real} [%]

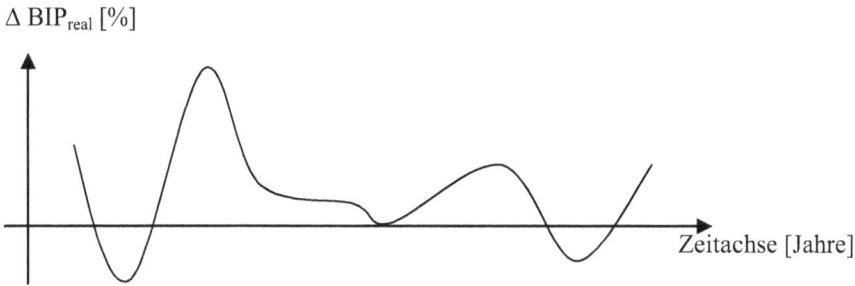

Zeitachse [Jahre]

Abbildung 1.28: Darstellung eines Konjunkturverlaufs.

Die Darstellung der Konjunktur anhand der Wachstumsraten des BIP ist eine sehr häufige und insbesondere auch für den internationalen Vergleich von Konjunkturdaten übliche Form.

4.1.1.3 Konjunktur und Produktionspotential

Die Beschreibung der Konjunktur anhand der Wachstumsrate des Bruttoinlandsprodukts bildet den tatsächlichen Verlauf der Wirtschaft ab. Sie enthält aber keine Aussage darüber, wie diese Entwicklung zu bewerten ist. Sind beispielsweise zwei Prozent Wachstum viel oder wenig? Die Bestimmung der Konjunktur anhand des Auslastungsgrades des gesamtwirtschaftlichen Produktionspotentials geht hier einen Schritt weiter. Es wird nicht nur dargelegt, was tatsächlich *ist*, sondern auch was sein *könnte* oder *sollte*.

Produktionspotential: Wenn eine Volkswirtschaft „brummt", kann man davon ausgehen, dass alle Produktionsfaktoren im Einsatz sind – Menschen und Maschinen. Alle sind vollbeschäftigt, die Kapazitäten sind voll ausgelastet.[45] Das Produktionspotential einer Volkswirtschaft ist ausgeschöpft.

> **Produktionspotential:**
> ➢ Maximal möglicher Output, wenn alle Einsatzfaktoren beschäftigt sind und die Kapazitätsgrenze erreicht ist.

Dieses Produktionspotential in einer Volkswirtschaft kann errechnet werden, so dass man eine Sollgröße für die Wirtschaftskraft eines Landes erhält.[46] Dieser Sollgröße stellt man dann die tatsächliche Größe, also das Bruttoinlandsprodukt als Ist-Größe, gegenüber und berechnet nun den prozentualen Anteil der Ist-Größe an der Soll-Größe. Dieser Anteil beschreibt den Auslastungsgrad des gesamtwirtschaftlichen Produktionspotentials (output-gap). Angenommen das Produktions-

---

[45] Eine Vollauslastung im Zwei-Güter-Fall stellt die Transformationskurve dar (vgl. Band I, Kapitel 5).
[46] Berechnet wird das Produktionspotential, indem man den Kapitalstock einer Volkswirtschaft mit der Kapitalproduktivität multipliziert. Vgl. Woll, 2008, S. 628.

potential liegt bei 2.600 Mrd. Euro und das tatsächliche Bruttoinlandsprodukt beträgt 2.470 Mrd. Euro, dann beträgt der Auslastungsgrad 95 Prozent.

Zweite Definition von Konjunktur:
> ➤ Auslastungsgrad des gesamtwirtschaftlichen Produktionspotentials.

Der Auslastungsgrad des gesamtwirtschaftlichen Produktionspotentials lässt sich also in Form eines Soll-Ist-Vergleiches darstellen. Grafisch wird die Linie des Produktionspotentials und darunter liegend die meist kurvige Linie des Bruttoinlandsprodukts eingezeichnet (Abbildung 1.29). Je näher die Kurve des Bruttoinlandsprodukts an die Produktionspotential-Linie (Kapazitätseffekt) herankommt, desto ausgelasteter und vollbeschäftigter ist eine Volkswirtschaft (Auslastungseffekt).

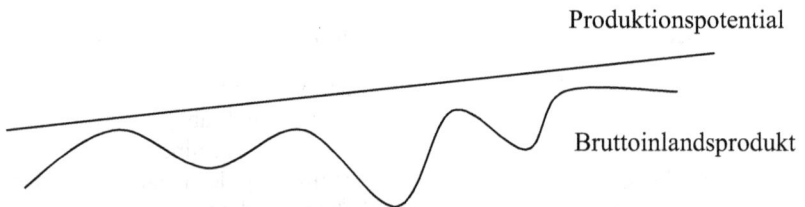

Abbildung 1.29: Produktionspotential und Bruttoinlandsprodukt.

Die Konjunktur anhand des Auslastungsgrades des Produktionspotentials zu bestimmen, ist im Übrigen eine Vorgehensweise, die sich der Sachverständigenrat, also die fünf Weisen, zu Eigen gemacht hat.

4.1.1.4   Konjunktur und Volkseinkommen

Eine dritte Möglichkeit Konjunktur zu bestimmen, liegt darin, das Volkseinkommen als Bestimmungsfaktor zu verwenden. Hier wird das Augenmerk nicht auf das „Produzierte" gelegt, sondern auf das durch den Produktionsprozess erzielte Einkommen. Das Volkseinkommen liegt unter dem Wert des Bruttoinlandsprodukts, da beispielsweise Größen wie Abschreibungen und indirekte Steuern, die das Einkommen mindern, abgezogen werden.

Dritte Definition von Konjunktur:
> ➤ Abweichungen des tatsächlich erzielten Volkseinkommens von einem
> mehrjährigen Trend (Trend-Wachstumsrate beziehungsweise langfristige
> Wachstumsrate).

Die Wahl des Volkseinkommens als Bestimmungsfaktor der Konjunktur heißt nun aber nicht allein, den Wert des Volkseinkommens im Zeitablauf zu beobachten und zu messen, sondern diesen Wert ebenfalls in Beziehung zu einem anderen Wert zu setzten. Und dieser andere Vergleichswert ist die sogenannte Trend-wachstumsrate oder langfristige Wachstumsrate des Volkseinkommens. Im Ge-gensatz zum Auslastungsgrad des Produktionspotentials wird hier allerdings keine Soll-Größe als Vergleichsmaßstab verwendet, sondern das tatsächliche Volksein-kommen wird zu einer „Durchschnittsgröße" (Trendgröße) der tatsächlichen Wer-te ins Verhältnis gesetzt.

Resümee: Die gebräuchlichste Definition von Konjunktur ist die Beschreibung der Konjunktur durch die Wachstumsrate des realen Bruttoinlandsprodukts. Diese Definition liegt auch den folgenden Ausführungen zu Grunde.

4.1.2   Konjunkturverläufe in der Praxis

Wenn wir einen Konjunkturverlauf darstellen möchten, benötigen wir als Daten-grundlage die Veränderungswerte des Bruttoinlandsprodukts gegenüber dem Vor-jahr für den relevanten Betrachtungszeitraum. Die x-Achse bildet die Zeitachse mit den Einheiten „Kalenderjahre" ab. Auf der y-Achse werden die Veränderungs-raten des Bruttoinlandsprodukts abgetragen. Wichtig ist, dass die realen, also die inflationsbereinigten Werte, genommen werden. (Abbildung 1.30).

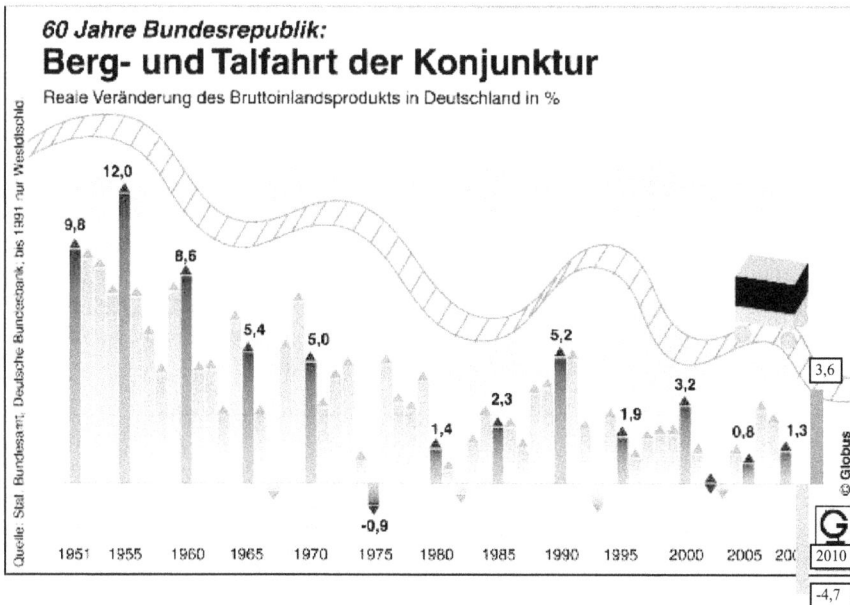

Abbildung 1.30: Konjunkturverlauf in Deutschland. [Quelle: Globus 2645 und eigene Bearbeitung]

Auffällig ist, dass die Konjunktur nicht stetig, sondern zyklisch verläuft. Dass dieses Phänomen der Konjunkturzyklen nicht auf Deutschland beschränkt ist, zeigt Abbildung 1.31. Hier sind die Wachstumsraten der Weltwirtschaft darge-stellt und auch diese verlaufen wellenförmig.

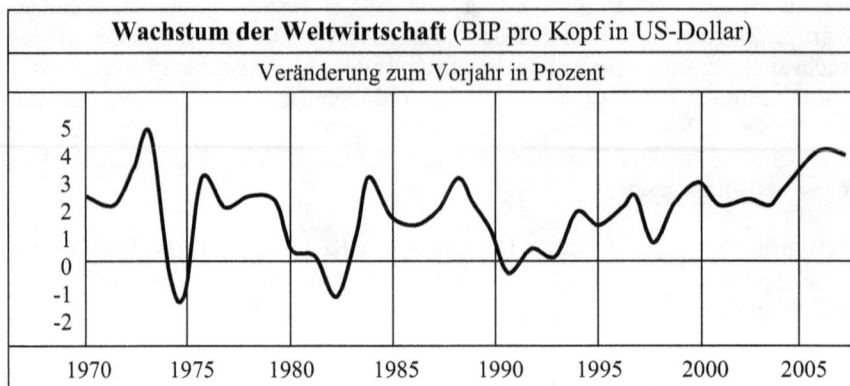

Wachstum der Weltwirtschaft (BIP pro Kopf in US-Dollar)

Veränderung zum Vorjahr in Prozent

Abbildung 1.31: Konjunkturverlauf der Weltwirtschaft. [Quelle: OECD, Weltbank]

Auch der Blick in andere Länder und Staatengemeinschaften würde diesen Befund des zyklischen Verlaufs der Wirtschaft bestätigen.

4.2   Der Konjunkturzyklus

Schaut man sich die konjunkturellen Verläufe an, wird man also feststellen, dass die Wirtschaft in Wellen- und Zickzackbewegungen verläuft. Die Wirtschaft stellt sich als ein oszillierendes Auf und Ab dar. Die Wirtschaft verläuft zyklisch.[47]

Ein Konjunkturzyklus lässt sich durch verschiedene Phasen, die ein solcher Zyklus durchläuft, charakterisieren (Abbildung 1.32). Der Aufschwung als Zunahme des Wirtschaftswachstums markiert den Start und die erste Phase des Konjunkturzyklus. Die dem Aufschwung folgende Phase kann dann als Boom oder Hochkonjunkturphase beschrieben werden. Die dritte Phase des Abschwungs zeichnet sich durch abnehmende Wachstumsraten und eventuell eine Rezession aus. Schließlich kann der Abschwung sogar in eine Depression übergehen.

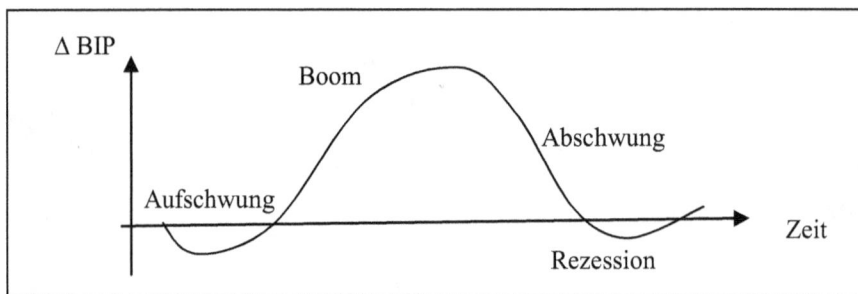

Abbildung 1.32: Phasen des Konjunkturzyklus.

---

[47] Diese Zyklen sind jedoch selten gleichmäßig, sondern unregelmäßig und sprunghaft!

Phasen des Konjunkturzyklus:

- Aufschwung oder Expansion
- Boom oder Hochkonjunktur
- Abschwung oder Rezession
- Depression oder Krise

Definieren lassen sich diese unterschiedlichen Phasen durch den Wert (positiv oder negativ) und die Entwicklung (Zu- oder Abnahme) der Wachstumsrate des Bruttoinlandsprodukts.

Phase	Beschreibung
Aufschwung	**Zunahme der Wachstumsraten** Die Aufschwungphase bedeutet ein ansteigendes Wachstum der Wirtschaft. Man spricht auch von Expansion, also einer Ausdehnung und Zunahme der wirtschaftlichen Leistungskraft eines Landes. Die Veränderungsraten des BIP sind positiv und zunehmend (eine zunehmende Zunahme).
Boom	**Lang anhaltend hohe Wachstumsraten** Die Boom- beziehungsweise Hochkonjunkturphase lässt sich durch länger andauernde hohe Wachstumsraten charakterisieren. Das können je nach Volkswirtschaft Wachstumsraten von über 3 Prozent, 5 Prozent oder sogar über 10 Prozent über mehrere Jahre hinweg sein.
Abschwung	**Abnahme der Wachstumsraten** Abschwung und Rückgang der Konjunktur bedeuten abnehmende Wachstumsraten. Hier muss man aufpassen, denn ein Rückgang in diesem Sinne heißt nicht, dass das BIP an sich zurückgeht, sondern die Wachstumsraten sind zurückgehend. Es handelt sich zwar weiterhin um eine Zunahme des BIP, diese Zunahme ist aber abnehmend (eine abnehmende Zunahme).
Rezession	**Rückgang der Wirtschaftsleistung ("Minuswachstum")** Eine Rezession bedeutet tatsächlich einen absoluten Rückgang der Wirtschaftsleistung. Die Wachstumsraten sind negativ. Im engeren Sinne spricht man von einer Rezession, wenn in zwei oder drei aufeinander folgenden Quartalen die Veränderungsrate des Bruttoinlandsprodukts negativ ist.
Depression	**Lang anhaltender Rückgang der Wirtschaftsleistung** Ist über einen längeren Zeitraum von mehreren Jahren ein Rückgang des BIP zu verzeichnen (negative Wachstumsraten), kann man von einer Depression ("niedergedrückte" Wirtschaft) sprechen. Eine Depression bedeutet Wohlstandsverlust und zunehmende Armut. Die Weltwirtschaftskrise von 1929 bis in die dreißiger Jahre wird dementsprechend auch die "Große Depression" genannt.
Stagnation	**"Nullwachstum" oder Stillstand** Stagnation bedeutet Nullwachstum und wirtschaftlicher Stillstand. Das BIP nimmt weder zu noch ab. Es herrscht bildlich gesprochen eine Flaute. Die Veränderungsrate des BIP hat den Wert Null.

Abbildung 1.33: Beschreibung der Konjunkturphasen.

Hinweis: Die hier vorgestellten Begriffsabgrenzungen sind weder in der Theorie noch in der wirtschaftspolitischen Öffentlichkeit klar abgegrenzt. Das mag auch damit zu tun haben, dass keine genaue Unterscheidung zwischen Wert und Grenzwert getroffen wird. Ein Abschwung der Wirtschaft kann absolut oder relativ interpretiert werden. Absolut bedeutet, dass der Wert des BIP im Vergleich zum Vorjahr kleiner wird. Relativ bedeutet, dass der Grenzwert kleiner wird, das heißt, dass die Wirtschaft absolut weiterhin zunimmt, diese Zunahme jedoch geringer wird (zum Beispiel Rückgang des Wachstums von 3 Prozent auf 1 Prozent).

Konjunkturphasen	Wert der Rate (absolut)	Verlauf der Rate (relativ)
Aufschwung	positiv	zunehmend
Boom	positiv	konstant hohes Niveau
Abschwung	positiv	abnehmend
Rezession	negativ	abnehmend
Depression	negativ	konstant hohe Minusraten
Stagnation	null	konstant

Konjunktur verläuft zyklisch – manchmal stetiger, manchmal sprunghafter. Doch woher rührt dieser zyklische und unruhige Verlauf der Wirtschaft? Lassen sich bestimmte Muster erkennen und vor allem lässt sich ein Wirtschaftsverlauf vorhersagen? Damit sind wir bei den Konjunkturindikatoren und den verschiedenen Arten von Konjunktur sowie den Konjunkturtheorien.

4.3   Konjunkturindikatoren

„Prognosen sind schwierig, besonders wenn sie die Zukunft betreffen." (Karl Valentin)

Indikatoren (lat. indicare: anzeigen) sind Daten und Werte, die Auskunft über die Richtung und Intensität einer ökonomischen Variablen, zum Beispiel der Konjunktur, geben können. Um die Konjunktur prognostizieren, bestimmen und bestätigen zu können, bedient man sich also entsprechender Indikatoren.[48] Und diese Indikatoren können ihrerseits in die Frühindikatoren, die Präsenzindikatoren und die Spätindikatoren unterschieden werden.

Konjunkturindikatoren:
- Frühindikatoren
- Präsenzindikatoren
- Spätindikatoren

---

[48] Die Anzeige des wirtschaftlichen Klimas ist im übertragenen Sinne mit der Bestimmung des meteorologischen Klimas und der Wettervorhersage vergleichbar. Auch hier gibt es Instrumente und Werte, die Auskunft über das Klima geben. Ein Druckabfall, der sich mit Hilfe des Barometers anzeigen lässt, könnte auf ein Unwetter hindeuten. Ein schneller Temperaturanstieg, gemessen anhand des Thermometers, könnte einen Föhn anzeigen. Und die Feuchtigkeitsmessung durch das Hygrometer könnte zeigen, dass der vergangene Sommer viel zu trocken war

a) Frühindikatoren

Frühindikatoren sind Daten, die auf die zukünftige Entwicklung der Wirtschaft schließen lassen. Zu diesen Daten gehören:

- Auftragseingänge und -bestände
- Baugenehmigungen
- Investitionen

Wenn Firmen über zunehmende Auftragseingänge berichten und angeben, dass sie ihre Investitionstätigkeit ausweiten wollen und wenn bei Ämtern eine Zunahme der Baugenehmigungen zu verzeichnen ist, können das Indikatoren für ein „Anziehen" der Konjunktur sein.[49]

b) Präsenzindikatoren

Präsenzindikatoren beschreiben den momentanen und aktuellen Zustand der Wirtschaft. Dazu gehören:

- Lagerbestandsveränderungen
- Auslastung der Produktionskapazitäten
- Lieferzeiten

Lange Lieferzeiten können Ausdruck dafür sein, dass die Wirtschaft floriert, zumindest, dass die Nachfrage nach Gütern größer ist als erwartet. Produktionskapazitäten sind ausgelastet, die Lagerbestände sind reduziert und die Kunden „müssen" auf ihre Produkte warten.

c) Spätindikatoren

Spätindikatoren zeigen rückblickend das Konjunkturklima an. Ein starker Aufschwung wird mit einer Zeitverzögerung dazu führen, dass die Preise der Güter und die Einkommen, also die Löhne und Gehälter für die Arbeitnehmer und die Gewinne für die Unternehmer, zunehmen. Eine Zunahme der Preise und Einkommen ist rückblickend ein Indikator für eine Expansionsphase der Wirtschaft.

- Preise
- Löhne und Gewinne
- Zahl der Erwerbstätigen und der Arbeitslosen, offene Stellen und Kurzarbeit.

Zu den Spätindikatoren können auch Daten gezählt werden, die sich durch Verschiebungen auf dem Arbeitsmarkt ergeben. Dazu gehören die Zahl der Erwerbstätigen und der Arbeitslosen, offene Stellen und Kurzarbeit.[50]

---

[49] Der kurzfristigen „Früherkennung" hat sich auch das ifo-Institut in München mit dem monatlichen Geschäftsklimaindex verschrieben.

[50] Zuweilen werden auch gänzlich untypische Indikatoren entdeckt. In Japan will man einen Minirock-Index ausgemacht haben. Je besser die wirtschaftliche Lage, desto kürzer sind die Röcke. [Stuttgarter Zeitung, 15.11.2004]

4.4   Arten von Konjunkturzyklen

Die Beobachtung und Beschreibung der wirtschaftlichen Entwicklung von Volkswirtschaften hat gezeigt, dass Konjunkturen zyklisch verlaufen. Diese Zyklen
können „mikroskopisch" und „makroskopisch" analysiert werden. Im Rahmen der
mikroskopischen Betrachtung wird die kleinste Einheit eines konjunkturellen
Verlaufes, nämlich die Amplitude eines Zyklus, analysiert, so wie das im voran-
gegangen Kapitel der Fall war.

Betrachtet man jedoch nicht nur eine „Welle", sondern den Verlauf der Wellenbewegungen über einen längeren Zeitraum, wird sich die Frage stellen, ob sich
Regelmäßigkeiten in den einzelnen Zyklen feststellen lassen. Sind die Wellen
unregelmäßig, mal groß oder klein, oder sind die Wellen der wirtschaftlichen
Entwicklung einigermaßen gleich bleibend und regelmäßig?

Eine umfassende Analyse von Konjunkturzyklen stammt von Joseph Schumpeter.[51] Schumpeter unterscheidet drei Zyklen:

- Kitchin-Zyklus
- Juglar-Zyklus
- Kondratieff-Zyklus. [52]

4.4.1   Kitchin-Zyklus

Der Kitchin-Zyklus ist nach Joseph Kitchin, einem südafrikanischen Unternehmer,
benannt und beschreibt eine Dauer von 40 Monaten. Kitchin „entdeckte" und
ermittelte diese Konjunkturzeitspanne im Jahr 1923 bei der Untersuchung von
Großhandelspreisen und Zinssätzen in Großbritannien und den USA für die Jahre
1890 bis 1922.

Kitchin-Zyklus (1923):

➢ kurzfristiger Zyklus mit einer Dauer von 40 Monaten (originär)
   bzw. 3 bis 5 Jahren (modifiziert).

---

[51] Joseph Schumpeter wurde am 8. Februar 1883 in Österreich geboren und wollte „der
größte Nationalökonom der Welt, der größte Reiter in Österreich und der größte Liebha-
ber in Wien" werden. An der Universität Graz hielt er anscheinend Vorlesungen im Rei-
terkostüm. Nach dem ersten Weltkrieg wurde der 36jährige Schumpeter Finanzminister,
konnte aber den Bankrott des öffentlichen Finanzwesens nicht verhindern. Schließlich
wurde er Präsident einer Wiener Privatbank, die anscheinend ebenfalls Bankrott ging,
um dann als Professor an den Universitäten Bonn und Harvard zu lehren und zu for-
schen. Schumpeter starb 1950 in Connecticut, USA. Veröffentlichungen: Theorie der
wirtschaftlichen Entwicklung, München (1926), Business Cycles, New York (1939),
Capitalism, Socialism and Democracy, New York (1942) / Kapitalismus, Sozialismus
und Demokratie (1950). [Quelle: Hesse 2009 und Strathern 2006].
[52] Manchmal wird auch ein vierter Zyklus, der Kuznets-Zyklus mit 15 bis 25 Jahren, unterschieden.

Heutzutage werden die Kitchin-Zyklen zur Beurteilung der betriebswirtschaftlichen Produktions- und Absatzplanung sowie Lagerbestandshaltung herangezogen. Für den steigenden Verkauf werden die Lager aufgestockt, um dann bei sich abzeichnendem langsameren Wachstum die Produktion zu drosseln. Diese Phase wird auf etwa drei Jahre definiert (Lagerbildung als Konjunkturpuffer).

Betrachtet man Zeitreihen in Deutschland, lässt sich empirisch ein Phasenverlauf von drei bis fünf bzw. vier bis sieben Jahren nachweisen.

4.4.2 Juglar-Zyklus

Der Juglar-Zyklus ist nach dem französischen Arzt und Wirtschaftstheoretiker Clément Juglar benannt. Juglar lieferte 1862 (Des crises commerciales et de leur retour périodique en France, en Angleterre et aux Etat-Unis) die wissenschaftliche Fundierung dieses wichtigen Wirtschaftszyklus. Vermutlich ließ sich Juglar wie auch Quesnay durch den Vergleich des Wirtschaftskreislaufs mit dem menschlichen Blutkreislauf inspirieren. Eine empirische Erklärung für Konjunkturzyklen im 19. Jahrhundert lieferte unter anderem ein unstetiges Wachstum von Geld- und Devisenbeständen.

Juglar-Zyklus (1862/89):
 ➢ mittelfristiger Zyklus mit einer Dauer von 6 bis 10 bzw. 7 bis 12 Jahren und einem Durchschnittswert von 8 Jahren.

Der Juglar-Zyklus gilt als mittelfristiger Zyklus mit einer Dauer von meist sechs bis zehn Jahren. Die Namensgebung „Juglar" stammt von Schumpeter. Unter dem Begriff der Juglar-Zyklen werden heutzutage Investitionszyklen charakterisiert.

4.4.3 Kondratieff-Zyklus

Der Kondratieff-Zyklus ist nach dem russischen Wirtschaftsgenie Nikolai Kondratieff[53] benannt und datiert von 1926. Dieser Zyklus repräsentiert einen langfristigen Verlauf mit einer Dauer von 40 bis 60 Jahren. Ursache und Auslöser für diese langen Zyklen sollen technologische Erfindungen und Innovationen sein.[54]

Kondratieff-Zyklus (1926):
 ➢ Langfristiger Zyklus mit einer Dauer von 40 bis 60 Jahren.

---

[53] Kondratieff (auch Kondratjew) wurde 1892 im heutigen Iwanowo in Russland geboren und im Jahr 1938 von einem Militärtribunal als angeblicher Revolutionär zum Tode verurteilt und erschossen.
[54] Paul Samuelson, amerikanische Nobelpreisträger und Autor eines VWL-Standardwerkes, hält angeblich Kondrattief-Zyklen für Unsinn! [Quelle: unbekannt]

Die Klassifizierung der Kondratieff-Wellen ist nicht einheitlich. Für bestimmte Erfindungen lassen sich zwar Termine festlegen – wie zum Beispiel das elektromagnetische Telefon durch Graham Bell im Jahr 1876. Die Abgrenzung der Phasen erweist sich jedoch als schwierig. Hinzu kommen exogene „Schocks" wie die beiden Weltkriege, welche die Phasen „durcheinander bringen".

1. Welle	2. Welle	3. Welle	4. Welle	5. Welle
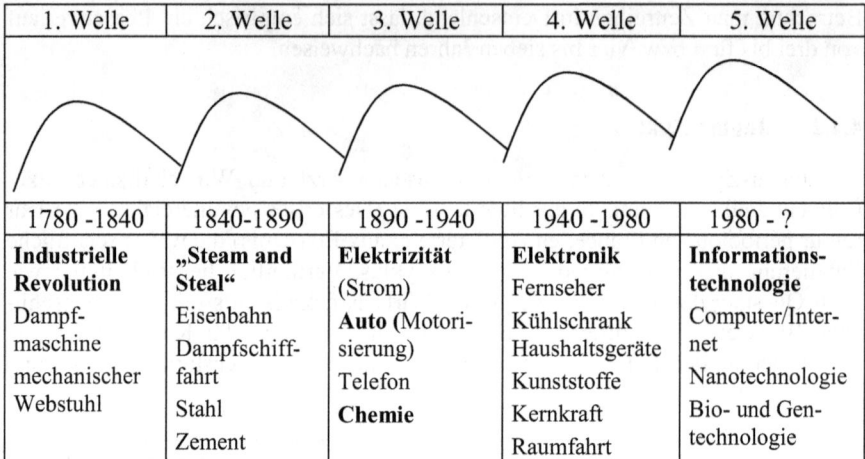				
1780 -1840	1840-1890	1890 -1940	1940 -1980	1980 - ?
Industrielle Revolution Dampfmaschine mechanischer Webstuhl	**„Steam and Steal"** Eisenbahn Dampfschifffahrt Stahl Zement	**Elektrizität** (Strom) **Auto** (Motorisierung) Telefon **Chemie**	**Elektronik** Fernseher Kühlschrank Haushaltsgeräte Kunststoffe Kernkraft Raumfahrt	**Informationstechnologie** Computer/Internet Nanotechnologie Bio- und Gentechnologie

Abbildung 1.34: Der Kondratieff-Zyklus.

Die Beschreibung unterschiedlicher Konjunkturverläufe beinhaltet schon mögliche Erklärungsversuche und Theorien wirtschaftlicher Verläufe – zum Beispiel technische Erfindungen für langfristige Verläufe. Im Folgenden sollen nun einige wesentliche Konjunkturtheorien vorgestellt werden.

4.5   Konjunkturtheorien

Der Verlauf der Konjunktur in Zyklen stellt ein Phänomen dar und entsprechend zahlreich sind die Erklärungsversuche für dieses Phänomen.

4.5.1   Stand der Konjunkturforschung

Die Konjunktur eines Landes verläuft selten stetig und gleichmäßig; und wenn sie gleichmäßig verläuft, dann gleichmäßig in ihrer Unregelmäßigkeit, in ihrem Auf und Ab, in ihren Wellenbewegungen und in ihrer zyklischen Wiederkehr. Diesen zyklischen Verlauf zu beschreiben und zu klassifizieren ist ein Teil der Konjunkturtheorie. Der weitaus anspruchsvollere Teil besteht darin, Konjunkturverläufe zu erklären. Allein die Tatsache, dass zwischenzeitlich über 230 Theorien und Erklärungsversuche zur Konjunktur vorliegen, verdeutlicht die Problematik, aber auch das Forschungspotential dieses Themenbereiches. Von einer systematischen Konjunkturforschung kann man seit den 30er Jahren des letzten Jahrhunderts sprechen.

> **Stand der Konjunkturforschung:**
> - Seit den 30er Jahren des 20. Jahrhunderts hat sich eine systematische Konjunkturforschung entwickelt.
> - Zwischenzeitlich existieren über 230 Theorien und Erklärungsversuche zur Konjunktur.

Im neunzehnten Jahrhundert existierten schon zahlreiche Erklärungsversuche zur Konjunktur. Einen ersten umfassenden Überblick der Konjunkturtheorien erstellte Gottfried von Haberler in „Prosperity und Depression" im Jahr 1937.[55] Dazu gehören vor allem die nichtmonetären Theorien der Überinvestition und der Unterkonsumption so wie die monetären Theorien selbst.

Erklärungsansatz	Beschreibung
Sonnenfleckentheorie	Wechsel von Sonnenaktivitäten (z. B. in der Landwirtschaft)
Überinvestitionstheorie	Potential (Kann) größer als Nachfrage (Ist)
Unterkonsumptionstheorie	Nachfrage (Ist) kleiner als Potential (Kann)
Multiplikator-Akzelerator	endogene Wirkungsmechanismen (Konsum- und Investitionsverhalten)
Monetäre Theorien	Zins- und Geldmengenentwicklung, Wechselkursentwicklung
Schumpetersche Theorie	Prozess der schöpferischen Zerstörung
Politische Ansätze	Entscheidungen und Wahlverhalten von Politikern
Psychologische Ansätze	Erwartungen und Panikreaktionen
Ölpreis	Rohölförderung und Ölpreisentwicklung
Sonstiges	Krisen, Naturkatastrophen, Streiks

Je nachdem ob die Erklärungen an äußeren Faktoren (zum Beispiel Naturkatastrophen) oder inneren Faktoren (zum Beispiel Investitionsverhalten der Unternehmen) ansetzen, spricht man von exogenen oder endogenen Ansätzen.

4.5.2 Sonnenfleckentheorie

Aus heutiger Sicht mag es naiv erscheinen, irgendwelche Naturphänomene und seien es Sonnenflecken, für Konjunkturschwankungen verantwortlich zu machen.

Hält man sich jedoch vor Augen, dass im 19. Jahrhundert die Landwirtschaft der dominierende Sektor war und dass insbesondere die Landwirtschaft stark von klimatischen Bedingungen abhängig war und auch immer noch ist, wird die Erklärung von konjunkturellen Schwankungen zum Beispiel durch den Wechsel von

---

[55] Von Haberler: Österreichischer Ökonom, 1900 (Wien) bis 1995 (Washington D.C.).

Sonnenaktivitäten (Sonnenflecken) verstehbar und einsichtig – zumal auch in der Natur zyklische Phänomene vorherrschen: Tag und Nacht, Sommer und Winter, Ebbe und Flut. Warum sollten analog den Naturzyklen und -phänomenen nicht auch Wirtschaftsphänomene und -zyklen existieren.

Sonnenfleckentheorie

➢ Konjunkturzyklen lassen sich durch den Wechsel von Sonnenaktivitäten (Sonnenflecken) erklären.

Mit dem Bedeutungsverlust des Agrarsektors und dem generellen Bedeutungsverlust der Natur und des „Außerirdischen", ja des Göttlichen als Erklärung für rationale Begebenheiten, ist die Sonnenfleckentheorie ausgestorben. Die **„sun spots"** leben jedoch als Allegorie für Ereignisse weiter, die wie die Sonnenflecken eigentlich nichts mit Ökonomie zu tun haben und zufälligen Charakter haben.[56]

4.5.3   Überinvestitionstheorie und Unterkonsumptionstheorie

Die Überinvestitionstheorie und die Unterkonsumptionstheorie erklären Schwankungen in der Wirtschaftsentwicklung durch Ungleichgewichte auf dem Güter- und Arbeitsmarkt.

Überinvestitionstheorie	Unterkonsumptionstheorie
Potential größer als Auslastung **Angebot** > Nachfrage	Nachfrage kleiner als Potential **Nachfrage** < Angebot

4.5.3.1   Überinvestitionstheorie

Überinvestitionen erklären (bedingen) einen Konjunkturaufschwung. Das Volumen der Investitionstätigkeit und des damit verbundenen Angebots auf dem Gütermarkt ist größer als die Nachfrage nach diesem erhöhten Angebot. Es werden mehr Kapazitäten für die Güterproduktion aufgebaut als letztlich gebraucht und Güter nachgefragt werden. Die Frage, die sich hier stellt, ist die nach den Gründen für dieses Ungleichgewicht von Soll und Ist, von Produktionspotential und tatsächlicher Nachfrage.

Überinvestitionstheorie

➢ Eine erwartete Aufschwungphase kann die Unternehmen zu übermäßigen Investitionen verleiten (Überkapazitäten), wobei dieses „Zuviel" auch schon wieder den Auslöser für einen Einbruch und Abschwung liefert.

---

[56] Eine tatsächliche oder vermeintliche Zunahme von (Natur-)Katastrophen und ein verschärfter Kampf um Rohstoffe und Energie mit unübersehbaren ökologischen und sozialen Folgen könnten zu einem „revival" der Sonnenfleckentheorie im Sinne einer Wiederbelebung der Natur führen.

Die Antworten auf diese Frage sind unterschiedlich. Man könnte sagen, dass die Unternehmer in der „Euphorie" des Aufschwungs mehr investieren und Kapazitäten aufbauen, als sie letztlich brauchen werden. Das mag auch damit zusammenhängen, dass Investitionen nicht immer klein und stetig sein können, sondern unteilbar sind. Wenn eine Produktionsanlage oder ein ganzes Werk neu eingeweiht wird, ist das ein großes Unterfangen – oft zu groß im Verhältnis zum verhaltenen Wirtschaftsaufschwung.

Es findet eine bewusste oder unbewusste Überschätzung der Unternehmer im Hinblick auf die Kaufkraftmöglichkeiten der Lohnempfänger und Verbraucher statt. Denn die Lohneinkommen hinken üblicherweise den Gewinneinkommen hinterher. Und damit sind wir bei der Unterkonsumptionstheorie.

4.5.3.2 Unterkonsumptionstheorie

Die Unterkonsumptionstheorie wird zur Erklärung herangezogen, wie es von Aufschwungphasen wieder zu Abschwungphasen kommen kann. Die Begründung stützt sich auf time-lags in der Einkommensverteilung. Im Aufschwung hinken die Lohneinkommen den Gewinneinkommen hinterher, so dass die Kaukraft nicht ausreicht, die erhöhte Produktion zu konsumieren.

Unterkonsumptionstheorie

➢ Ein time-lag in der Einkommensverteilung beziehungsweise im Konsumieren führt zu einer Nachfragelücke und „bremst" den Aufschwung und generiert seinerseits wieder einen Abschwung.

Einwand: Nach dem Sayschen Theorem[57] müsste sich jedoch das Angebot immer auch die entsprechende Nachfrage schaffen, da das Gesamteinkommen dem gesamten Angebot an Gütern entspricht. Warum kann dann eine Nachfragelücke auf dem Gütermarkt entstehen? Eine Antwort bezieht sich auf unterschiedliche Konsumquoten bei Besser- und bei Geringverdienern. Die Konsumquote der Besserverdiener ist geringer als die der Geringverdiener. Die Geringverdiener müssen alles ausgeben, da keine Reserven möglich sind, während Besserverdienende Konsum zurückstellen können, so dass ein Teil der Nachfrage später wirkt als das bereits produzierte Angebot. Das Ungleichgewicht erklärt sich letztlich aus einem time-lag von Angebot und Nachfrage.

4.5.4 Monetäre Theorien

In den monetären Theorien wird die Bedeutung der Zins- und Geldmengenentwicklung für die Konjunktur hervorgehoben.

Eine Zinssenkung kann und soll die Nachfrage der privaten Haushalte und die Investitionen der Unternehmen stimulieren. Eine Zinssenkung macht Geld billiger,

---

[57] nach Jean-Baptiste Say (1767 Lyon - 1832 Paris).

die Geldmenge steigt, Produktion und Nachfrage werden ausgeweitet. Wir erleben einen Aufschwung. Der positive Impuls verliert schließlich an Bedeutung und der Aufschwung schwächt sich wieder ab.

Zins- und Geldmengenentwicklung

- Zinssenkung und Geldmengenerhöhung: Nachfrage- und Investitionsstimulierung.
- Zinssenkung: Die Rendite (Opportunitätszins) steigt und macht Investitionen rentabler.

Ein anderes Argument bedient sich der Philosophie des Opportunitätszinses. Der Opportunitätszins (Zinseinnahmenverzicht) ergibt sich aus dem Unterschied von Geldzins und Renditezins. Wenn der Geldzins sinkt, wird der Renditezins relativ höher, so dass die Geldanlage weniger attraktiv wird und stattdessen eine potentielle Investitionsverzinsung lohnender sein könnte. Die Investitionstätigkeit nimmt zu.

Dass Zinsentscheidungen einen Einfluss auf die wirtschaftliche Entwicklung eines Landes ausüben, ist unbestritten. Hierzu einige Zitate:

- Paul Samuelson: „recessions made in Washington."[58]
- Rüdiger Dornbusch: „None of the postwar expansions died of the old age, they were all murdered by the Fed."[59]
- Adenauer zu Zinsanhebungen der Deutschen Bundesbank: „Fallbeil für die kleinen Leute."[60]

4.5.5   Schumpetersche Konjunkturtheorie

Der österreichische Ökonom Joseph Schumpeter erklärt Konjunkturzyklen aus dem innovatorischen und dynamischen Verhalten der Unternehmer. Aus der Notwendigkeit und dem Verlangen, Gewinne zu erzielen und sich im Wettbewerb zu behaupten, befinden sich die Unternehmen in einem ständigen Prozess von Produkterfindungen und Produktentwicklungen. Schumpeter unterscheidet hier Inventionen und Innovationen. Inventionen sind Erfindungen und Entdeckungen. Innovationen sind die schöpferische Umsetzung dieser Erfindungen und Entdeckungen in neue Produkte und Verfahren.[61]

Altes vergeht, Neues kommt – ein Prozess der „schöpferischen Zerstörung".

---

[58] zitiert aus Arnold, 2003, S. 168.
[59] ebd. (Originalquelle: essay „US recession? No ‚thank you'" von 1998).
     Anmerkung: Die Fed (Federal Reserve System) ist die US-Notenbank, bestehend aus zwölf Distrikten bzw. Notenbanken, und wurde 1913 gegründet.
[60] aus einer Rede Adenauers, gehalten 1956.
[61] Im Hinblick auf Innovationen unterscheidet Schumpeter Produktinnovationen, Prozessinnovationen, Marktstrukturinnovationen und rechtlich-organisatorische Innovationen.

Schumpetersche Konjunkturtheorie

➢ Prozess der „schöpferischen Zerstörung"

Inventionen: Erfindungen und Entdeckungen

Innovationen: Umsetzung in neue Produkte und Verfahren

Unternehmen, die in dieser Weise innovativ sind, können auf Vorsprunggewinne (Monopolgewinne, evtl. Patenteinnahmen) hoffen; andere Unternehmen werden nachfolgen und imitieren. Die Wirtschaft kommt in Schwung. Schließlich wird eine Sättigung eintreten, das Überangebot an Firmen bei nachlassender oder konstanter oder weniger steigender Nachfrage wird zu sinkenden Preisen und zurückgehenden Gewinnen führen. Die Innovationen der Unternehmen werden gestoppt und zurückgehen, die Wirtschaft wird wieder abflauen. Konjunkturschwankungen sind ein völlig natürlicher Prozess in der Wirtschaft.

4.5.6   Politische Ansätze

Im Mittelpunkt der politischen Ansätze zur Erklärung von Konjunkturschwankungen steht der Wahlzyklenansatz der Neuen Politischen Ökonomie.

Politiker „sorgen" dafür, dass zum Wahlzeitpunkt die Wirtschaft gut läuft, zumindest sich im Aufwärtstrend befindet. Arbeitsbeschaffungsmaßnahmen werden eingeführt und ausgeweitet. Arbeitslose werden in Weiterbildungsmaßnahmen geschickt, um sie zumindest aus der Statistik nehmen zu können. Investitions- und Zukunftsprogramme werden aufgelegt. Man versucht, eine insgesamt positive Stimmung zu erzeugen.

Neue Politische Ökonomie:

➢ Erklärung der Wirtschaft in Abhängigkeit von der Politik.

Regierung agiert rational, das heißt für sich selbst nutzenmaximierend im Sinne der Steigerung von Wählerstimmen.

Unangenehme und das öffentliche Wohlbefinden störende Maßnahmen werden wahltaktisch an den Anfang einer neuen Legislaturperiode gelegt. Dazu können eher restriktive Sparmaßnahmen gehören, die zumindest anfangs konjunkturdämpfend wirken können, um dann hoffentlich ihre mittelfristige Kraft auf die nächste Wahl in vier oder fünf Jahren entfalten zu können.

Die Gefahr wahlpolitisch orientierter Fehlentscheidungen war übrigens auch ein Argument, die Europäische Zentralbank „wahl- und politikunabhängig" zu machen.

Auf die Konjunktur wirken noch vielerlei anderen Faktoren, wie Naturkatastrophen, politische Umbrüche, Kriege, Krisen, Blasen, Ölpreis u.s.w., so dass ein monokausaler Ursache-Wirkungs-Zusammenhang kaum herzustellen ist. Viele Faktoren wirken zusammen und generieren Rezessionen oder auch Wachstum. Und Wachstum ist Thema des nächsten Kapitels.

Doch wenn im nächsten Kapitel Wachstum behandelt wird, geht es nicht um das „kleine" Wachstum innerhalb eines Konjunkturzyklus, sondern es geht um das „große" Wachstum – das langfristige Wachstumspotential einer Volkswirtschaft, bedingt durch Investitionen, Fortschritt und Produktivität.

4.6 Wachstum

4.6.1 Investitionen, Wachstum und Wohlstand

Wirtschaftswachstum bedeutet Wohlstand. Empirisch lässt sich nachweisen, dass Länder mit hohen Wachstumsraten meist auch wohlhabende Länder sind (gemessen am realen Bruttoinlandsprodukt pro Kopf). Wachstum seinerseits setzt Investitionen voraus. Auch das lässt sich empirisch belegen. Länder mit hohen Wachstumsraten des realen Bruttoinlandsprodukts korrespondieren mit Ländern, die hohe Zuwachsraten an Investitionen aufweisen. [62]

Allegorisch bedeuten Investitionen das Säen und Pflanzen, Wachstum das Wachsen und Gedeihen und Wohlstand das Ernten der Früchte (Abbildung 1.35).

Wohlstand:
  „Früchte ernten"

Wachstum:
  „Wachsen und Gedeihen"

Investitionen:
  „Säen und Pflanzen"

Abbildung 1.35: Der Wachstums- und Wohlstandsbaum.

Produktivität: Warum aber sind Investitionen so entscheidend für Wachstum und Wohlstand? Unter Investitionen versteht man den Einsatz von Kapital (Kapitalakkumulation). Und dieser Einsatz von Kapital ist Basis für enorme Produktivitätssteigerungen. Der Kapitaleinsatz verursacht zwar Opportunitätskosten, erweist sich aber als langfristig effizienter: Grund ist die höhere Produktivität!

---

[62] Vgl. Mankiw, 2008, S. 605ff.

Dazu ein Beispiel:

	Handarbeit mit Schaufel	**Einsatz eines Baggers**
Arbeitseinsatz [in Stunden]	Arbeitseinsatz eines Arbeiters, um eine Baugrube auszuheben: 1.000 Stunden.	Arbeitseinsatz, um einen Bagger herzustellen: 10.000 Stunden. Einsatz des Baggers pro Baugrube: 10 Stunden.
1 Baugrube	1.000	10.000 + 10 = 10.010
2 Baugruben	2.000	10.000 + 20 = 10.020
...	...	...
10 Baugruben	10.000	10.000 + 100 = 10.100
11 Baugruben	11.000	10.000 + 110 = 10.110
...	...	...
100 Baugruben	100.000	10.000 + 1.000 = 11.000

Sachkapital: Die Entwicklung und Herstellung eines Baggers erfordert zwar eine große Anfangsinvestition (viel Zeit bzw. höhere Kosten), rentiert sich aber bei zunehmender Menge an Aufträgen. Investitionen in Kapital zahlen sich aus. Dieses Beispiel impliziert weitere Aspekte, die notwendig und wichtig für Wachstum und Wohlstand sind.

Humankapital: Erstens, die Herstellung eines Baggers braucht Know How. Allgemein formuliert: Sachkapital benötigt Humankapital! Investitionen benötigen im Gegensatz zum puren „Schaufler" hoch qualifizierte Menschen. Ein effizientes Bildungssystem ist unabdingbare Voraussetzung.

Infrastruktur: Zweitens, die Herstellung und Verwendung von Maschinen brauchen eine funktionierende Infrastruktur wie Straßen und Fabriken, um einen Bagger herzustellen und fahren zu können. Man braucht Stromleitungen und Versorgungsnetze.

Organisation: Drittens, Investitionen und Kapitaleinsatz sind komplexe Vorgänge. Dazu braucht es ein entsprechendes Management der Organisation, Logistik und Prozessgestaltung.

Ordnung: Ordnung meint hier wirtschaftliche, rechtliche und politische Rahmenbedingungen im Sinne eines bürokratischen und funktionierenden Gemeinwesens.

Erst die erfolgreiche Kombination all dieser Faktoren kann einem Land zu wirtschaftlichem Wachstum und Wohlstand verhelfen.

4.6.2   Catch-up-Effekt

Ein Land, das in Bildung, Technik, Know How und Infrastruktur investiert, kann dadurch einen Wachstumsschub auslösen. Überhaupt können neue Technologien wie im Kondratieff-Zyklus dargelegt, einen langfristigen Aufschwung im Konjunkturzyklus erklären. Gleichzeitig können sie aber auch eine Erklärung dafür liefern, warum langfristig Wachstumsraten geringer werden.

In der wissenschaftlichen Terminologie spricht man von abnehmenden Skalener-
trägen des Kapitals. Was bedeutet das? Das bedeutet, dass der erste Kapitaleinsatz
relativ mehr bringt als ein weiterer Kapitaleinsatz. Die Inbetriebnahme des ersten
Baggers ist wirkungsvoller als die des 1.000sten Baggers. Man spricht auch von
Catch-up-Effekt oder Aufhol-Effekt (Abbildung 1.36).

Catch-up-Effekt (Aufhol-Effekt):

➢ Ein relativ armes Land erreicht zu Beginn einer Wirtschaftsentwicklung
leichter höhere Wachstumsraten als ein schon reiches Land.

Begründung: Abnehmende Skalenerträge des Kapitaleinsatzes.

Auf ein Land bezogen heißt das, dass ein Land, das am Anfang seiner wirtschaftlichen Entwicklung steht, von einer niedrigeren Basis aus relativ leichter Wachstum generiert als ein Land, das schon hohe Wachstumsraten aufweist. Arme Länder oder Länder am Anfang wachsen quasi relativ leichter als schon reiche Länder.[63]

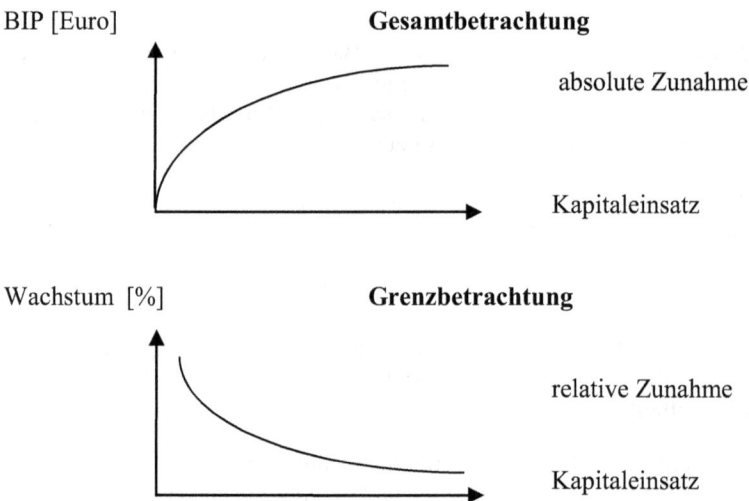

BIP [Euro]   **Gesamtbetrachtung**

                                          absolute Zunahme

                                          Kapitaleinsatz

Wachstum [%]   **Grenzbetrachtung**

                                          relative Zunahme

                                          Kapitaleinsatz

Abbildung 1.36: Catch-up-Effekt.

Dies lässt sich auch belegen, wenn man statt des Kapitaleinsatzes die Zeit als
Variable wählt. Gerade die Entwicklung in Deutschland nach dem Zweiten Weltkrieg demonstriert nicht allein zyklisches Konjunkturverhalten, sondern auch
diesen Aufholeffekt.

---

[63] Ein Läufer ist am Start schneller als der Konkurrent, der bereits eine lange Strecke ab-
solviert hat. Absolut hat der langsamere Läufer jedoch schon eine viel längere Strecke
zurückgelegt.

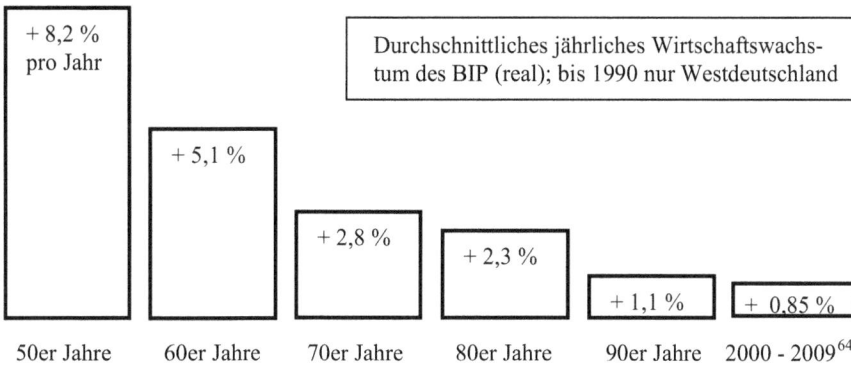

Abbildung 1.37: Konjunktur in Deutschland. [Quelle: Statistisches Bundesamt]

Wenn nun darauf hingewiesen und auch beklagt wird, dass die derzeitigen Wachstumsraten in Deutschland weit hinter denen der 50er Jahre zurückliegen, kommt als „Rechtfertigung" oftmals das Argument des Basiseffekts in die Diskussion.

4.6.3 Basiseffekt

Der Basiseffekt sagt aus, dass eine bestimmte Wachstumsrate auf hohem Niveau absolut mehr wert ist, als die gleiche Wachstumsrate auf niedrigem Niveau. Dazu ein Beispiel:

	Land A	**Land B**
Bruttoinlandsprodukt: $t = 0$	200 Mrd. €	2.000 Mrd. €
Bruttoinlandsprodukt: $t = 1$	204 Mrd. €	2.040 Mrd. €
Wachstum relativ	**2 Prozent**	**2 Prozent**
Wachstum absolut	**+ 4 Mrd. Euro**	**+ 40 Mrd. Euro**

Ein relatives Wachstum von 2 Prozent des reichen Landes, bedeutet in diesem Beispiel ein absolutes Plus von 40 Milliarden Euro. Das ärmere Land muss sich bei gleicher Wachstumsrate mit 4 Milliarden Euro „begnügen".

Hinweis: Wenn es stimmt, dass reiche Länder nur noch geringer Wachstumsraten bedürfen bzw. diese abnehmen (Catch-up-Effekt), dann müssten im Umkehrschluss die Länder, die zu den reichen Länder gehören, niedrige Wachstumsraten aufweisen beziehungsweise die Länder, die niedrige Wachstumsraten haben, müssten die reichen Länder sein?

In der Praxis ist das nicht der Fall! Auch reiche Länder können hohe Wachstumsraten haben, während arme Länder auch auf niedrigem Wachstumsniveau verharren können.

---

[64] Bezieht man die Wachstumsrate von 2010 in Höhe von 3,6 % mit ein, ergäbe sich ein durchschnittlicher Wert von 1,1 %!

Deutschland hat seit dem Beginn des letzten Jahrhunderts – und vor allem seit
Ende des Zweiten Weltkriegs – ein enormes Wirtschaftswachstum hingelegt. Das
Bruttoinlandsprodukt stieg um das über 10fache!

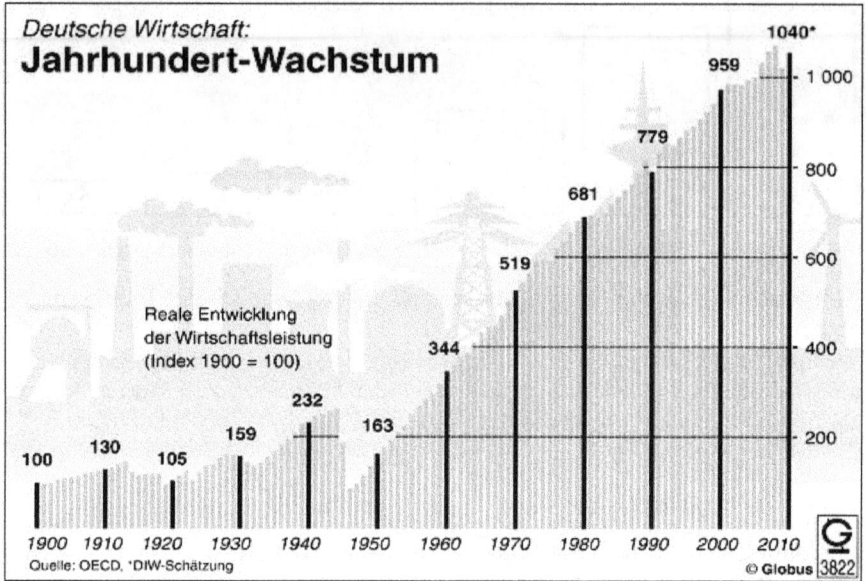

Abbildung 1.38: Jahrhundertwachstum. [Quelle: globus 3822]

5 Außenwirtschaft

5.1 Deutschland – die Exportnation

Der Außenhandel stellt für Deutschland unabhängig von der sonstigen wirtschaftlichen Lage immer wieder ein erfreuliches Kapitel dar. Von Jahr zu Jahr wartet der deutsche Außenhandel mit Rekordüberschüssen auf und bescherte Deutschland immer wieder auch die Exportweltmeisterschaft. Seit 2010 macht jedoch China unserem Land diesen Rang streitig. Schauen wir uns die Daten genauer an und beobachten, wie sich China und unsere anderen Konkurrenten im Außenhandel schlagen.

5.1.1 Die größten Exporteure und Importeure der Welt

Export: Im letzten Jahrzehnt waren die beiden unangefochtenen Weltmeisterschaftskandidaten im Export Deutschland und die USA. Mal lag Deutschland auf dem ersten Platz, mal machten die USA das Rennen. Den dritten Platz hatten lange Zeit die Japaner inne. Doch zwischenzeitlich haben die Chinesen Boden gut gemacht und die USA und Deutschland überrundet, um im Jahr 2010 schließlich die Exportführerschaft zu übernehmen (Abbildung 1.39).

Die größten Exporteure der Welt Warenausfuhren im Jahr 2010 in Milliarden Dollar	
China	1.578
USA	1.278
Deutschland	1.269
Japan	770
Niederlande	572
Frankreich	521
Südkorea	466
Italien	448
Belgien	411
Großbritannien	405
Hongkong	401
Russland	400
Kanada	387
Singapur	352
Mexiko	298
Taiwan	275
Saudi-Arabien	254
Spanien	245
VAE	235
Indien	216
Australien	212
Brasilien	202

Abbildung 1.39: Die größten Exporteure der Welt. [Quelle: WTO]

Import: Was die Importe, also die Einfuhr von Waren anbelangt, zeichnet sich ein ähnliches Bild ab wie bei den Exporten. Auch hier gehören die USA und Deutschland zur Spitzengruppe, die USA jedoch mit einem deutlichen Vorsprung. Und auch China hat sich weiterentwickelt, um zwischenzeitlich den zweiten Platz zu belegen (Abbildung 1.40).

Die größten Importeure der Welt
Wareneinfuhren im Jahr 2010 in Milliarden Dollar

USA	1.968
China	1.395
Deutschland	1.067
Japan	693
Frankreich	606
Großbritannien	558
Niederlande	517
Italien	484
Hongkong	442
Südkorea	425
Kanada	402
Belgien	390
Indien	323
Spanien	312
Singapur	311
Mexiko	311
Taiwan	251
Russland	248
Australien	202
Brasilien	191
Türkei	185

Abbildung 1.40: Die größten Importeure der Welt. [Quelle: WTO]

5.1.2　Deutschlands Handelspartner und Handelswaren

Handelspartner: Deutschland gehört zu den großen Handelsnationen der Welt. Sowohl die größten Kunden als auch die größten Lieferanten kommen aus Län-

Deutschlands Kunden und Lieferanten
Angaben für 2010 in Milliarden Euro

Die größten Kunden (Ausfuhr)		Die größten Lieferanten (Einfuhr)	
Frankreich	90,7	China	76,5
USA	65,6	Niederlande	68,8
Niederlande	63,2	Frankreich	61,8
Großbritannien	59,5	USA	45,1
Italien	58,5	Italien	43,7
Österreich	53,7	Großbritannien	38,6
China	53,6	Österreich	34,3
Belgien	46,4	Belgien	33,7
Schweiz	41,7	Schweiz	32,5
Polen	38,1	Russland	31,8
Spanien	34,4	Tschechien	29,6

Abbildung 1.41: Handelspartner Deutschlands. [Quelle: Statistisches Bundesamt]

dern der Europäischen Union, wobei an der Spitze die Nachbarländer Frankreich und Niederlande stehen (Abbildung 1.41). Über die Hälfte aller Ausfuhren und Einfuhren gehen aus Handelspartnerschaften mit EU-Staaten zurück. Außerhalb der Europäischen Union stellen sich die USA, China und die Schweiz als größte Handelspartner dar.[65]

Exportprodukte: Die Hitliste der deutschen Ausfuhrgüter wird von einer Dreiergruppe angeführt: Autos/Autoteile, Maschinen, und chemische Erzeugnisse.

Deutschlands Exportprodukte	
Ausfuhren im Jahr 2010 in Milliarden Euro (gesamt 960 Mrd. Euro)	
Auto und Autoteile	159,4
Maschinen	138,7
Chemische Erzeugnisse	90,6
DV-Geräte, elektr. u. optische Erzeug.	81,4
Elektrische Ausrüstungen	60,0
Pharmazeutische u. ähnliche Erzeug.	51,1
Metalle	50,3
Sonstige Fahrzeuge	39,2
Nahrungsmittel und Futtermittel	37,5
Gummi- und Kunststoffwaren	33,0

Abbildung 1.42: Ausfuhren nach Warengruppen. [Quelle: Statistisches Bundesamt]

Importprodukte: Interessanterweise führt Deutschland hauptsächlich die Gütergruppen ein, die auch am meisten exportiert werden, nämlich Datenverarbeitungsgeräte und elektronische und optische Erzeugnisse, Autos und Autoteile, chemische Erzeugnisse und Maschinen – mit einer Ausnahme und das sind die Energieträger Erdöl und Erdgas (Abbildung 1.43).

Deutschlands Importprodukte	
Einfuhren im Jahr 2010 in Milliarden Euro (gesamt 806 Mrd. Euro)	
DV-Geräte, elektr. u. opt. Erzeugnisse	90,2
Autos und Autoteile	69,2
Erdöl, Erdgas	63,3
Chemische Erzeugnisse	61,5
Maschinen	58,8
Metalle	49,3
Sonstige Fahrzeuge	40,4
Pharmazeutische und ähnliche Erzeugnisse	38,0
Elektrische Ausrüstungen	37,6
Nahrungsmittel und Futtermittel	33,2

Abbildung 1.43: Einfuhren nach Warengruppen. [Quelle: Statistisches Bundesamt]

---

[65] Welche Bedeutung der EU-Binnenmarkt für die Mitgliedstaaten hat, zeigt der Anteil der Exporte in die EU-Mitgliedsländer. Die Spanne reicht von Griechenland mit 37 Prozent bis Luxemburg mit 90 Prozent.

Agrarhandel: Deutschland – und das gilt auch für andere kapitalintensive Industrieländer – dominiert den Außenhandel mit technologischen Produkten. Im Umkehrschluss müssten landwirtschaftlich ausgerichtete Entwicklungsländer eine führende Rolle im Agrarhandel einnehmen. Doch dem ist nicht so. Schaut man sich den Agrarhandel an, wird man feststellen, dass auch hier die Industrienationen wie die USA und Deutschland zu den größten Exporteuren und Importeuren gehören. Relativ zum industriellen und dienstleistungsorientierten Sektor ist die Landwirtschaft in den Industrienationen zwar fast bedeutungslos; aber absolut ist das Gütervolumen immer noch so groß – und zwar gerade durch den Einsatz von Maschinen wie zum Beispiel Mähdreschern –, dass es das Handelsvolumen der „Landwirtschaftsnationen" weit übersteigt.[66]

Die Agrarhändler der Welt			
Außenhandel mit Agrarprodukten in Milliarden Dollar (2007)			
Die größten Importeure		Die größten Exporteure	
USA	87,5	87,6	USA
Deutschland	75,9	68,8	Niederlande
Japan	55,3	60,4	Deutschland
Großbritannien	54,3	59,8	Frankreich
Frankreich	46,6	42,1	Brasilien
Niederlande	45,3	35,1	Belgien
Italien	41,7	33,2	China
China	32,3	33,1	Spanien
Spanien	32,1	31,9	Kanada
Belgien	31,9	31,5	Italien

Abbildung 1.44: Die Agrarhändler der Welt. [Quelle: FAO]

Waffenhandel: Abschließend noch ein paar Informationen zu einer Gütergruppe, die in der Öffentlichkeit meist skeptisch gesehen wird, aber im internationalen Handel eine maßgebende Rolle spielt – der Waffenhandel. Deutschland gehört hier zum drittgrößten Exporteur der Welt (Anteil am Welthandel mit konventionellen Großwaffen im Zeitraum von 2005 bis 2009). Nach den USA mit 30 % und Russland mit 23 % liefert Deutschland vor Frankreich und Großbritannien 11 % am Welthandel (Quelle: SIPRI).

Die größten Importeure von Waffen sind China, Indien, Südkorea, Vereinigte Arabische Emirate und Griechenland.

5.1.3 Ausfuhrrekorde und Handelsüberschüsse

Die bisherigen Daten haben gezeigt, dass Deutschland eine mächtige Handelsnation darstellt. Sowohl im Export als auch im Import nimmt Deutschland eine führende Rolle in der Welt ein. Ein wichtiger Indikator der außenwirtschaftlichen Leistungskraft einer Volkswirtschaft ergibt sich durch die Saldenbildung von Export und Import – der Handelsüberschuss.

---

[66] Für die Ernte von einem Hektar Getreide benötigte man vor Beginn der Mechanisierung 300 Arbeitsstunden. Ein moderner Mähdrescher schafft so viel wie 900 Männer! [Quelle: Stuttgarter Zeitung vom 28.07.2011].

Handelsüberschuss: Handelsüberschuss bedeutet, dass der Wert der Ausfuhren den Wert der Einfuhren übersteigt. Ein positiver Saldo erfreut die Länder, denn ein Exportüberschuss führt zu zusätzlichen Einnahmen in der Wirtschaft des Inlandes. Deutschland konnte rückblickend die letzten zehn Jahre zunehmende Überschüsse verzeichnen. Der Wert der Ausfuhren übertraf immer den Wert der Einfuhren – und das mit zunehmender Tendenz, so dass auch hier Rekordwerte gemeldet werden können.

Das Krisenjahr 2009 fügte dieser Erfolgsgeschichte allerdings einen herben Dämpfer zu; in 2011 soll aber die 1-Billion-Euro-Grenze schließlich nun doch geknackt werden.

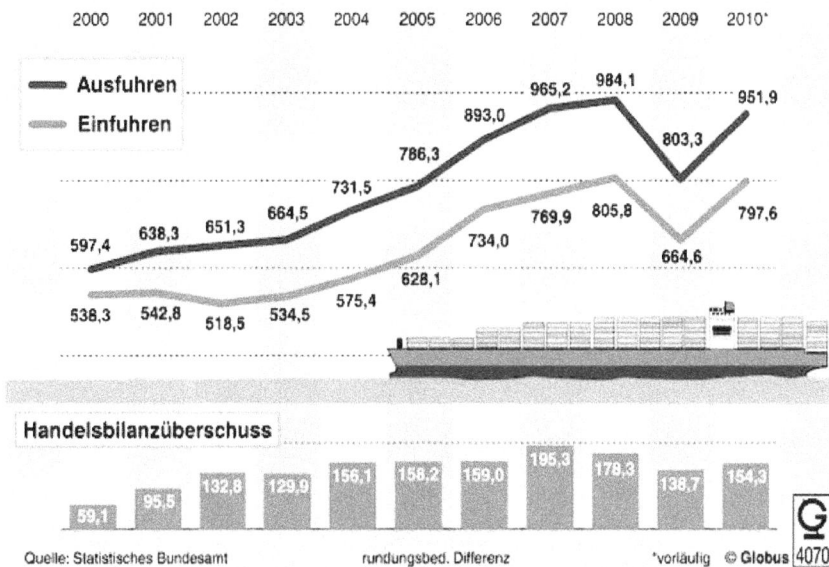

Abbildung 1.45: Deutschlands Außenhandel und Handelsüberschüsse.
[Quelle: Globus 4070]

5.1.4   Importabhängigkeit Deutschlands

Viele Länder und Deutschland im Besonderen sind stark in den internationalen Warenverkehr eingebunden. Im Folgenden soll der Frage nachgegangen werden, warum Länder eigentlich Außenhandel betreiben. Ist es pure Notwendigkeit, Güter wie Erdöl zu importieren? Ist es pures Vergnügen, ein japanisches Auto zu kaufen und umgekehrt deutsche Autos in Japan anzubieten? Ist es praktisch und sinnvoll, Kiwis aus Neuseeland zu beziehen, statt diese selbst hier anzubauen? Werden in Hollywood bessere Filme produziert als in Europa? Welche Gründe können für den grenzüberschreitenden Warenverkehr geltend gemacht werden? Notwendigkeit, Zusatznutzen, Kostenersparnis?

Rohstoffe: Eine wesentliche Ursache für Außenhandelsbeziehungen liegt in der Tatsache begründet, dass nicht alle Länder alle Rohstoffe ausreichend zur Verfügung haben. Deutschland muss als rohstoffarmes Land viele Rohstoffe für Hightech-Produkte, insbesondere Metalle, und die meisten Energieträger von außen beziehen und erreicht hier Importanteile von 100 Prozent (Abbildung 1.45). Doch es gibt auch Ausnahmen. So ist Deutschland mit Braunkohle und Rohstoffen wie Kies/Bausande und gebrochenen Natursteinen reich gesegnet. Und was Holz anbelangt, ist Deutschland das holzreichste Land Europas (3.381 Millionen m^3), noch vor Schweden und Frankreich

Erdöl: Zu den wichtigsten Rohstoffen gehört das Erdöl. Deutschland bezieht den Großteil seines Erdöls (93,3 Mio. Tonnen) aus Russland, Großbritannien, Norwegen, Kasachstan, Libyen sowie in geringeren Mengen von Nigeria, Aserbeidschan, Syrien und Dänemark.[67]

Russland ist übrigens vor Saudi-Arabien, den USA, dem Iran und China der größte Ölförderer der Welt. Die größten Verbraucher sind die USA, China, Japan und Indien. Deutschland liegt nach Russland und Brasilien an siebter Stelle (Stand 2009, Quelle: MWV).

Rohstoff	Hauptsächliche Verwendung	Importanteil in Prozent
Aluminium	Flugzeugbau	100
Asbest	Bremsen	100
Baumwolle	Stoffe	100
Chrom	Stahl	100
Kobalt	Computer	100
Mangan	Stahl	100
Molybdän	Stahl	100
Nickel	Stahl	100
Phosphat	Dünger	100
Quecksilber	Chemie, Elektro	100
Tantal	Stahl	100
Titan	Flugzeugbau	100
Vanadium	Stahl	100
Wolfram	Elektro	100
Zinn	Blech	100
Kupfer	Kabel	99
Silber	Fotochemie	98
Eisenerz	Auto-, Schiffbau	98
Erdöl	Energie	96
Blei	Batterien	92

Abbildung 1.46: Importabhängigkeit von Deutschland. [Quelle: Statistisches Bundesamt 1998, entnommen aus Altmann, 2007, S. 469]

Konsumgüter: Was für Rohstoffe (Input) gilt, trifft auch auf Endprodukte (Output) zu. Auch hier kann ein Land an Mangel leiden, während ein anderes mit bestimmten Gütern überversorgt ist (Vent-for-Surplus-Theorie). Deutschland impor-

---

[67] Stand 2010. [Quelle: BAFA]

tiert Bananen und Hollywoodfilme, während andere Länder Minensuchmaschinen und Atomkraftwerke importieren.

5.1.5   Welthandel und Wohlstand

Spezialisierung, Arbeitsteilung, Freihandel und internationaler Warenaustausch bringen Effizienzgewinne und Wohlstandsteigerungen. Seit 1950 hat der Welthandel, gemessen an den Exporten, um das mehr als 26fache zugenommen. Die Weltwirtschaftsleistung, gemessen am Bruttoinlandsprodukt, nahm um das über 8fache zu (Stand 2009). Die Steigerung der Wirtschaftsleistung und des Wohlstandes werden vor allem auch der enormen Zunahme des Welthandels zugeschrieben. (Abbildung 1.47)

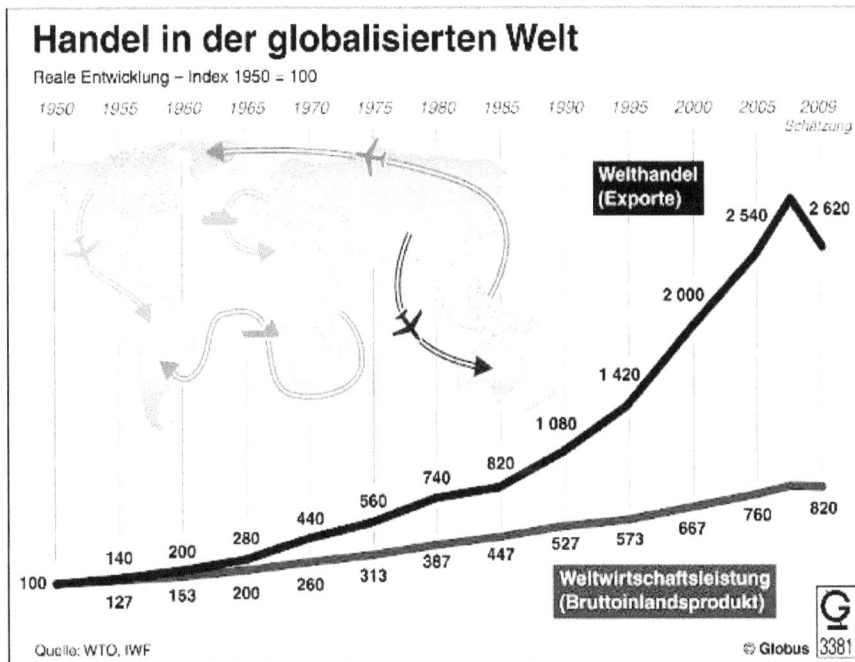

Abbildung 1.47: Welthandel und Weltwirtschaft. [Quelle: globus 3381]

Dass ein ursächlicher Zusammenhang zwischen Außenhandel und Wohlfahrtsgewinnen besteht, lässt sich nicht nur empirisch belegen, sondern auch anhand verschiedener Außenhandelstheorien begründen. Zurückblickend auf die Zeit der Klassiker seit Adam Smith wurden im 18. und 19. Jahrhundert verschiedene Theoreme entwickelt, die die Außenwirtschaftstheorie fundiert und vorangetrieben haben. An erster Stelle steht das Theorem der komparativen Kostenvorteile, das als das Fundament der klassischen Freihandelslehre gilt und zum Basiswissen der Volkswirtschaftslehre gehört.

5.2   Außenhandelstheorien

Ein Schwerpunkt der Außenhandelstheorie bildet das klassische Theorem der komparativen Kostenvorteile. Hinzu kommen das Faktorproportionentheorem (Heckscher-Ohlin-Theorem) und das Theorem vom Faktorpreisausgleich.

5.2.1   Theorem des komparativen Kostenvorteils

5.2.1.1   Ricardo und der Methuen-Vertrag

Während Adam Smith noch der Meinung war, jedes Land exportiere die Güter, die es billiger als das Ausland erstellen könne, entwickelten Robert Torrens (1808) und David Ricardo (1817) das Theorem der komparativen Kosten.[68]

David Ricardo (1772 - 1823)

Engländer, Ökonom, Börsenspekulant und Politiker.

➢ Sein Theorem der komparativen Kostenvorteile schuf das Fundament für die klassische Freihandelslehre.

Dieses Theorem besagt, dass „ein Land selbst dann ein Gut exportiert, wenn seine in Arbeitseinheiten gemessenen Produktionskosten über denen des Auslands liegen, sein Kostennachteil jedoch unter dem anderer, zu importierender Güter liegt".[69] In anderen Worten: Ein Land produziert seine Güter teurer als ein anderes Land, und trotzdem rentieren sich Arbeitsteilung und Tauschhandel für beide Länder, sofern komparative Kostenvorteile vorliegen.

Theorem des komparativen Kostenvorteils

➢ Außenhandel lohnt sich auch dann, wenn ein Land seine Produkte billiger produzieren kann als ein anderes Land, das andere Land aber bei manchen Produkten einen komparativen Kostenvorteil aufweisen kann.

Was bedeutet das? Ricardo und Torrens demonstrieren dieses Theorem am Beispiel des Methuen-Vertrages zwischen England und Portugal über den zollfreien Austausch von britischem Tuch und portugiesischem Wein (1703).[70]

---

[68] Meist wird das Theorem nur Ricardo zugeschrieben und Torrens bleibt unerwähnt.
[69] Geigant, u.a. 2000, S. 527.
[70] Der Vertrag über den Austausch von Tuch/Wolle und Wein dauerte bis 1836 und ist nach dem englischen Diplomaten Methuen benannt.

Methuen-Vertrag zwischen England und Portugal (1703)

Folgende Annahmen gelten:

Länder: - Zwei-Länder-Fall: England und Portugal.

Güter: - Zwei-Güter-Fall: Tuch und Wein (mengenmäßiger Output).
             - Homogene Güter: Tuch und Wein sind jeweils „gleich".

Faktoren: - Einziger Produktionsfaktor ist Arbeit: Menge an Arbeitskräften oder Zahl an Arbeitsstunden (mengenmäßiger Input).
              - Der Faktor Arbeit ist innerhalb eines Landes völlig mobil, zwischen den Ländern jedoch völlig immobil.

Kosten: - Konstante Produktionskosten: Output verhält sich proportional zum Input.
             - Keine Transportkosten.

Bevor nun jedoch der „Aha-Effekt" des komparativen Kostenvorteils veranschaulicht wird, soll in Unterscheidung dazu zuerst einmal der normale absolute Kostenvorteil vorgestellt werden.

5.2.1.2   Absolute Kostenvorteile

Sowohl England als auch Portugal stellen Tuch und Wein her. Um jeweils 1 Outputeinheit (eine bestimmte Menge an Tonnen Tuch und Hektoliter Wein) herstellen zu können, benötigt England 70 Arbeitseinheiten für Tuch und 120 Arbeitseinheiten für Wein. Portugal benötigt 90 für Tuch und 80 für Wein. Bei dieser Konstellation verhält es sich so, dass England Tuch billiger herstellen (70 statt 90 Arbeitseinheiten) und Portugal billiger Wein (80 statt 120 Arbeitseinheiten) herstellen kann. England hat einen absoluten Kostenvorteil bei Tuch und Portugal einen absoluten Kostenvorteil bei Wein!

	Tuch	Wein	Input	Output		Tuch	Wein	Output	
	Arbeits-einheiten	Arbeits-einheiten	Arbeits-einheiten	Mengen-einheiten Tuch Wein		Arbeits-einheiten	Arbeits-einheiten	Mengen-einheiten Tuch Wein	
England	**70**	120	190	1	1	**190**	0	2,7	0
Portugal	90	**80**	170	1	1	0	**170**	0	2,125
Summe			360	2	2			2,7	2,125

Die beiden Länder beschließen nun Arbeitsteilung vorzunehmen.[71] Mit der gleichen Zahl an Arbeitseinheiten, mit der vorher Tuch und Wein erwirtschaftet wurde (190 Arbeitseinheiten), produziert England nun ausschließlich Tuch. Portugal konzentriert sich mit seinen 170 Arbeitseinheiten ausschließlich auf die Weinherstellung. Mit diesem gleichen Einsatz an Inputfaktoren kann nun ein jeweils höherer Output erzielt werden (Maximalprinzip).

---

[71] Zum Thema Arbeitsteilung vgl. auch Band I „Einführung in die Volkswirtschaftslehre, Mikroökonomie und Wettbewerbspolitik", 2010, Kapitel 4.

England kann 2,7 Mengeneinheiten von Tuch realisieren und Portugal 2,125 Mengeneinheiten von Wein. Nach dem Tausch sind beide besser gestellt als vorher.

5.2.1.3   Komparative Kostenvorteile

Dass sich Arbeitsteilung und Handel in diesem Fall lohnen, ist einsichtig. Wie verhält es sich jedoch, wenn ein Land beide Güter billiger herstellen kann? Die Antwort: Ein Handel ist selbst dann vorteilhaft, wenn ein Land bei der Herstellung beider Güter absolute Kostenvorteile ausweist; die Länder sich aber auf die Produktion jenes Gutes spezialisieren, bei dem sie einen komparativen Kostenvorteil haben.

Um dieses Theorem der komparativen Kostenvorteile zu demonstrieren, wird eine kleine Änderung gegenüber dem Ausgangsbeispiel vorgenommen, die darin besteht, dass England statt 70 Arbeitseinheiten für die Tuchherstellung nun 100 Arbeitseinheiten braucht, während Portugal mit 90 auskommt. Auch bei der Weinherstellung fährt Portugal weiterhin besser als England, da es nur 80 statt 90 Arbeitseinheiten benötigt.

	Tuch	Wein	Input	Output		Tuch	Wein	Output	
	Arbeits-einheiten	Arbeits-einheiten	Arbeits-einheiten	Mengen-einheiten Tuch Wein		Arbeits-einheiten	Arbeits-einheiten	Mengen-einheiten Tuch Wein	
England	**100**	120	220	1	1	**220**	0	2,2	0
Portugal	90	**80**	170	1	1	0	**170**	0	2,125
Summe			390	2	2			2,2	2,125

Portugal weist also sowohl bei Tuch als auch bei Wein absolute Kostenvorteile gegenüber England auf. Trotzdem lohnt sich der Handel, da jedes Land einen sogenannten komparativen (vergleichenden) Kostenvorteil hat. England hat diesen komparativen Kostenvorteil bei der Tuchherstellung, Portugal bei der Weinherstellung. Denn England braucht für die Tuchherstellung im Verhältnis zu Weinherstellung relativ weniger Arbeitseinheiten als Portugal:

Die relative Tuchherstellung Englands ist billiger als die relative Tuchherstellung Portugals:

$$100/120 < 90/80 \qquad \text{alternativ:} \qquad 100/90 < 120/80$$
$$p_1/p_2 \quad < \quad p_1^*/p_2^* \qquad\qquad\qquad p_1/p_1^* < p_2/p_2^*$$

England wird sich also auf Tuch und Portugal auf Wein spezialisieren. Mit 220 Arbeitseinheiten kann England 2,2 Outputeinheiten (220/100) erwirtschaften, während Portugal mit 170 Inputeinheiten 2,125 Outputeinheiten (170/80) realisieren kann. Im Anschluss kann getauscht werden und jedem Land stehen mehr Tuch und Wein zur Verfügung als ohne Arbeitsteilung und Tausch.[72]

---

[72] Spezialisierung und Tausch führen nicht immer zu „schönen" und eindeutigen Ergebnissen. Es kann zu Situationen kommen, bei denen ein Partner nach Arbeitsteilung schlech-

Maximal- und Minimalprinzip: Die Kostenvorteile durch Arbeitsteilung und Tausch – seien sie nun absolut oder komparativ – können entweder nach dem Maximal- oder nach dem Minimalprinzip dargestellt werden. Im oben beschriebenen Fall wurde das Maximalprinzip angewandt. Bei gleich bleibendem Inputeinsatz (Arbeitseinheiten) wurde der Output (Tuch- und Weinproduktion) erhöht.

Möglich wäre natürlich auch die Anwendung des Minimalprinzips, nämlich den gleichen Output von jeweils 1 Einheit Tuch und Wein pro Land mit geringerem Mitteleinsatz zu realisieren. Im Fall der komparativen Kostenvorteile würde das bedeuten, dass England 200 Arbeitseinheiten für zwei Outputeinheiten Tuch und Portugal 160 Arbeitseinheiten für zwei Outputeinheiten Wein benötigt. Beide Länder hätten also Arbeitskräfte bzw. Arbeitszeit „eingespart".[73]

Ob man nun das Maximal- oder das Minimalprinzip anwendet, Arbeitsteilung und Tausch zwischen Volkswirtschaften generieren Wohlstandsgewinne – sei es in Form von mehr Gütern oder in Form von mehr freier Zeit. Und das Theorem der komparativen Kostenvorteile liefert hierzu die theoretische Fundierung.

5.2.1.4   Weiterentwicklung des Theorems

Außenhandel lohnt sich, wenn ein Land bei der Herstellung von Gütern Kostenvorteile gegenüber einem anderen Land hat. Ob diese Kostenvorteile absolut oder nur relativ sind, spielt keine Rolle.

> **Fazit:** Außenhandel lohnt sich, wenn ein Land bei der Herstellung eines Gutes Kostenvorteile (absolut oder relativ) gegenüber einem anderen Land hat.

Unterschiedliche Produktionsbedingungen: Nicht geklärt ist bisher die Frage, wieso bestimmte Güter in einem Land billiger produziert werden können, als in einem anderen Land. Hierfür lassen sich unterschiedliche natürliche und technische Bedingungen ausmachen. Wein wächst in einem warmen Land wie Portugal besser und benötigt daher weniger Arbeitseinsatz. England konnte dafür im Hinblick auf die Tuchherstellung mit qualifizierteren Arbeitskräften und besserer Maschinenausstattung punkten.

Mit fortschreitender Industrialisierung spielten klimatische Unterschiede eine immer geringere Rolle.[74] Durch die Verbreitung von Techniken, zum Beispiel

---

ter dasteht als der andere Partner. Wenn aber der Nachteil durch den Tausch überkompensiert wird, kann in Summe wieder ein positiver Zusatznutzen entstehen.

[73] Hinweis: Wenn man das Minimalprinzip anwendet, ergeben sich Kostenvorteile; bei Anwendung des Maximalprinzips Output- bzw. Erlösvorteile. So oder so, die positiven Ergebnisse haben ihre Ursache immer in Kostenvorteilen. Die komparativen Kostenvorteile beziehen sich also auf die Ausgangssituation und nicht die Ergebnissituation!

[74] Die Zunahme des Dienstleistungssektors – man denke an den Tourismus oder den Sport – führt jedoch wieder zu einer stärkeren Beachtung von Wetter und Klima.

Webstuhl und Dampfmaschine, gleichen sich auch die Produktionstechniken an, so dass sich Unterschiede in den Produktionsbedingungen nivellieren. Da Unterschiede in Klima und Produktionsbedingungen Außenhandel lohnend machen, ist zu fragen, ob sich Außenhandel auch dann noch lohnt, wenn es diese Unterschiede faktisch nicht mehr gibt. Eine Antwort hierauf gibt das Faktorproportionen-Theorem.

5.2.2   Das Faktorproportionen-Theorem

Was passiert, wenn sich die Produktionsbedingungen immer mehr angleichen und die Unterschiede in der Güterherstellung immer geringer werden? Braucht es dann noch Außenhandel und rentiert sich dieser Handel?

Um hierauf ein schlüssige Antwort geben zu können, werden einige wichtige Annahmen bezüglich der Ausstattung mit den Produktionsfaktoren Boden, Arbeit und Kapital getroffen, die darin bestehen, dass die jeweiligen Produktionsfaktoren quasi gleich sind.

Annahmen bezüglich der Ausstattung mit Produktionsfaktoren:
- Boden: keine Unterschiede in Bodenqualität und Klima
- Kapital: gleiche Produktionstechniken
- Arbeit: gleiche Qualifikationen der Arbeitskräfte

Der einzige Unterschied bezüglich der Produktionsfaktoren besteht darin, dass die Länder mengenmäßig unterschiedlich mit Kapital und Arbeit ausgestattet sind (unterschiedlich „proportioniert"). Das eine Land hat mehr Kapitel zur Verfügung, das andere Land mehr Arbeitskräfte.

Einziger Unterschied bezüglich der Produktionsfaktoren:

Die Länder sind mengenmäßig unterschiedlich mit Kapital und Arbeit ausgestattet (unterschiedlich „proportioniert")!

Entscheidend ist dabei allein das Verhältnis, in dem diese Faktoren in den betreffenden Ländern zur Verfügung stehen. Welches Land absolut über mehr oder weniger Arbeiter oder Kapital verfügt, ist irrelevant.

Was wird nun passieren? Wird es Außenhandel geben und wenn ja in welcher Form? Die Antwort selbst ist einfach. Es wird sich für beide Länder lohnen, Außenhandel zu betreiben. Kapitalreiche Länder werden kapitalintensive Güter und Länder mit hohem Arbeitskräfteanteil werden arbeitsintensive Güter produzieren und exportieren, weil sie hier jeweils einen komparativen Vorteil haben.[75]

---

[75] Theorie und Praxis müssen nicht immer übereinstimmen. Wassily Leontief wies 1953 aufgrund empirischer Studien nach, dass die USA im Vergleich zu ihren Importen vor

---

Faktorproportionen-Theorem (1919/1933):

➢ Kapitalreiche Länder werden kapitalintensive Güter und Länder mit
   hohem Arbeitskräfteanteil werden arbeitsintensive Güter exportieren.

Entwickelt und beschrieben wurden dieses Theorem von Eli Hekscher und Bertil
Ohlin und ist deshalb auch als Heckscher-Ohlin-Theorem bekannt.

Hekscher: Der schwedische Ökonom und Wirtschaftshistoriker Eli Hekscher
verfasste zu diesem Thema im Jahre 1919 einen Artikel, der ihn berühmt machte,
wobei der Artikel allerdings nur in schwedischer Sprache vorlag. Erst 30 Jahre
später wurde der Artikel unter dem Titel „The Effect of Foreign Trade on the
distribution of Income" ins Englische übersetzt.

Begründer des Faktorproportionen-Theorems:

• Eli Filip Heckscher: schwedischer Ökonom (1879 - 1952)
• Bertil Gotthard Ohlin: schwedischer Ökonom (1899 - 1979)

Ohlin: Der schwedische Ökonom und Politiker Bertil Ohlin, ein Schüler von
Hekscher, griff diese Ideen auf und entwickelte sie weiter. Ihren Ausdruck fanden
die Ideen und Erkenntnisse in dem 1933 erschienenen Buch „Interregional und
International Trade". Das Buch hatte den Vorteil, in englischer Sprache verfasst
zu sein. Im Jahr 1977 wurde Ohlin der Wirtschaftsnobelpreis verliehen.

5.2.3   Theorem vom Faktorpreisausgleich

Geht man davon aus, dass nach dem Faktorproportionen-Theorem kapitalreiche
Länder kapitalintensive Güter und relativ arbeitsreiche Länder arbeitsintensive
Güter exportieren, wird die nächste Frage sein, ob und welche Auswirkungen auf
die Preise der Produktionsfaktoren – Löhne für den Faktor Arbeit und Zinsen für
den Faktor Kapital – zu erwarten sind.

Lohn und Zins: Welche Konsequenzen ergeben sich für die Lohnhöhe einerseits
und das Zinsniveau andererseits? Bedenkt man, welche Akteure hinter dem Lohn
und hinter dem Kapital stehen, nämlich Arbeitnehmer und Unternehmer, könnte
man die Frage auch klassenkämpferischer formulieren: Profitieren die Arbeitnehmer als Lohneinkommensbezieher oder die Unternehmer als Gewinneinkom-
mensbezieher aus der Verzinsung und Rendite des Kapitaleinsatzes? Gibt es also
trotz Nutzenzuwachses für beide Länder durch den Außenhandel Gewinner und
Verlierer? Oder profitieren beide Gruppen von den Wohlstandsgewinnen durch
Außenhandel?

---

allem arbeitsintensive Produkte ausführten. Als kapitalreiches Land hätten die USA aber
nach dem Heckscher-Ohlin-Theorem vor allem kapitalreiche Güter ausführen müssen
(Leontief-Paradoxon).

**Auswirkungen des Außenhandels auf die Preise der Produktions-
faktoren Kapital und Arbeit:**

Arbeit: Entlohnung der Arbeitnehmer durch Einsatz ihrer Arbeitskraft:
→ Folge für das Lohnniveau?

Kapital: Gewinnerzielung der Unternehmer durch Einsatz ihres Kapitals:
→ Folge für das Zinsniveau?

Die Antwort scheint zuerst einmal trivial zu sein. Nehmen wir das Beispiel
Deutschland und China. Deutschland ist relativ kapitalreicher als China, wird also
kapitalintensive Güter wie Sondermaschinen nach China exportieren. China ist
reichlicher mit Arbeitskräften ausgestattet, wird also Deutschland mit arbeitsintensiven Gütern wie Bekleidung beliefern. Was ist Folge dieses Prozesses?

Das reichlich vorhandene Kapital in Deutschland wird vermehrt nachgefragt und
somit relativ knapper, was wiederum zur Folge hat, dass der Preis für Kapital
(Zins) steigt. In China werden zunehmend Arbeitskräfte nachgefragt, sodass das
Angebot an Arbeitskräften knapper wird und der Preis für Arbeit (Lohn) zunimmt.

Beispiel Deutschland und China:

- **Deutschland** als kapitalintensiveres Land wird mehr Kapital nachfragen; somit steigt der Preis für Kapital **(Zinsniveauanstieg).**

- **China** als arbeitsintensives Land wird mehr Arbeit nachfragen; somit
steigt der Preis für Arbeitskräfte **(Lohnniveauanstieg).**

➢ Vom Außenhandel profitieren also die Produktionsfaktoren, die reichlich vorhanden sind.

Wenn die Produktionsfaktoren, die reichlich vorhanden sind, vom Außenhandel
profitieren, sind das in Deutschland die Kapitalbesitzer (Unternehmer als „Kapita-
listen") und in China die Arbeitskräfte. Insgesamt hat das zur Folge, dass sich die
Faktorpreise – Löhne und Zinsen – der beiden Länder tendenziell angleichen. Was
die Löhne anbelangt, sinkt das Lohnniveau in Deutschland und das in China steigt
an.

Theorem vom Faktorpreisausgleich:
➢ Die Faktorpreise gleichen sich durch Außenhandel an.

Die Angleichung der Faktorpreise geschieht, obwohl die Produktionsfaktoren
zwischen den beiden Ländern immobil sind, also keine Arbeitskräfte von China
nach Deutschland einwandern oder Produktionsanlagen von Deutschland nach
China verfrachtet werden. Innerhalb eines Landes wird natürlich weiterhin von
völliger Mobilität ausgegangen.

Verliert der Faktor Arbeit in den Industrieländern?

Theorie: Wenn der Faktor Arbeit an Wert verliert, geschieht dies nicht nur relativ im Verhältnis zum Zinsniveauanstieg des Kapitals, sondern auch absolut.[76] Das Lohnniveau im arbeitsschwachen Land nimmt absolut ab. Die Volkswirtschaft insgesamt wird zwar vom Außenhandel profitieren, die reinen Arbeitskräfte und Nicht-Kapitalbesitzer wären allerdings die „Verlierer".

Aus Sicht der Arbeitnehmer, die in einem kapitalreichen Land leben, ist dieses Ergebnis wenig beglückend. Sie wären die Verlierer des „deals". Das Volkseinkommen insgesamt nimmt zwar zu, aber zu ihren Lasten und zum Vorteil der Kapitalbesitzer.

Praxis: Schaut man sich jedoch die Lohnentwicklung in Industrieländern an, kann nicht generell vom „Arbeitnehmer" als Verlierer die Rede sein. Denn in der Praxis sind die Löhne in den kapitalreichen Industrieländern stark gestiegen und zwar stärker als in den arbeitsreichen Entwicklungsländern. Die Erklärung liegt in der Einbeziehung weiterer Faktoren, die auf die Lohnentwicklung Einfluss nehmen.

- Arbeitnehmer können gleichzeitig (Sach-)Kapitalbesitzer sein.

- Zum Kapital gehört auch Humankapital. Das heißt, Arbeitskräfte deren Knowhow für Innovationen und Investitionen gebraucht wird, profitieren analog der Kapitalentlohnung. Die Abnahme des Lohnniveaus gilt vor allem für die nicht und gering Qualifizierten.

- Die Löhne können zwar nominal sinken, doch die Kaufkraft kann durch die billiger gewordenen Güter zunehmen.

Der Außenhandel selbst wie auch die Theorie des Außenhandels hat in den letzten Jahrzehnten eine stürmische Entwicklung erfahren. Während das Theorem der komparativen Kostenvorteile als traditionelle Theorie bis Mitte der 1970er Jahre die Außenwirtschaftstheorie beherrschte, sind seither neue Erklärungsansätze auf den Markt gekommen.

Zum Beispiel können Economies of Scale (sinkende Stückkosten und niedrigere Preise durch Massenproduktion) den Handel auf gleichartigen Märkten (intraindustrieller statt inter-industrieller Handel) erklären. Größere Märkte und ein größeres Kundenpotential schaffen hier Massenproduktionsvorteile.

---

[76] In der Literatur ist nicht einheitlich dargestellt, wem und unter welchem „Titel" diese Erkenntnis zuzuschreiben ist. Genannt wird der US-Ökonom Paul A. Samuelson (1948), dem 1970 der Wirtschaftsnobelpreis verliehen wurde und dessen Lehrbuch zur allgemeinen Volkswirtschaftslehre zu einem weltweiten Standardwerk avancierte. Neben Samuelson wird auch ein weiterer US-Ökonom erwähnt, nämlich Wolfgang F. Stolper (1941), so dass sich in der Literatur auch der Begriff des „Stolper-Samuelson-Theorems" findet.

5.3   Protektionismus und Welthandel

5.3.1   Freihandel versus Protektionismus

Ein freier Welthandel trägt zur allgemeinen Wohlfahrtssteigerung bei. In der wirtschaftspolitischen Praxis wird der freie Handel jedoch immer wieder behindert und unterbunden. Diese Behinderung des Handels aus Sicht der anderen beziehungsweise dieser Schutz der Wirtschaft aus eigener Sicht nennt sich Protektionismus. Insofern hat der Protektionismus zwei Perspektiven – die Behinderung und den Schutz.

Protektionismus:

➢ Maßnahmen der Wirtschaftspolitik, die dazu dienen sollen, die eigene Volkswirtschaft oder bestimmte heimische Wirtschaftszweige vor ausländischer Konkurrenz zu schützen.

Theorie: Freier Handel   →   Liberalismus
Praxis: Beschränkungen →   Protektionismus

Maßnahmen: Protektionistische Maßnahmen können an der Menge oder am Preis des Importgutes ansetzen. Will man den Import eines Gutes ver- oder behindern, kann man das Produkt durch Zölle teurer machen oder die zu importierende Menge beschränken oder aber die Einfuhr vollständig verbieten.

• Einfuhrverbote und Einfuhrbeschränkungen (Kontingentierungen)
• Zölle (Einfuhrbehinderungen)[77]
• Devisenbewirtschaftung

Das Ziel, das ein Staat mit protektionistischen Maßnahmen verfolgt, besteht im Schutz eigener Produkte, bestimmter Branchen oder der ganzen Wirtschaft. Wenn gute ausländische Produkte günstig importiert werden können, besteht die Gefahr, dass die entsprechenden eigenen Produkte nicht konkurrenzfähig sind.

Hinter protektionistischen Maßnahmen stehen also meist Partikularinteressen und eigene mangelnde Wettbewerbsfähigkeit. Die anfänglichen Vorteile protektionistischer Maßnahmen werden jedoch bald wieder zunichte gemacht, da Protektionismus zu Gegenreaktionen verleitet und das andere Land ebenfalls Handelsbeschränkungen einführt. Am Schluss sind alle Länder im Vergleich zur Ausgangssituation schlechter gestellt.

„Zuschauer-Dilemma": Das Problem lässt sich am Kino-Zuschauer-Dilemma verdeutlichen. Alle sitzen und sehen recht gut (Freihandel). Dann steht einer auf, um besser sehen zu können (Einfuhrbeschränkungen, um die eigene Wirtschaft zu

---

[77] Zölle sind Steuern des Staates auf Güter, die beim Überqueren einer Landesgrenze zu entrichten sind; in der Praxis meist als Importzölle auf Güter, die ausländische Hersteller in das Heimatland einführen.

sichern). Die anderen drohen, es dem Ersten nachzutun und machen diese Dro-
hung meist auch wahr (ebenfalls Einfuhrbeschränkungen). Am Schluss stehen alle
und keiner sieht besser (überall Zölle und Hemmnisse). Will man wieder zu Freihandel zurückkehren, finden bildlich gesprochen heftige Diskussionen der Ste-
henden statt, ob man sich zum Vorteil aller nicht besser wieder hinsetzen sollte.
Streit gibt es dann darüber, wer sich zuerst setzt und ob eine Kommandoregelung
helfen könnte, jemanden zu bestrafen, der partout stehen bleiben will.

5.3.2   Die Welthandelsorganisation

Weil man weiß, dass das Thema Freihandel ein zerbrechliches Gut ist, haben die
Industrieländer nach dem zweiten Weltkrieg im Rahmen des Bretton-Woods-
Abkommens nicht nur die Weltbank und den Internationalen Währungsfonds
(IWF) für eine einheitliche internationale Währungspolitik gegründet, sondern
auch das Allgemeine Zoll- und Handelsabkommen GATT (General Agreement on
Tariffs and Trade). 1995 wurde das GATT schließlich durch die Welthandelsor-
ganisation WTO (World Trade Organisation) ersetzt.

Entstehung der Welthandelsorganisation:

GATT:
- General Agreement on Tariffs and Trade (Allgemeines Zoll- und Handelsabkommen)
- 1947/48: internationaler Handelsvertrag (Provisorium)
- Sitz in Genf

WTO:
- World Trade Organisation (Welthandelsorganisation)
- 1995: institutionelle Ablösung des GATT
- 153 Mitgliedstaaten
- Sitz in Genf

Während das GATT zu Gründungszeiten im Jahr 1948 zehn Industrieländer und
acht Entwicklungsländer (Anteil 44 Prozent) zu seinen Mitgliedstaaten zählte, ist
aktuell nicht nur die Zahl der Mitgliedsländer sehr stark angestiegen und zwar auf
153, sondern auch die Zahl und der Anteil der Entwicklungsländer haben enorm
zugenommen und zwar auf 125 (Anteil 82 Prozent). China ist seit 2001 Mitglied;
Russland strebt den Beitritt an.

Ziel der Welthandelsorganisation:
➢ Liberalisierung des internationalen Handels durch den Abbau von Zöllen und anderen Handelshemmnissen.

Ziel der Welthandelsorganisation ist die Liberalisierung des internationalen Handels. Geschehen soll dies durch den Abbau von Zöllen und anderen Handelshemmnissen.

5.3.3   Die Welthandelsrunden

Um die Liberalisierung des Welthandels zu gestalten und voranzutreiben, treffen sich die Mitgliedstaaten zu sogenannten Handelsrunden. Zwischenzeitlich kann man auf neun dieser Runden zurückblicken. 1999 hat die vorletzte in Seattle (USA) und 2001 die letzte in Doha (Katar) getagt. Seit Seattle sind diese Welthandelsrunden beliebte Gelegenheiten von Globalisierungskritikern wie Attac[78], um ihren Unmut über die tatsächlichen oder vermeintlichen Ungerechtigkeiten in der Welt mit Demos und Blockaden medienwirksam zum Ausdruck zu bringen. Dass sich die Industrie- und Entwicklungsländer nicht immer einigen können, kommt den Globalisierungskritikern entgegen.

Uruguay: Die Uruguay-Runde ist erwähnenswert, weil dort beschlossen wurde, das Provisorium GATT aufzulösen und durch die Institution WTO zu ersetzen. Die Gründung der WTO datiert schließlich auf den 1. Januar 1995.

Seattle: Die nächste Handelsrunde nach Uruguay hätte eigentlich die neunte werden sollen. Doch die Konferenz im amerikanischen Seattle scheiterte. Globalisierungsgegner protestierten und randalierten und die Konferenzteilnehmer waren sich selbst nicht einig.

1	Genf	1947
2	Annecy	1949
3	Torquay	1950 - 1951
4	Genf	1955 - 1956
5	Dillon-Runde	1960 - 1962
6	Kennedy-Runde	1964 - 1967
7	Tokio-Runde	1973 - 1979
8	Uruguay-Runde	1986 - 1994
	Seattle	1999 (gescheitert)
9	Doha-Runde	2001 - ?

Doha: Der Terroranschlag am 11. September 2001 in den USA brachte schließlich die Teilnehmer wieder „an den Tisch". In Doha, der Hauptstadt des arabischen Katars, erfolgte der Auftakt zur neunten Welthandelsrunde.

2003 trafen sich die WTO-Mitglieder schließlich in Cancún. Der Nord-Süd-Konflikt zwischen den Industrieländern und den Entwicklungsländern, besonders den afrikanischen, trat wieder zutage, so dass die Konferenz kein Ergebnis erbrachte. Im Dezember 2005 fand das nächste Gipfeltreffen in Hongkong statt; ein weiteres folgte in Genf 2008. Doch bis heute (Stand 2011) hat man zu keinem Abschluss gefunden.

---

[78] Association Tax pour une Taxation des Transactions Financières pour l'Aide aux Citoyens et Citoyennes (Vereinigung zur Besteuerung von Finanztransaktionen im Interesse der BürgerInnen).

Hauptstreitpunkt zwischen den Industrie- und den Entwicklungsländern ist der
Handel mit Agrar- und Industrieprodukten. Die Entwicklungsländer werfen den
Industrienationen vor, ihren Agrarsektor abzuschotten und landwirtschaftliche
Produkte subventioniert auf den Weltmarkt zu bringen. Die Industrieländer ihrer-
seits beklagen, dass die Entwicklungsländer die Einfuhr industrieller Erzeugnisse
erschweren.

Dass sich die Konferenzteilnehmer mit einem Abschluss schwer tun, liegt jedoch
nicht nur an inhaltlichen Differenzen, sondern auch am Abstimmungsmodus.
Entscheidungen müssen nämlich im Konsens getroffen werden. Dabei besitzt
jedes Land ein Vetorecht (Einspruchsrecht). Die Interessen Deutschlands werden
übrigens durch die Europäische Union vertreten. Oberstes Beschlussorgan der
WTO ist die Ministerkonferenz.[79]

---

[79] Derzeitiger Generaldirektor der WTO ist der Franzose Pascal Lamy.

6 Umweltpolitik

„Wenn der Wind des Wandels weht, bauen die einen Schutzmauern, die anderen Windmühlen." (chinesisches Sprichwort)

Will man einen Begriff finden, der die umweltpolitische Debatte die letzten Jahre geprägt hat, braucht man nicht lange zu suchen. Es ist der Begriff der Nachhaltigkeit. Das Prinzip der Nachhaltigkeit hat sich dabei als so *nachhaltig* erwiesen, dass kaum ein politisches, gesellschaftliches oder ökonomisches Konzept ohne Nachhaltigkeit auszukommen scheint.

6.1 Das Prinzip der Nachhaltigkeit

Die eigentliche „Karriere" der Nachhaltigkeit nahm 1992 auf der Umweltkonferenz in Rio de Janeiro ihren Anfang, wenn auch der originäre Start einige Jahre früher festzusetzen ist.

6.1.1 Umweltkonferenz von Rio und Agenda 21

Inhaltlich ein uraltes Prinzip[80], lässt sich die Nachhaltigkeit als globales Konzept auf das Jahr 1987 terminieren. In diesem Jahr tagte nämlich die Weltkommission für Umwelt und Entwicklung unter der Leitung der damaligen norwegischen Ministerpräsidentin Gro Harlem Brundtland. In diesem nach der Präsidentin benannten Brundtland-Bericht[81] spielt die Nachhaltigkeit eine wesentliche, wenn nicht die entscheidende Rolle.

Spätestens seit der Umweltkonferenz in Rio de Janeiro im Jahre 1992 trat die Nachhaltigkeit oder auch nachhaltige Entwicklung ihren Siegeszug um die Welt an. „Sustainable Development" wurde zum zentralen Leitmotiv der Umweltpolitik.[82]

---

[80] Um das Jahr 1700 machte sich der Oberberghauptmann Hans Carl von Carlowitz im sächsischen Freiberg vor dem Hintergrund einer damaligen Holzknappheit Gedanken, wie durch eine nachhaltige Forstwirtschaft dauerhaft Holz für den Silberbergbau bereitgestellt werden könnte.

[81] World Commission on Environment and Development (WCED): Our Common Future („The Brundtland Report"), Oxford 1987.

[82] Die Begriffe der Nachhaltigkeit und der nachhaltigen Entwicklung werden meist synonym verwendet, wenn auch eine Unterscheidung diesbezüglich getroffen werden könnte, dass der Begriff der nachhaltigen Entwicklung erst im Jahr 1980 auf der Konferenz der IUCN (International Union for the Conservation of Natur and Natural Resources) geprägt wurde. Nachhaltigkeit bezieht sich eigentlich nur auf die ökologische Dimension.

Konferenz der Vereinten Nationen für Umwelt und Entwicklung im Jahr 1992 in Rio de Janeiro

➢ „Agenda 21" als globales Handlungsprogramm für das 21. Jahrhundert.

➢ Konzept der nachhaltigen Entwicklung (sustainable development).

Über 170 Staaten nahmen an dieser Konferenz teil, um die Agenda 21 als globales Handlungsprogramm für das 21. Jahrhundert ins Leben zu rufen.

Agenda 21 *(Präambel):*

„Die Menschheit steht an einem entscheidenden Punkt ihrer Geschichte. Wir erleben eine zunehmende Ungleichheit zwischen Völkern und innerhalb von Völkern, eine immer größere Armut, immer mehr Hunger, Krankheit und Analphabetismus sowie eine fortschreitende Schädigung der Ökosysteme, von denen unser Wohlergehen abhängt.

Durch eine Vereinigung von Umwelt- und Entwicklungsinteressen und ihre stärkere Beachtung kann es uns jedoch gelingen, die Deckung der Grundbedürfnisse, die Verbesserung des Lebensstandards aller Menschen, einen größeren Schutz und eine bessere Bewirtschaftung der Ökosysteme und eine gesicherte, gedeihlichere Zukunft zu gewährleisten. Das vermag keine Nation allein zu erreichen, während es uns gemeinsam gelingen kann: in einer globalen Partnerschaft, die auf eine nachhaltige Entwicklung ausgerichtet ist."
(Vereinte Nationen 1992)

Die nachhaltige Entwicklung gilt hierbei als das zentrale Leitmotiv einer internationalen und partnerschaftlichen Umweltpolitik – zumindest soll es so sein. Der Begriff der Nachhaltigkeit hat sich zwischenzeitlich in vielen anderen Bereichen, zum Beispiel in der Finanzpolitik, ebenfalls fest etabliert. Auch der Bildungsbereich ist aufgerufen, Nachhaltigkeit zu vermitteln.

Agenda 21:

„Insbesondere sollen sowohl Regierungen und Privatwirtschaft, aber auch akademische Institutionen und internationale Organisationen auf die Entwicklung und Umsetzung von Konzepten und Methoden für die Internalisierung der Umweltkosten in die betriebswirtschaftliche Kostenrechnung und Preisgestaltung hinarbeiten."

„... internationale Organisationen sollen in Kooperation mit der Industrie und akademischen Institutionen ihr Bildungs- und Ausbildungsangebot und bewusstseinsfördernde Maßnahmen hinsichtlich umweltverträglicher Produktion verstärken." (Vereinte Nationen 1992)

6.1.2   Definition und Konzept der Nachhaltigkeit

6.1.2.1   Definition von Nachhaltigkeit

Was versteht man unter Nachhaltigkeit? Eine der bekanntesten Definitionen für Nachhaltigkeit lautet, dass die Bedürfnisse der Gegenwart zu befriedigen sind, ohne zu riskieren, dass künftige Generationen ihre eigenen Bedürfnisse nicht befriedigen können. Im Original lautet die Formulierung:

Sustainable development:
> „Sustainable development is development that meets the needs of the present without compromising the ability of future generations to meet their own needs"[83]

Allegorisch „übersetzt" heißt dies, dass nicht mehr Bäume in einem Wald abgeholzt werden dürfen (Abholzungsrate), als wieder nachwachsen können (Aufforstungsrate). Sollten die Indianer tatsächlich nicht mehr Bisons erlegt haben, als für ihre eigene Existenz notwendig war und ohne den Bestand der Bisonherde zu gefährden, wäre das ein Paradefall für nachhaltige Entwicklung.

6.1.2.2   Das Nachhaltigkeitsdreieck

Nachhaltigkeit hat nichts mit Fundamentalökologie zu tun. Denn Nachhaltigkeit bedeutet nicht, nichts mehr verbrauchen oder der Natur entnehmen zu dürfen. Das Entscheidende ist, dass dieser jetzige Verbrauch nicht den zukünftigen gefährdet.

Und etwas Weiteres kommt hinzu. Die Philosophie, mit der die nachhaltige Entwicklung bedacht wurde, geht über die ökologische Sichtweise hinaus und bezieht bewusst die ökonomische und die soziale mit ein. So ergibt sich das Nachhaltigkeitsdreieck aus Ökologie, Ökonomie und Sozialem oder etwas konkreter aus ökologischer Sicherheit, ökonomischer Effizienz und sozialer Gerechtigkeit.

Ökologische Sicherheit

Nach-haltigkeit

Wirtschaftliche Effizienz   Soziale Gerechtigkeit

Abbildung 1.48: Das Nachhaltigkeitsdreieck.

---

[83] World Commission on Environment and Development (WCED), 1987, S. 43.

Wir konzentrieren uns auf die ökologische Perspektive und fragen uns, ob sich ökologische Ziele formulieren und daraus abgeleitete Maßnahmen operationalisieren lassen. Ein Ansatzpunkt besteht darin, so genannte Life-Support-Funktionen, also Lebens-Unterstützungs-Funktionen, zu beschreiben. Nachhaltigkeit würde dann die Aufrechterhaltung der drei grundlegenden Life-Support-Funktionen bedeuten.

6.1.2.3   Life-Support-Funktionen

Die Life-Support-Funktionen betreffen die Themenbereiche Ressourcen, Abfall und Ästhetik.

Ressourcen-Angebots-Funktion: Das Thema Ressourcen bezieht sich auf die Angebotsseite der Natur. Was bietet die Natur an, was bringt die Umwelt an Ressourcen wie Wasser, Holz, Erze usw. hervor und daran anknüpfend die Fragen, wie der Mensch auf dieses Angebot reagiert, wie und was er nachfragt, welche Ressourcen er in welchen Mengen und in welchem Zeitraum in Anspruch nimmt.

Abfallaufnahme-Funktion: Während die Ressourcen-Funktion aufzeigt, was die Natur anbietet und der Mensch nachfragt und entnimmt, behandelt die Abfallaufnahme-Funktion die Frage, was der Mensch in Form von Abfällen wieder an die Natur zurückgibt und was die Natur dementsprechend aufnehmen muss und verarbeiten kann.

Direkte Nutzenstiftung durch die Naturästhetik: Diese Funktion ist eine ungewöhnliche und sicherlich auch unterschätzte Funktion. Der Natur wohnt nämlich unabhängig von Nutzenstiftungen wie dem Sattwerden durch das Verspeisen eines Apfels oder dem Warmwerden durch Holzverbrennung ein Nutzen durch seine Ästhetik bei. Es ist schön und tut gut, einen Sonnenuntergang zu betrachten und rauschende Blätter im grünen Wald zu sehen und zu hören.

Life-support-Funktionen:

(1) Ressourcen-Angebots-Funktion

(2) Abfallaufnahme-Funktion

(3) Direkte Nutzenstiftung durch die Naturästhetik

Das Konzept der Nachhaltigkeit beschränkt sich aber nicht allein darauf, bestimmte Themenbereiche und Funktionen zu formulieren, sondern umweltpolitische Funktionen sollen möglichst aussagekräftig, konkret und damit handlungswirksam und kontrollierend formuliert werden.

So finden sich denn auch im Sinne einer Operationalisierung relativ konkrete Nachhaltigkeits- beziehungsweise Managementregeln.

6.1.2.4   Nachhaltigkeitsregeln

Nachhaltigkeitsregeln existieren in unterschiedlichen Formulierungen. Im Mittelpunkt der Nachhaltigkeitsregeln stehen analog den Life-Support-Funktionen die Aspekte Schadstoffbelastung und Ressourcenverbrauch.

Folgende **Nachhaltigkeitsregeln** lassen sich aufstellen:

---

(1) **Nutzung erneuerbarer Ressourcen**: Verwende regenerierbare Ressourcen immer nur soweit, wie die Nutzungsrate die natürliche Regenerationsrate nicht übersteigt.

(2) **Nutzung nicht erneuerbarer Ressourcen**: Stelle sicher, dass – sobald erschöpfliche Ressourcen ausgebeutet sind – ihr reduzierter "Kapitalbestand" durch entsprechende Zunahmen an anderen Ressourcen kompensiert wird.

(3) **Schadstoffregel**: Halte die Verschmutzungsrate auf/unter der entsprechenden Aufnahme- und Verarbeitungskapazität der Umwelt.

(4) **„Effizienzregel"**: Lasse die Annahme zu, dass ein gegebener Lebensstandard auch mittels eines sinkenden Bestands an „Naturkapital" erzielt werden könnte.

Was bedeuten diese Regeln im Einzelnen?

zu (1): Verwende **regenerierbare Ressourcen** immer nur soweit, wie die Nutzungsrate die natürliche Regenerationsrate nicht übersteigt.

Regenerierbare, also erneuerbare Ressourcen wie zum Beispiel Wald- oder Fischbestände, dürfen nur insoweit genutzt werden, als die Entnahmen der Ressourcen – Bäume fällen und Fische angeln – nicht größer ist als die Regenerationsfähigkeit der Bestände. Nachhaltigkeit in der Umweltpolitik heißt also nicht, dass keine Bäume mehr gefällt und keine Fische mehr gefangen werden dürfen. Selbstverständlich dürfen und sollen Bäume abgeholzt und Fische gefangen werden, aber nur in dem Maße, wie die Natur in der Lage ist, den Bestand an Bäumen und Fischen aufrechtzuerhalten.

zu (2): Stelle sicher, dass – sobald **erschöpfliche Ressourcen** ausgebeutet sind – ihr reduzierter "Kapitalbestand" durch entsprechende Zunahmen an anderen Ressourcen kompensiert wird.

Diese Regel meint, dass die Nutzung und der Verbrauch von Ressourcen, die nicht regenerierbar sind, wie zum Beispiel Erdöl oder Mineralien, nur in dem Maß erfolgen sollen, wie die Nutzung alternativer erneuerbarer Ressourcen, zum Beispiel Raps und Windenergie, zunimmt. Plakativ könnte man formulieren „Raps statt Erdöl". Letztlich geht es um die Ausschöpfung von Substitutionsmöglichkeiten zwischen erschöpflichen und regenerierbaren Ressourcen.

zu (3): Schadstoffregel: Halte die Verschmutzungsrate auf/unter der entsprechenden Aufnahme- und Verarbeitungskapazität der Umwelt.

Luft, Wasser und Boden dürfen nicht mit mehr Schadstoffen belastet werden, als sie durch ihre Selbstreinigungstätigkeit verarbeiten können. Also auch hier gilt nicht die extreme Forderung, dass überhaupt keine Schadstoffe mehr ausgestoßen werden dürfen, sondern nur die Forderung, dass Schadstoffausstoße die Natur nicht überfordern dürfen. Boden, Wasser und Luft können bestimmte Grade an Verunreinigung verkraften und selbst wieder beseitigen; dieses Maß darf jedoch nicht überschritten werden.

zu (4): Effizienzregel: Lasse die Annahme zu, dass ein gegebener Lebensstandard auch mittels eines sinkenden Bestands an „Naturkapital" erzielt werden könnte.

Dies ist beispielsweise möglich, wenn durch Effizienz-Steigerungen ein gleiches Ergebnis durch weniger Aufwand erreicht werden kann. Wenn ich also mit dem gleichen Auto die gleiche Strecke mit weniger Benzinverbrauch fahren kann (3-Liter-Auto statt 6-Liter-Auto).

Zeitregel: Die Nachhaltigkeitsregeln der Ressourcennutzung, der Schadstoffbelastung und der Effizienz beruhen auf einem gemeinsamen Nenner und das ist die Zeitregel. Letztlich bedeuten die einzelnen Regeln nichts anderes als einen schonenden Gebrauch der Zeit. Die Natur ist anpassungsfähig; aber dieses Anpassungsvermögen der Natur darf nicht überfordert werden.

Zeitregel:
- schonender Gebrauch der Zeit
- das Anpassungsvermögen der Natur nicht überfordern.

6.1.3   Nachhaltige Entwicklung in Deutschland

In Deutschland hat 1996 in Verantwortung der damaligen Bundesumweltministerin Angela Merkel ein Diskussionsprozess unter dem Titel „Schritte zu einer nachhaltigen, umweltgerechten Entwicklung" eingesetzt, der 1998 als BMU-Papier „Nachhaltige Entwicklung in Deutschland" seine schriftliche Form und Bedeutung erlangte.[84]

Entwicklung der Nachhaltigkeit in Deutschland (1998):
➢ BMU-Papier "Nachhaltige Entwicklung in Deutschland"
   (BMU: Bundesministerium für Umwelt)

---

[84] Was die europäische Ebene anbelangt, einigten sich die Staats- und Regierungschefs in Göteborg im Jahr 2001 darauf, „das Prinzip der Nachhaltigkeit zur Grundlage einer gemeinsamen Wirtschafts- und Umweltpolitik zu machen".

6.1.3.1 Problembereiche und Umweltbarometer

Als vorrangige Problembereiche einer nachhaltigen und umweltgerechten Entwicklung wurden in Deutschland folgende Themen formuliert:

- Schutz der Erdatmosphäre
- Schutz des Naturhaushalts
- Schonung der Ressourcen
- Schutz der menschlichen Gesundheit
- Umweltschonende Mobilität

Der Schutz der Erdatmosphäre betrifft beispielsweise die Verschmutzung der Atmosphäre durch Treibhausgase wie Kohlendioxid. Zum Schutz des Naturhaushalts gehört zum Beispiel die Verschmutzung von Flüssen durch Abwässer. Schonung der Ressourcen bezieht sich auf den Verbrauch von Wasser oder Erdöl. Schutz der menschlichen Gesundheit beinhaltet Aspekte wie Beeinträchtigung der Gesundheit durch Lärm oder Smog. Umweltschonende Mobilität bedeutet effiziente und schonende Nutzung von privaten und öffentlichen Verkehrsträgern wie Auto und Bahn.

Umweltbarometer: Ein wichtiges und immer noch diskutiertes Thema war hierbei auch die Frage, ob es analog einer wirtschaftlichen Leistungsbestimmung durch das Bruttoinlandsprodukt oder analog eines sozial-ökonomischen Indikators durch eine Sozialbilanz auch einen Umweltindikator geben könnte. Die Antwort wurde verneint. Die Erstellung eines Gesamt-Umwelt-Indikators in Analogie zum Bruttoinlandsprodukt als Gesamtindikator wurde als zu problematisch angesehen. Stattdessen richteten sich die Bemühungen auf die Erstellung eines sogenannten Umwelt-Barometers, das die wichtigsten Umweltbereiche wie Klima, Luft, Boden, Wasser, Energie und Rohstoffe enthält.

Diesen Umweltbereichen sind Schlüsselindikatoren und entsprechende Umweltziele zugeordnet.

Beispiel „Boden und Flächennutzung":

Umweltbereich	Schlüsselindikator	Umweltziel
Boden	Zunahme der Siedlungs- und Verkehrsfläche	Reduzierung auf 30 Hektar pro Tag bis 2020

6.1.3.2 Umweltindex Nachhaltigkeit

Inwieweit Deutschland mit seinen Umweltbemühungen gediehen ist, zeigt ein internationales Umweltbarometer, nämlich der „Environmental Sustainability Index (ESI)". Nach diesem Umweltindex, der die Umweltfreundlichkeit von 146 Staaten beurteilt, liegt Deutschland an 31. Stelle. Ein Vergleich, der sich ausschließlich auf die bevölkerungsdichtesten Länder beschränken würde, brächte Deutschland den zweiten Platz hinter Japan.

Umweltindex Nachhaltigkeit („Länder im Öko-Test")	
Der Umweltindex Nachhaltigkeit beurteilt die Umweltfreundlichkeit von 146 Staaten nach 21 Faktoren wie zum Bespiel Treibhausgasemissionen, Wassergüte, politisches Engagement, Artenvielfalt und verfügbares Grundwasser.	
1 Finnland	75,1 Punkte
2 Norwegen	73,4
3 Uruguay	71,8
4 Schweden	71,7
5 Island	70,8
6 Kanada	64,4
7 Schweiz	63,7
...	...
31 Deutschland	56,9
...	...
141 Haiti	34,8
142 Usbekistan	34,4
143 Irak	33,6
144 Turkmenistan	33,1
145 Taiwan	32,7
146 Nordkorea	29,2

Abbildung 1.49: Umweltindex Nachhaltigkeit. [Quelle: Environmental Sustainability Index (ESI) 2005]

Eines der zur Zeit wichtigsten Probleme und Anliegen im Umweltbereich ist das der Treibhausgasreduzierung. Als Haupttreibhausgas gilt das Kohlendioxid.

6.1.4   Kyoto-Protokoll und Treibhausgasreduzierung

Auf dem Umweltgipfel von Rio im Jahre 1992 wurde die Agenda 21 als globales Handlungsprogramm für das 21. Jahrhundert beschlossen und eine Klimarahmenkonvention zur Reduzierung der Treibhausgasemissionen verabschiedet. Die Reduzierung der Treibhausgase gilt als eines der wichtigsten Umweltziele, geht man doch davon aus, dass die Zerstörung der Ozonschicht und die globale Erderwärmung und in Folge eine Zunahme von Naturkatastrophen ursächlich auf eine zu starke Zunahme von Treibhausgasen wie Kohlendioxid zurückzuführen ist. Hauptverursachung der Treibhausgaszunahme sind Verbrennungsprozesse in Kraftwerken, im Verkehr und in Haushalten.

Im Jahr 1997 fand eine weitere wichtige Konferenz im japanischen Kyoto statt, die sich diesem Thema der Treibhausgasreduzierung angenommen hatte. Im sogenannten Kyoto-Protokoll wurde die Reduzierung von Treibhausgasen – vor allem CO_2 – festgeschrieben.[85] Bis zum Jahr 2012 sollte eine Reduzierung der Treibhausgase um 5,2 % unter das Niveau von 1990 erfolgen. Für die 15 EU-Staaten vor der Osterweiterung ist eine Reduzierung um 8 % und für Deutschland sogar eine um 21 % vorgesehen.

---

[85] Die Reduzierung betrifft neben Kohlendioxid weitere Treibhausgase wie Methan, Lachgas und Fluorkohlenwasserstoffe.

Kyoto-Protokoll (vereinbart 1997 und 2005 in Kraft getreten):

➢ Reduzierung von Treibhausgasen (CO_2) bis zum Jahr 2012 um mindestens 5,2 % gegenüber 1990 (alle zusammen)!

• Die 15 „alten" EU-Staaten: Reduzierung um 8 %
• Bundesrepublik Deutschland: Reduzierung um 21 %

Im Jahr 2005 trat das Kyoto-Protokoll mit der Ratifizierung durch Russland schließlich in Kraft. 192 Staaten haben sich zwischenzeitlich verpflichtet, das Kyoto-Protokoll zu erfüllen. Nicht unterzeichnet wurde das Abkommen von den USA.[86]

Jahr	Ort	Konferenz	Beschlüsse und Themen
1987		Weltkommission für Umwelt und Entwicklung	Brundtland-Bericht „Our Common Future"
1992	Rio de Janeiro (Brasilien)	Konferenz der Vereinten Nationen für Umwelt und Entwicklung („Umweltgipfel von Rio")	Agenda 21: Globales Handlungsprogramm für das 21. Jhdt., Verabschiedung der Klimarahmenkonvention.
1997	Kyoto (Japan)	„Conference of the Parties"	Kyoto-Protokoll: Reduzierung von Treibhausgasen (vor allem Kohlendioxid) bis 2012.
2002	Johannesburg (Südafrika)	Weltgipfel für nachhaltige Entwicklung	Anteil erneuerbarer Energiequellen an der gesamten Energieversorgung erhöhen
2007	Bali	Klimakonferenz	Roadmap: Fahrplan der Klimaverhandlungen
2009	Kopenhagen	Klimakonferenz	Erderwärmung auf höchstens 2°C begrenzen („Minimalkonsens")
2010	Cancun (Mexiko)	Klimakonferenz	CO_2-Ausstoss: EU 20 % und Deutschland 40 % weniger bis 2020 gegenüber 1990.

Abbildung 1.50: Umweltkonferenzen.

Nach Kyoto folgten weitere Konferenzen (Abbildung 1.50). In Kopenhagen wurde lediglich ein Minimalkonsens erreicht, nach dem die Erderwärmung um maximal 2° Celsius im Vergleich zum vorindustriellen Niveau zunehmen darf. In Cancun formulierten die EU und Deutschland ihre ehrgeizigen CO_2-Reduzierungsvorhaben im Hinblick auf das Jahr 2020. Deutschland will bis dahin den CO_2-Ausstoß auf 749 Mio. Tonnen reduzieren. 1990 betrug der Ausstoß noch 1.249 Mio. Tonnen.

---

[86] Die USA verweisen unter anderem darauf, dass sie auf freiwilliger Basis den als Hauptmaßnahme geltenden Emissionshandel bereits in den 90er Jahren eingeführt hätten.

6.2   Der Handel mit Umweltzertifikaten (Emissionshandel)

Als wichtigste Maßnahme im Rahmen der Treibhausgasreduzierung ist der Emissionshandel anzusehen. Am 1. Januar 2005 wurde dieser Handel mit Umweltzertifikaten in Europa eingeführt. Die Pilotphase soll bis 2008 dauern, um dann von 2008 bis 2012 die zweite Handelsphase mit allen Kyoto-Staaten durchzuführen.

6.2.1   Stand der Dinge

Seit dem 1. Januar 2005 ist der Emissionshandel in Kraft. Jede vom Emissionshandel erfasste Firma bekommt ein bestimmtes Kontingent an Verschmutzungsrechten (Emissionsrechte für das Treibhausgas Kohlendioxid) zugeteilt. Diese Verschmutzungsrechte können anschließend untereinander gekauft und verkauft werden. Wer weniger Schadstoffe emittiert als vorgegeben, kann Emissionsrechte verkaufen; wer mehr emittiert, muss zukaufen.

Umweltzertifikat = Emissionsrecht

➢ Ein Zertifikat verkörpert das Recht, pro festgelegte Periode eine bestimmte Menge eines Schadstoffes (Tonnen Kohlendioxid) an die Umwelt abgeben zu können.

Europa: Betroffen sind von dieser Regelung EU-weit rund 12.000 Industrieanlagen (für ca. die Hälfte der CO_2-Emissionen verantwortlich). Das Gros der Anlagen gehört zur Energiewirtschaft wie zum Beispiel Stromerzeuger. Daneben sind Industrieanlagen wie Eisen- und Stahlhersteller, Raffinerien, sowie Hersteller von Zement, Kalk/Zucker, Papier und Karton, Glas und Ziegel vom Emissionshandel betroffen.

Deutschland: In Deutschland sind 1.849 Industrieanlagen der Energiewirtschaft und energieintensiven Industrie in den Emissionshandel einbezogen. Bis 2004 stellte die Bundesregierung einen nationalen Zuteilungsplan auf und teilte den einzelnen Unternehmen die Berechtigungen zu. Zuständig ist die Deutsche Emissionshandelsstelle (DEHSt) beim Umweltbundesamt mit 75 Mitarbeitern.

Emissionshandel:

- Umweltproblem: Emission von Treibhausgasen (hier CO_2).
- Beschluss: Kyoto-Protokoll von 1997 (Beschluss) und 2005 in Kraft getreten.
- Maßnahme: Handel mit Zertifikaten (Verschmutzungsrechten).
- Ziel: Kohlendioxidausstoß in der Europäischen Union zu verringern (Hauptziel) und zwar zu möglichst geringen Kosten (Nebenziel).

Ausgestellt wurden für die dreijährige Pilotphase von 2005 bis 2007 Zertifikate bzw. Emissionsberechtigungen in einem Volumen von 1.485 Millionen Tonnen CO_2. Nach Zuteilung der Zertifikate durch den Staat an die Firmen konnten die Firmen Zertifikate gegenseitig kaufen und verkaufen. Der Preis für eine Tonne CO_2 schwankte in den ersten Monaten zwischen 6 und 30 Euro pro Tonne. Im weiteren Verlauf hatte sich dann ein Marktpreis von rund 8 bis 9 Euro pro Zertifikat herausgebildet.

6.2.2   Konzept des Emissionshandels

Das Reizvolle am Emissionshandel liegt in der Verknüpfung von Ökologie und Ökonomie. Ein bestimmtes vom Staat vorgegebenes maximales Verschmutzungsvolumen (ökologische Perspektive) soll mit möglichst geringen Kosten für die Unternehmen (ökonomische Perspektive) erreicht werden. Entscheidend ist nicht, dass jede einzelne Firma den Schadstoffausstoß senkt, sondern dass er in der Summe gesenkt wird. Dazu ein Beispiel:

Aktion	Unternehmen A	Unternehmen B	Gesamt
CO_2-Ausstoß (Ist)	8.000 Tonnen	8.000 Tonnen	16.000 T
Zugeteilte Zertifikate (Soll)	7.000 T	7.000 T	14.000 T
Reduzierung	1.000 T	1.000 T	2.000 T
Kosten der Reduzierung (ohne Emissionshandel)	20.000 €	10.000 €	30.000 €
Emissionshandel	A kauft von B Emissionsrechte im Volumen von 1.000 T zum Preis von 15 € pro T.	B verkauft an A Emissionsrechte im Volumen von 1.000 T zum Preis von 15 € pro T.	2.000 T
Reduzierung	0 T	2.000 T	2.000 T
Kosten der Reduzierung	keine	20.000 €	20.000 €
Kosten des Handels	15.000 €	- 15.000 € (Einnahmen)	0 €
Gesamtkosten	15.000 €	5.000 €	20.000 €
Ersparnis	5.000 €	5.000 €	10.000 €

Abbildung 1.51: Beispiel zur Funktionsweise des Emissionshandels.

Unternehmen A kauft von Unternehmen B ein 1.000-Tonnen-Verschmutzungsrecht für 15.000 €, also 5.000 € weniger als die ursprünglichen 20.000 €. Das macht eine Ersparnis von 5.000 € aus. Unternehmen B erhält 15.000 € von Unternehmen A und muss um 2.000 Tonnen reduzieren. Die Reduzierung kostet die Firma B 20.000 €. Die Nettokosten betragen also 5.000 €, das sind 5.000 € weniger als die ursprünglichen 10.000 € und bedeutet eine Ersparnis von 5.000 €.

Minimalprinzip: Der Emissionshandel führt dazu, dass in Summe die Schadstoffvorgaben eingehalten werden (Hauptziel) und gleichzeitig die Kosten minimiert werden (Nebenziel). Der Emissionshandel entspricht im Übrigen dem Minimalprinzip. Ein bestimmtes Ergebnis soll mit möglichst geringem Mitteleinsatz erreicht werden.

Praxisprobleme: So „raffiniert" sich das Grundprinzip des Emissionshandels darstellt, so problematisch ist die Umsetzung im Detail. Es erfordert einen enormen Bürokratieaufwand, die Firmen und die jeweiligen Verschmutzungsrechte zu bestimmen. Die Zuteilung der Zertifikate erfolgt nach den Schadstoffwerten der letzten Jahre. Dabei kann es auch Ungerechtigkeiten geben, wenn eine Firma, die schon viel für den Umweltschutz unternommen hat, gleich behandelt wird wie eine Firma, die bisher nichts in den Umweltschutz investiert hat. Schließlich sind auch Wettbewerbsverzerrungen möglich, wenn Firmen mit anderen Firmen, die nicht dem Emissionshandel unterliegen, in Kostenkonkurrenz stehen.

6.3   Externe Effekte

Umweltfolgen wie Schadstoffbelastungen oder Bodenverschmutzung machen nicht an Grenzen halt, sondern betreffen oft auch unbeteiligte Dritte – man spricht hier von externen Effekten. Externe Effekte und deren Vermeidung beziehungsweise Kompensation spielen eine zentrale Rolle in der Umweltthematik.

6.3.1   Definition und Merkmale externer Effekte

Was versteht man nun unter externen Effekten, die im Englischen als „Externalities", „Spill Overs", oder „Neighbourhood Effects" bezeichnet werden? Externe Effekte sind generell Auswirkungen irgendeines Handelns auf unbeteiligte Dritte, die nichts „dafür können" – weder im Guten noch im Schlechten!

Externe Effekte
➢ Auswirkung ökonomischen Handelns auf die Wohlfahrt eines unbeteiligten Dritten, für die niemand bezahlt oder einen Ausgleich erhält.

Im Kontext der Umweltthematik werden externe Effekte meist als negative externe Effekte verstanden, wie zum Beispiel Umweltschäden oder Lärmbelästigung. Grundsätzlich können externe Effekte aber sowohl positiv als auch negativ gesehen werden.

Positiver Effekt: Wenn die Nachbarin ihren Balkon mit Blumen schmückt, kann uns dieser Schmuck als Blumenfreunde ebenfalls miterfreuen, ohne dass wir uns an den Kosten für die Blumen in der Nachbarschaft beteiligen müssten. Wir sind „stille" Nutznießer dieses positiven externen Effekts.

Negativer Effekt: Nervt des Nachbarn Hund mit ständigem Gebelle, ohne dass wir eine Entschädigung irgendeiner Art erhielten, handelt es sich um einen typisch negativen externen Effekt.

Externe Effekte sind schließlich durch folgende Merkmale charakterisiert:

1.) Nutzen eines Marktteilnehmers ist abhängig von Aktivitäten anderer Marktteilnehmer.

Erstens, hängt der Nutzen oder der Schaden eines Individuums nicht allein von den eigenen Bemühungen und Aktivitäten ab, sondern vor allem auch von erfreulichen oder ärgerlichen Aktivitäten anderer Menschen, ohne dass Aktivitäten und die damit verbundenen Auswirkungen mit uns abgesprochen wurden. Wenn ich also am Tisch sitze und mein Mittagsmenü genieße, kann dieser Genuss durch die Rauchschwaden des am Nebentisch sitzenden Zigarettenqualmers stark beeinträchtigt werden. Oder eine kriminell veranlagte Firma leitet giftige Abwässer in einen See und die darin badenden Kinder bekommen Hautausschläge.

2.) Der durch externe Effekte betroffene Marktteilnehmer erhält keinen Ausgleich (weder eine Entschädigung noch eine Belohnung).

Das zweite entscheidende Kriterium für das Vorliegen eines externen Effekts liegt darin, dass man nicht – um beim negativen externen Effekt zu bleiben – für diesen entschädigt wird. Angenommen der Raucher übernimmt die Rechnung des Mittagessens, könnte die entstandene Störung des Essens wieder kompensiert werden.

3.) Ob ein externer Effekt als positiv oder negativ empfunden wird, ist subjektiv.

Und ein drittes ist noch zu nennen. Ob eine Aktivität als negativ, positiv oder neutral empfunden wird, hängt nicht von der Aktivität an sich ab, sondern vom Empfinden der betroffenen Menschen. Während die einen Hundegebell als angenehm empfinden, können sich andere daran empfindlich stören.

6.3.2   Volkswirtschaftliche Kosten und Internalisierung externer Effekte

Hat man negative externe Effekte auf die Umwelt durch wirtschaftliches Handeln zu bemängeln, wird sich die Frage stellen, inwiefern diese negativen Effekte vermieden, kompensiert oder rückgängig gemacht werden können. Man spricht von der Internalisierung externer Effekte.

Internalisierung: Einbeziehung externer Effekte
- ➤ Verursachungsgerechte Kalkulation der durch umweltschädigenden Verhaltens entstandenen Kosten.

---

a) Beispiel Schadstoffausstoß

Unternehmen leiten Schadstoffe in die Luft und können durch die Kostenersparnis ihre Preise niedriger kalkulieren, als es bei Einbeziehung der Kosten der Schadstoffvermeidung (Einbau einer Filteranlage) der Fall wäre. Internalisierung würde bedeuten, dass diese an die Allgemeinheit abgegebenen Kosten dem Unternehmen als Verursacher der Kosten zuzuschreiben wären.

Die volkswirtschaftliche Angebotsfunktion als aggregierte Kostenfunktion liegt somit „höher" (bei gleicher Menge höherer Preis) als die ursprüngliche private Angebots- bzw. Kostenfunktion (Abbildung 1.52).

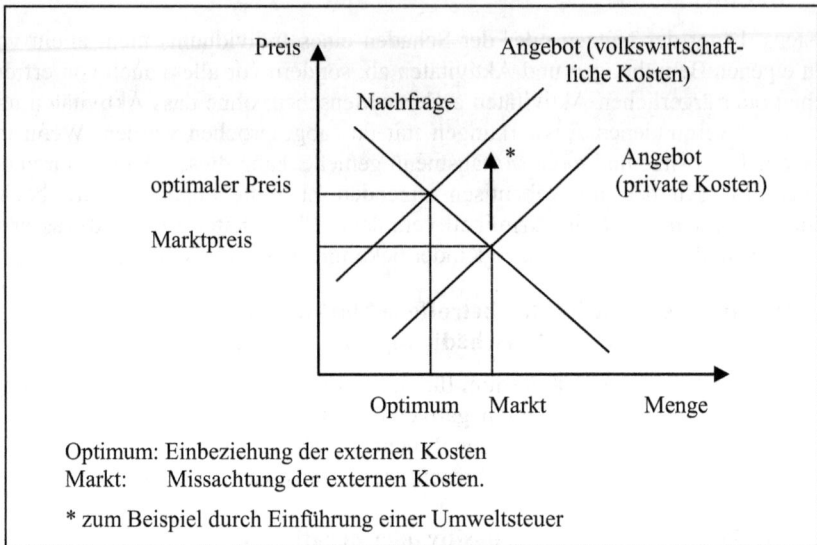

Abbildung 1.52: Internalisierung negativer externer Effekte.

b) Beispiel Haussanierung

Im Falle der Haussanierung ist der Marktpreis höher als er sein dürfte, wenn die Kosten der Sanierung internalisiert werden, das heißt eine Entschädigung durch die Gesellschaft erfolgen würde (Abbildung 1.53).

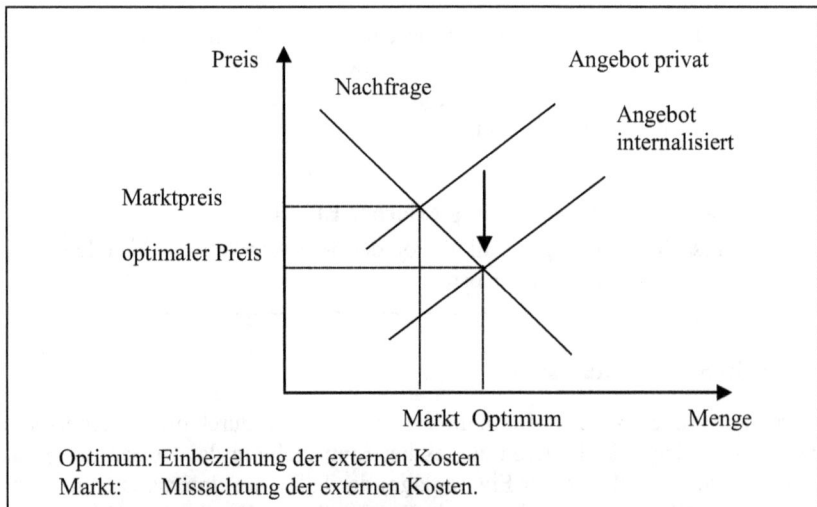

Abbildung 1.53: Internalisierung positiver externer Effekte.

Die volkswirtschaftliche Angebotsfunktion als aggregierte Kostenfunktion liegt somit „niedriger" (bei gleicher Menge niedrigerer Preis) als die ursprüngliche private Angebots- bzw. Kostenfunktion.

6.4   Prinzipien der Umweltpolitik

Das Unternehmen, das seine Abwässer in den Fluss leitet, kalkuliert die Kosten der Vermeidung der Wasserverschmutzung nicht in die Preisbildung seiner Produkte ein. Einkalkulieren müssen es dann aber die Fischer, die keine Fische mehr fangen und Umsatzeinbußen erleiden oder die Badegäste, die zum Arzt gehen und ihre Medikamente bezahlen müssen (respektive die Arztkosten, die über unser aller Krankenkassenbeiträge entgolten werden). Volkswirtschaftlich wären die Kosten höher, als sie betriebswirtschaftlich ausgewiesen werden.

> **Umweltschäden verursachen Kosten → negative externe Effekte!**

Sicher ist, dass die Allgemeinheit immer bezahlen muss. Sei es über den höheren Preis von Gütern, wenn Unternehmer durch die höheren Umweltschutzausgaben ihre Preiskalkulation anpassen; sei es über Folgekosten, die anfallen, wenn der Unternehmer nichts gegen die Verschmutzung unternimmt. Bezahlen muss also immer jemand. Die Frage ist nur, wer und in welchem Maße.

> **Beseitigung von Umweltschäden → „Bezahlen muss immer jemand!"**

Negative externe Effekte beeinträchtigen und schädigen andere Wirtschaftssubjekte und verursachen Kosten, die die Frage aufwerfen, wer für diese Kosten aufzukommen hat. Hier lassen sich verschiedene Umweltprinzipien aufstellen, hinter denen letztlich die Frage steht, wer die "Schuldigen" bzw. Nutznießer sind und damit verbunden die Frage, wer die Kosten für die Vermeidung der Umweltverschmutzung beziehungsweise wer die Entschädigungszahlungen zu tragen hat. Vorab zu meinen, es sei recht und billig, dass stets der direkte Verursacher der Umweltschäden für die Vermeidung oder Beseitigung derselben aufzukommen habe, wird sich als voreilig herausstellen.

Wer trägt die Kosten der Vermeidung oder Beseitigung von Umweltschäden? Folgende Prinzipien der „Umwelthaftung" lassen sich anführen:

> **Umweltprinzipien: → Wer „zahlt"?**

- Verursacherprinzip
- Geschädigtenprinzip
- Gemeinlastprinzip
- Kooperationsprinzip
- Laisser-faire-Prinzip

6.4.1   Verursacherprinzip

„Der Täter zahlt." („polluter-pays"-Prinzip)

Verursacherprinzip bedeutet, dass die Internalisierung der Vermeidung und der Schadensbeseitigung durch den Schädiger zu erfolgen hat. Das kann zum Beispiel eine Strafzahlung für eine illegale Verschmutzung sein. Möglich wäre auch, dass das abwasserableitende Unternehmen eine Filtrieranlage einbaut oder für die Arztkosten und entgangenen Umsätze der Fischer aufkommt. Dieses Prinzip, den direkt „Schuldigen" zu belangen, nennt man Verursacherprinzip.

Verursacherprinzip:

➢ Internalisierung der Vermeidung und der Schadensbeseitigung hat durch den Verursacher und Schädiger zu erfolgen.

6.4.2   Geschädigten- oder Betroffenheitsprinzip

„Das Opfer zahlt."

So einleuchtend und gerecht das Verursacherprinzip erscheint, hat es doch auch seine Schattenseiten. Wenn ein Unternehmen eine Filtrieranlage einbaut, bezahlen auch wir als „unschuldige" Bürger indirekt diese Anlage mit, indem wir nämlich höhere Preise für die Produkte dieses Unternehmens bezahlen müssen. Die zusätzlichen Kosten der Umweltschonung bedingen höhere Verkaufspreise. Insofern ließe sich begründen, dass auch die Allgemeinheit oder zumindest die betroffenen Kunden ihren Kostenanteil entrichten, weil sie von billigeren Produkten profitieren.

Geschädigtenprinzip:

➢ Die direkt Betroffenen beziehungsweise Geschädigten bezahlen.

6.4.3   Gemeinlastprinzip

„Alle zahlen."

Wenn weder der Verursacher und Schädiger noch die Betroffenen und Geschädigten zur Verantwortung gezogen und zur Zahlung verpflichtet werden können, gibt es eine dritte Möglichkeit der Kosteninternalisierung, nämlich die Finanzierung über den Staat, beziehungsweise die Allgemeinheit und Allgemeinheit heißt in diesem Fall die Gesamtheit der Steuerzahler. Alle Bürger vom Produzenten bis zum Konsumenten, ob beteiligt oder nicht, bezahlen. Die Allgemeinheit trägt die Last – Gemeinlastprinzip.

Beispiel für das Gemeinlastprinzip könnte der Bau einer Kläranlage durch eine Kommune sein.

Gemeinlastprinzip:
➢ Gemeinschaft (öffentliche Hand/Staat) finanziert die Internalisierung, das heißt, wir alle bezahlen.

Das Gemeinlastprinzip kommt insbesondere auch dann zum Tragen, wenn sich die Verursacher nicht bestimmen lassen – unerlaubte Müllberge im Naherholungsgebiet oder illegale Giftmüllentsorgungen. Dann muss die Allgemeinheit für die Beseitigung aufkommen und über Steuereinnahmen kommunale Reinigungskräfte anstellen. Auch hier ist letztlich der Bürger wieder der Zahlende. Das Gemeinlastprinzip kann auch präventiv wirksam werden, wenn der Staat Vorsorge trifft und Mülleimer im Park aufstellt.

6.4.4 Kooperationsprinzip

„Täter, Opfer, alle zahlen."

Das Kooperationsprinzip könnte als Kombinations-, Konsens und Kompromissvariante charakterisiert werden. Zwischen Verursacher- und Gemeinlastprinzip lassen sich nämlich Kombinationsvarianten finden, die zum Beispiel darin bestehen können, dass der Verursacher einen Teil zahlt und die direkt Betroffenen oder die Allgemeinheit sich an den Umweltmaßnahmen anteilsmäßig beteiligt.

Kooperationsprinzip:
➢ Kombinations-, Konsens und Kompromissvarianten zwischen Schädiger, Geschädigten und Allgemeinheit.

Gesetzliche Regelungen seitens des Staates, kombiniert mit Selbstverpflichtungsabkommen der Privatwirtschaft, sind ein typisches Beispiel für das Kooperationsprinzip.

6.4.5 Nach-uns-die-Sinflut-Prinzip (Laisser-faire)

„Niemand zahlt."

In der Praxis herrscht schließlich ein Prinzip vor, das kein Prinzip im normativen Sinne darstellt, also wie etwas sein soll, sondern im Sinne einer Zustandsbeschreibung zeigt, nach welchen Prinzipien sich Menschen tatsächlich verhalten und vielleicht auch die Menschheit an sich manchmal handelt. Viele machen sich nämlich überhaupt keine Gedanken oder setzen sich trotz Bedenken über das Umweltgewissen hinweg und schädigen die Umwelt – nach dem Motto „nach mir die Sintflut".

„Nach-uns-die-Sinflut"-Pinzip:

> ➤ Man macht nichts (Laisser-faire). Zukünftige Generationen sollen sich
>   um die Umwelt kümmern.

Umweltschädigung wird weder ex ante vermieden noch ex post beseitigt. Die
Schädigung passiert jetzt, die Beseitigung wird in die Zukunft verschoben. Zahler
sind in diesem Fall zukünftige Generationen.

6.4.6   Umweltprinzipien am Beispiel Coladose und Flussverschmutzung

Umweltprinzipien klären die Frage, wer für die Beseitigung oder die Vermeidung
von Umweltschäden aufzukommen hat und welche Maßnahmen damit verbunden
sind. Am Beispiel Coladose und Flussverschmutzung sollen die Unterschiede
zwischen den einzelnen Prinzipien erläutert werden (Abbildung 1.54).

Umweltprinzipien	Beispiel Coladose	Beispiel Flussverschmutzung
„Wer zahlt?"	Ein Jugendlicher, der gegen die Umweltpolitik der USA protestiert, wirft eine Coladose auf die Straße.	Ein Unternehmen, das gegen Umweltauflagen verstößt, leitet Abwässer in den Rhein und beeinträchtigt Fischer flussabwärts.
Verursacherprinzip „Der Täter zahlt."	Der Jugendliche muss die Dose wegräumen.	Die Firma muss das Abwasser filtern.
Geschädigtenprinzip „Das Opfer zahlt."	Der Spaziergänger, der über die Dose stolpert, entfernt das Relikt.	Die Fischer leiten das Flusswasser in einen Teich mit privater Filteranlage.
Gemeinlastprinzip „Alle zahlen."	Der durch Steuergelder finanzierte Straßenkehrer räumt die Dose weg.	Eine Kommune baut eine durch Steuergelder finanzierte Kläranlage.
Kooperationsprinzip „Täter, Opfer, Allgemeinheit zahlen."	Der Jugendliche hebt die Dose wieder auf und erhält dafür von einem Spaziergänger eine Belohnung.	Die Firma baut eine Filteranlage und erhält dafür einen Auftrag vom Angelsportverein.
Laisser-faire-Prinzip „Niemand zahlt oder wenn doch, dann die Nachwelt."	Die Dose bleibt einfach liegen und verschandelt die Umwelt.	Das Wasser wird weiterhin verschmutzt und der Angler wechselt von Rhein zu Donau.

Abbildung 1.54: Beispielhafte Darstellung verschiedener Umweltprinzipien.

6.5   Maßnahmen zum Umweltschutz

In der Umwelttheorie und -politik existieren neben den erwähnten Umweltprinzipien eine Reihe weiterer typischer Maßnahmen zum Umweltschutz:

- Selbstverpflichtung durch innere Einsicht und äußeren Druck
- Private Verhandlungslösung (Coase-Theorem)
- Staatliche Gebote und Verbote
- Besteuerung (Pigou-Steuer) und Subventionierung
- Handel mit Umweltzertifikaten

Ein Großteil der Umweltschutzmaßnahmen ist staatlich initiiert und organisiert. In
diesem Fall kann von umwelt*politischen* Maßnahmen gesprochen werden. Ge-
und Verbote, Steuern und Subventionen sowie der Zertifikatenhandel zählen zu
diesen staatlichen, umweltpolitischen Maßnahmen.

Doch nicht alle Umweltmaßnahmen sind staatlicher Natur. Es lassen sich auch
nicht-staatliche, private Lösungsmöglichkeiten anführen. Hierzu gehören die
Selbstverpflichtung und die private Verhandlungslösung.

6.5.1   Selbstverpflichtung und freiwilliger Umweltschutz

Unterstellt man ein funktionierendes Gewissen, eine moralische Einsichtsfähigkeit
und eine gewisse Vernunftbegabung, müsste es klar sein, dass man bestimmte
Dinge nicht tut. "*Was du nicht willst das man dir tut, das füg auch keinem anderen
zu.*" oder „*Handle stets so, dass die Maxime Deines Handelns allgemeines Gut
sein könnte*".[87]

Selbstverpflichtung
- Umweltfreundliches Verhalten aus eigener Einsicht: Vernunft und
  Gewissenserkundung.
- Umweltfreundliches Verhalten durch äußeren „Druck": Appelle,
  Verhaltensregeln, Sanktionen und gesellschaftliche Ächtung.

Selbstverpflichtung bedeutet

… im negativen Sinne: „Das tut man nicht". Man unterlässt umweltschädliches
                         Verhalten.

… im positiven Sinne: Man unterlässt nicht nur negatives Verhalten, sondern
                         geht einen Schritt weiter, indem man sich umweltfreund-
                         lich verhält, ja sogar durch Spenden und Stiftungen sol-
                         ches unterstützt.

---

[87] Das erste ist Volksmundes Aussage und das zweite Kants kategorischer Imperativ.

6.5.2   Private Verhandlungslösung – Coase-Theorem

Die sogenannte „private Verhandlungslösung" geht auf Ronald H. Coase (1960) zurück und ist deshalb auch unter dem Begriff des Coase-Theorems bekannt.[88]

Die Essenz dieses Theorems besteht in der Suche und Gewinnung einer optimalen Lösung durch private Verhandlungen. Eine private Verhandlungslösung setzt voraus, dass es zwei Parteien gibt und ein Problem somit gegenseitiger Natur ist. Im Falle von Umweltschäden sind das üblicherweise ein Schädiger und ein Geschädigter.

Eine private Verhandlungslösung bedeutet nun aber nicht, dass der Staat überhaupt keine Rolle spielt. Die Bedeutung des Staates liegt darin, dass er für ein umfassendes System von einklagbaren Eigentums-, Verfügungs- und Nutzungsrechten (property rights) sorgt.

Private Verhandlungslösung (Coase-Theorem)

➤ Optimale Lösung durch private Verhandlungen, da das Problem gegenseitiger Natur ist ("Privatisierung" der Umwelt)!

Der Staat sorgt lediglich für ein umfassendes System von einklagbaren Eigentums-, Verfügungs- und Nutzungsrechten (propertiy rights).

Beispiel: Der Hund von Nachbar Harry bellt den ganzen Tag. Nachbarin Sonja fühlt sich gestört.

Was ist zu tun – abgesehen davon, dass der Gesetzgeber mit Verboten und die Justiz mit Strafen eingreifen könnten –, um das Problem zu beheben?

- Harrys Hund darf weiterhin bellen. Als Entschädigung für die Ruhestörung lädt Harry seine Nachbarin jeden Sonntag zum Essen ein.

- Harrys Hund darf nicht mehr bellen. Als Entschädigung für die Mühen lädt Sonja ihren Nachbarn einmal die Woche ins Kino ein.

- Harry lässt seinen Hund nur gelegentlich bellen. Dafür gehen Harry und Sonja einmal im Monat zum Eisessen.

Der negative externe Effekt des Hundegebells könnte im Übrigen auch dazu führen, dass sich die beiden kennen lernen, heiraten und glücklich werden.

Die private Verhandlungslösung impliziert verschiedene Annahmen. Dazu gehören durchsetzbare Eigentumsrechte, die durch den Staat garantiert werden. Hinzu kommt die Annahme, dass keine Transaktionskosten, sprich Verhandlungskosten

---

[88] Der US-Amerikaner Ronald Henry Coase (geb. 1919) ist der Begründer der Transaktionskostentheorie, in der die Bedeutung von Eigentumsrechten in der Marktwirtschaft analysiert wird. Im Jahr 1991 wurde Coase der Wirtschaftsnobelpreis verliehen.

anfallen. Im „Zwei-Personen-Fall" ist die letztgenannte Annahme vielleicht noch machbar; aber bei mehreren Parteien sind multilaterale Verhandlungen schwierig und kostspielig.

Annahmen der privaten Verhandlungslösung:
- durchsetzbare Eigentumsrechte
- keine Transaktionskosten (Verhandlungskosten)

Zusammenfassend lässt sich sagen, dass private marktwirtschaftliche Lösungen in Umweltbelangen prinzipiell möglich und vielleicht auch sinnvoll und erwünscht sind. Doch gerade auch im Umweltbereich lassen sich andererseits Gelegenheiten und Beispiele finden, die die Notwendigkeit staatlicher Einflussnahme aufzeigen.

6.5.3   Staatliche Regulierung durch Gebote und Verbote

Staatliche Regulierung kann bedeuten, dass Verbote oder Gebote ausgesprochen werden, deren Nichtbeachtung mit Androhung von Strafen und finanziellen Konsequenzen verbunden sein können.

Gebote:	Verbote:
• „TÜV": Alle zwei Jahre sind Autos einer technischen Überprüfung und einer Abgasuntersuchung zu unterziehen • Wartung der Kaminanlage durch einen „Kaminfeger" • Mülltrennung	• Verbot des wilden Müllablagerns • Rauchverbot in Schulen • Wilderei • Pflücken von Blumen, die unter Naturschutz stehen

---

6.5.4   Besteuerung umweltschädlichen Verhaltens – Pigou-Steuer

Der Staat kann zum Zwecke des Umweltschutzes und zum Zwecke der Wettbewerbsgleichheit Ge- und Verbote erlassen. Doch dies ist beileibe nicht die einzige Möglichkeit der politischen Einflussnahme auf umweltrelevante Entscheidungen von Unternehmen und Privathaushalten.

Staatliche Regulierung durch Steuern und Subventionen
- Steuer für den Verursacher von Umweltschäden als Strafe für umweltschädigendes Verhalten.
- Subvention für den Vermeider von Umweltschäden als Belohnung für umweltfreundliches Verhalten.

Eine Korrektur umweltschädlichen Verhaltens und die Internalisierung von Umweltkosten können auch über einen Eingriff in das Preissystem erfolgen. Hierbei gibt es zwei Möglichkeiten. Umweltfeindliches Verhalten kann bestraft werden, indem der „Umweltfeind" eine Steuer zu entrichten hat. Umweltfreundliches Verhalten kann belohnt werden, in dem der „Umweltfreund" eine Subvention erhält.

Pigou-Steuer: Nehmen wir den Fall der Besteuerung. Wie im Kapitel 6.3.2 zur Internalisierung externer Kosten dargestellt, klafft eine Lücke zwischen betriebswirtschaftlicher Preiskalkulation und volkswirtschaftlichen Kosten. Ein Produkt, das auf umweltschädliche Weise entsteht, kann billiger angeboten werden, als wenn eine kostspieligere umweltfreundliche Verfahrensweise gewählt wird. Dem billigeren Produkt stehen allerdings die volkswirtschaftlichen Kosten gegenüber, die die Allgemeinheit für die Beseitigung von Umweltschäden aufzubringen hat.

Die Besteuerung umweltschädlicher Produktionsverfahren hat nun das Ziel, die volkswirtschaftlichen Kosten dem Verursacher der Umweltschäden anzulasten. Es erfolgt eine Internalisierung der externen Kosten nach dem Verursacherprinzip. Die Höhe der Steuer richtet sich nach den externen Zusatzkosten, also den Kosten die für die Beseitigung der Umweltschäden anfallen würden.

Pigou-Steuer: Steuer für den Umweltschädiger

➢ Internalisierung externer Umweltkosten nach dem Verursacherprinzip durch eine künstliche Verteuerung der Verschmutzung.

Eine solche Steuer, die dem Schädiger auferlegt wird, nennt sich Pigou-Steuer.[89] Die Auferlegung einer solchen Steuer führt in der betrieblichen Kalkulation zu höheren Kosten und somit zu höheren Preisen und einem Rückgang der nachgefragten Menge.

Verschmutzung in Abhängigkeit vom Preis der Verschmutzung

Ob die Umwelt mehr oder weniger verschmutzt wird, hängt unter anderem vom Preis der Verschmutzung ab. Wenn ich meinen privaten Hausmüll im Wald ablagere, ohne befürchten zu müssen, dafür bestraft zu werden, ist der Preis der Umweltverschmutzung gering. Muss ich davon ausgehen, erwischt zu werden und eine empfindliche Geldstrafe bezahlen zu müssen, ist der Preis hoch. Je höher dieser Preis der Umweltverschmutzung ist, desto weniger werde ich Müll im Wald ablagern, sondern in eine Umwelttonne investieren und den Müll regulär entsorgen.

Die Einführung einer Pigou-Steuer ist als eine künstliche Verteuerung der Verschmutzung zu sehen. Eine Firma hat zum Beispiel eine Filteranlage einzubauen oder eine Strafe zu bezahlen, wenn sie den Einbau verweigert.

---

[89] Benannt nach Arthur Cecil Pigou (1920 "The Economics of Welfare").

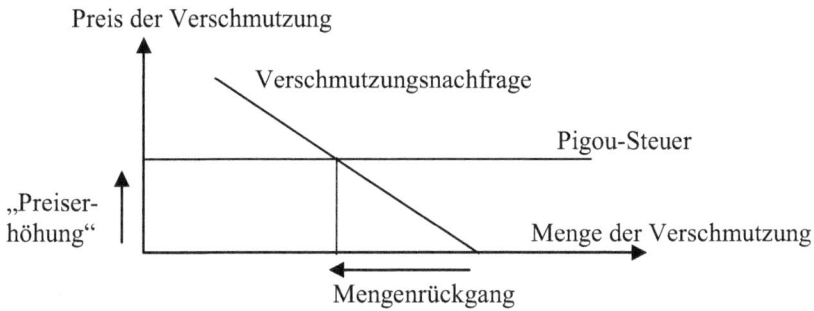

Abbildung 1.55: Pigou-Steuer.

Hinweis: Die Pigou-Steuer dient als Steuer nach dem Verursacherprinzip. Nur der Verursacher selbst hat diese Steuer zu entrichten. Neben dem Verursacherprinzip ist auch eine Beseitigung von Umweltschäden über Einnahmen aus dem allgemeinen Steueraufkommen möglich. Die Subventionierung erfolgt hier über das Gemeinlastprinzip.

6.5.5 Fallbeispiel zur Anwendung der verschiedenen Maßnahmen im Umweltbereich

Wir betrachten zwei Firmen und die Wechselwirkungen umweltrelevanten Verhaltens. Firma A ist ein Produktionsunternehmen, das Geräte für die Fischzucht herstellt. Firma B ist eine Fischzuchtfirma. Firma A hat ihren Standort am Oberlauf eines Flusses; die Fischzuchtfirma an einem kleinen See, der von diesem Fluss gespeist wird.

Firma A (Produktionsunternehmen): Verursacher der Flussverschmutzung.
Firma B (Fischzuchtunternehmen): Geschädigter der Wasserverschmutzung.

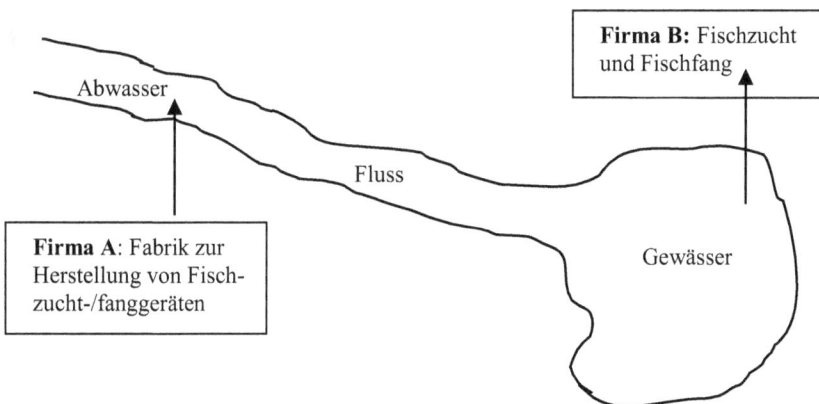

Abbildung 1.56: Beispiel zur Umweltproblematik.

Umweltschutzmaßnahmen können präventiv (ex ante) oder kurierend beziehungsweise kompensierend (ex post) angelegt sein. In Abbildung 1.57 stellt der obere Teil der Grafik die Situation ohne Umweltschutz und der untere Teil die Situation mit Umweltschutz dar. Insofern sind präventive Umweltschutzmaßnahmen von kurierenden Kompensationsmaßnahmen zu unterscheiden:

Umweltschutzmaßnahmen: Verhinderung oder Beseitigung von Umweltschäden.

Kompensationsmaßnahmen: Umweltschäden werden nicht beseitigt, sondern es erfolgt eine Entschädigung für die Umweltschäden. Die Entschädigung kann aber auch als Unterstützung für eine Privatkläranlage zur Beseitigung der Schäden dienen.

Vereinbarung: Wenn möglich, sollen die Firmen A und B jeweils gleich gut dastehen (d. h. 30 Euro Gewinn für jeden).

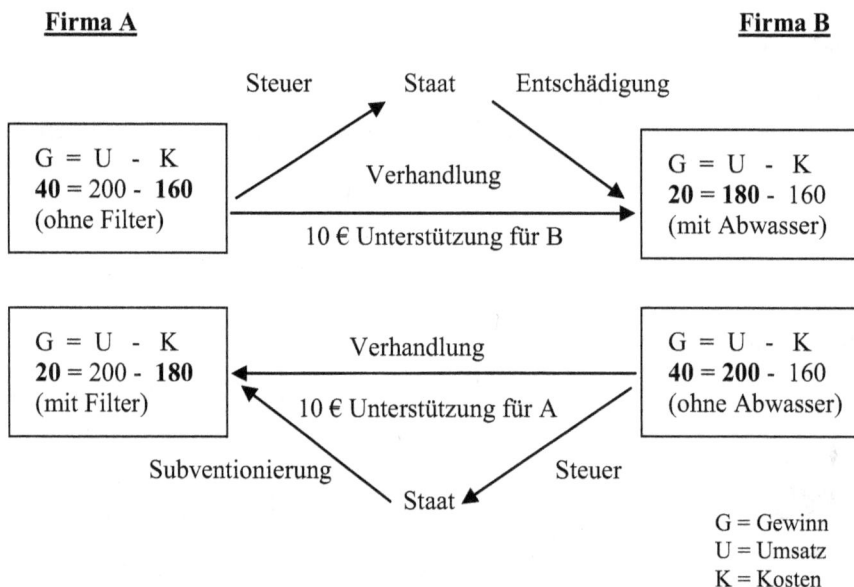

Firma A   **Firma B**

Steuer   Staat   Entschädigung

G = U - K
40 = 200 - **160**   Verhandlung
(ohne Filter)   G = U - K
                                                       20 = **180** - 160
         10 € Unterstützung für B   (mit Abwasser)

G = U - K   Verhandlung   G = U - K
20 = 200 - **180**   **40** = **200** - 160
(mit Filter)   10 € Unterstützung für A   (ohne Abwasser)

Subventionierung   Steuer
                    Staat

G = Gewinn
U = Umsatz
K = Kosten

Abbildung 1.57: Darstellung verschiedener Umweltschutzmaßnahmen.

In der folgenden Übersicht werden die einzelnen Umweltmaßnahmen genauer erläutert.

Umwelt-maßnahmen	Konkrete Umsetzung der Maßnahmen zum Umweltschutz und zur Internalisierung der externen Kosten
Freiwillige Selbst-verpflichtung	Firma A baut aus eigener Gewissenserkundung eine Filteranlage, um das Abwasser zu reinigen. Die Produkte werden teurer; die Firma B ist jedoch bereit, die höheren Preise zu akzeptieren. Weil also der Umsatz bei A auf bspw. 210 steigt und die Kosten bei B auf 170 steigen, haben beide einen Gewinn von 30 €. Fatal wäre es, wenn eine andere Firma C, die ebenfalls Fischzuchtgeräte herstellt, ihre Abwässer ungefiltert entsorgt und somit ihre Produkte billiger anbietet und Firma B nun von A zu C wechselt.
Private Ver-handlungs-lösung (freiwillig)	1. Möglichkeit: Firma A baut keinen Filter, zahlt aber Firma B eine Entschädigung in Höhe von 10 €. Beide Firmen haben dann 30 € Gewinn. Firma B könnte mit diesen 10 € auch eine kleine Kläranlage bauen, die den Umsatz wieder auf 200 € steigert und bei Kosten von 170 € ebenfalls einen Gewinn von 30 € ergibt. 2. Möglichkeit: Firma B unterstützt den Filtereinbau bei A mit 10 €. Beide realisieren einen Gewinn von 30 €.
Besteuerung und Subven-tionierung durch den Staat (Zwang)	Die Analyse ist prinzipiell dieselbe wie bei der privaten Verhandlungslösung, mit dem Unterschied, dass die Ergebnisse durch staatlichen Zwang erreicht werden. Der Staat erhebt eine Gewinnsteuer (Freibetrag 20 € und Steuersatz 50 %). 1. Möglichkeit: Firma A zahlt 10 € Steuer, die über den Staat an die Firma B als Zuschuss für eine Kläranlage fließen. 2. Möglichkeit: Firma B zahlt 10 € Steuer, die über den Staat an die Firma A als Zuschuss für eine Filteranlage fließen. Beide Firmen erzielen dann jeweils 30 € Gewinn.
Pigou-Steuer (Zwang)	Der Staat erhebt eine Steuer auf das Abwasser. Pro m^3 Abwasser sind 0,50 € zu bezahlen. Bei 20 qm sind 10 € an Abwassersteuer an den Staat zu entrichten. Mit diesem Geld baut der Staat eine öffentliche Kläranlage.
Verbot (rechtliche Maßnahme)	Es wird ein Verbot ausgesprochen, Abwasser in den Fluss zu leiten.

Modul 3.2

Finanz- und Sozialpolitik

7 Verteilungsgerechtigkeit

„Nur wenige verdienen es reich zu sein, viele verdienen es arm zu sein."

(Vilfredo Pareto)

7.1 Was ist gerecht?

Was ist eine gerechte Verteilung und welche Gerechtigkeitsphilosophien können uns helfen, diese Frage zu beantworten? Nach welchen Verteilungskriterien wird schließlich in der Praxis Politik gemacht? Wir beginnen mit der „Gerechtigkeit".

7.1.1 Gerechtigkeitsempfinden

In Zeiten boomenden Wirtschaftswachstums und allgemeiner Einkommenszuwächse bestand Verteilungspolitik darin, dieses Mehr an Einkommen zu verteilen. Der Staat und auch viele Unternehmen gefielen sich darin, als Wohltäter aufzutreten und die Menschen mit Gaben wie 13. und 14. Weihnachtsgehalt, Nachtzuschlägen und großzügigen Sozialleistungen zu beglücken. Diese Zeiten sind vorerst vorbei. Menschen machen die Erfahrung, dass man ihnen nicht nur droht etwas wegzunehmen, sondern dies auch tatsächlich tut: Wegfall des Urlaubsgeldes, Streichung oder Kürzung des Weihnachtsgeldes, keine betrieblichen Bonuszahlungen mehr, Lohnverzicht und vieles andere.

Dass sich in dieser Phase, in welcher Einkommenseinbußen wehtun, Gerechtigkeitsfragen dringlicher stellen, dürfte offensichtlich sein. Politischer Kampfbegriff und Generalthema hierbei ist die „Soziale Gerechtigkeit"!

Zur Diskussion stehen **Fragen** wie:

- Ist es gerecht, wenn Firmenchefs industrieller Großunternehmen das 40-fache eines Arbeiters verdienen und Vorstandsvergütungen in manchen Konzernen das 240-fache eines durchschnittlichen Arbeitnehmerverdienstes betragen?[90]
- Ist es gerecht, dass Paris Hilton so reich ist?
- Ist es gerecht, wenn jemand ein Einkommen erhält, ohne dafür zu arbeiten und etwas zu leisten?
- Ist es gerecht, wenn ein Luxemburger an nur einem Tag ein höheres Einkommen erzielt (41.770 US-Dollar pro Jahr) als ein Kongolese in einem ganzen Jahr (90 US-Dollar pro Jahr)?[91]
- Ist es gerecht, wenn ein Leiharbeiter für die gleiche Arbeit weniger Gehalt bekommt, wie ein fest angestellter Mitarbeiter?
- Sollen alle Menschen ein gleiches bedingungsloses Grundeinkommen erhalten?

---

[90] Quelle: iwd.
[91] Quelle: OECD.

Kann man Gerechtigkeitsempfinden messen und ist Gerechtigkeitsempfinden universell? Eine Möglichkeit, Antworten auf diese Frage zu finden, ergibt sich durch Befragungen, Untersuchungen und Experimente.

a) Das Ultimatum-Spiel

Spielregeln: Zwei Versuchspersonen werden aufgefordert, eine bestimmte Geldsumme miteinander zu teilen. Einem Mitspieler wird die gesamte Summe angeboten. Dem anderen Mitspieler soll er einen vom ihm selbst bestimmten Anteil abgeben; aber nur wenn der Mitspieler den ihm angebotenen Anteil akzeptiert, wird das Geld aufgeteilt. Lehnt der Mitspieler nämlich ab, erhält keiner der beiden etwas. Zu erwähnen ist noch, dass der Mitspieler die Gesamtsumme kennt. [92]

Strategie: Soll man nun möglichst wenig anbieten, weil man davon ausgehen können darf, dass sich der Mitspieler auch mit einem kleinen Anteil zufrieden gibt. Denn schließlich ist es besser, wenig geschenkt zu bekommen, als gar nichts zu haben. Oder soll man möglichst viel anbieten, um sicher gehen zu können, dass der Mitspieler nicht ablehnt. Keine Ablehnung sollte man erwarten können, wenn man mindestens die Hälfte der Geldsumme dem Mitspieler anbietet, denn man kann kaum davon ausgehen, dass der Mitspieler so gierig sein würde, sich nicht einmal mit der redlich geteilten Hälfte zufrieden zu geben.

Ergebnis: Empirische Untersuchungen in verschiedenen Gesellschaften der Welt haben ergeben, dass die meisten Angebote um die vierzig bis fünfzig Prozent lagen und auch akzeptiert wurden. Lagen Angebote unter dreißig Prozent, wurde das Angebot üblicherweise abgelehnt.

b) Neid und die Rivalität des Geldes

Im Rahmen eines Befragungsexperiments wurden Menschen gefragt, was ihnen lieber wäre, zu verdienen bzw. zu besitzen: 100.000 Euro oder 110.000 Euro? Die Antwort dürfte eindeutig sein. 110.000 Euro sind mehr und besser als 100.000 Euro. Die Wahl fällt auf 110.000 Euro![93]

Werden die Menschen allerdings gefragt, ob sie lieber 100.000 Euro hätten, wenn alle anderen 85.000 Euro verdienen, oder 110.000 Euro präferieren, sofern alle anderen 200.000 Euro verdienen, änderten die meisten ihre Antwort und bevorzugten die 100.000 Euro-Variante – also lieber der „King" mit 100.000 Euro sein, als der „Looser" mit 110.000 Euro.

	... und alle anderen 200.000 €? **110.000 €**
100.000 € ... und alle anderen 85.000 €?	

oder

---

[92] Das Ultimatumspiel ist eine praktische Variante im Rahmen der Spieltheorie.
[93] Studie der Cornell University, New York. (Hinweis: Angaben dort in Dollar!).

Etwas absolut zu haben ist wichtig, aber der Vergleich mit anderen ist meist viel wichtiger![94]

Im Übrigen könnte das Gerechtigkeitsempfinden genauso angeboren und gesellschaftlich wandelbar sein wie das Schönheitsempfinden (Symmetrie) und das Harmonieempfinden in der Musik (Dur-Klang)!?

7.1.2 Gerechtigkeitsbegriff

Es ist ungerecht, dass jeder nur an seinen eigenen Vorteil denkt – und keiner an meinen! (Art Direktorin, 38 Jahre)[95]

Der römische Jurist Domitius Ulpian (um 170 bis 228 n. Chr.) definiert Gerechtigkeit über einen Willensakt, den Menschen Recht zukommen zu lassen.[96]

Gerechtigkeit:

➤   „Gerechtigkeit ist der feste Wille und dauernde Wille, jedem sein Recht zuzuteilen." (Ulpian)

Wille: Gerechtigkeit (lat. Justitia) regelt also die Beziehungen von Menschen zu Menschen. Es existiert ein Recht und dieses Recht soll allen zugesprochen werden. Interessant an der Definition von Ulpian ist die doppelte Betonung des Willens. Gerechtigkeit geschieht nicht einfach und ist nicht einfach da. Gerechtigkeit ist auch keine leichte und einfache Angelegenheit. Gerechtigkeit braucht Anstrengung und Mühe – feste und andauernde Mühe und Willensanstrengung der Menschen, Recht zu schaffen, zu gewähren und auszuüben.

Tugend: Gerechtigkeit ist schließlich eine Tugend und nach griechischer Klassik die höchste Tugend im sozialen Zusammenleben. Die katholische Sittenlehre zählt die Gerechtigkeit zu den vier Kardinaltugenden: Tapferkeit, Klugheit, Gerechtigkeit und das rechte Maß.

Gerechtigkeit als Tugend:

Griechische Klassik: Gerechtigkeit ist die höchste Tugend im sozialen
                         Zusammenleben.

Katholische Sittenlehre: Gerechtigkeit ist eine der vier Kardinaltugenden.

Ohne Gerechtigkeit kann es keine Harmonie in der Menschenwelt geben. Gleiches ist gleich und Ungleiches ungleich zu behandeln!

---

[94] bei Urlaubstagen entscheidet übrigens die absolut größere Zahl!
[95] zitiert aus kontinente 5-2007.
[96] Gabler Kompakt-Lexikon Volkswirtschaftslehre 2009, S. 153.

Gerechtigkeit lässt sich schließlich in die ausgleichende und in die zuteilende Gerechtigkeit unterscheiden:[97]

Die **ausgleichende Gerechtigkeit (iustitia commutativa)** – auch Tauschgerechtigkeit – regelt das Verhältnis zwischen Gleichen. Das Verhältnis Bürger zu Bürger gehört in diese Kategorie – z. B. bei Mietverträgen oder beim Autokauf. Hier gilt, dass Leistung und Gegenleistung äquivalent sein müssen.

Die **zuteilende Gerechtigkeit (iustitia distributiva)** regelt das Verhältnis zwischen Ungleichen. Dazu gehört beispielsweise das Verhältnis von Staat und Bürger. Die zuteilende Gerechtigkeit ist nicht mit der Verteilungsgerechtigkeit im heutigen Sinne gleichbedeutend!

Soziale Gerechtigkeit und Gleichverteilung

Die Verteilungsgerechtigkeit im Sinne der „Sozialen Gerechtigkeit" gewann Mitte des 19. Jahrhunderts im Zuge der Industrialisierung und Ausdifferenzierung der Wirtschaft an Bedeutung. Die Ausgestaltung von Steuersystemen und die Gründung der Sozialversicherungssysteme sind Ausdruck von Umverteilungen von Privaten zum Staat und von Leistungsfähigen zu Bedürftigen.[98] Humanität und Gemeinwohlorientierung charakterisieren diese soziale Gerechtigkeit.

Gleichverteilung: Leitmotiv bzw. normativer Maßstab dieser sozialen Gerechtigkeit ist – wenn auch nicht immer explizit geäußert – die Gleichverteilung.

Gleichverteilung:
➢ Normativer Maßstab der Verteilungsgerechtigkeit!

Der Fokus der Betrachtung liegt nicht im Entstehen und Erarbeiten des zu Verteilenden, sondern im Ergebnis der Verteilung. Verteilungsgerechtigkeit ist Ergebnis-Gerechtigkeit und das Ergebnis ist gerecht, wenn es möglichst gleich ist!?

Probleme: Die Bevorzugung der Ergebnis-Gerechtigkeit vor der Chancen-Gerechtigkeit birgt jedoch Gefahren:[99]

• Ungleiche Anfangsausstattungen würde Ungleichbehandlung der verschiedenen Akteure bedeuten, um die gleichen Resultate zu erreichen.

• Gleichverteilung dürfte zu Wachstumsschwäche und Armut führen (Anreizproblematik).

• Das Postulat der Gleichverteilung könnte als Argument zur Rechtfertigung von Gruppeninteressen missbraucht werden.

---

[97] Vgl. Gabler Kompakt-Lexikon 2009, S. 153.
[98] Vgl. zur „Sozialen Gerechtigkeit" Gabler Kompakt-Lexikon Volkswirtschaftslehre 2009, S. 153f.
[99] Vgl. Gabler Kompakt-Lexikon Volkswirtschaftslehre 2009, S. 153f.

7.2 Gerechtigkeitsphilosophien

Die Suche nach der gerechten Gesellschaftsordnung im Allgemeinen und einer gerechten Verteilung von Einkommen und Vermögen im Speziellen ist ein Thema, das die Menschen seit jeher beschäftigt und unter Berücksichtigung neuer Erkenntnisse und Erfahrungen auch immer beschäftigen wird. Fertige Antworten und Lösungen existieren nicht, doch beachtenswerte Konzepte zur Verteilungsgerechtigkeit sind vorhanden.

Einige dieser Gerechtigkeitsphilosophien sind nun Thema dieses Kapitels. Dazu gehören die Gerechtigkeitsphilosophie des Utilitarismus, das Wohlfahrtskriterium nach Pareto, die Gerechtigkeitsphilosophie von John Rawls, der Egalitarismus und der Libertarismus.

Gerechtigkeitsphilosophien zur Einkommensverteilung:
- Utilitarismus
- Pareto-Effizienz
- Gerechtigkeitsphilosophie von John Rawls
- Egalitarismus
- Chancengerechtigkeit

Die Darstellung dieser „Philosophien" kann nicht den Zweck haben, eine umfassende Analyse zu liefern. Vielmehr sollen exemplarisch Anregungen gegeben werden, wie Verteilungs- und Gerechtigkeitsfragen gesehen werden können und sich Entscheidungsregeln formulieren lassen.

7.2.1 Utilitarismus

„Es ist besser, ein unzufriedener Mensch zu sein als ein zufriedenes Schwein; besser ein unzufriedener Sokrates als ein zufriedener Narr." (John Stuart Mill)

7.2.1.1 Das größte Glück der größten Zahl

Mit der Gerechtigkeitsphilosophie des Utilitarismus sind vor allem die Namen Bentham und Mill verbunden. Jeremy Bentham war ein englischer Philosoph, Publizist und Jurist (1748 - 1832) und John Stuart Mill ein britischer Historiker, Ökonom und Philosoph (1806 - 1873). Beide lebten zu Zeiten von Adam Smith und haben sich ebenso wie Smith mit den Fragen der Wohlstandsmehrung und gerechten Verteilung des Wohlstandes beschäftigt.

Was die Person Mill anbelangt, soll dieser einem äußerst ungewöhnlichen Erziehungsexperiment ausgesetzt gewesen sein. Dessen Vater wollte ihn nämlich zum Genie erziehen: „Die Aufzählung der Lernfortschritte seiner frühen Jugend liest sich fast unglaublich. Mit drei Jahren begann er, Griechisch zu lernen, seine ersten Bücher las er im griechischen Original. Mit acht Jahren lernte er Latein. .... Mit zwölf hatte er schon sein erstes eigenes Buch über die Geschichte der römischen Regierungsgrundsätze geschrieben."[100] Ob seine späteren Krisen und Nervenzusammenbrüche Folge dieser Erziehung waren, sei dahingestellt.

Bentham: Introduction into the Prinziples of Morals and Legislation (1789); deutsch: Eine Einführung in die Prinzipien der Moral und der Gesetzgebung.

Mill: Utilitarianism (1861/63); deutsch: Der Utilitarismus.

Nutzenstiftung: Der Begriff Utilitarismus geht auf das lateinische Wort „utilis" zurück und bedeutet „nützlich". Utilitarismus beschreibt also eine Ethik der Nutzenstiftung und Nutzenmaximierung, wobei Nutzen in diesem Zusammenhang nicht den heute üblichen Nutzen im Sinne einer beruflichen Anwendungsorientierung meint, sondern Nutzen im Utilitarismus meint Glück, Wohlstand und Reichtum.

Sollte man einen Leitsatz für den Utilitarismus formulieren, bringt folgende Aussage von Bentham die Essenz des Utilitarismus am besten zum Ausdruck: „Greatest happiness for the greatest number" also das „größte Glück der größten Zahl" von Menschen. Etwas funktionaler und mathematischer lautet die Formulierung „Maximierung der Summe der Nutzen aller Gesellschaftsmitglieder".

Zielformulierung des Utilitarismus:

➢ „Greatest Happiness for the greatest number"; deutsch: „Das größte Glück der größten Zahl"

➢ Maximierung der Summe der Nutzen (Glück und Wohlstand) aller Gesellschaftsmitglieder!

7.2.1.2   Durch Umverteilung zu einer höheren Gesamtwohlfahrt?

Nun gibt es eine interessante Fragestellung zur Wechselwirkung zwischen Einkommen, Verteilung und Nutzen bzw. Wohlfahrt.

Frage: Ist es möglich, dass die Summe der Einkommen aller Mitglieder einer Gesellschaft gleich bleibt, aber durch Umverteilung dieser Einkommen der Gesamtnutzen einer Gesellschaft erhöht wird?

Antwort: Wenn das möglich sein sollte, dann müsste der gleiche Geldbetrag für Menschen einen unterschiedlichen Wert beziehungsweise Nutzen haben. Das heißt, dass 100 Euro für manche Menschen viel Geld sind und für andere Menschen 100 Euro mehr oder weniger belanglos sind.

---

[100] zitiert aus Nikolai Jarre und Ulrich van Suntum: John Stuart Mill und der Utilitarismus; in: WiSt 12, 2004, S. 706 - 711.

Generell wird man sagen können: Je weniger jemand an Einkommen zur Verfügung hat, desto wertvoller und nützlicher ist ein Betrag von 100 Euro. Jemand anderer, der mit einem Einkommen von 10 Millionen Euro kalkuliert, würde wahrscheinlich gar nicht bemerken, wenn 100 Euro fehlen würden. Je höher also das Einkommen ist, desto weniger sind 100 Euro wert. Während eine Steigerung von 100 Euro auf 200 Euro viel wert ist und einen großen Nutzenzuwachs bedeutet, ist eine Zunahme von 10.000.000 auf 10.000.100 Euro kaum wahrnehmbar.

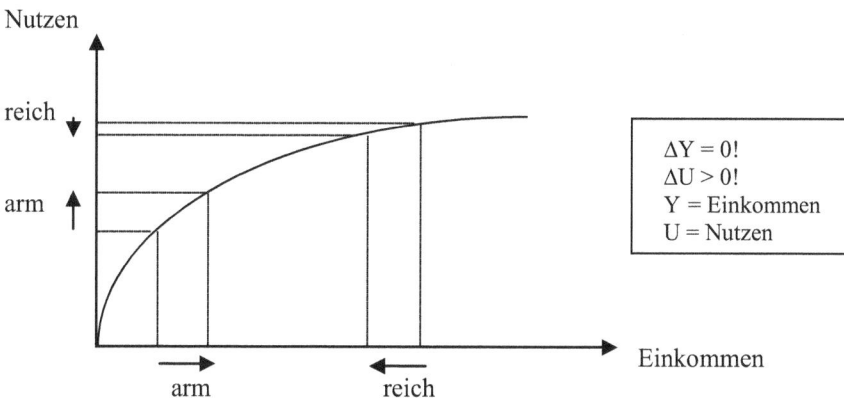

Abbildung 2.01: Gesamtnutzenfunktion mit abnehmendem Grenznutzen.

Grenznutzen: In der Fachsprache bezeichnet man diese unterschiedliche Bewertung als abnehmenden Grenznutzen. Mit jeder zusätzlichen Geldeinheit erhöht sich zwar mein damit verbundener Nutzen, dieser Anstieg des Nutzens wird aber immer geringer (Abbildung 2.01).

Maximierung des Gesamtnutzens

➤ Unter der **Annahme eines abnehmendes Nutzenzuwachses (Grenznutzens)**, ist es möglich, durch Umverteilung von einer reichen zu einer armen Person den Gesamtnutzen der Gesellschaft zu erhöhen. Nimmt man einer reichen Person einen bestimmten Betrag weg und gibt diesen Betrag einer ärmeren Person, wird der Nutzenverlust für die reiche Person geringer sein als die Nutzenzunahme für die arme Person. Per Saldo hat sich somit der Gesamtnutzen erhöht.

Umverteilung: Unterstellt man, dass bei zunehmenden Einkommen der Gesamtnutzen zwar zunimmt, aber immer geringer werdend zunimmt, ist es tatsächlich möglich, allein durch Umverteilung den Gesamtnutzen bzw. die Gesamtwohlfahrt einer Gesellschaft zu erhöhen. Man nimmt einem Reichen 100 Euro weg, was dieser kaum bemerken würde und gibt diese 100 Euro einem Ärmeren, was für diesen eine enorme Verbesserung bedeuten würde. 100 Euro einem Reichen weggenommen bedeuten weniger Nutzenverlust, als die Nutzenzunahme der zusätzlichen 100 Euro für die ärmere Person.

7.2.1.3   Einwände gegen Umverteilung

Das Konzept der Gesamtnutzenmaximierung durch Umverteilung unter der Annahme eines abnehmenden Grenznutzens hat eine gewisse argumentative Wirksamkeit. Das „Pro" für Umverteilung ist umso stärker, je größer die Einkommensunterschiede sind. Niemand wird widersprechen, wenn behauptet wird, dass die Wegnahme von 1.000 Euro bei einem Mehrfachmillionär keinen großen Verlust bedeutet und niemand wird widersprechen, dass diese 1.000 Euro für jemanden, der bisher überhaupt kein Einkommen hatte, eine enorme Nutzenzunahme mit sich bringt.[101]

Gleichverteilung: Unter der Annahme des abnehmenden Grenznutzens und der Zielsetzung der Gesamtnutzenmaximierung müsste das utilitaristische Konzept in letzter Konsequenz zu Gleichverteilung führen. Denn solange es mindestens zwei Menschen gibt, die ein unterschiedliches Einkommen besitzen, ist es immer möglich durch Umverteilung den Gesamtnutzen zu steigern – immer natürlich das Konzept des abnehmenden Grenznutzens unterstellt. Das heißt, je größer die Einkommensunterschiede sind, desto nachvollziehbarer erscheint die Wohlfahrtssteigerung durch Umverteilung von reich zu arm. Je geringer die Einkommensunterschiede sind und je mehr man sich der Gleichverteilung nähert, desto unsinniger und ungerechter wird dieses Konzept empfunden. Beruht zudem das unterschiedliche Einkommen auf unterschiedlicher Leistungsbereitschaft, ist nicht einzusehen, dass eine Gleichverteilung gerechtfertigt wäre. Die Konsequenz wären fehlende Anreize, Einkommen zu erzielen und Eigentum zu erwirtschaften.

Einwände gegen die Gesamtnutzenmaximierung durch Umverteilung:

- Umverteilung führt in letzter Konsequenz zu Gleichverteilung.
- Es fehlen Anreize, Eigentum zu erwerben.
- Transaktionskosten werden nicht berücksichtigt.
- Privateigentum: Woher das Recht nehmen, jemandem etwas wegzunehmen – zumal aus Zwang?
- Die Umverteilung ist nicht pareto-effizient.

Transaktionskosten: Nicht berücksichtigt sind in diesem Modell auch die sogenannten Transaktionskosten. Transaktionskosten sind Kosten der Umverteilung. Heutzutage wären das die Kosten für den Steuerpflichtigen selbst, der die Steuererklärung ausfüllen muss, die Kosten fürs Finanzamt als Steuer eintreibende und bewilligende Behörde und für die Verwaltung als ausführende Institution.

---

[101] **Paul Getty**, der erste amerikanische Ölmilliardär, bekam ob seines immensen Reichtums unzählige Bitt- und Bettelbriefe von Menschen, die um eine kleine Gabe für eine tatsächliche oder vermeintliche Notlage baten – mit dem Hinweis, dass ihm, dem reichen Getty, so eine kleine Summe nichts ausmachen würde. Getty war über diese Ansinnen verärgert. Denn würde er versuchen, allen kleinen Bitten gerecht zu werden, wäre es am Schluss doch eine sehr große Summe; hinzu käme, dass sein Geld nicht für eventuelle Konsumzwecke herumliege, sondern als gebundenes Kapital für weitere Investitionen betrachtet werden müsse.

Ein letztes Argument gegen die Gesamtnutzenmaximierung durch Umverteilung ist die Nichtvereinbarkeit mit dem Kriterium der Pareto-Effizienz.

7.2.2   Das Pareto-Kriterium

Das Pareto-Kriterium ist nach seinem „Erfinder" Vilfredo Pareto benannt. Wie der zuvor erwähnte John Stuart Mill hatte auch der italienische Soziologe und Ökonom Pareto einen ungewöhnlichen Lebensverlauf.

Der Soziologe und Ökonom Vilfredo Friderico Pareto wurde als Kind italienischer Eltern 1848 in Paris geboren, war der Nachfolger von Leon Walras auf dem Lehrstuhl für Nationalökonomie in Lausanne, erbte von seinem Onkel ein Millionenvermögen, hatte eine russische Comtesse als Frau, die mit einem Bediensteten durchbrannte und verbrachte den Lebensabend mit unzähligen Angorakatzen in seiner Villa Angora in Céligny am Genfer See bis zu seinem Tod im Jahre 1923.

7.2.2.1   Wohlfahrtsökonomie und Einkommensverteilung

Pareto beschäftigte sich unter anderem mit wohlfahrtsökonomischen Fragen der Einkommensverteilung in verschiedenen Ländern.[102] Bei seiner Untersuchung der Einkommensverteilung in Amerika und europäischen Ländern stellte er fest, dass die Einkommen einer Gesellschaft nicht proportional verteilt sind, sondern gemäß einer geometrischen Reihe. Je reicher die Regionen sind, desto größer sind die Einkommensunterschiede und können ins Maßlose steigen.

These: Reichtum = Ungleichheit

➢   Ein größerer Reichtum für eine Gesellschaft lässt sich nur mit einer Zunahme von Ungleichheit erreichen!?

Wenn alle nichts haben, besteht perfekte Gleichverteilung. Je mehr sich ein Volk emporarbeitet und je wohlhabender ein Land wird, desto größer wird die „Chance" zur Ungleichheit. Dieser Zusammenhang birgt interessante Implikationen.

Erstens, ist ein Zustand der Gleichverteilung auf niedrigem Niveau besser als eine ungleichere Verteilung, in der es allen besser geht als vorher, manchen aber extrem besser (vgl. Abbildung 2.02)?

Zweitens wird sich die Frage aufdrängen, ob mehr Wohlstand unweigerlich zu mehr Ungleichverteilung führen muss oder auch ein gerechterer Zustand möglich wäre – unter der Annahme, dass mehr Gleichverteilung mehr Gerechtigkeit bedeutet. Auf alle Fälle hatte Pareto eine Analyse vorgelegt, deren Beschreibung eindeutig war, die Erklärung jedoch schwieriger.

---

[102] Was die Werke Paretos anbelangt, sind zwei besonders zu erwähnen: 1.) Manuale di economia politica (1906), deutsch: Handbuch einer politischen Ökonomie. 2.) Trattato di sociologia generale (1916), deutsch: Abhandlung einer allgemeinen Soziologie.

Gleichverteilung der Einkommen: Ungleichverteilung der Einkommen:

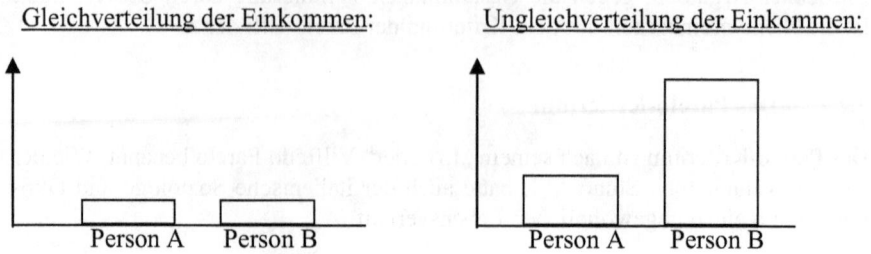

Abbildung 2.02: Gleichverteilung und Ungleichverteilung.

7.2.2.2   Gleichverteilung versus Ungleichverteilung

Für Vilfredo Pareto ist die Erklärung für die unterschiedliche Verteilung von Einkommen offensichtlich und erklärt sich aus der Ungleichverteilung von Intellekt, Talent und Unternehmergeist.

Argument für Ungleichverteilung:

➤ Die unterschiedliche Verteilung von Einkommen spiegelt die unterschiedliche Verteilung von Intellekt, Talent und Unternehmergeist wieder.

„Nur wenige verdienen es reich zu sein, viele verdienen es arm zu sein". (Vilfredo Pareto)

Wenn dem so ist, hätten sich auch Fragen der Umverteilung erledigt. Warum sollte man jemandem, der sich durch Talent und Leistung ein hohes Einkommen erwirtschaftet hat, etwas wegnehmen und das einem Ärmeren geben? Insofern ist es auch nachvollziehbar, dass eine schon länger geplante Einkommenssteuer in Großbritannien erst um 1880 bis 1890 eingeführt wurde und in den USA Ende des 19. Jahrhunderts sogar als nicht verfassungskonform abgelehnt wurde.

Nochmals die Frage: **Warum sollen die Reichen für die Armen bezahlen?** Die Einkommensteuer wurde nämlich später im Jahr 1913 doch eingeführt – mit dem Argument, dass Reiche einen größeren Nutzen aus der Gesellschaft ziehen. Ein Armer, der sich kein Auto leisten kann, wird die öffentlich finanzierte Straße nicht nutzen, warum sollte er also für diese Straße bezahlen, im Gegensatz zum Reichen, der Straßen, Schulen und Museen viel mehr nutzen konnte.

Argument für Umverteilung und eine stärkere Belastung der Reichen:

➤ Reiche ziehen einen größeren Nutzen aus der Gesellschaft (Nutzung öffentlicher Güter) und deshalb sollen sie mehr bezahlen.

7.2.2.3   Optimaler Ressourcengebrauch und Pareto-Kriterium

Pareto beschäftigte sich schließlich mit Fragen des optimalen Gebrauchs von Ressourcen in einer Gesellschaft und vollkommener wirtschaftlicher Effizienz. Seine **„Theorie der Wahlakte"** sollte durch Logik und Werturteilsfreiheit bestimmt sein. Im Vordergrund stand der optimale Nutzen von Güterkombinationen. Aus diesen Überlegungen heraus sind Kriterien entwickelt worden, die heute als Pareto-Effizienz und Pareto-Optimum bekannt sind.

a) Pareto-Effizienz

Es geht um den **Vergleich zweier ungleicher Zustände** und die Beantwortung der Frage, welcher Zustand dem anderen vorzuziehen ist.

Pareto-Effizienz

➢   Ein Zustand ist dann einem anderen vorzuziehen, wenn es möglich ist, mindestens eine Person besser zu stellen, ohne eine andere schlechter zu stellen.

In unserem Beispiel sind Sarah, Mike und Leonie mit jeweils dem gleichen Ausgangseinkommen von 1.000 Euro ausgestattet. Im ersten Beispiel erhalten alle, wenn auch in unterschiedlicher Höhe, ein höheres Einkommen, so dass niemand schlechter gestellt ist als zuvor und sich mindestens eine Person – in diesem Fall sind es drei Personen – besser stellt gegenüber der Ausgangssituation.

	1. Beispiel		**2. Beispiel**		**3. Beispiel**	
	Zustand 1	Zustand 2	Zustand 1	Zustand 2	Zustand 1	Zustand 2
Sarah	1.000	2.000	1.000	900	1.000	2.000
Mike	1.000	3.000	1.000	3.000	1.000	1.000
Leonie	1.000	4.000	1.000	4.000	1.000	1.000
Kriterium	pareto-effizient		nicht pareto-effizient		pareto-effizient	

Im zweiten Beispiel verbessern sich zwar Mike und Leonie, aber Sarah muss Einkommenseinbußen hinnehmen, so dass der neue Zustand nicht pareto-effizient ist. Im dritten Beispiel verbessert sich Sarah, wobei sich die beiden anderen nicht verschlechtern, so dass hier die Pareto-Effizienz gegeben ist.

b) Pareto-Optimum

Wenn es nach dem Kriterium der Pareto-Effizienz möglich ist, einen Zustand immer weiter zu verbessern, ist zu klären, wann der optimale Zustand erreicht sein wird. Denn solange mindestens eine Person besser gestellt werden kann, ohne eine andere schlechter zu stellen, ist eine Verbesserung gegenüber dem vorigen Zustand möglich. Eine Verbesserung ist erst dann nicht mehr möglich und somit das

Optimum erreicht, wenn es nicht mehr möglich ist, jemanden besser zu stellen, ohne einen anderen schlechter zu stellen.

Pareto-Optimum

➢ Ein optimaler Zustand ist dann erreicht, wenn es nicht mehr möglich ist, jemanden besser zu stellen, ohne einen anderen schlechter zu stellen.

Dieses Kriterium des Pareto-Optimums beschreibt eine vollkommene wirtschaftliche Effizienz, die durch nichts zu verbessern ist und beinhaltet den optimalen Gebrauch der Ressourcen einer Gesellschaft. Wenn es in der gesamtwirtschaftlichen Situation eines allgemeinen Gleichgewichts unmöglich ist, dass eine Person ihren Nutzen erhöht, ohne dass eine andere schlechter gestellt wird, dann ist das Optimum erreicht.

Kaldor-Hicks-Kriterium (1939): Ein großes Manko des Pareto-Kriteriums – sofern man es streng formal betrachtet – besteht darin, dass Mehrheitsverbesserungen durch eine potentielle Minderheitenverschlechterung verhindert werden. Das Kaldor-Hicks-Kriterium modifiziert diesbezüglich das Pareto-Kriterium.

Kaldor-Hicks-Kriterium

➢ Eine Situation ist gegenüber einer anderen dann vorzuziehen, wenn sich mindestens eine Person besser stellt und der Nutzenzuwachs der Nutzengewinner den Nutzenverlust des oder der Verlierer(s) überkompensiert.

7.2.3   Gerechtigkeitsphilosophie des John Rawls

Verlassen wir das 19. Jahrhundert mit Bentham, Mill und Pareto und gehen in das 20. Jahrhundert. Hier stoßen wir auf einen Wissenschaftler und Philosophen, der ein bahnbrechendes Werk zur Staatsphilosophie und zu Verteilungs- und Gerechtigkeitsfragen geschrieben. hat. Der Name dieses amerikanischen Philosophen, der am Massachusetts Institut of Technology (MIT) sowie in Harvard lehrte, ist John Rawls und sein Werk heißt „A Theory of Justice" (dt.: Theorie der Gerechtigkeit).

John Rawls: amerikanischer Philosoph (1921 - 2002)

➢ „A Theory of Justice"; dt.: „Eine Theorie der Gerechtigkeit" (1971)

Die „Theorie der Gerechtigkeit" wurde 1971 veröffentlicht und seit diesem Zeitpunkt existiert keine fundierte Auseinandersetzung mit Gerechtigkeitsfragen, ohne dass Rawls diese Debatte beeinflusst und neue Maßstäbe gesetzt hätte.[103]

---

[103] Mankiw bezeichnet die Gerechtigkeitsphilosophie von Rawls als **„egalitären Liberalismus"** (vgl. Mankiw 2008, S. 489f).

Gedankenexperiment: Auf der Suche nach der gerechten Gesellschaft unternimmt Rawls ein Gedankenexperiment. Angenommen, eine Gruppe von Menschen könnte noch einmal von ganz vorne anfangen und sich die Prinzipien einer gerechten Gesellschaft ausdenken, ohne zu wissen, welche Funktion und Stellung man letztlich in dieser neuen Gesellschaft einnehmen wird (Schleier des Nichtwissens).

Gedankenexperiment

➢ Im Urzustand einer Gesellschaft (Schleier des Nichtwissens) einigen sich alle Beteiligten auf eine Gesellschaft, in der jeder, ob arm oder reich, eine faire Chance besitzt, seine Begabung und Interessen zu verwirklichen.

Schleier des Nichtwissens: John Rawls geht nun davon aus, dass sich hinter diesem Schleier des Nichtwissens, alle Beteiligten auf eine gerechte Gesellschaft einigen.

Gerechte Gesellschaft: In dieser neuen Gesellschaft wird es eine gerechte Verteilung von beruflicher Stellung, Einkommen und Besitz geben. Voraussetzung ist aber, dass jedes Mitglied dieser Gesellschaftsordnung zustimmen kann, auch wenn es seine eigene Stellung in dieser Gesellschaft noch nicht kennt.

Zentrales Prinzip einer gerechten Gesellschaft

➢ Eine Gesellschaft ist dann gerecht, wenn jedes Mitglied dieser Gesellschaft zustimmen kann, auch wenn es seine eigene Stellung in dieser Gesellschaft noch nicht kennt.

Neben diesem methodischen Prinzip einer gerechten Gesellschaft bei „Unwissen" formuliert Rawls inhaltliche Prinzipien. Dazu gehören die Prinzipien der Chancengleichheit und des Differenzprinzips.

Chancengleichheit: Erstens, soll jeder das gleiche größtmögliche Maß an Freiheit und an Rechten und damit auch an Chancengleichheit besitzen

Differenzprinzip: Zweitens, sind ökonomische und soziale Ungleichheiten nur dann gerecht, wenn sie dadurch die Situation von Benachteiligten verbessern (Differenzprinzip). Eine Änderung zu mehr Ungleichverteilung wird nur dann akzeptiert und als legitim betrachtet, wenn der Schlechtestgestellte dabei besser gestellt wird (Maximin-Kriterium). Ungleichverteilung ist besser als Gleichverteilung, sofern jeder von der Ungleichverteilung profitieren kann.

7.2.4   Egalitarismus

Gleichheit ist immer der Probestein der Gerechtigkeit und beide machen das Wesen der Freiheit. (Johann Gottfried Seume)

Das auf den ersten Blick vermeintlich einfachste Prinzip der Verteilungsgerechtigkeit ist das Egalitätsprinzip – also das Prinzip der Gleichheit. Während sich der Begriff der Egalität auf das Ergebnis eines Prozesses bezieht, wird das Bestreben, diesen Zustand der Gleichheit zu erreichen, als Egalitarismus bezeichnet. So kann der Egalitarismus als Sozialtheorie mit dem Leitbild der (möglichst) vollkommenen Gleichheit aller Menschen charakterisiert werden.

Egalitarismus:

➢ Streben nach größtmöglicher Gleichheit aller Menschen.

Das Streben nach Gleichheit kann unterschiedliche Perspektiven haben. Eine wichtige Unterscheidung im Hinblick auf das Prinzip der Gleichheit ist die Unterscheidung in formalrechtliche und materielle Gleichheit:

Gleichheit:

• formalrechtliche Gleichstellung: Gleichheit vor dem Gesetz.
  → juristische und politische Gleichheit.

• materielle Gleichstellung: Gleichheit der Lebensgrundlagen.
  → wirtschaftliche und soziale Gleichheit.

7.2.4.1   Juristische und politische Gleichheit

Gleichheit der Individuen: Der Leitspruch der französischen Revolution von 1789 „Liberté, Fraternité, Égalité" erinnert uns daran, dass Gleichheit zuerst einmal nicht wirtschaftliche Gleichheit bedeutet, sondern vor allem politische und rechtliche Gleichheit.

Grundgesetz: Artikel 3 [Gleichheit vor dem Grundgesetz]

(1) Alle Menschen sind vor dem Gesetz gleich.

(2) Männer und Frauen sind gleichberechtigt. (…)

(3) Niemand darf wegen seines Geschlechtes, seiner Abstammung, seiner Rasse, seiner Sprache, seiner Heimat und Herkunft, seines Glaubens, seiner religiösen oder politischen Anschauungen benachteiligt oder bevorzugt werden. Niemand darf wegen seiner Behinderung benachteiligt werden.

Nach der deutschen Verfassung sind alle Menschen vor dem Gesetz gleich und zwar unabhängig von ihrer Ungleichheit. Diese Ungleichheit bezieht sich auf Geschlecht, Abstammung, Rasse, Sprache, Heimat, Herkunft und Glaube. Unterschiede in diesen Merkmalen dürfen nicht zu ungleicher gesetzlicher Behandlung führen. Das Grundrecht steht jedem zu und ist für alle gleich.

Gleichheit von Staaten: Das Postulat der gleichen Grundrechte und der Gleichheit vor dem Gesetz für den einzelnen Menschen, lässt sich auch auf Völkergemeinschaften und Staatengebilde übertragen.

UN: Im Völkerrecht gilt, dass Staaten unabhängig von Größe, Bevölkerungszahl oder Wirtschaftsmacht gleich zu behandeln sind. So hat zum Beispiel jeder Mitgliedstaat der Vereinten Nationen (UN) *eine* Stimme bei Abstimmungen. Doch dieses Beispiel der Stimmenzuteilung und Stimmenvergabe zeigt gleichzeitig auch die Problematik der Gleichbehandlung Ungleicher.

EU: Nimmt man nämlich als Beispiel die Stimmenverteilung im Ministerrat der Europäischen Union, bemisst sich die Stimmenzahl im Rat nach der Einwohnerzahl der jeweiligen Länder. Während Deutschland, Frankreich, Großbritannien und Italien jeweils 29 Stimmen innehaben, muss sich Malta als kleinstes Land mit 1 Stimme begnügen. Die Sitzverteilung im Europaparlament ist noch differenzierter. Deutschland kann auf 99 Abgeordnete bauen, Frankreich auf 78 und die kleinsten Länder auf bis zu 5 Personen.

7.2.4.2 Wirtschaftliche und soziale Gleichheit

Das Gleichheitsprinzip in seiner extremsten Form als Verteilungs- und Ergebnisgleichheit meint gleiches Einkommen für alle. Kommunistischen Philosophien und auch manchen Sekten ist diese Ideologie zu eigen. Menschen haben zwar unterschiedliche Begabungen, Talente und Möglichkeiten, doch wenn sich alle bemühen und arbeiten und jeder an seinem Platz seine Aufgabe seinen Fähigkeiten entsprechend verrichtet, scheint es gerecht, alle auch gleich ihrer Bereitschaft zu entlohnen.

a) Verteilungsgerechtigkeit am Beispiel der ungleichen Bezahlung von Männern und Frauen

Der Gleichheitsgrundsatz in dieser extremen Form ist allgemein wenig akzeptiert, doch in der Diskussion um Verteilungsgerechtigkeit und in Teilfragen gilt die Gleichverteilung als wichtige Messlatte. Man muss sich eher für Ungleichverteilung rechtfertigen, denn für Gleichverteilung.

Ein interessanter Fall ist die immer wiederkehrende Kritik, die sich an der anscheinend ungleichen Bezahlung von Männern und Frauen für die gleiche Arbeit entzündet. Die Forderung, dass gleiche Arbeit für Männer und Frauen gleich zu entlohnen ist, ist so richtig, wie es falsch ist, dass unterstellt wird, dass Männer und Frauen die gleiche Arbeit beziehungsweise diese Arbeit unter den gleichen Voraussetzungen verrichten.

Betrachtet man die durchschnittlichen Bruttomonatsentgelte von Vollzeitbeschäftigten im produzierenden Gewerbe und im Dienstleistungsbereich, ist es tatsächlich so, dass Frauen 18 Prozent weniger verdienen als Männer. Männer verdienen nämlich brutto im Monat 3.416 Euro und Frauen „nur" 2.791 Euro (Abbildung 2.03).

Durchschnittliches Bruttomonatsentgelt (Stand 2010) Datengrundlage: Verdienststrukturerhebung Gesamtdeutschland 2006	
Frauen	2.791 Euro
Männer	3.416 Euro

Abbildung 2.03: Bruttoverdienstvergleich von Männern und Frauen.
[Quelle: Statistisches Bundesamt]

Doch vorauf ist dieser Unterschied zurückzuführen? Man kann davon ausgehen, dass etwa zwei Drittel dieses Gehaltsunterschieds mit Arbeitsmarktbedingungen zu erklären sind. Frauen wählen aus Gründen der Kindererziehung eher flexible Tätigkeiten und Teilzeittätigkeiten als Männer das tun. Niedrigere Löhne könnten auch damit gerechtfertigt werden, dass Unternehmen einen Risiko-Abschlag für den potentiellen Ausfall wegen Schwangerschaft und Kinderbetreuung mit einkalkulieren. Schließlich müssen sich Frauen neu einarbeiten und weiterbilden, wenn sie nach einer Kinderpause wieder in das Berufsleben einsteigen, was auch für die Unternehmen Zeit und Geld kostet.

Diese „Einwände" sollen jedoch nicht darüber hinwegtäuschen, dass auch unter quasi gleichen Bedingungen Frauen im manchen Berufen noch schlechter bezahlt werden als Männer. Das wäre dann eine geschlechtsspezifische Diskriminierung!

b) Verteilungsgerechtigkeit am Beispiel des Kindergeldes

Ist es gerecht, wenn alle, die Kinder haben, das identische Transfereinkommen in Form von Kindergeld bekommen?

Kind: Jeder bekommt für ein Kind den gleichen Betrag an Kindergeld, nämlich 184 Euro pro Monat (Stand 2011). Dieses Kindergeld wird unabhängig von der Einkommenssituation der Eltern ausbezahlt. Dass das Kindergeld gleich sein soll, könnte also damit begründet werden, dass allein der Faktor Kind zählt. Kind ist Kind und dafür erhält man den fixen Betrag an Kindergeld.

Eltern: Dass sich Gründe für eine Differenzierung des Kindergeldes finden lassen, ergibt sich aus dem Perspektivenwechsel weg vom Kind und hin zu den Eltern. Nicht allein das Kind an sich ist entscheidend, sondern die Einkommensverhältnisse der Eltern. Wenn man noch zusätzlich die Frage der effizienten und einigermaßen wirtschaftlichen Bestimmung der Leistungsfähigkeit der Eltern und der Auszahlung des Kindergeldes in die Überlegungen mit einbezieht, wird aus einer einfachen Transferleistung eine komplizierte Zuteilung.

7.2.4.3   Gleichheit bei Ungleichheit?

Gleiches gleich zu behandeln, ist nicht schwer und auch wenig diskussionsnotwendig. Schwieriger wird es, wie Ungleiches zu behandeln ist, nämlich ebenfalls gleich oder entsprechend den Ungleichheiten? Hier besteht allgemeiner Konsens, der besagt, dass Gleiches gleich und Ungleiches ungleich behandeln werden soll.

Gleiches gleich und Ungleiches ungleich behandeln!

Wettkampf der Tiere: Angenommen es findet ein Wettbewerb zwischen Tieren statt und die Aufgabe bestünde darin, schnellstmöglich eine Kokosnuss von einer Palme zu holen. Dann ist der Wettbewerb gerecht, wenn an diesem Wettbewerb Tiere mit gleichen Ausgangsbedingungen, also zum Beispiel eine Gruppe von Schimpansen teilnimmt. Der Wettbewerb ist hingegen ungerecht, wenn sich die Gruppe der Tiere aus einem Affen, einem Elefanten, einer Schnecke und einem Fisch zusammensetzt. Diese Ungleichen gleich zu behandeln, ist nachvollziehbar ungerecht.

7.2.5   Chancengerechtigkeit

Während sich die Verteilungsgerechtigkeit meist als eine Ergebnisgerechtigkeit im Sinne einer gleichen Verteilung des Habens versteht, setzt die Chancengerechtigkeit nicht am Ende, also am Ergebnis, an, sondern am Anfang, an den Startchancen.

Gerecht ist nicht eine Gesellschaft, die allen das gleiche Endergebnis an Einkommen ermöglicht, sondern allen überhaupt erst einmal die Chance gibt, sich Einkommen zu erarbeiten. Wenn die eine Person nun die Möglichkeiten nutzt und die andere Person Möglichkeiten aus Faulheit und Unvermögen verstreichen lässt, mag auch eine ungleiche Einkommensverteilung begründet sein. Die Gleichheit der Möglichkeiten ist der Gleichheit der Einkommen vorzuziehen.

Chancengerechtigkeit

- Eine Gesellschaft ist dann gerecht, wenn sie allen Menschen gleiche Start- und Entfaltungsmöglichkeiten bietet.
- Die Gleichheit der Chancen (Anfangsbedingungen) ist der Gleichheit der Einkommen (Ergebnis und Endzustand) vorzuziehen.
- Beteiligung statt Verteilung.

Dieses uramerikanische Ethos der Chancengleichheit kommt in Zustandsbeschreibungen der USA als Land der unbegrenzten Möglichkeiten und der Tellerwäscher-zum-Millionär-Erzählungen zum Ausdruck. Und in der Tat konnte diese, fast religiöse Einstellung, einen ungeheuren Schaffensdrang und Erfolg, gepaart mit einem ausgeprägten Selbst- und Sendungsbewusstsein, hervorbringen.[104]

Die Betonung der Chancengleichheit und Chancengerechtigkeit bringt nun aber auch die Frage mit sich, worin denn die gleichen Chancen und Anfangsbedingungen bestehen. Solche gleiche Chancen können die Erziehungs-, Bildungs- und Arbeitsmöglichkeiten betreffen, sei es in Form des staatlich garantierten Schutzes von Ehe und Familie, der (kostenlosen) Schulpflicht oder der Gewerbefreiheit.

Chancengleichheit:

- Recht und Chance auf Familie und Erziehung: Schutz von Ehe und Familie (z. B. Kindergeld oder Elterngeld).
- Recht und Pflicht auf Bildung: Schul-, Aus- und Weiterbildung.
- Recht auf Anwendung seiner Talente: Arbeitsmöglichkeit, Gewerbe- und Berufsfreiheit.

---

a) Bildung und Schulpflicht

In den meisten Industrienationen wird Bildung – in früheren Zeiten noch ein Privileg reicher Häuser, die sich Privatlehrer leisten konnten – als so wichtig angesehen, dass heutzutage nicht nur ein Recht auf Bildung existiert, sondern sogar die Pflicht zur Bildung besteht. Kinder müssen in die Schule – ob sie wollen oder nicht, denn es besteht eine allgemeine Schulpflicht.

Neben der elementaren Schulpflicht existieren weitere Versuche, allen Menschen den Zugang zu Bildung zu ermöglichen. Dazu gehört beispielsweise der oft noch kostenlose oder stark subventionierte Zugang zu Bibliotheken oder Museen.

b) Berufs- und Gewerbefreiheit

Chancengleichheit bezieht sich nicht allein auf Bildungschancen, sondern vor allem auch auf berufliche Möglichkeiten. Stichworte wie Gewerbefreiheit und freie Berufswahl umschreiben die Freiheit der Berufschancen. Jeder hat das Recht seinen Beruf frei zu wählen. Hier gibt es keine staatlichen Vorschriften oder Verbote. Selbstverständlich sind bestimmte Berufe an bestimmte Auflagen geknüpft. Nicht jeder darf sich als Arzt, Rechtsanwalt oder Lastwagenfahrer betätigen. Aber jeder hat die Möglichkeit es werden zu können. Jeder hat das Recht, sich selbstständig zu machen und ein Gewerbe zu eröffnen – ein Gang auf das Gewerbeamt und das Ausfüllen eines Gewerbescheines genügt. Dass man im Anschluss mit zahlreicher Bürokratie der Existenzgründung überhäuft wird, steht auf einem anderen Blatt.

---

[104] Eine radikale Ausprägung der Chancen- statt Ergebnisgerechtigkeit und des marktwirtschaftlichen Laisser-faire-Prinzips ist in den USA unter dem Begriff des Libertarismus bekannt.

Stellt sich die Frage nach der Optimierung einer Gesellschaft, setzt die Chancengerechtigkeit an der Prozessverbesserung an, nicht aber an der Verteilung. Ist
nämlich umfassende Chancengleichheit gegeben, ist auch die daraus entstehende
Verteilung gerecht.

Leitmotiv der Chancengerechtigkeit:

➢ Unter der Annahme, dass für alle Menschen Chancengleichheit besteht,
sind aus diesem Zustand hervorgegangene Verteilungen als gerecht zu
betrachten.

7.3   Verteilungskriterien in der Praxis

In der politischen Praxis (Leitbild der Sozialen Marktwirtschaft!) beruht die Einkommensverteilung auf zwei zentralen Prinzipien, dem Leistungsprinzip und dem
Bedarfsprinzip. Hinzu kommt in einigen Sonderfällen das Gleichheitsprinzip.

Kriterien der Einkommensverteilung in der Praxis:

• Leistungsprinzip (equity)
• Bedarfsprinzip (need)
• Gleichheitsprinzip (equality)

---

a) Einkommensverteilung nach dem Leistungsprinzip

*Gerecht wäre, wenn man, wenn man viel gelernt hat, die Klausur auch bestehen
würde.* (Studentin, 23 Jahre alt)[105]

Leistungsprinzip bedeutet, dass Einkommen nach der Leistung vergütet und verteilt wird; je höher die Leistung, desto höher das Einkommen.

Leistungsprinzip:

• Einkommensverteilung in Abhängigkeit von der erbrachten Leistung.
• „Jeder soll bekommen, was er verdient!"

Physikalisch definiert sich Leistung als Arbeit pro Zeit. Wenn jemand in einem
bestimmten Zeitraum doppelt so viel herstellen kann, wie eine andere Person, ist
die Leistung doppelt so groß. Akkordlohn ist ein solcher Leistungslohn. Hier wird
die Stückzahl pro Zeiteinheit vergütet. Neben dieser direkten Leistungsermittlung
bieten sich mittelbare Leistungskriterien wie Qualifikation (Lehre oder Studienab-
schluss) und Verantwortung (Personal- oder Budgetverantwortung) an.

---

[105] zitiert aus kontinente 5-2007.

Vorteile: Die Vorteile der Einkommensverteilung nach Leistung liegen vor allem in der Motivation und im Anreiz, zu arbeiten und eine Leistung zu erbringen. Zudem kommt das Leistungsprinzip dem Gerechtigkeitsempfinden vieler Menschen entgegen.

Nachteile: Die Nachteile beziehen sich auf die Problematik der Leistungsdefinition – man denke an Heim- und Erziehungsarbeit und ehrenamtliche Tätigkeit – und der Frage, ob und inwiefern diese Leistungen überhaupt entlohnt werden. Schließlich ist es manchen Menschen nicht oder nur eingeschränkt möglich Leistung zu erbringen, sei es wegen Krankheit, Behinderung oder fehlender Möglichkeiten durch Arbeitslosigkeit.

b) Einkommensverteilung nach dem Bedarfsprinzip

Es ist ungerecht, wenn einer ein Eis kriegt und der andere nicht – wegen gar nichts. (Schulkind, 6 Jahre alt)[106]

Einkommensverteilung nach dem Bedarfsprinzip setzt nicht an der Einkommensentstehung, sondern am potentiellen Einkommensbezieher und dessen Bedarf und Bedürftigkeit an.

Bedarfsprinzip

- Einkommensverteilung in Abhängigkeit vom individuellen Bedarf.
- „Jeder soll bekommen, was er zum Leben braucht!"

Einkommen wird danach zugeteilt, inwieweit jemand Einkommen braucht, um in Situationen wie Arbeitslosigkeit oder Krankheit „überleben" zu können. Wer arbeitslos wird, erhält Arbeitslosengeld und wer krank wird, erhält Gesundheitsleistungen.

c) Einkommensverteilung nach dem Gleichheitsprinzip

Gott ist allen Kreaturen gleich nahe. (Meister Eckhart)

Während die Einkommensverteilung in den meisten Fällen nach dem Leistungs- und/oder Bedarfsprinzip organisiert ist, lassen sich in manchen Bereichen auch typische Gleichverteilungen feststellen.

Gleichheitsprinzip

- Gleiches Einkommen (oder auch gleiche Chancen und Rechte) für alle.
- „Jeder soll das Gleiche bekommen!"

---

[106] ebd.

Dazu gehören der schon erwähnte einheitliche Kindergeldsatz sowie der Regelsatz des Arbeitslosengeldes II und der Sozialhilfe. Wenn in einer Branche einheitliche Ausbildungsvergütungen gezahlt werden, ist dies ein weiteres Gleichverteilungsbeispiel. Die Gleichverteilung bemisst sich im Übrigen an einem bestimmten gleichen Objekt oder Subjekt. Im Falle des Kindergeldes ist es das Kind, bei ALG II der Leistungsbezieher und im Rahmen der Ausbildung das Ausbildungsverhältnis.

8 Einkommen und Vermögen

8.1 Definition und Systematik von Einkommen

Was ist Einkommen? Einkommen kann als Gegenwert einer Leistung, die jemand erbracht hat, definiert werden.

Einkommen:
 ➤ Gegenwert einer Leistung (üblicherweise in Form von Geld).

Leistung ergibt sich durch den Einsatz der Produktionsfaktoren – in erster Linie durch den Einsatz menschlicher Arbeitskraft. Doch nicht nur Arbeitskräfte erzeugen Werte und damit Einkommen, sondern auch mit Hilfe von Maschinen kann eine Wertschöpfung erzielt werden. Einkommenserzielung erfolgt also analog der Leistungserbringung durch den Einsatz der Produktionsfaktoren. Die Entstehung von Einkommen durch den Einsatz von Produktionsfaktoren (Faktoreinkommen) nennt man **funktionale Einkommensverteilung.**[107]

Nimmt man die klassische volkswirtschaftliche Unterscheidung der Produktionsfaktoren in Arbeit, Kapital und Boden, erhält man eine Einkommensentstehung durch den Einsatz menschlicher Arbeit, Kapital und Boden und dementsprechend die Einkommen Lohn, Zins und Bodenrente. Doch diese eher theoretische Dreier-Einteilung wird heutzutage durch die Zwei-Faktoren-Theorie ersetzt.

Funktionale Einkommensverteilung:
 ➤ Zuordnung des Einkommens auf die Produktionsfaktoren Arbeit und Kapital (Faktoreinkommen).
 • Arbeitnehmereinkommen: Einkommen aus unselbstständiger Arbeit wie Lohn und Gehalt.
 • Unternehmens- und Vermögenseinkommen: Einkommen aus selbstständiger Arbeit (Unternehmertätigkeit) und Vermögen (Gewinne, Zinsen, Mieten, Pachten und Dividenden).

Auf der einen Seite steht der Faktor Arbeit und auf der anderen Seite der Faktor Kapital. Die typisch funktionale Einkommensverteilung (auch statistisch) ist somit die nach **Kapital und Arbeit**. Das heißt, die einen Menschen stellen ihre Arbeitskraft zur Werteschaffung zur Verfügung, während andere Menschen Kapital wie Betriebsmittel oder Grundstücke „arbeiten" lassen. Aus dieser Einteilung und Gegenüberstellung hat sich dann auch die etwas klassenkämpferisch anmutende

---

[107] Es werden sowohl die Begriffe „funktional" als auch „funktionell" verwendet!

Begriffsgegenüberstellung der Lohnquote und der Gewinnquote herausgebildet. Während die Lohnquote den Anteil des Einkommens am Gesamteinkommen aus unselbständiger Arbeit misst, beschreibt die Gewinnquote den Anteil des Einkommens aus Unternehmertätigkeit beziehungsweise selbständiger Arbeit (Abbildung 2.04).

Primärverteilung: Einkommensentstehung durch den Einsatz
                                    von Produktionsfaktoren:

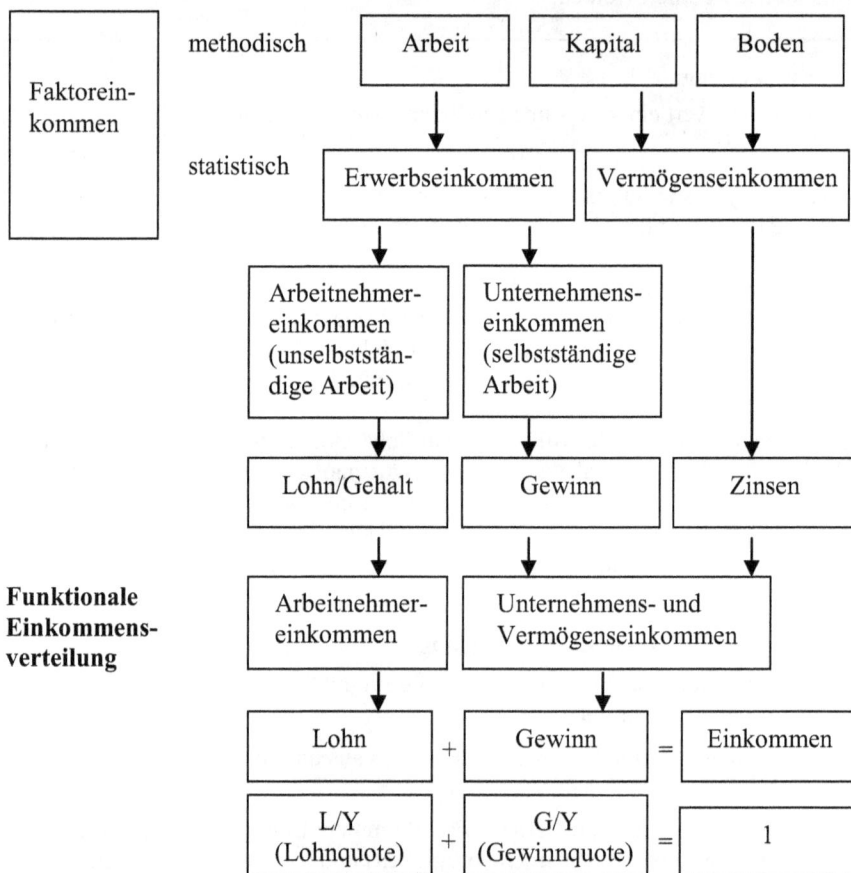

Faktorein-kommen	methodisch	Arbeit	Kapital	Boden

```
                methodisch      Arbeit      Kapital      Boden
                                  │           │            │
                                  ▼           ▼            ▼
                statistisch    Erwerbseinkommen    Vermögenseinkommen
                                  │           │            │
                                  ▼           ▼            │
                          Arbeitnehmer-   Unternehmens-    │
                          einkommen       einkommen        │
                          (unselbststän-  (selbstständige  │
                          dige Arbeit)    Arbeit)          │
                                  │           │            │
                                  ▼           ▼            ▼
                          Lohn/Gehalt     Gewinn         Zinsen
                                  │           │            │
                                  ▼           ▼            ▼
  Funktionale             Arbeitnehmer-   Unternehmens- und
  Einkommens-             einkommen       Vermögenseinkommen
  verteilung                      │           │
                                  ▼           ▼
                          Lohn    +   Gewinn    =   Einkommen

                          L/Y             G/Y
                          (Lohnquote) +   (Gewinnquote) =   1
```

Sekundärverteilung: Staatliche Umverteilung des erwirtschafteten Einkommens:

>   Einkommen (Bruttoeinkommen)
> \- Abgaben (Steuern und Sozialversicherungsbeiträge)
> = Nettoeinkommen
> + Sozialleistungen und Subventionen (Transfers)
> = Verfügbares Einkommen

Abbildung 2.04: Einkommenssystematik.

Abgaben: Die Wertschöpfung, also das, was Arbeitskräfte, Unternehmer und Maschinen geschaffen und parallel dazu an Einkommen erwirtschaftet haben, wird in einem zweiten Schritt durch den Staat wieder umverteilt. Die Einkommenserzieler müssen also durch Abgaben wie Steuern und Sozialversicherungsbeiträge einen kleinen oder größeren Teil ihres Einkommens abgeben, was dann an andere oder auch wieder an sie selbst in Form von Kindergeld oder Renten zufließt.

Transfereinkommen: Dieses Einkommen, das man durch die Umverteilung des Staates erhält, nennt man Transfereinkommen oder einfach Transfers. Generell sind das Sozialleistungen und Subventionen.

Primär- und Sekundärverteilung: Einkommen kann also nach der Stufe der Verteilung in Faktoreinkommen und Transfereinkommen unterschieden werden. Und da das Faktoreinkommen die ursprüngliche erstmalige Verteilung darstellt und das Transfereinkommen das umverteilte Einkommen, spricht man auch von Primär- und Sekundärverteilung, also die erste Verteilung und die zweite durch Umverteilung hervorgerufene Verteilung.

Nach Abzug der Abgaben und Addition der Transfers erhält man das übrig gebliebene Einkommen, das sogenannte verfügbare Einkommen. Welche Personen und welche Personengruppen (Selbstständige, Rentner, Frauen, etc.) wie viel Einkommen bekommen, ist dann Thema der personellen Einkommensverteilung.

Personelle Einkommensverteilung:
> Einkommen, das bestimmten Personen oder Haushaltsgruppen zufließt.

Exkurs zur Einkommensentstehung und -verteilung: Üblicherweise wird das Thema „Verteilung" unter dem Titel der (gerechten) Einkommensverteilung oder der Verteilungsgerechtigkeit behandelt und somit das Augenmerk auf die distributive und nicht so sehr auf die allokative Seite gelenkt. Das heißt, man macht sich mehr Gedanken darüber, wie das Einkommen verteilt werden kann (distributiv) und nicht so sehr, wie Einkommen überhaupt entsteht und geschaffen werden kann (allokativ).

Einkommensentstehung und -verteilung

allokativ: Entstehung des Einkommens durch den Einsatz der Produktionsfaktoren Arbeit und Kapital und Verteilung auf die Produktionsfaktoren.

distributiv: Verteilung bzw. Umverteilung des geschaffenen Einkommens auf Personen und Personengruppen.

Quintessenz: Man kann nur das ausgeben und verteilen (distributiv), was man zuvor erwirtschaftet und eingenommen hat (allokativ)!

8.2   Funktionale Einkommensverteilung

Funktionale Einkommensverteilung bedeutet die Zuordnung des Einkommens auf die einzelnen Produktionsfaktoren im Prozess der Güterherstellung und Einkommensentstehung. Eine Definition lautet entsprechend:

Funktionale Einkommensverteilung

➢ Verteilung des Einkommens auf die an seiner Entstehung beteiligten Produktionsfaktoren.

Was heißt das? Antwort: Jeder soll das verdienen, was ihm zusteht. Der Arbeitnehmer seinen Lohn und der Unternehmer seinen Gewinn, beziehungsweise der Kapitalbesitzer seinen Zins, seine Miete oder Dividende. Dazu ein einfaches Beispiel:

Faktoreinkommen			=	Wertschöpfung
Arbeitnehmer:		Unternehmer:		
„Kosten"	+	Gewinn	=	Umsatz
40 €	+	4 €	=	44 €
Arbeitslohn	+	Unternehmerlohn	=	Gesamteinkommen

8.2.1   Definition und Berechnung der Lohnquote

8.2.1.1   Definition der Lohnquote

Im Mittelpunkt der funktionalen Einkommensverteilung stehen die Faktoreinkommen der Arbeitnehmer und der Unternehmer und analog deren jeweiliger Anteil am Gesamteinkommen, definiert durch die Lohnquote und die Gewinnquote. Während die Lohnquote den Anteil des Einkommens am Gesamteinkommen aus unselbständiger Arbeit misst, bestimmt die Gewinnquote den Anteil des Einkommens aus Unternehmertätigkeit und Vermögen.

Lohnquote:

➢ Anteil des Einkommens aus unselbstständiger Arbeit (Arbeitnehmerentgelte) am Gesamteinkommen.

Mathematisch lassen sich die Lohn- und die Gewinnquote wie folgt definieren:

Lohnquote = L/Y	Gewinnquote = G/Y

L = Lohneinkommen: Einkommen aus unselbstständiger Arbeit
G = Gewinneinkommen: Einkommen aus Unternehmertätigkeit und Vermögen
Y = Gesamt- oder Volkseinkommen (engl. Yield: Ertrag, Ergebnis)

Unter der Annahme, dass sich das Volkseinkommen komplett aus dem Arbeitseinkommen und dem Gewinneinkommen zusammensetzt, muss gelten:

$$L + G = Y$$

Insofern muss die Summe der beiden Quoten beziehungsweise Quotienten den Wert von 100 Prozent beziehungsweise 1 ergeben:

$$L/Y + G/Y = 1$$

Im Jahr 2010 betrug der Arbeitnehmeranteil am Volkseinkommen rund 67 Prozent (Lohnquote) und der Einkommensanteil der Unternehmen und Vermögensbesitzer 33 Prozent (Gewinnquote): Zusammen ergeben die beiden Quoten 100 %.

Die Entwicklung und der Vergleich der Lohneinkommen der Arbeitnehmer und der Gewinneinkommen der Selbstständigen und Vermögensbesitzer spielen in der Verteilungsdebatte eine große Rolle.

8.2.1.2   Absolute und relative Veränderung der Lohnquote

In der Verteilungsdebatte ist allerdings zu beachten, dass eine Zu- oder Abnahme der Quote keine Aussage über die absolute Entwicklung der Einkommen macht. Eine Abnahme einer Quote kann trotzdem eine absolute Einkommensverbesserung bedeuten.

Beispiel:

Zustand 1:	Lohn	= 7.000 €	→	Lohnquote	= 70 %
	Gewinn =	3.000 €	→	Gewinnquote	= 30 %
	Summe =	10.000 €		Summe	= 100 %
Zustand 2:	Lohn	= 14.000 €	→	Lohnquote	= 60,9 %
	Gewinn =	9.000 €	→	Gewinnquote	= 39,1 %
	Summe =	23.000 €		Summe	= 100,0 %

Sowohl die Löhne als auch die Gewinne haben in absoluten Werten zugenommen, die Löhne um das Doppelte und die Gewinne um das Dreifache. Relativ ist allerdings die Lohnquote von 70 Prozent auf 60,9 Prozent gesunken und die Gewinnquote von 30 Prozent auf 39,1 Prozent angestiegen.

Praxis: Dieses theoretische Beispiel lässt sich auf die Praxis übertragen, wenn auch nicht in dem Ausmaß. Von 1992 bis 2005 haben nämlich die Verdienste der Arbeiter und Angestellten um 33,3 Prozent zugenommen, die der Unternehmer und Vermögensbesitzer allerdings um 60 Prozent. Für die Lohnquote bedeutet dies einen Rückgang von 72 auf 67 Prozent und für die Gewinnquote einen Anstieg von 28 auf 33 Prozent (Quelle: Statisches Bundesamt).

8.2.2   Höhe und Entwicklung der Lohnquote in der Praxis

Schaut man sich die beiden Quoten im Verlauf der letzten Jahrzehnte genauer an, wird man feststellen, dass die Lohnquote seit den 60er Jahren von rund 60 Prozent auf über 75 Prozent in den 80er Jahren angestiegen ist, um dann bis zum Jahr 2008 auf 65 Prozent zu fallen. Das Krisenjahr 2009 bescherte den Arbeitnehmern einen Sprung nach oben auf 68,4 Prozent, da die Unternehmergewinne stärker abnahmen als die Arbeitnehmerverdienste.

Die Lohnquote unterliegt im Übrigen relativ starken Schwankungen. Kurzfristige Schwankungen der Lohnquote wie der starke Anstieg in 2009 sind dadurch zu erklären, dass Gewinne im Vergleich zu den Löhnen konjunkturempfindlicher sind. Die Lohnquote steigt im Konjunkturabschwung (Löhne bleiben konstant und Gewinne nehmen ab) und sinkt im Aufschwung, weil da die Gewinne relativ stärker zunehmen (Abb. 2.05, siehe auch Abb. 2.06).

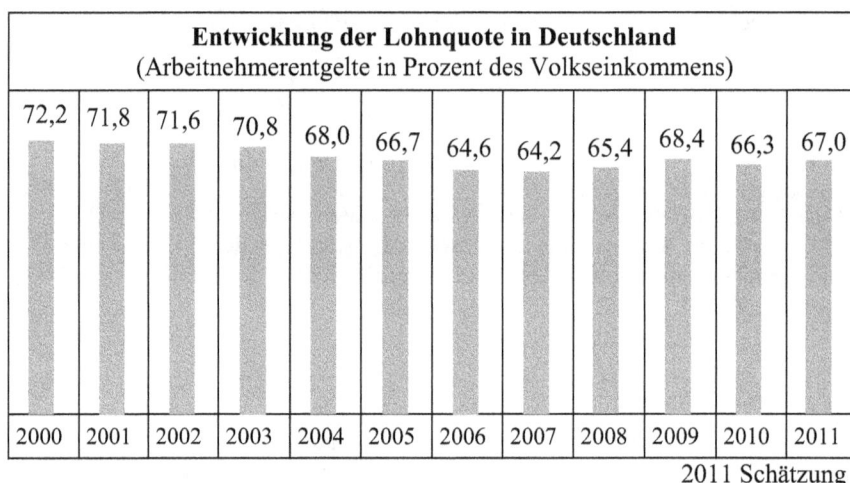

Entwicklung der Lohnquote in Deutschland
(Arbeitnehmerentgelte in Prozent des Volkseinkommens)

2000	2001	2002	2003	2004	2005	2006	2007	2008	2009	2010	2011
72,2	71,8	71,6	70,8	68,0	66,7	64,6	64,2	65,4	68,4	66,3	67,0

2011 Schätzung

Abbildung 2.05: Entwicklung der Lohnquote in Deutschland. [Quelle: Statistisches Bundesamt]

Nun zur verteilungspolitisch interessanten und brisanten Frage: Haben die unselbstständig Beschäftigen im Vergleich zu den Selbstständigen insgesamt gewonnen oder verloren?

8.2.3   Bereinigte Lohnquote

Um diese Frage zu beantworten, muss eine weitere wichtige Größe in die Betrachtung mit einbezogen werden, nämlich die Entwicklung der Beschäftigtenstruktur, definiert durch die Arbeitnehmerquote. Eine Quote kann sich nämlich auch dadurch ändern, dass sich unabhängig vom Einkommen die Zahl der Arbeitnehmer im Vergleich zu der der Unternehmer und Vermögensbesitzer erhöht oder erniedrigt hat (Arbeitnehmerquote).

Arbeitnehmerquote
> ➤ Anteil der Arbeitnehmer an den Erwerbstätigen (Erwerbstätigenstruktur).

Um diesen Effekt einer Veränderung der Beschäftigtenstruktur zu berücksichtigen, wird die ursprüngliche Lohnquote bereinigt. Wenn es eine Zu- oder Abnahme der Arbeitnehmer im Verhältnis zu den Unternehmern gegeben hat, wird methodisch unterstellt, dass dieses Verhältnis gleich geblieben ist (rechnerisch konstanter Anteil), woraus sich die „bereinigte Lohnquote" ergibt.

Berechnet wird die bereinigte Lohnquote nach folgender Formel:

$$\textbf{Bereinigte Lohnquote} = \text{Lohnquote} \cdot \frac{\text{Arbeitnehmerquote}_{t-1}}{\text{Arbeitnehmerquote}_{t}}$$

Dazu ein Beispiel:

Beispiel	Einkommen	Lohnquote	Arbeitneh-merquote	Bereinigte Lohnquote
Jahr: t - 1	**7.000 €**	**70 %**	**70 %**	**70,00 %**
	3.000 €	30 %	30 %	
Jahr: t	**7.000 €**	**70 %**	**80 %**	**61,25 %***
	3.000 €	30 %	20 %	

* Berechnung: 70 · (70/100) / (80/100) = 61,25

Die bereinigte Lohnquote misst den Anstieg der Lohnquote in Verhältnis zum Anstieg der Arbeitnehmerquote. Dabei gilt: Je höher der Anstieg der Arbeitnehmerquote, desto niedriger wird die bereinigte Lohnquote und umgekehrt.

Bereinigte Lohnquote:
> ➤ Korrektur bzw. Gewichtung der normalen Lohnquote im Hinblick auf die Veränderung der Erwerbstätigenstruktur.

Anstieg Lohnquote: Ein Anstieg der Lohnquote kann durch eine Veränderung der Lohnstruktur und/oder eine Veränderung der Erwerbstätigenstruktur zustande kommen:

- Zahl der Arbeitnehmer steigt stärker als die der Unternehmer bei konstantem Lohnniveau.
- Löhne steigen stärker als Gewinne bei konstanter Erwerbstätigenstruktur.

8.2.4   Arbeitseinkommensquote

Neben der Einbeziehung der Erwerbstätigenstruktur können im Hinblick auf eine aussagekräftigere Interpretation der Lohnquote weitere Differenzierungen vorgenommen werden.

Lohn- und Gewinnverteilung innerhalb einer Gruppe: Das Gehalt eines Vorstandsvorsitzenden ist in der Lohnquote enthalten, während der eventuelle Minimalgewinn eines Ein-Personen-Betriebes der Gewinnquote zugerechnet wird.

Arbeitnehmer und Selbstständige oder Vermögensbesitzer können gleichzeitig in verschiedenen Gruppen sein. In der Praxis ist die Bestimmung schwierig, da eine Person sowohl Lohn- als auch Zinseinkommen haben kann. Arbeitnehmer erhalten Zinsen auf Spareinlagen, Dividenden aus Aktien und Einkünfte aus Vermietungen. Man schätzt, dass zirka ein Drittel der Vermögenserträge Arbeitnehmern zufließen.

Auf der anderen Seite lassen sich Unternehmer finden, die kein offizielles Gehalt beziehen wie das beispielsweise beim Geschäftsführer einer GmbH der Fall ist, sondern ihre Einnahmenüberschüsse (Gewinne) im Sinne eines Lohnes verwenden. Das betrifft die Einzelunternehmen und die Personengesellschaften.

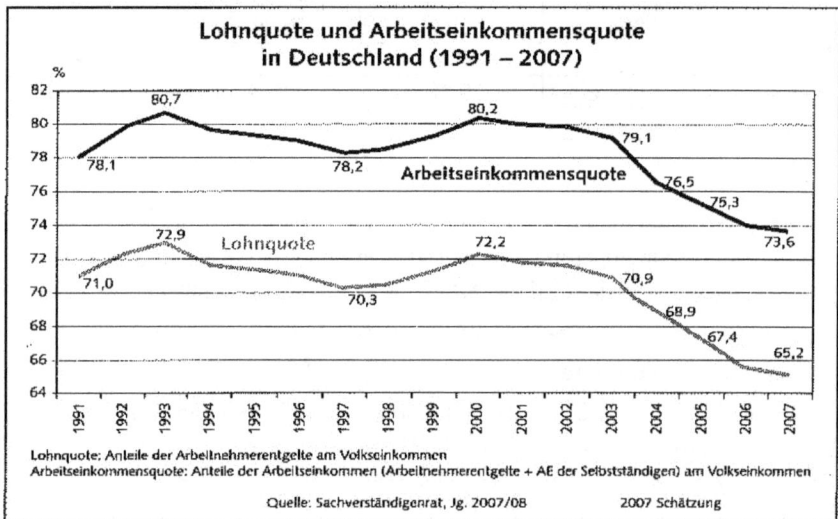

Abbildung 2.06: Lohnquote und Arbeitseinkommensquote. [Quelle: Sachverständigenrat, entnommen aus Altmann 2009, S. 141]

Mit der Weiterentwicklung der Lohnquote zur Arbeitseinkommensquote versucht man dem letztgenannten Punkt gerecht zu werden. Wenn nämlich das gesamte Volkseinkommen in Arbeits- und Vermögenseinkommen aufgeteilt wird, dann müsste auch das Einkommen von Selbstständigen in Arbeits- und Kapitalbestandteile getrennt werden.

Arbeitseinkommen:

> ➤ Einkommen aus unselbstständiger Arbeit (Arbeitnehmereinkommen) plus kalkulatorischem Unternehmerlohn der Selbstständigen.

Die Arbeitseinkommensquote misst diesen prozentualen Anteil der Arbeitseinkommen am Gesamteinkommen.

$$\textbf{Arbeitseinkommensquote} = \frac{\text{Anteil des Arbeitseinkommens}}{\text{Gesamteinkommen}}$$

Durch die Verschiebung der Lohnbestandteile aus dem Unternehmens- und Vermögenseinkommen (kalkulatorischer Unternehmerlohn) in die Lohn- beziehungsweise Arbeitseinkommensquote erhöht sich deren Wert um einige Prozentpunkte (siehe auch Abbildung 2.06).

Jahr	Volkseinkommen	Unternehmens- und Vermögenseinkommen	kalkulatorischer Unternehmerlohn	Arbeitnehmerentgelt (Lohnquote)	Arbeitseinkommensquote
1991	100,00	29,0	7,1	71,0	78,1
1995	100,00	28,6	7,9	71,4	79,3
2000	100,00	27,8	8,0	72,2	80,2
2005	100,00	33,3	8,4	66,7	75,1
2010	100,00	33,7	8,1	66,3	74,4

Der kalkulatorische Unternehmerlohn – also das Arbeitseinkommen der Selbstständigen und der mithelfenden Familienangehörigen – errechnet sich aus der Zahl der Selbstständigen (einschließlich mithelfender Familienangehöriger) multipliziert mit dem Durchschnittseinkommen eines Arbeitnehmers. Die Bestimmung des kalkulatorischen Lohnes beruht auf Schätzungen.

8.3   Personelle Einkommensverteilung

Die personelle Einkommensverteilung definiert sich über die Zuordnung des Einkommens auf Personen und Personengruppen und die Unterscheidung des Einkommens in Brutto- und Nettoeinkommen sowie in Real- und Nominaleinkommen. Typische Fragen der personellen Einkommensverteilung sind:

- Welches Einkommen steht einem Single-Haushalt pro Jahr durchschnittlich zur Verfügung?
- Wie hoch ist das durchschnittliche Bruttoeinkommen von Selbstständigen oder von Beamten?
- Wie hoch sind die monatlichen Einnahmen und Ausgaben eines durchschnittlichen Angestelltenhaushalts?

8.3.1   Entwicklung und Zusammensetzung der Einkommen

a) Brutto-, Netto- und Realeinkommen

Die Bruttoeinkommen (durchschnittlicher monatlicher Verdienst je Arbeitnehmer) haben die letzten 20 Jahre deutlich zugenommen. Weniger deutlich zugenommen haben die Nettoverdienste. Die Realeinkommen haben sogar abgenommen (Abbildung 2.07).

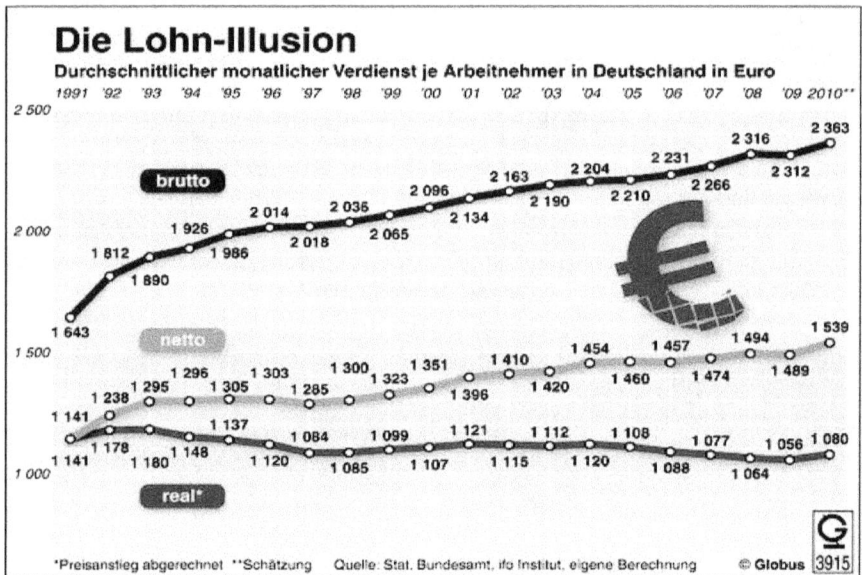

Die Lohn-Illusion
Durchschnittlicher monatlicher Verdienst je Arbeitnehmer in Deutschland in Euro

Jahre: 1991 '92 '93 '94 '95 '96 '97 '98 '99 '00 '01 '02 '03 '04 '05 '06 '07 '08 '09 2010**

brutto: 1 643, 1 812, 1 890, 1 926, 1 986, 2 014, 2 018, 2 036, 2 065, 2 096, 2 134, 2 163, 2 190, 2 204, 2 210, 2 231, 2 266, 2 316, 2 312, 2 363

netto: 1 141, 1 238, 1 296, 1 305, 1 285, 1 303, 1 300, 1 323, 1 351, 1 396, 1 410, 1 420, 1 454, 1 460, 1 457, 1 474, 1 494, 1 489, 1 539

real*: 1 141, 1 178, 1 180, 1 148, 1 137, 1 120, 1 085, 1 084, 1 099, 1 107, 1 121, 1 115, 1 112, 1 120, 1 108, 1 088, 1 077, 1 064, 1 056, 1 080

*Preisanstieg abgerechnet **Schätzung   Quelle: Stat. Bundesamt, ifo Institut, eigene Berechnung   © Globus 3915

Abbildung 2.07: Entwicklung der Einkommen. [Quelle: Globus 3915]

Zwischen Brutto-, Netto- und Realeinkommen besteht folgender Zusammenhang:
- Bruttoeinkommen: Löhne und Gehälter der Arbeitnehmer
- Nettoeinkommen: Bruttoeinkommen minus Abgaben
- Realeinkommen: Preisbereinigtes Nettoeinkommen

b) Lohnkosten, Brutto- und Nettoverdienst

Brutto-, Netto- und Realeinkommen sind Einkommen aus Sicht der Arbeitnehmer. Aus der Perspektive des Arbeitgebers kommt eine weitere Größe dazu, nämlich die der Lohnkosten. Denn was der Arbeitnehmer an Gehalt erhält, ist nicht identisch mit dem, was der Arbeitgeber an Personalkosten zu kalkulieren hat – das sogenannte Arbeitnehmerentgelt. Das Arbeitnehmerentgelt ist also der Betrag, den das Unternehmen insgesamt für den Arbeitnehmer einkalkulieren muss.

Monatliche Durchschnittsbeiträge je Arbeitnehmer (Stand 2010)		
Arbeitnehmerentgelt	Bruttoverdienst	Nettoverdienst
2.916 Euro	2.362 Euro	1.539 Euro

Abbildung 2.08: Lohnkosten, Brutto- und Nettoverdienste. [Quelle: Statistisches Bundesamt]

Ein durchschnittlicher Bruttoverdienst von 2.362 Euro pro Monat (Stand 2010) lässt dem Arbeitnehmer netto 1.539 Euro auf dem Konto. Der Arbeitgeber muss 2.916 Euro an Kosten kalkulieren[108], um den Bruttoverdienst von 2.362 Euro ausbezahlen zu können. Die Differenz zwischen Bruttoverdienst und Nettoverdienst in Höhe von 823 Euro geht in Form von Abgaben an den Staat.

c) Einkommensverteilung

Das Lohneinkommen ist für viele Menschen und Haushalte die Haupteinnahmequelle. Wie viel Prozent der privaten Haushalts (sowohl Einzel- als auch Mehrpersonenhaushalte) in Deutschland welches Einkommensniveau erreichen, zeigt Abbildung 2.09.

Monatliches Nettoeinkommen (aller Haushaltsmitglieder) von Privathaushalten in Deutschland (Stand 2009)	
5.500 Euro und mehr	3,5 %
3.200 bis unter 5.500	15.4 %
2.000 bis unter 3.200	26,0 %
1.500 bis unter 2.000	17,0 %
900 bis unter 1.500	24,0 %
unter 900	14,0 %

Abbildung 2.09: Einkommensverteilung von Privathaushalten. [Quelle: Statistisches Bundesamt]

---

[108] Zu diesen Kosten gehören das Weihnachtsgeld, die Vergütung arbeitsfreier Tage wie Urlaub, Feiertage und Krankheitstage sowie betriebliche Aufwendungen für die Vermögensbildung.

In Abbildung 2.10 ist zu erkennen, wie das Einkommen (brutto, netto, frei verfügbar) nach Haushaltstypen und sozialer Stellung differenziert.

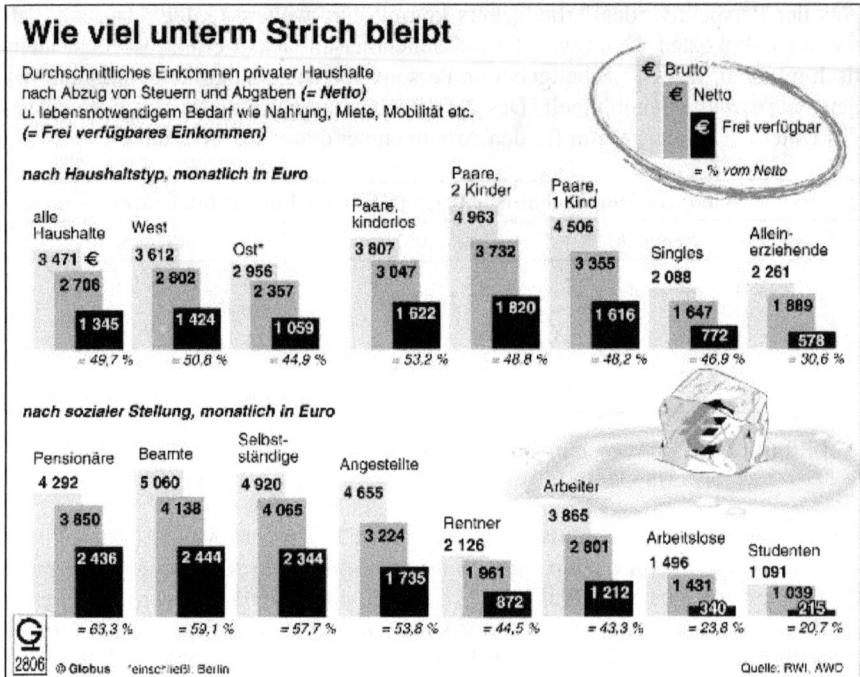

Wie viel unterm Strich bleibt

Durchschnittliches Einkommen privater Haushalte
nach Abzug von Steuern und Abgaben (= Netto)
u. lebensnotwendigem Bedarf wie Nahrung, Miete, Mobilität etc.
(= Frei verfügbares Einkommen)

€ Brutto
€ Netto
€ Frei verfügbar
= % vom Netto

nach Haushaltstyp, monatlich in Euro

	alle Haushalte	West	Ost*	Paare, kinderlos	Paare, 2 Kinder	Paare, 1 Kind	Singles	Allein-erziehende
Brutto	3 471 €	3 612	2 956	3 807	4 963	4 506	2 088	2 261
Netto	2 706	2 802	2 357	3 047	3 732	3 355	1 647	1 889
Frei verfügbar	1 345	1 424	1 059	1 622	1 820	1 616	772	578
= %	= 49,7 %	= 50,8 %	= 44,9 %	= 53,2 %	= 48,8 %	= 48,2 %	= 46,9 %	= 30,6 %

nach sozialer Stellung, monatlich in Euro

	Pensionäre	Beamte	Selbst-ständige	Angestellte	Rentner	Arbeiter	Arbeitslose	Studenten
Brutto	4 292	5 060	4 920	4 655	2 126	3 865	1 496	1 091
Netto	3 850	4 138	4 065	3 224	1 961	2 801	1 431	1 039
Frei verfügbar	2 436	2 444	2 344	1 735	872	1 212	340	215
= %	= 63,3 %	= 59,1 %	= 57,7 %	= 53,8 %	= 44,5 %	= 43,3 %	= 23,8 %	= 20,7 %

2806 ⓖ Globus 'einschließl. Berlin   Quelle: RWI, AWO

Abbildung 2.10: Verfügbares Einkommen von Haushalten [Quelle: globus 2806]

8.3.2 Die Lorenzkurve

Die Lorenzkurve gilt als eine der bekanntesten Darstellungen von Verteilungsfunktionen und Konzentrationskurven. Benannt ist sie nach Max O. Lorenz.[109]

> **Lorenzkurve**: Konzentrationskurve (Häufigkeitsverteilung)
> ➢ Darstellung der personellen Einkommensverteilung.

Auf der x-Achse werden die Anteile der Einkommensbezieher und auf der y-Achse die Anteile des Einkommens abgetragen und zwar kumuliert bis 100 Prozent. So wird ersichtlich, welcher Anteil einer Größe (z. B. Einkommen) auf einen bestimmten Anteil einer anderen Größe (z. B. Einkommensbezieher) entfällt.

Die Diagonale beschreibt die absolute Gleichverteilung. 10 Prozent der Haushalte besitzen 10 Prozent des Einkommens. 40 Prozent besitzen 40 Prozent, usw. …

---

[109] Max O. Lorenz war ein US-amerikanischer Mathematiker, der von 1876 bis 1959 gelebt hatte. 1905 erschien von ihm eine Arbeit zur Einkommensverteilung, die als „Geburtsdatum" der Lorenzkurve gilt.

Die Lorenzkurve unterhalb der Diagonalen repräsentiert die tatsächliche Verteilung. Die ärmsten 40 Prozent der Haushalte besitzen in unserem Beispiel (Abbildung 2.11) nur 10 Prozent des Einkommens und 80 Prozent der Einkommensbezieher haben lediglich 40 Prozent des gesamten Einkommens zur Verfügung.

Einkommen [kumuliert in Prozent]

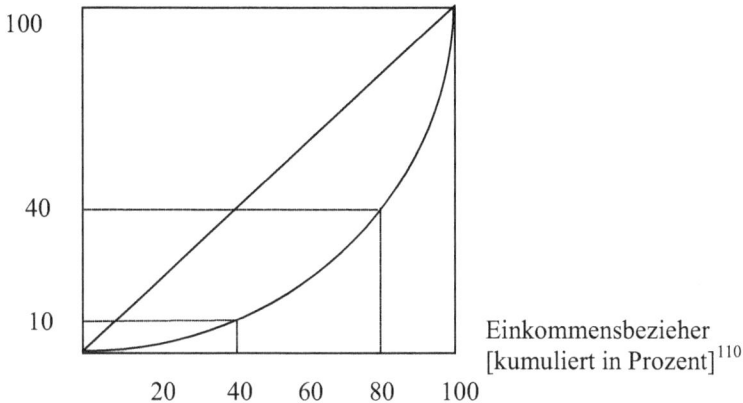

Abbildung 2.11: Lorenzkurve.

8.3.2.1 Der Gini-Koeffizient

Je näher die Kurve an der Diagonalen liegt, desto gleicher ist die Verteilung und je weiter die Kurve von der Diagonalen entfernt ist, desto ungleicher ist die Verteilung. Gemessen werden kann die Ungleichheit anhand eines Flächenvergleichs. Man setzt die Fläche zwischen der Diagonalen und der Kurve ins Verhältnis zur gesamten Dreiecksfläche unter der Diagonalen. Der Wert dieses Flächenverhältnisses ist unter dem Begriff des Gini-Koeffizienten bekannt.[111]

Gini-Koeffizient: Ungleichheitsmaß (Konzentrationsmaß)
  ➢ Fläche zwischen der Diagonalen (Gleichverteilungsgerade) und der Lorenzkurve im Verhältnis zur gesamten Fläche unter der Diagonalen.

Mit Hilfe dieses Koeffizienten wird also die Verteilung der Einkommen über eine Personengruppe gemessen – wie gleich oder ungleich sind die Einkommen verteilt.

Berechnen lässt sich der Gini-Koeffizient anhand folgender Formel:[112]

---

[110] vom ärmsten zum reichsten Einkommensbezieher!

[111] Der Gini-Koeffizient ist nach dem italienischen Statistiker, Soziologen und Demographen Corrado Gini (1884 - 1965) benannt und wird auf das Jahr 1921 datiert („Measurement of inequality of income").

[112] X_i = kumulierte relative Häufigkeit der Einkommensbezieher, Y_i = kumulierte relative Häufigkeit der Einkommen, x_n = relative Häufigkeit des letzten Einkommensbeziehers.

$$\text{Gini-Koeffizient} = \frac{1 - \sum (X_i - X_{i-1})(Y_i + Y_{i-1})}{1 - x_n}$$

Die Werte des Gini-Koeffizienten bewegen sich zwischen den zwei Extrempolen „0" und „1".

Wert 0: „völlig gleich": Alle besitzen das Gleiche (Kurve entspricht der Diagonalen).

Wert 1: „völlig ungleich": Einer besitzt alles, alle anderen nichts (Kurve entspricht den Achsverläufen).

Je niedriger also der Wert, desto gleicher ist eine Verteilung und je höher der Wert desto ungleicher ist sie.

Einkommen [kumuliert in Prozent]

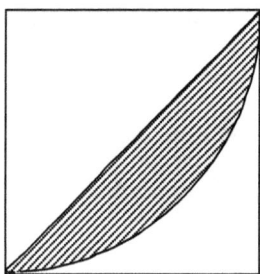

Gini-Koeffizinet =

100

Einkommensbezieher [kumuliert in Prozent]

Abbildung 2.12: Gini-Koeffizient.

Gini-Koeffizient im Ländervergleich [113]

Wenn in der Theorie der Gini-Koeffizinet zwischen 0 (absolute Gleichverteilung) und 1 (absolute Ungleichverteilung) liegen kann, dürfte die Frage interessant sein, welche Werte in der Praxis anzutreffen sind. Deutschland hat einen Wert von 0,32, wobei dieser bei der Wiedervereinigung noch bei einem niedrigeren Niveau von 0,26 lag.

In China lag der Gini-Koeffizient bis Mitte der 80er Jahre unter 0,2 und damit niedriger als in Dänemark, dem Industrieland mit der traditionell am meisten ausgeglichenen Einkommensverteilung. Zwischenzeitlich hat der Gini-Koeffizient in China einen Höhenflug auf 0,45 angetreten. Vor allem in Metropolen wie Peking und Shanghai hat der Wohlstand deutlich zugenommen, während ländliche Gegenden weiterhin schlecht dastehen. Deutschland soll übrigens für einen ähnlichen Wandel 100 Jahre gebraucht haben.

---

[113] Quelle: Vereinte Nationen, DIW, iwd.

Große Unterschiede zwischen arm und reich mit Werten bis zu 0,5 oder sogar 0,6 sind in Südamerika und Afrika anzutreffen. Gemäßigte Werte von 0,25 bis 0,35 sind vor allem in europäischen Ländern sowie in Kanada und Japan vorzufinden. Grönland soll sogar unter 0,25 liegen – alle haben „nichts"!?

8.3.2.2 Die Lorenzkurve am Beispiel der Haushaltseinkommen

Zum Abschluss erstellen wir eine Lorenzkurve am Beispiel der Haushaltseinkommen in Deutschland. Gegeben sind die Anteile der Haushalte (Quintile)[114] und der Einkommen.

Haushalte Deutschland im Jahr 2009	Prozent der Haushalte	Prozent der Haushalte (kumuliert)	Prozent der Einkommen	Prozent der Einkommen (kumuliert)
1. Quintil	20	20	7,4	7,4
2. Quintil	20	40	12,5	19,9
3. Quintil	20	60	17,1	37,0
4. Quintil	20	80	23,5	60,5
5. Quintil	20	100	39,5	100,0

Haushalte und deren Einkommen [Quelle: iwd, Deutschland in Zahlen 2011, 6.9]

Lesebeispiel: Auf die einkommensärmsten 20 Prozent aller Haushalte (1. Quintil) entfallen 7,4 Prozent des Einkommens aller Haushalte. Auf 60 Prozent der Haushalte (Quintil 1 bis 3) entfallen insgesamt 37,0 Prozent der Einkommen.

In Abbildung 2.13 ist die grafische Umsetzung als Lorenzkurve dargestellt.

Einkommen kumuliert [%]

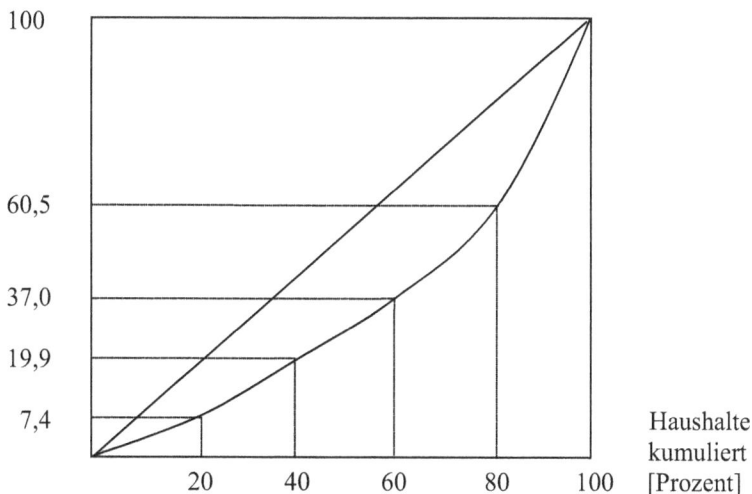

Abbildung 2.13: Beispiel zur Erstellung einer Lorenzkurve.

[114] Quintile sind jeweils ein Fünftel bzw. 20 Prozent.

Konzentrationskurven sind im Übrigen nicht nur bei der Einkommensverteilung ein beliebtes Darstellungsmaß, sondern auch bei Steuer- und Vermögensverteilungen.

8.4   Einkommen und Vermögen

8.4.1   „Die Taschen voller Geld"

Ob jemand viel oder wenig verdient, ist die eine Sache. Ob jemand als reich und vermögend oder als arm und mittellos dasteht, ist eine ganz andere Sache. Jemand kann das Einkommen betreffend zu den Geringverdienern gehören und trotzdem eine Villa und ein großes Auto besitzen und jemand kann zu den sogenannten „Besserverdienenden" gehören und sich auf einem teuren Großstadtpflaster nur eine Mietwohnung und einen Gebrauchtwagen leisten. Denn ob jemand reich oder arm ist, hängt zwar vom Einkommen ab, aber weit mehr noch vom Vermögen! Eine Erbschaft oder der Besitz von Immobilien ist oftmals viel lukrativer als ein etwas besseres Einkommen.

Schließlich gibt es Personen, die weder Vermögen noch Einkommen haben und deren „Taschen leer" sind. Überhaupt nicht „leer sind die Taschen" bei 861 Tausend Menschen in Deutschland. So viele Menschen können sich zu den Finanzmillionären zählen, weil sie ein Vermögen von über 1 Million Dollar (bei einem Umrechnungskurs von 1 Euro zu 1,25 Dollar entspricht dies 800.000 Euro) besitzen.

Anzahl der Dollar-Millionäre* in Tausend (Stand 2009)	
USA	2.866
Japan	1.650
Deutschland	861
China	477
Großbritannien	448
Frankreich	383
Kanada	251
Schweiz	222
Italien	179
Australien	174
Brasilien	147
Spanien	143
* Finanzvermögen mit mehr als 1 Mio. US-Dollar ohne Eigenheime und hochwertige Konsumgüter	

Abbildung 2.14: Dollar-Millionäre. [Quelle: Capgemini 2010]

International steht Deutschland mit dieser Zahl an dritter Stelle. Die meisten Dollarmillionäre mit einer Zahl von fast 2,9 Millionen sind in den USA anzutreffen, gefolgt von Japan mit 1,65 Millionen. China hat sich wie in vielen anderen Bereichen auch hier „vorgearbeitet" und beherbergt zwischenzeitlich 477 Tausend Dollarmillionäre.

8.4.2 Der Vermögensbegriff

Der Vermögensbegriff lässt sich unterschiedlich definieren. Eine Möglichkeit besteht darin, Vermögen bilanziell zu erfassen.

8.4.2.1 Bilanzieller Vermögensbegriff

Betrachtet man Vermögen aus einer bilanziellen Sichtweise, kann Vermögen als Gesamtwert der Aktiva (Grundstücke, Immobilien, Wertpapiere, Bargeld) eines Wirtschaftssubjektes zu einem bestimmten Zeitpunkt definiert werden (Bruttovermögen). Zieht man die Verbindlichkeiten ab, erhält man das Nettovermögen bzw. Reinvermögen.

Beispiel: Besitzt jemand ein Haus im Wert von 600.000 Euro und Aktien zu einem Tageskurs von 250.000 Euro sowie Geld auf dem Girokonto in Höhe von 50.000 Euro, so beträgt das Bruttovermögen 900.000 Euro. Zum Zeitpunkt der Bewertung sind aber auch Schulden in Höhe von 400.000 Euro bei der Bank zu verzeichnen. Das Nettovermögen beträgt somit 500.000 Euro.

Bleiben wir bei der bilanziellen Sichtweise und betrachten das Reinvermögen als Summe der Aktiva minus der Verbindlichkeiten (Fremdkapital). Dann entspricht das Reinvermögen dem Eigenkapital. Das Nettovermögen ist nichts anderes als das „eigene" Kapital. Insofern werden die Begriffe Vermögen und Kapital häufig auch synonym verwendet.

Bruttovermögen: Gesamtwert der Aktiva eines Wirtschaftssubjektes zu einem bestimmten Zeitpunkt.

Nettovermögen: Gesamtwert der Aktiva abzüglich der Verbindlichkeiten (entspricht dem Eigenkapital).

8.4.2.2 Vermögen als Talent

Weniger bilanziell und mehr philosophisch betrachtet, könnte Vermögen auch als Talent aufgefasst werden. Der Begriff Talent kommt aus dem griechischen-lateinischen und meint „Anlage und Begabung". Während der bilanzielle Vermögensbegriff das Endergebnis einer Verteilung beschreibt, stellt der Vermögensbegriff als Talent die Fähigkeit und Bereitschaft, Vermögen zu erwerben, in den Vordergrund. Im Volksmund heißt es auch: „Jemand wuchert mit seinen Talenten."

Vermögen ist ein "Talent"
- Talent (griechisch-lateinisch): Anlage und Begabung
- Talent (altgriechisch):   Gewichts- und Geldeinheit

Talent beziehungsweise Vermögen bedeutet also sowohl Begabung als auch das durch die Begabung erworbene Vermögen. Man erwirbt sich mit dem Talent als Arbeitsvermögen oder Humankapital schließlich Talente im Sinne von Geldvermögen und Finanzkapital. Talent bedeutet nämlich nicht nur Anlage und Begabung, sondern im Altgriechischen auch „Gewichts- und Geldeinheit".[115]

Vermögen als Talent zu definieren hilft auch, den Vermögensbegriff weiter zu fassen und darunter nicht nur Geld- und Sachvermögen zu verstehen, sondern auch Arbeitsvermögen und Humankapital. Die kategoriale Vermögensverteilung lässt sich somit in Sach-, Geld- und Reinvermögen differenzieren. Und diese unterschiedlichen Vermögensarten bedingen ihrerseits wieder unterschiedliche Einkommensarten und Einkunftsmöglichkeiten und diese wiederum sind ihrerseits Voraussetzung und Basis für die Vermögensbildung. Vermögen schafft Einkommen und Einkommen bildet Vermögen (Abbildung 2.15).

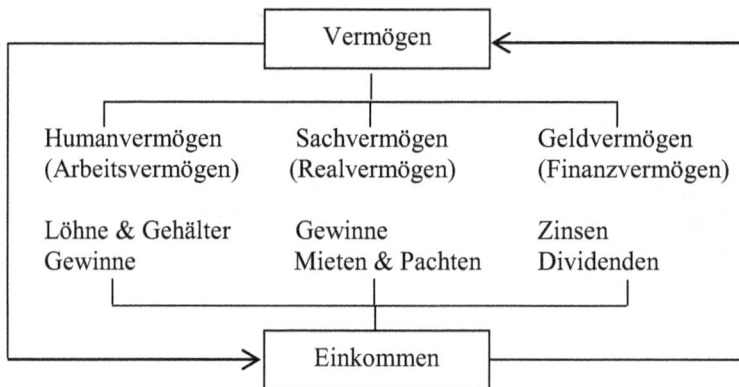

Abbildung 2.15: Einkommen und Vermögen [Quelle: In Anlehnung an Mussel, Volkswirtschaftslehre, 2002, S. 157]

Arbeitsvermögen: Die ursprünglichste Art Vermögen zu schaffen, ist das Arbeitsvermögen – gespeist aus der Fähigkeit (Können und Talent) und der Bereitschaft (Wollen und Handeln). Mit diesem Arbeitsvermögen oder Humankapital können Löhne und Gehälter sowie Gewinne erwirtschaftet werden, die Basis für den Aufbau eines Vermögens sind.

Sachvermögen: Der Besitz von Sachvermögen wie Grundstücken, Gebäuden und Maschinen lässt ebenfalls eine Verzinsung und Rendite erwarten. Man erhält Mieten und Pachten und erzielt Gewinne.

Geldvermögen: Der Besitz von Geldvermögen und Finanzkapital erbringt Zinsen bei der Geldanlage, Kursgewinne und Dividenden.

---

[115] Im Übrigen lässt sich interessanterweise von diesem Vermögensbegriff auch das Bilanzvermögen herleiten. Denn auch hier kommt der Begriff der Anlage zum Tragen, wenn man nämlich von Anlagevermögen spricht.

8.4.3   Vermögenspolitik

Unter der Annahme, dass Vermögen als etwas Positives gesehen wird – und wenn Sinn der Wirtschaft und der Politik die Mehrung des Wohlstandes von Menschen und Nationen ist –, kann man es als folgerichtig betrachten, dass der Staat die Vermögensbildung der Menschen unterstützt und fördert.

Vermögenspolitik:
- Anreize, Vermögen zu schaffen.
- Umverteilung von Vermögen.

Umstrittener ist sicherlich das Umverteilungsziel einer gleichmäßigeren Vermögens- und vor allem auch Einkommensverteilung, wird doch eine starke Ungleichverteilung der Einkommen auch mit der Ungleichheit der Vermögensverteilung begründet. Diese Begründung ist richtig; doch ob die Zielsetzung einer stärkeren Nivellierung von Einkommen und Vermögen richtig ist, muss jede Gesellschaft immer wieder neu justieren.

Wie geschieht nun Vermögensbildung und welches sind die entsprechenden politischen Instrumente und Maßnahmen? Beispielhaft sind einige vermögenspolitische Maßnahmen aufgeführt:

Vermögenspolitische Maßnahmen:
- Staatliche Umverteilung durch Vermögens- und Erbschaftssteuern.
- Erhebung von Luxussteuern.
- Einkommensteuergestaltung durch Steuerfreibeträge und progressive Einkommensbesteuerung.
- Förderung des Wohnungsbaus.

---

a)   Staatliche Umverteilung durch Vermögens- und Erbschaftssteuern

Vermögende werden insbesondere durch Vermögens- und Erbschaftssteuern (Substanzsteuern) belastet, wobei die Einnahmen dem allgemeinen Staatshaushalt zufließen. Diese Steuerarten sind in den EU-Ländern unterschiedlich geregelt. Deutschland beispielsweise erhebt nach dem Bundesverfassungsgerichtsverbot keine Vermögenssteuer.

Exkurs Gerechtigkeitsfrage: Wenn wir an dieser Stelle einen Einschub zur Gerechtigkeitsfrage machen, lässt sich sehen, worin die Problematik zum Beispiel einer Besteuerung von Vermögen liegt. Auf der einen Seite ist es verständlich, wenn sich arbeitende und mühende Menschen im Vergleich zu anderen benachteiligt sehen, die durch eine Erbschaft oder großen Vermögensbesitz leicht und sorglos leben. Auf der anderen Seite wird argumentiert, dass auch dieses Vermögen zuvor erarbeitet worden sein musste – zum Beispiel ein Haus, das die Eltern gebaut haben und nun ihren Kindern vererben – und damals schon besteuert wurde, als nämlich das Gehaltseinkommen besteuert wurde, mit dem das Haus gebaut wurde. Der Gesetzgeber versucht den beiden Positionen gerecht zu werden, indem beispielsweise Freibeträge eingeräumt werden, um das ererbte Häuschen nicht wegen einer zu hohen Steuerzahlung „verscherbeln" zu müssen.

Schließlich wird es unter Gerechtigkeitsgesichtspunkten auch eine Rolle spielen, ob jemand Vermögen aufgrund von Arbeit, Mut und Leistungsbereitschaft erwirbt oder aufgrund von Glück, Spekulation und „Dusel". Wenn ein Grundstück zu einem Preis von 100.000 Euro vererbt wird, was die Eltern zuvor für 100.000 Euro aus ihrem Erwerbseinkommen finanziert und gekauft haben, und keine Steuer anfällt, ist das in Ordnung. Wenn jemand ein Grundstück erhält, das früher 100.000 Euro gekostet hat und nun aber nach Baulanderschließung das Fünffache wert ist, wird die Allgemeinheit auf diesen Vermögenszuwachs aufgrund von Glück, Schicksal oder Spekulation sicherlich neidischer sein als im anderen Fall.

Dass die Rolle des Staates bei der Besteuerung von Vermögen kritisch gesehen wird, zeigt allein die Diskussion um die Vermögenssteuer, die in Deutschland mit Beschluss des Bundesverfassungsgerichts als eine nicht zulässige Doppelbesteuerung abgelehnt wurde, heutzutage aber im Zeichen von Verteilungskämpfen wieder auf dem politischen Forderungskatalog steht.

b) Erhebung von Luxussteuern

Manche Staaten der Europäischen Union erheben Luxussteuern, die nichts anderes darstellen, als eine höhere Mehrwertsteuer auf Luxusgüter wie beispielsweise Schmuck und Zweitwohnungen.

c) Einkommensteuergestaltung durch Steuerfreibeträge und progressive Einkommensteuer

Die Vermögensförderung beziehungsweise -umverteilung kann schließlich über das Einkommensteuersystem erfolgen. Wenn Geringverdiener Steuerfreibeträge geltend machen können, vermindert das ihre Steuerzahlung. Wenn Besserverdienende durch den progressiven Steuertarif überproportional mehr belastet werden, erhöht das ihre Steuerzahlungen.

d) Förderung des Wohnungsbaus

Eine beliebte Vermögensförderung stellt die staatliche Wohnbauförderung dar. Hier sind unterschiedliche Möglichkeiten der Förderung denkbar und realisiert. Eine Förderung kann erfolgen über:

- Zinsgünstige staatliche Darlehen für den Wohnungsbau (zum Beispiel KfW-Kredite)[116]
- Die Zuteilung von Arbeitnehmersparzulagen oder Bausparprämien, wenn Bausparverträge abgeschlossen werden.

---

[116] KfW steht für „Kreditanstalt für Wiederaufbau".

Schaut man sich abschließend die Entwicklung des Geldvermögens in Deutschland an, so ist festzustellen, dass zum einen die Vermögen enorm zugenommen haben und zum anderen, dass Deutschland im Gesamten ein sehr vermögendes Land ist. Im Jahr 1991 betrug das Geldvermögen aller privaten Haushalte in Deutschland 1.926 Mrd. Euro; in 2010 hat das Vermögen mit 4.933 Mrd. Euro bald die 5-Billionen-Grenze erreicht.

Vermögen und Schulden der privaten Haushalte in Deutschland (Stand 2010)	
Geldvermögen	4.933 Mrd. Euro
Schulden	1.536 Mrd. Euro

Nicht zu verschweigen sind allerdings auch die Schulden. Doch diese sind mit 1.536 Mrd. Euro (2010) weitaus geringer als die Vermögen.

9 Staatseinnahmen und Staatsausgaben

Werden wirtschaftspolitische Themen diskutiert – man denke an Eliteuniversitäten, Kindertagesstätten und Straßenbau – dominieren neben ideologischen Befindlichkeiten finanzielle Aspekte die Diskussion: Wofür wird Geld bereitgestellt? Wie viel soll ausgegeben werden und woher bekommt der Staat „sein" Geld?

9.1 Definition von Finanz- und Fiskalpolitik

Während die bisherigen Wirtschaftsthemen inhaltlich ausgerichtet waren, also wichtige wirtschaftspolitische Ziele wie Beschäftigung, Wachstum, Preisstabilität, außenwirtschaftliches Gleichgewicht, Umweltschutz und Verteilungsgerechtigkeit behandelten, hat die Finanzpolitik instrumentalen Charakter. Finanzpolitik soll im Dienst der oben genannten Ziele stehen. „Stellschrauben" der Finanzpolitik sind die Einnahmen und Ausgaben des Staates. Insofern kann die Finanzpolitik als Einnahmen- und Ausgabenpolitik des Staates definiert werden.

Finanzpolitik: Einnahmen- und Ausgabenpolitik des Staates

Der Staat nimmt Geld ein und der Staat gibt Geld aus. Wie viel und von wem der Staat auf der einen Seite einnimmt und wie viel und für was der Staat auf der anderen Seite ausgibt, wird noch zu klären sein. Doch zuerst soll die Definition von Finanzpolitik als Einnahmen- und Ausgabenpolitik genauer erläutert werden und dabei auch der Begriff der Fiskalpolitik miteinbezogen werden.

Finanzpolitik: Finanzpolitik im klassischen Sinne bedeutet Einnahmen- und Ausgabenpolitik des Staates, die allein dem Zwecke des Budgetausgleichs dienen soll. Eine solche Finanzpolitik ohne Berücksichtigung volkswirtschaftlicher Wirkungen ist als kassenorientierte und buchhalterische Angelegenheit zu verstehen. Der Finanzminister fungiert als Kassenwart des Staates.

Finanzpolitik (klassische Sichtweise):
> ➤ Einnahmen- und Ausgabenpolitik des Staates zum Zwecke des Budgetausgleichs; ohne Berücksichtigung volkswirtschaftlicher Wirkungen (kassenorientiert, buchhalterisch).

Fiskalpolitik: Geht man jedoch von der Annahme aus, dass die Finanzpolitik keinen Selbstzweck erfüllt, kann sie auch als Instrument der allgemeinen Wirtschaftspolitik interpretiert werden. Finanzpolitik in diesem Sinne steht dann im Dienste der Konjunktursteuerung und somit der Wachstums- und Beschäftigungsförderung.

Bekannte Beispiele finanzpolitischer Maßnahmen dürften kreditfinanzierte Konjunkturpakete („deficit spending") sein, worunter man die Konjunkturankurbelung – beziehungsweise zumindest der Versuch dazu – durch eine höhere Staatsverschuldung versteht. Und da diese konjunkturstabilisierenden Eingriffe vor allem auf keynsianisches Gedankengut zurückgehen, wird diese Art von Finanzpolitik auch als keynsianisch orientierte Finanzpolitik charakterisiert. In Abgrenzung zur klassischen und „alten" kassenorientierten Definition von Finanzpolitik, nennt sich die moderne keynsianische Finanzpolitik auch Fiskalpolitik (fiscal policy).

Fiskalpolitik (keynsianische Sichtweise):

➢ Konjunktursteuerung bzw. Wachstums- und Beschäftigungsförderung durch fiskalpolitische Maßnahmen (z. B. Konjunkturprogramme).

Zielsetzungen der Finanzpolitik:

Die Zielsetzungen der Finanzpolitik sind im Grunde genommen identisch mit den Zielsetzungen der Wirtschaftspolitik im Allgemeinen. Mit Ausnahme der Ordnungspolitik und der Wettbewerbspolitik, wo es primär nicht um finanzielle Fragen geht, sind alle anderen wirtschaftspolitischen Ziele von finanziellen Gegebenheiten abhängig und insofern zumindest mittelbar finanzpolitische Ziele.

Zielsetzungen der Finanzpolitik:

• Konjunkturpolitik: Wachstum und Beschäftigung.

• Strukturpolitische Ziele wie die Förderung von Schlüsselindustrien oder von strukturschwachen Regionen.

• Der Ausbau der Infrastruktur wie Verkehrs- und Wohnungsbau.

• Die Förderung von Bildung und Forschung.

• Verteilungspolitische Ziele wie die Sicherung des Existenzminimums.

Ablaufpolitik: Zu den finanzpolitischen Zielen gehören die Steuerung von Konjunktur und Wachstum und verbunden damit der Beschäftigung. So könnte beispielsweise eine Steuersenkung die Konsumbereitschaft der Arbeitnehmer und die Investitionsbereitschaft der Unternehmen fördern und somit zu mehr Wachstum und eventuell auch zu mehr Beschäftigung beitragen.

Strukturpolitik: Neben konjunkturpolitischen Zielsetzungen sind strukturpolitische Ziele wie die Förderung bestimmter Regionen (zum Beispiel Solidaritätszuschlag für Ostdeutschland) oder die Förderung bestimmter Branchen (zum Beispiel Subventionierung der Landwirtschaft) zu nennen.

Sozialpolitik: Ein wichtiges Gebiet der Finanzpolitik stellt schließlich die Umverteilungspolitik des Staates dar. Der Staat kassiert Steuern und Sozialversicherungsbeiträge und gibt diese in Form von Investitionen, Kindergeld und Renten wieder aus.

9.2 Ausgaben des Staates

Die Ausgaben des deutschen Staates beziehungsweise der öffentlichen Hand in Deutschland für öffentliche Güter und Transferleistungen liegen bei rund 1,2 Billion Euro; das sind 1.200 Milliarden Euro (Stand 2011).

Staatsausgaben:

> Ausgaben, die der öffentliche Sektor (Bund, Länder und Gemeinden sowie Zweckverbände, Sozialversicherung und Sondervermögen) zur Erfüllung seiner Aufgaben tätigt.

Diese Ausgaben der Gebietskörperschaften und der Sozialversicherungsträger umfassen öffentliche Güter, Sozialleistungen und Subventionen (Abbildung 2.16).

Ausgaben	Transferleistungen	Beispiel
Öffentliche Güter	alle Einkommensschichten	Verkehrsinfrastruktur wie Straßen, Schulen, Polizeistationen
	niedrige Einkommensschichten	Sozialstationen und Alters- oder Obdachlosenheime
	höhere Einkommensschichten:	Theater- und Opernhäuser, Bibliotheken
Sozialleistungen	reine Transfers	Sozialhilfe, Kindergeld, Leistungen nach dem BAföG
	Versicherungstransfers	Risikospezifische Transfers wie z. B. Arbeitslosengeld
Subventionen	Zahlungen des Staates an Unternehmen	Kohlepfennig, Agrarsubventionen, Stahl- und Werftindustrie
	Zahlungen des Staates an private Haushalte u. Unternehmen	Pendlerpauschale, Nacht- und Feiertagszuschläge

Abbildung 2.16: Ausgaben des Staates.

9.2.1 Öffentliche Güter

Allgemeinheit: Wie der Name „öffentliche Güter" aussagt, sind öffentliche Güter im Gegensatz zu den privaten Gütern solche Güter, die der Öffentlichkeit und der Allgemeinheit zur Verfügung stehen. Ob diese Güter kostenlos sind oder zumindest teilweise bezahlt werden müssen, ist ein anderes Thema. Typische öffentliche Güter sind Straßen, Schulen, Krankenhäuser, Schwimmbäder, Bibliotheken und Museen.[117] Finanziert werden diese der Öffentlichkeit zugänglichen Güter aus Steuermitteln.

---

[117] Zum Thema Marktversagen und öffentliche Güter siehe Band I, Kapitel 3.

Preisdifferenzierungen: Der Staat will zum einen öffentliche Güter möglichst vielen Bürgern zugänglich machen, zum anderen will er auch möglichst viele Einnahmenpotentiale erschließen. Durch Preisdifferenzierungen, wie zum Beispiel niedrigere Preise für Schüler und Studenten oder Rentner, oder durch Familienpässe und reguläre Preise für den Normalbürger will man beiden Zielsetzungen gerecht werden und diese Güter für alle Einkommensschichten zugänglich machen.[118]

Nutzung öffentlicher Güter in Abhängigkeit unterschiedlicher Einkommensschichten

Was die Nutzung öffentlicher Güter anbelangt, lassen sich öffentliche Güter nach der Nutzung durch unterschiedliche Einkommensschichten differenzieren. Dazu gehören Güter, die allen Einkommensschichten zur Verfügung stehen, Güter die für niedrige Einkommensschichten gedacht sind und solche Güter, die zwar für alle gedacht sind, aber eher von höheren Einkommensschichten genutzt werden.

Güter für alle Einkommensschichten:
- Verkehr: Straßen, Gehwege, Brücken, Eisenbahn, Busse
- Bildung: Kindergärten, Schulen, Hochschulen, DHBW[119]
- Gesundheit: Krankenhäuser
- Sicherheit: Polizei (innere Sicherheit) u. Bundeswehr (äußere Sicherheit)

Güter für niedrige Einkommensschichten:
- Sozialstationen
- Altersheime
- Obdachlosenheime

Güter, die meist von höheren Einkommensschichten genutzt werden:
- Theater- und Opernhäuser
- Bibliotheken
- Privatschulen und Internate

Abbildung 2.17: Güterklassifikation nach Einkommensschichten.

Inwiefern öffentliche Güter in Anspruch genommen werden, hängt zum einen vom Bedarf und zum anderen von den finanziellen Möglichkeiten ab. Die Nutzung eines Obdachlosenheims sollte nicht aus Mangel an finanziellen Mitteln scheitern, während der Besuch eines Opernhauses trotz Bezuschussung immer noch relativ viel Eintritt kostet, so dass dieses öffentliche Gut potentiell zwar allen zur Verfügung steht, tatsächlich aber nur denjenigen, die sich die Ballettdarbietung leisten können und wollen.

---

[118] Zum Thema Preisdifferenzierung vgl. auch Band I, Kapitel 12.

[119] Da die Studenten/Innen an der „Dualen Hochschule Baden-Württemberg" eine Vergütung ihres Unternehmens erhalten, spielt die Einkommenszugehörigkeit des Elternhauses eine weitaus geringere Rolle als dies beim Besuch einer anderen Hochschule oder Universität der Fall ist.

Dass nicht immer die finanziellen Möglichkeiten für eine Nutzung entscheidend sind, zeigt die Nutzungsrate der Universitäten. Trotz Leistungen nach dem Bundesausbildungsförderungsgesetz (BAföG) sind Niedrigeinkommensbezieher an den Hochschulen stark unterrepräsentiert. Während 49 Prozent aller 19- bis 24-jährigen in Deutschland aus einer niedrigen sozialen Herkunftsgruppe stammen, besuchen lediglich 11 Prozent eine Universität oder Fachhochschule. Aus der höheren sozialen Herkunftsgruppe besuchen 81 Prozent eine Hochschule, obwohl ihr nur 13 Prozent angehören.[120]

9.2.2 Sozialleistungen

Sozialleistungen, auch Sozialtransfers genannt, stellen Zahlungen des Staates an private Haushalte dar. Die Zahlungen erfolgen für bestimmte Zwecke wie beispielsweise die Unterstützung von Familien in Form von Kindergeld oder die Unterstützung von Arbeitslosen in Form von Arbeitslosengeld.

Sozialleistungen:
➤ Zahlungen (Transfers) des Staates an private Haushalte für bestimmte soziale Zwecke.

Die Sozialleistungen lassen sich in reine Transfers und in Versicherungstransfers unterscheiden:

Versicherungstransfers: Versicherungstransfers sind Zahlungen des Staates, die auf einer (Zwangs-)Mitgliedschaft bei Sozialversicherungträgern beruhen und aufgrund des eingetretenen Versicherungsfalles ausbezahlt werden. Dazu gehören Leistungen aus der Kranken-, Pflege-, Unfall-, Arbeitslosen- und Rentenversicherung. Die Rente oder das Arbeitslosengeld wären demnach ein typischer Versicherungstransfer.

Reine Transfers: Neben den Versicherungstransfers leistet der Staat auch Unterstützungen, die unabhängig von einer Mitgliedschaft bei einer Sozialversicherung sind, und dann bezahlt werden, wenn die entsprechende Anspruchssituation eintritt. Dazu gehören die Sozialhilfe und das Arbeitslosengeld II, um ein Existenzminimum zu gewährleisten, wenn andere Versicherungen nicht greifen. Weitere Beispiele für reine Transfers sind das Kindergeld und Leistungen nach dem Bundesausbildungsförderungsgesetz (BAföG).

9.2.3 Subventionen

Während Sozialleistungen Transferzahlungen des Staates an private Haushalte bedeuten, versteht man unter Subventionen im engeren Sinne Transferzahlungen des Staates an den Unternehmenssektor. Diese Zahlungen erfolgen ohne Gegenleistung der Unternehmen und werden vor allem Branchen gewährt, die am Markt Probleme haben wie der Bergbau oder die Landwirtschaft.

---

[120] Vgl. www.Studentenwerk.de/se/2004/Kurzfassung.

Zu diesen Transferzahlungen des Staates an Unternehmen können auch spezielle Transferzahlungen an private Haushalte wie die Pendlerpauschale oder Nacht- und Feiertagszuschläge für den Arbeitnehmer dazugerechnet werden. Dann würde man von Subventionen im weiteren Sinne sprechen.

Subventionen im engeren Sinn:

➢ Transferzahlungen des Staates an Unternehmen ohne marktliche Gegenleistung

- Landwirtschaft und Bergbau
- Stahl- und Werftindustrie

Subventionen im weiteren Sinne:

➢ Alle Transferzahlungen des Staates an Unternehmen sowie an die privaten Haushalte, die neben den Sozialtransfers gewährt werden.

- Pendlerpauschale
- Nacht- und Feiertagszuschläge

Subventionen sind zu Zeiten „klammer" öffentlicher Kassen immer wieder in der Diskussion. Wenn nämlich Einsparungen beim Staat diskutiert werden, stehen regelmäßig die zu hohen Subventionen im Mittelpunkt. Bekannte Subventionen sind der Sparerfreibetrag für Kapitaleinkünfte, die Pendlerpauschale als von der Steuer absetzbare Entfernungskosten sowie nicht zu versteuernde Gehaltszuschläge für Sonn-, Feiertags- und Nachtarbeit. Hinzu kommen die Umsatzsteuerbefreiung ärztlicher Leistungen und sozialer Einrichtungen sowie Steuerbegünstigungen für Strom.

Das Volumen sämtlicher Subventionen soll sich bei uns in Deutschland nach Berechnungen des Instituts für Weltwirtschaft (IfW) in Kiel auf 163,6 Milliarden Euro (Stand 2010) belaufen. Der Bund listet 61 Finanzhilfen und 102 Steuervergünstigungen auf, kalkuliert das Subventionsvolumen jedoch mit rund 60 Milliarden Euro deutlich niedriger ein; das liegt daran, dass die Bundesregierung manche Posten wie zum Beispiel den reduzierten Mehrwertsteuersatz oder die Pendlerpauschale nicht zu den Subventionen rechnet – also eine Sache der Definition.[121]

Subventionen werden vom Staat nicht einfach so vergeben, sondern dahinter stehen unterschiedliche Interessen und Funktionen wie die Steuerungsfunktion (Solarstrom und Einspeisevergütung), die Kompensationsfunktion (Pendlerpauschale), die Rettungsfunktion (Unterstützung maroder Banken) und eventuell die Geschenkfunktion.

---

[121] Institut für Weltwirtschaft (IfW) in Kiel und Subventionsbericht der Bundesregierung.

9.2.4   Staatsausgaben nach Ressorts

Staatsausgaben lassen sich nicht nur volkswirtschaftlich nach den Kriterien öffentlicher Güter, Sozialleistungen und Subventionen klassifizieren, sondern auch nach
Aufgabenbereichen der öffentlichen Verwaltung (Abbildung 2.18).

Bundeshaushalt 2012 (Entwurf)	**gesamt 306 Mrd. Euro** davon:
Arbeit und Soziales	126,6 Mrd. €
Bundesschuld	40,0
Verteidigung	31,7
Verkehr, Bau	25,3
Gesundheit	14,5
Bildung, Forschung	12,8
Allg. Finanzverwaltung	12,6
Familie, Jugend	6,5
Entwicklungshilfe	6,3
Wirtschaft	6,2
Inneres	5,5
Verbraucher, Agrar	5,3
Finanzen	4,6
Auswärtiges Amt	3,3
Umwelt	1,6
Sonstiges	3,2

Abbildung 2.18: Der Bundeshaushalt. [Quelle: Bundesministerium für Finanzen]

Bundeshaushalt: Schauen wir uns den Bundeshaushalt an. Für das Jahr 2012 sind
insgesamt 306 Milliarden Euro vorgesehen. An erster Stelle steht, was die Höhe
der Ausgaben anbelangt, das Ressort Arbeit und Soziales mit 126,6 Milliarden
Euro. Die größten Brocken in diesem Ressort bilden die Leistungen an die Rentenversicherung und die Ausgaben für das Arbeitslosengeld II.

An zweiter Stelle der Ressorts folgt mit einer Ausgabenhöhe von 40,0 Milliarden
Euro die Bundesschuld. Ebenfalls recht hoch veranschlagt sind die Ressorts Ver-
teidigung sowie Verkehr und Bau.

9.3   Einnahmen des Staates

Um wirtschaftspolitisch agieren zu können, braucht der Staat Geld. An Einnahmequellen stehen der öffentlichen Hand, also den Gebietskörperschaften wie Bund,
Länder und Gemeinden sowie den Sozialträgern wie Rentenanstalt oder Krankenversicherungen, verschiedene Einnahmequellen zur Verfügung: Steuern, Sozialversicherungsbeiträge, sonstige Beiträge und Gebühren, Kreditaufnahme, Erwerbseinkommen und sonstige Einnahmen (Abbildung 2.19).

Neben diesen klassischen Einnahmen, sind noch die Zuweisungen zu erwähnen,
die von einem Hoheitsträger zum anderen fließen, zum Beispiel von der EU zum

Bund. Ein anderes Beispiel wäre die Unterstützung der ostdeutschen Länder im
Rahmen des Solidarpakts II (156,5 Milliarden Euro von 2005 bis 2019).

Einnahmen	Definition	Beispiele
Steuern	Zwangsabgaben ohne Anspruch auf Gegenleistung (Non-Affektations- oder Gesamtdeckungsprinzip).	z. B. Mehrwertsteuer oder Lohnsteuer
Sozialversicherungsbeiträge	Zwangsabgaben, die zwar zweckgebunden für die Finanzierung der sozialen Sicherung, aber unabhängig von einer tatsächlichen individuellen Inanspruchnahme der sozialen Leistung sind.	z. B. Beiträge zur Arbeitslosenversicherung, Kranken- und Pflegeversicherung sowie Rentenversicherung.
Sonstige Beiträge und Gebühren	Beiträge: Zwangsabgaben, unabhängig vom Nutzen der staatlichen Leistung. Gebühren: Zwangsabgaben mit Inanspruchnahme einer staatlichen Leistung.	z. B. Anliegerbeiträge oder Fremdenverkehrsabgaben z. B. Müllgebühren oder Gerichtsgebühren
Kreditaufnahme	Neuverschuldung des Staates (haushaltsrechtlich laufende Einnahmen).	Nettokreditaufnahme (Bruttoneuverschuldung minus Tilgung)
Erwerbseinkommen	Einkünfte durch staatliche Unternehmen.	z. B. Verkehrs- und Versorgungsbetriebe (Fährbetrieb Bodensee)
Sonstige Einnahmen	Spezielle Einnahmen, die dem Staatshaushalt zuzuführen sind.	Münzeinnahmen, Strafgelder, Bundesbankgewinne, Privatisierungserlöse

Abbildung 2.19: Einnahmen des Staates.

Eine staatliche Um- und Querverteilung ist auch die des Länderfinanzausgleichs.
Die meisten Bundesländer erhalten Geld und einige wenige Bundesländer geben
Geld – vor allem Bayern, Baden-Württemberg und Hessen.

9.4 Steuern

Steuern sind die wichtigste Einnahmequelle des Staates, um für uns Bürger in
(hoffentlich) nutzbringender Weise Aufgaben wie Straßenbau und Schuldienst
erledigen zu können.

Wie „aussagekräftig" Steuereinnahmen sind, sieht man am besten und unmittelbar
bei den Kommunen. Besitzt eine Gemeinde wirtschaftlich potente Unternehmen,
lassen sich quasi „Gehwege vergolden". Neckarwestheim mit seinem Kernkraft-
werk oder Wiesloch mit SAP sind durch das hohe Gewerbesteueraufkommen
finanziell gut gebettete Gemeinden. Insofern zeigen sprudelnde Steuereinnahmen
immer auch die wirtschaftliche Kraft eines Gemeinwesens.

Dass die Unternehmen aus ihrer Sicht Steuerzahlungen minimieren möchten, ist betriebswirtschaftlich nachvollziehbar und vernünftig. Gleichzeitig nimmt ein Unternehmen gerne auch gut ausgebaute Straßen und eine funktionierende Bürokratie in Anspruch, was sich ohne Steuereinnahmen nicht bewerkstelligen ließe. Die Erhebung und die Bezahlung von Steuern ist somit immer ein Ausloten des Zuwenig und des Zuviel.

9.4.1 Entwicklung der Steuereinnahmen

Betrachtet man Abbildung 2.20, stellt man nach einem Rückgang der Steuereinnahmen Anfang der 2000er Jahre seit 2003 wieder eine kontinuierliche Steigerung fest. Im Jahr 2007 wurde die 500-Milliarden-Grenze überschritten. Die Krisenjahre hinterließen schließlich auch hier ihre „Dellen"; doch zwischenzeitlich sprudeln die Steuerquellen wieder stärker und bewegen sich auf die 600-Milliarden-Grenze zu.

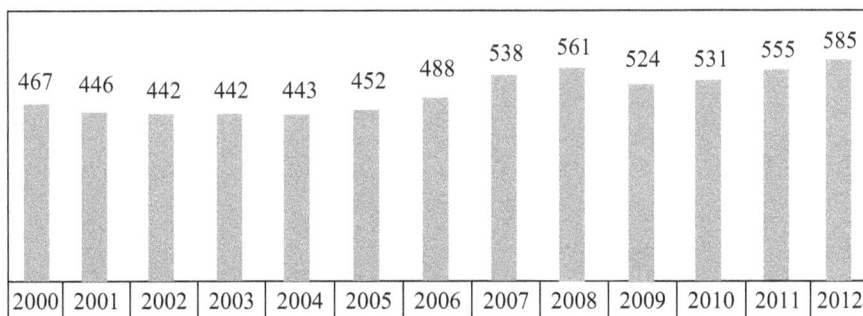

Abbildung 2.20: Steuereinnahmen (Werte auf- bzw. abgerundet!). [Quelle: Bundesministerium für Finanzen. AK Steuerschätzung]

Im Jahr 2010 wiesen die Steuereinnahmen ein Volumen von rund 530,6 Milliarden Euro auf. Dabei tragen einige wenige große und viele kleine Steuern zu diesem Aufkommen bei (Abbildung 2.21). Die beiden ergiebigsten Einzelsteuern sind die Umsatz- bzw. Mehrwertsteuer und die Lohnsteuer, gefolgt von der Energie-/Mineralöl- und der Gewerbesteuer.

Am unteren Ende der Aufkommensskala finden sich kleine und exotische Steuern wie die Totalisator[122]- und Rennwettsteuer sowie die Jagd- und Fischereisteuer. Im Verhältnis zu einem dreistelligen Milliardenvolumen erscheinen Steuereinnahmen von 10 Millionen Euro vernachlässigenswert; doch auch auf diese Beträge verzichtet der Staat nicht gerne und einmal eingeführte Steuern sind auch kaum wieder abzuschaffen.

---

[122] Unter einem Totalisator versteht man ein elektronisches Wettbüro.

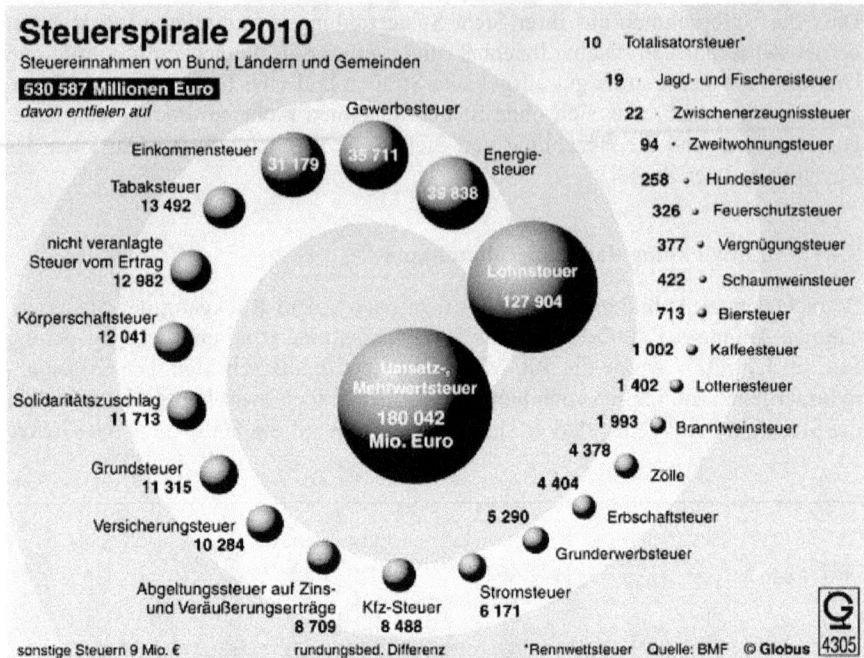

Steuerspirale 2010
Steuereinnahmen von Bund, Ländern und Gemeinden

530 587 Millionen Euro
davon entfielen auf

Einkommensteuer 31 179
Tabaksteuer 13 492
nicht veranlagte Steuer vom Ertrag 12 982
Körperschaftsteuer 12 041
Solidaritätszuschlag 11 713
Grundsteuer 11 315
Versicherungsteuer 10 284
Abgeltungssteuer auf Zins- und Veräußerungserträge 8 709
Kfz-Steuer 8 488
sonstige Steuern 9 Mio. €

Gewerbesteuer 35 711
Energiesteuer 39 838
Lohnsteuer 127 904
Umsatz-, Mehrwertsteuer 180 042 Mio. Euro
Stromsteuer 6 171

rundungsbed. Differenz

10 Totalisatorsteuer*
19 Jagd- und Fischereisteuer
22 Zwischenerzeugnissteuer
94 Zweitwohnungsteuer
258 Hundesteuer
326 Feuerschutzsteuer
377 Vergnügungsteuer
422 Schaumweinsteuer
713 Biersteuer
1 002 Kaffeesteuer
1 402 Lotteriesteuer
1 993 Branntweinsteuer
4 378
4 404 Zölle
5 290 Erbschaftsteuer
Grunderwerbsteuer

*Rennwettsteuer   Quelle: BMF   © Globus   4305

Abbildung 2.21: Steuerspirale 2010. [Quelle: Globus 4305, BMF]

Hoheitsträger: Die Steuereinnahmen fließen dem Staat zu. Der Staat selbst stellt sich als föderales Gebilde dar und lässt sich somit nach unterschiedlichen Hoheitsträgern klassifizieren. Hoheitsträger sind die Gebietskörperschaften Bund, Länder und Gemeinden sowie als Sonderfall die Kirche.

Gemeinschaftssteuern: Steuern lassen sich also danach unterscheiden, ob das Steueraufkommen dem Bund, den Ländern, den Gemeinden oder mehreren Gebietskörperschaften gemeinsam zufließt. Im letzteren Fall spricht man von Gemeinschaftssteuern. Dazu gehören unter anderem die Einkommensteuer und die Körperschaftsteuer. Per Umlage wird das Steueraufkommen an die einzelnen Gebietskörperschaften verteilt.

Gemeinschaftssteuern:
➢ Eine Steuer (z. B. die Einkommensteuer oder Mehrwertsteuer) fließt mehreren Gebietskörperschaften zu.

Neben diesen Gemeinschaftssteuern existieren die typischen Bundes-, Länder- und Gemeindesteuern. Während die Gewerbesteuer, die Grundsteuer und die Hundesteuer zu den Gemeindesteuern zählen, rechnet man die Vermögensteuer und die Biersteuer zu den Ländersteuern. Zu den Bundessteuern gehören die Mineralölsteuer, die Tabak- und Branntweinsteuer und der Soli.

Kirchensteuer: Ein Wort noch zu den Kirchen. Hoheitsträger der Kirchensteuer sind selbstredend die Kirchen. Ihnen steht die Ertragskompetenz zu, das heißt sie bekommen das Geld aus der Kirchensteuer. Organisatorisch wird die Kirchensteuer allerdings vom Staat, das heißt vom Finanzamt, direkt mit der Lohnsteuer eingezogen und dann an die Kirchen weitergeleitet.

9.4.2 Mehrwertsteuer

Größte Einzelsteuer und wichtigste Gemeinschaftsteuer ist die Mehrwertsteuer. Der Unternehmer verkauft ein Produkt inklusive Mehrwertsteuer. Diese Mehrwertsteuer hat der Unternehmer an das Finanzamt abzuführen. Letztlich bezahlt wird die Steuer allerdings von der Person, die das Produkt kauft, i. e. der Endverbraucher.

Mehrwertsteuer: Allgemeine Verbrauchsteuer[123]

> ➤ Indirekte Steuer auf den Konsum, die vom Verbraucher getragen wird und durch die Nicht-Identität von Steuerzahler und Steuerträger definiert wird.

Beispiel: Angenommen ein Fahrrad kostet 595 Euro. Dann ist dieser Preis üblicherweise inklusive Mehrwertsteuer angegeben. Das heißt, im Verkaufspreis von 595 Euro ist die Mehrwertsteuer von 95 Euro enthalten. Ohne Mehrwertsteuer würde das Fahrrad lediglich 500 Euro kosten (595/1,19 = 500). Bei Rechnungen muss die Mehrwertsteuer separat ausgewiesen werden.

Höhe und Entwicklung des Mehrwertsteuersatzes:

Wenn dem Staat Steuereinnahmen fehlen, besteht oft der Anreiz, die Mehrwertsteuer zu erhöhen. Eine Mehrwertsteuererhöhung hat den „Vorteil", dass diese nicht gleich „weh tut", da das Nettoeinkommen gleich bleibt. Die Kosten dieser Steuer merkt man erst dann, wenn man zum Einkaufen geht und feststellen muss, dass Waren und Dienstleistungen teurer geworden sind.

Die Mehrwertsteuer beträgt in Deutschland 19 Prozent auf den Verkaufspreis; vor rund 40 Jahren betrug der Satz noch 10 Prozent. Der ermäßigte Steuersatz für Konsumgüter des täglichen Bedarfs wie Lebensmittel und für Bücher liegt seit seiner Einführung unverändert bei 7 Prozent[124] (Abbildung 2.22).

---

[123] Hinweis zum Begriff der Mehrwertsteuer und der Umsatzsteuer: Die deutsche Mehrwertsteuer ist eigentlich eine Umsatzsteuer, genauer eine Allphasen-Nettoumsatzsteuer, die dem Mehrwertsteuerkonzept angenähert ist, ursprünglich Mehrwertsteuer genannt wurde und im Alltagsgebrauch immer noch so genannt wird.

[124] Im Jahr 2010 wurde der Mehrwertsteuersatz für Übernachtungen in Hotels, Pensionen oder Gasthöfen auf 7 Prozent gesenkt. Für das Frühstück sind weiterhin 19 Prozent zu bezahlen.

Entwicklung der Mehrwertsteuersätze in Deutschland

| 10 % | 11 % | 12 % | 13 % | 14 % | 15 % | 16 % | 19 % |

Ermäßigter Satz 7 %

| 1968 | 1978 '79 | 1983 | 1993 | 1998 | 2007 | 2011 |

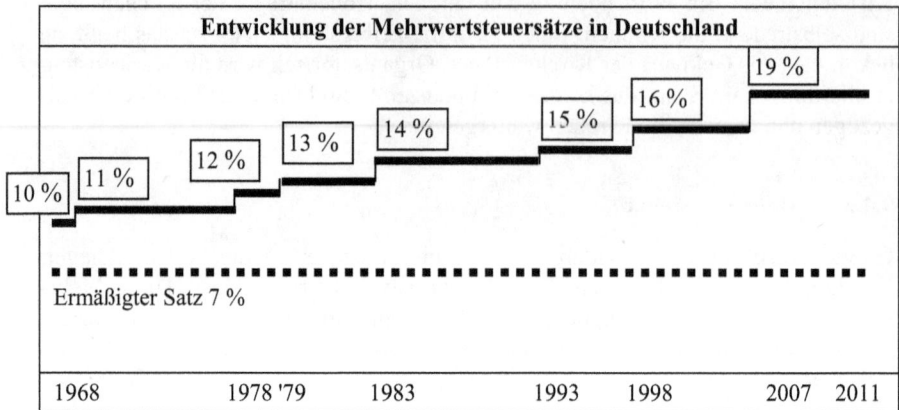

Abbildung 2.22: Entwicklung des Mehrwertsteuersatzes in Deutschland.
[Quelle: Bundesministerium für Finanzen]

Inwiefern der Mehrwertsteuersatz in Deutschland als niedrig oder hoch einzuschätzen ist, zeigt der Vergleich mit den Sätzen in den anderen europäischen Ländern (Abbildung 2.23).

Mehrwertsteuer (Normalsatz) in der EU (Stand 2010)	
Dänemark	25
Schweden	25
Ungarn	25
Rumänien	24
Finnland	23
Griechenland	23
Polen	22
Belgien	21
Irland	21
Lettland	21
Litauen	21
Portugal	21
Bulgarien	20
Estland	20
Italien	20
Österreich	20
Slowenien	20
Tschechien	20
Frankreich	19,6
Deutschland	19
Niederlande	19
Slowakei	19
Malta	18
Spanien	18
Großbritannien	17,5
Luxemburg	15
Zypern	15

Abb. 2.23: Mehrwertsteuersätze in Europa. [Quelle: OECD, EU-Kommission]

Mit 19 Prozent liegt Deutschland im europäischen Mittelfeld. Die Bandbreite reicht von 15 Prozent für Luxemburg und Zypern bis 25 Prozent für Dänemark, Schweden und Ungarn.

Schaut man auf Nicht-EU-Länder überraschen Japan und die Schweiz mit 5,0 und 7,6 Prozent. Die USA kennen die Mehrwertsteuer im unseren Sinne überhaupt nicht. Dort existiert eine Steuer, die „sales" genannt wird und 7 oder 9 Prozent betragen kann.

9.4.3   Einkommensteuer

Während man einer indirekten Steuer wie der Mehrwertsteuer, der Mineralölsteuer oder der Tabaksteuer zumindest teilweise entgehen kann, indem potentielle Einkäufe reduziert werden, der Benzinverbrauch verringert und das Rauchen eingeschränkt wird, ist eine direkte Steuer wie die Einkommensteuer nicht umgehbar.

Einkommensteuer:
- ➢   Steuer auf das Einkommen natürlicher Personen (die Steuer auf das Einkommen juristischer Personen nennt sich Körperschaftsteuer).

Einkommensteuer als direkte Steuer:
- ➢   Der Arbeitende und Einkommensbezieher (Steuerträger) hat auch selbst die Steuer zu bezahlen (Steuerzahler).

Man müsste schon nicht arbeiten und ohne Verdienst bleiben, oder dem Finanzamt selbstständige Einkünften illegal vorenthalten, um keine Einkommensteuer bezahlen zu müssen.

9.4.3.1   Zielsetzungen der Einkommensteuer

In der theoretischen Analyse existieren unterschiedliche Konzepte der Gestaltung der Einkommensteuer. Dabei soll im Folgenden die Einkommensteuer vereinfacht der Lohnsteuer der Arbeitnehmer entsprechen.

Die Einkommensteuer besteuert den Faktor Arbeit. Zwei gegensätzliche Zielsetzungen sind zu verwirklichen. Die Besteuerung darf nicht so weit gehen, dass Arbeit „keinen Spaß mehr macht", sich nicht mehr rentiert und offizielle Arbeit vermieden wird. Die Einkommensteuer darf also das Leistungsvermögen von Menschen und damit der ganzen Wirtschaft nicht beeinträchtigen.

Zum anderen gilt der Grundsatz, dass starke Schultern auch mehr tragen können. Leistungsfähige und leistungsbereite Menschen, die ein hohes Einkommen erwirtschaften, müssten auch mehr Steuern tragen können – und zwar sowohl absolut als auch prozentual!

Insofern bedeutet die Gestaltung der Einkommensteuer ein Austarieren von Effizienz- und Leistungsaspekten auf der einen Seite und Umverteilungs- und Gerechtigkeitsaspekten auf der anderen Seite.

Zielsetzungen der Einkommensbesteuerung:

- Möglichst _wenig_ Steuern erheben, so dass die Leistungsbereitschaft der Arbeitenden und Verdienenden nicht beeinträchtigt wird.

- Möglichst _viel_ Steuern erheben, so dass unser Gemeinwesen – also Schulen, Straßen und Bibliotheken – finanziert werden kann.

Wie sieht nun ein optimales Einkommensteuersystem aus, das möglichst einfach ist, einen so niedrigen Steuersatz aufweist, dass die Leistungsbereitschaft der Menschen nicht überstrapaziert, ja besser noch gefördert wird, und gleichzeitig einen so hohen Steuersatz hat, dass der Staat, also das Gemeinwesen genug Steuern bekommt, um Straßen, Schulen und Bibliotheken bauen zu können?

9.4.3.2 Vor- und Nachteile verschiedener Einkommensteuermodelle

Sowohl in der wirtschaftspolitischen Praxis als auch in der Theorie sind unterschiedliche Einkommensteuermodelle vorzufinden, die ihre jeweiligen Vor- und Nachteile haben. Vier dieser Modelle werden vorgestellt.

Modellannahmen:

Für die unterschiedlichen Einkommensteuermodelle sind folgende Variablen vorgesehen:

- Bruttoeinkommen[125] (Einkommen vor der Besteuerung): Y_b
- Nettoeinkommen (Einkommen nach der Besteuerung): Y_n
- Einkommensteuersatz (Steuersatz auf das Bruttoeinkommen): t

x-Achse: Auf der x-Achse wird das Bruttoeinkommen eingetragen. Wir gehen von einem Maximaleinkommen von 50.000 Euro aus.

y-Achse: Auf der y-Achse wird das Nettoeinkommen eingetragen.

Diagonale: Die Diagonale vom Nullpunkt (0/0) zum Koordinatenpunkt (50.000/50.000) bedeutet, dass überhaupt keine Steuer erhoben wird. Das Nettoeinkommen entspricht dem Bruttoeinkommen.

Die Zahlenangaben in den Schaubildern sind in Tausend Euro!

---

[125] Unter Bruttoeinkommen ist im Rahmen dieser Steuermodellanalyse das zu versteuernde Einkommen gemeint. Bruttoeinkommen und zu versteuerndes Einkommen werden also synonym verwendet!

Y_n
50

$$Y_n = Y_b$$

Y_b
50

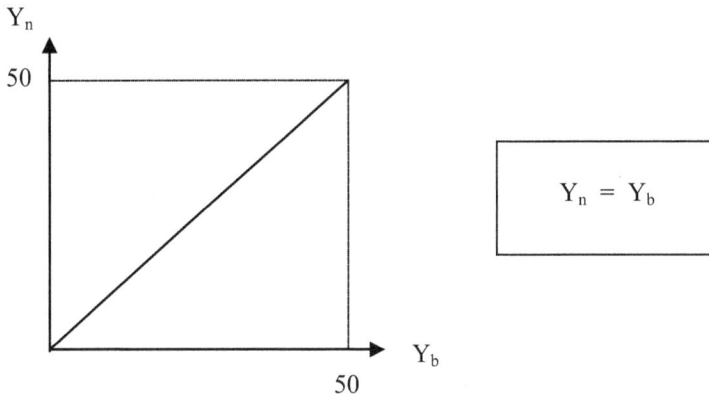

Unterschiedliche Besteuerungsmöglichkeiten:

Das Bruttoeinkommen zu besteuern, kann auf unterschiedliche Weise erfolgen:

a) Einkommensteuer von 40 Prozent ab einem Einkommen von 0 Euro.
b) Einkommensteuer von 40 Prozent ab einem Einkommen von 10.000 Euro
c) Einkommensteuer von 40 Prozent mit einem Freibetrag von 10.000 Euro.
d) Einkommensteuer von 40 Prozent auf das Einkommen minus 5.000 Euro.

Allen vier Modellen ist gemeinsam, dass ein einheitlicher konstanter Steuersatz von 40 Prozent gilt. Der Unterschied der Modelle liegen darin, dass die Steuer bei einem unterschiedlichen Einkommen ansetzt.

Hinweis: Die zu bezahlende Steuer ergibt sich grafisch als senkrechte Differenz zwischen der Diagonalen (Brutto- gleich Nettoeinkommen) und der Nettoein-kommensfunktion.

a) Einkommensteuer in Höhe von 40 Prozent ab einem Einkommen von 0

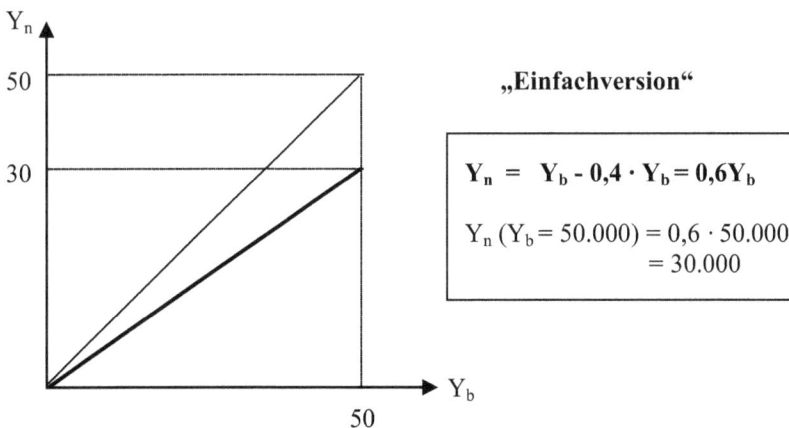

Y_n
50

30

„Einfachversion"

$$Y_n = Y_b - 0{,}4 \cdot Y_b = 0{,}6Y_b$$

$$Y_n (Y_b = 50.000) = 0{,}6 \cdot 50.000 = 30.000$$

Y_b
50

b) Einkommensteuer von 40 Prozent ab einem Einkommen von 10.000 Euro

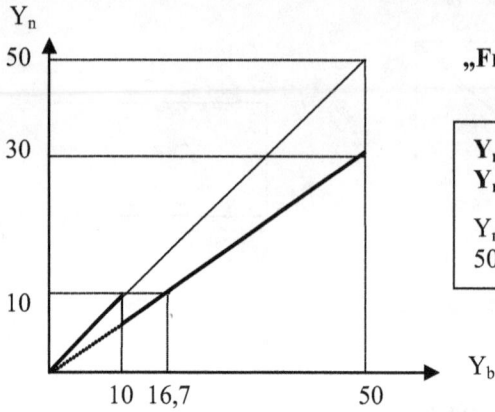

„Freigrenze und Armutsfalle"

$Y_n = Y_b$ (bis 10.000)
$Y_n = Y_b - 0,4 Y_b$ (ab 10.000)

$Y_n (Y_b = 50.000) =$
$50.000 - 0,4 \cdot 50.000 = 30.000$

c) Einkommensteuer von 40 Prozent mit einem Freibetrag von 10.000 Euro

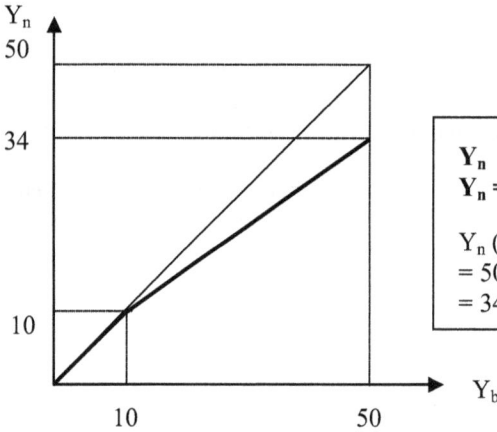

„Existenzminimum"

$Y_n = Y_b (Y_b < 10.000)$
$Y_n = Y_b - (Y_b - 10.000) \cdot 0,4$

$Y_n (Y_b = 50.000)$
$= 50.000 - (50.000 - 10.000) \cdot 0,4$
$= 34.000$

d) Einkommensteuer von 40 Prozent auf das Einkommen minus 5.000 Euro

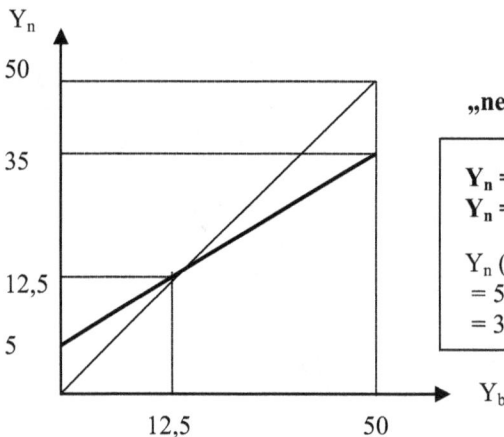

„negative Einkommensteuer"

$Y_n = Y_b - (0,4 \, Y_b - 5.000)$
$Y_n = 0,6 \, Y_b + 5.000$

$Y_n (Y_b = 50.000)$
$= 50.000 - (0,4 \cdot 50.000 - 5.000)$
$= 35.000$

Erläuterungen zu den einzelnen Modellen:

Modell A: „Einfachversion"

Modell A ist das einfachste Steuermodell. Ab dem ersten Euro wird bis zum Höchstbetrag von 50.000 Euro das Bruttoeinkommen mit konstant 40 Prozent besteuert. Die Steuerschuld beträgt beispielsweise beim Höchsteinkommen von 50.000 Euro 40 % auf 50.000 gleich 20.000 Euro. Das Nettoeinkommen ergibt sich als 50.000 Euro Bruttoeinkommen minus 20.000 Euro Steuerschuld gleich 30.000 Euro Nettoeinkommen.

Als problematisch könnte in diesem Modell die Besteuerung von sehr niedrigen Einkommen angesehen werden. Geht man nämlich davon aus, dass ein Existenzminimum gewährleistet werden sollte, stellt sich die Frage, ob Einkommen unter diesem Existenzminimum besteuert werden sollen. Modell B gibt eine Antwort darauf.

Modell B: „Armutsfalle"

Modell B geht von einem Existenzminimum von 10.000 Euro aus und besteuert das Einkommen ab 10.000 Euro. Dies geschieht allerdings ohne Freibetrag, das heißt die Steuer von 40 Prozent wird ab 10.000 Euro auf den vollen Einkommensbetrag angerechnet (Freigrenze). Ab 10.000 Euro verläuft die Nettoeinkommensfunktion genau gleich wie im vorigen Fall, mit dem einzigen Unterschied, dass die ersten 10.000 Euro steuerfrei sind. Ein Bruttoeinkommen von 50.000 Euro ergibt somit ebenso ein Nettoeinkommen von 30.000 Euro. Und ein Einkommen von 10.000 Euro wird mit 40 Prozent, das sind 4.000 Euro, besteuert und ergibt ein Nettoeinkommen von 6.000 Euro.

Hier liegt nun aber auch das Problem und im wahrsten Sinne des Wortes der Knackpunkt dieses Modells. Bleibt jemand mit seinem Einkommen knapp unter der 10.000-Euro-Einkommensgrenze, ist man netto besser dran, als wenn man 10.000 Euro und etwas mehr verdient. Hier „schnappt" die so genannte Armutsfalle zu. Eine Erhöhung des Einkommens über die Grenze von 10.000 Euro führt zu einer Verringerung des Nettoeinkommens.

Will man den Bereich der Armutsfalle bestimmen, muss das Bruttoeinkommen, das abzüglich der 40 Prozent auf dieses Bruttoeinkommen 10.000 Euro Nettoeinkommen ergibt, bestimmen: $Y_b - 0{,}4\,Y_b = Y_n = 10.000 \Rightarrow Y_b = 16.666{,}66$ Euro.

Wenn das Einkommen zwischen 10.000 und 16.666,66 Euro liegt, erhält man netto weniger, als wenn der Verdienst 9.999,99 Euro beträgt. Arbeiten rentiert sich in Bezug auf das Nettoeinkommen erst dann wieder, wenn die Schwelle von 16.666,67 Euro Bruttoeinkommen überschritten wird. Um diesem Missstand und Systemfehler vorzubeugen, müsste ein Freibetrag eingeführt werden. Modell C verdeutlicht diesen Zusammenhang.

Modell C: „Existenzminimum"

Die Gemeinsamkeit von Modell B und C besteht darin, dass die Einkommen bis 10.000 Euro in beiden Modellen steuerfrei bleiben. Der wesentliche Unterschied zu Modell B liegt aber darin, dass in Modell C nur das zusätzliche Einkommen ab 10.000 Euro besteuert wird. Ein Bruttoeinkommen von beispielsweise 15.000 Euro wird besteuert wie ein Einkommen von 5.000 Euro (15.000 minus 10.000 Freibetrag), was eine Steuer von 2.000 Euro ergibt. Die Steuerschuld wird dann wieder vom ursprünglichen Bruttoeinkommen abgezogen. Ein besteuertes Bruttoeinkommen von 15.000 Euro ergibt somit ein Nettoeinkommen von 13.000 Euro (15.000 minus 2.000 gleich 13.000). Der Vorteil dieses Steuermodells liegt in der Umgehung der Armutsfalle.

Das Modell C repräsentiert im Übrigen auch prinzipiell das in Deutschland angewandte Steuermodell, abgesehen davon, dass die Freibeträge und Höchstbeträge sowie Steuersätze andere Werte aufweisen. Ein methodischer Unterschied besteht jedoch darin, dass in Deutschland ein progressives Steuersystem existiert, das höhere Einkommen überproportional besteuert. Doch dazu später.

Zuvor soll noch eine weitere interessante Alternative vorgestellt werden, die in der Wissenschaft und im politischen Umfeld immer wieder mal diskutiert wird, nämlich die negative Einkommensteuer.

Modell D: „Negative Einkommensteuer"

Modell D zeichnet sich dadurch aus, dass eine sogenannte Minussteuer oder negative Einkommensteuer eingeführt wird. Wenn also jemand sehr wenig verdient, bekommt man eine Steuer erstattet, statt eine Steuer bezahlen zu müssen. Rechnerisch funktioniert das so: Ausgehend vom Bruttoeinkommen wird eine Steuer von 40 Prozent erhoben. Von diesem Steuerbetrag werden dann 5.000 abgezogen. Das Nettoeinkommen erhält man, indem dieser Steuerbetrag, abzüglich der 5000 Euro, vom Bruttoeinkommen abgezogen wird. Ein Beispiel: Das Bruttoeinkommen beträgt 50.000 Euro. Die Steuerschuld ergibt bei 40 Prozent einen Betrag von 20.000 Euro. Von diesen 20.000 werden 5.000 abgezogen, so dass sich eine Steuerschuld von 15.000 ergibt. 50.000 minus 15.000 ergibt das Nettoeinkommen von 35.000.

Warum macht man sich diese Umstände? Interessant wird es bei einem Nulleinkommen beziehungsweise einem geringen Einkommen. Verdient jemand 10.000 Euro, wird eine Steuer von 40 Prozent gleich 4.000 Euro fällig. Von diesen 4.000 Euro werden 5.000 Euro abgezogen und das ergibt Minus 1.000 Euro. „Minus 1.000" bedeutet, dass hier keine Steuer zu bezahlen ist, sondern 1.000 Euro erstattet werden. Das Nettoeinkommen beträgt somit 11.000 Euro. Erhält jemand überhaupt kein Einkommen, kommt die höchste Steuererstattung zum Tragen, nämlich 5.000 Euro Abzugsbetrag beziehungsweise Steuergutschrift.

9.4.3.3 Die negative Einkommensteuer

Warum aber sollte man jemandem eine Steuergutschrift zugestehen, wenn überhaupt nicht oder nur wenig gearbeitet wird? Die Philosophie der negativen Einkommensteuer liegt in der Einbeziehung des Sozialversicherungssystems. In Deutschland, wie in vielen anderen Ländern, existieren das Steuer- und das Sozialversicherungssystem nebeneinander her. Ist jemand mittellos, wird Sozialhilfe oder Arbeitslosengeld II gewährt, wobei die Konzeption des Arbeitslosengeldes II zumindest eine Zusammenführung von allgemeiner Fürsorge und Arbeitslosenversicherung bedeutet. Mit dem Modell der negativen Einkommensteuer versucht man, aus beiden parallelen Systemen ein einziges System zu schaffen. Statt der angenommenen Sozialhilfe von 5.000 Euro gibt es eine Steuererstattung von 5.000 Euro. Die negative Einkommensteuer wäre also nichts anderes als eine über das Steuersystem finanzierte Sozialhilfe.[126]

Negative Einkommensteuer:

- Verwaltungsvereinfachung durch die Koordination von Steuer- und Sozialsystem.

- Sicherung eines Mindesteinkommens und Anreizsetzung zur Arbeitsaufnahme.

Niedriglohnbereich: Die negative Einkommensteuer empfiehlt sich insbesondere im Niedriglohnbereich. Das Finanzamt stockt niedrige Erwerbseinkommen einkommens- und kinderzahlabhängig auf. Je nachdem, ob der Verdienst unter oder über der Steuerfreigrenze liegt, werden die Zuschüsse direkt ausgezahlt oder von der Steuerschuld abgezogen. Ein weiterer Vorteil dieser Regelung besteht darin, dass die Leistungen des Finanzamts nicht den negativen Beigeschmack staatlicher Alimentierung aufweisen.[127]

Earned Income Tax Credit: Diskutiert wird die negative Einkommensteuer seit den 40er und 60er Jahren. Zu erwähnen sind vor allem Milton Friedman (1962) und James Tobin (1966). Eine konkrete Umsetzung dieses Modells erfolgte durch die Einführung des „Earned Income Tax Credit" (EITC) in den USA in den 70er Jahren, mit dem Ziel, Armut und Abhängigkeit von der Sozialhilfe zu verringern sowie die Erwerbstätigkeit zu fördern.

Der EITC fungiert als Steuergutschrift beziehungsweise Steuerkredit für Menschen, deren Arbeitseinkommen unterhalb der Armutsgrenze liegt. Je mehr der Transferempfänger verdient, desto niedriger ist seine Gutschrift. Ab einem bestimmten Einkommen greift der Fiskus dann wieder zu und aus den Transferempfängern werden Steuerzahler.

---

[126] Vgl. u.a. auch Mankiw 2008, S. 494 und Gabler Kompakt-Lexikon Volkswirtschaftslehre 2009, S. 308.

[127] Vgl. iwd, Nr. 10, 10.03.2005, S. 4 u. Nr. 3/2005 sowie WiSt, Heft 1, 2006, S. 46 ff.

9.4.3.4   Einkommensteuermodell in Deutschland

Um ein Einkommensteuersystem zu charakterisieren, bedarf es einiger weniger
Punkte. Dazu gehört der Einkommensteuersatz, gegebenenfalls mehrere unterschiedliche Sätze. Dazu gehören die Einkommensgrenzen, die sowohl nach unten
als auch nach oben die Besteuerung eingrenzen.

Die Untergrenze der Besteuerung bildet den sogenannten Grundfreibetrag ab. Der
Grundfreibetrag könnte einem Existenzminimum entsprechen und ist als steuer-
freies Einkommen definiert. Ab dieser Freibetragsgrenze wird der Eingangssteuersatz angewandt, also der Grenzsteuersatz auf den ersten zusätzlichen Euro nach
der Freibetragsgrenze. Die Obergrenze der Besteuerung beschreibt das Einkommen, ab dem der Höchst- beziehungsweise Spitzensteuersatz gilt. Dieser Spitzensteuersatz bleibt dann auch mit weiter zunehmendem Einkommen konstant.

Grundfreibetrag: Einkommen, das bis zu dieser Grenze steuerfrei bleibt.

Grenzsteuersatz: Steuersatz, der auf das zusätzliche Einkommen ange-
                          setzt wird.

Eingangssteuersatz: Steuersatz, mit dem das „erste" Einkommen nach dem
                        Grundfreibetrag besteuert wird.

Spitzensteuersatz: Der höchste zu bezahlende Steuersatz auf das Einkom-
                          men.

Die konkreten Werte für Deutschland (zu versteuerndes Einkommen für Ledige)
betragen mit Stand von 2011:

- **Grundfreibetrag**:   8.004 Euro
- **Eingangssteuersatz:**   14 Prozent
- **Spitzensteuersatzeinkommen**: 52.882 bzw. 250.731 Euro
- **Spitzensteuersatz**   42 bzw. 45 Prozent

Zwischen 8.005 und 52.881 Euro zu versteuerndem Einkommen gilt ein anstei-
gender Steuersatz in Stufen von 14 bis 24 Prozent (Progressionszone I) und von
24 bis 42 Prozent (Progressionszone II). Bei einem Einkommen von 52.882 bis
250.730 Euro wird ein konstanter Steuersatz von 42 Prozent (Proportionalzone I)
angesetzt und ab 250.731 Euro gleich bleibend 45 Prozent (Proportionalzone II).

Betrachtet man die ursprüngliche Situation im Jahr 2000, sind signifikante Änderungen feststellbar. Der Eingangssteuersatz lag damals noch bei 22,9 Prozent und
der Spitzensteuersatz bei 51 Prozent. Eine deutliche Senkung der Steuersätze ist
also zu verzeichnen. Allerdings gilt der Spitzensteuersatz heutzutage nicht erst ab
58.540 Euro wie im Jahr 2000, sondern schon ab einem Einkommen von 52.882
Euro. Schließlich wurde der Grundfreibetrag sukzessive von 6.900 Euro auf jetzt
8.004 Euro erhöht.

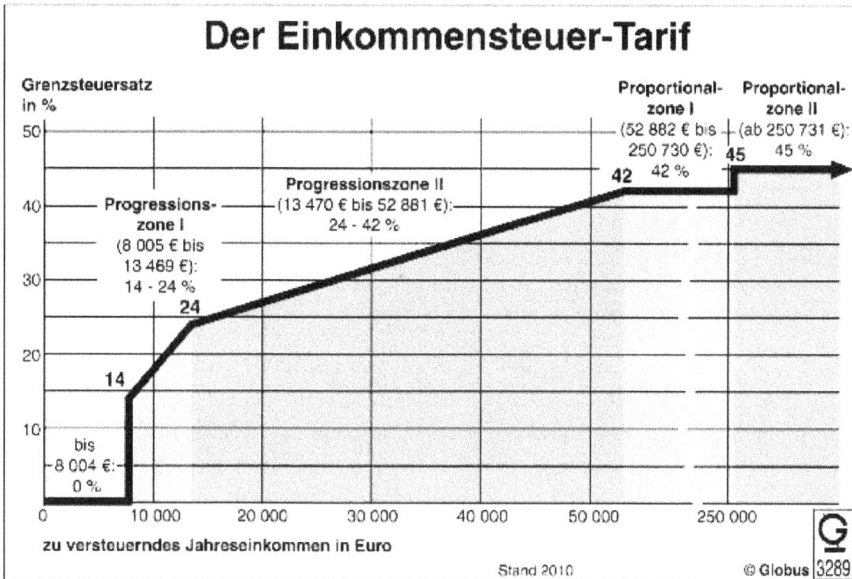

Abbildung 2.24: Einkommensteuermodell. [Quelle: globus 3289].

Ein zentraler Begriff der Steuersystematik ist der des Grenzsteuersatzes. Ist nämlich die Sprache von Einkommensteuersätzen oder -tarifen, ist meist der Grenzsteuersatz gemeint.

Grenzsteuersatz: Der Grenzsteuersatz – auch marginaler Steuersatz genannt – ist der Steuersatz, der auf eine zusätzliche Einheit des Einkommens anzuwenden ist. Alternativ kann formuliert werden, dass der Grenzsteuersatz die Zunahme der Steuerschuld definiert, wenn das Einkommen um einen Euro, beziehungsweise um eine Einheit zunimmt.

Grenzsteuersatz:

➢ Zunahme der Steuerschuld, wenn das Einkommen (Steuerbemessungsgrundlage) um eine Einheit zunimmt, oder anders formuliert, der Steuersatz, mit dem der jeweils letzte Einkommenseuro besteuert wird.

Üblicherweise bleibt ein bestimmter Teil des Einkommens steuerfrei, so dass die Besteuerung für das Einkommen erst ab diesem Freibetrag zur Geltung kommt.

Durchschnittssteuersatz: Mit dem Grenzsteuersatz nicht zu verwechseln ist der Durchschnittssteuersatz. Den Durchschnittssteuersatz erhält man, indem man die zu zahlende Steuer durch das Bruttoeinkommen dividiert. Der Durchschnittssteuersatz ergibt sich also als Verhältnis von Steuerbetrag zur Steuerbemessungsgrundlage.

Durchschnittssteuersatz (Durchschnittsbelastung):
➢ Verhältnis von Steuerbetrag zum versteuernden Einkommen.

Beispiel: Jemand hat ein zu versteuerndes Einkommen von 53.000 Euro. Dann beträgt der Grenzsteuersatz 42 Prozent (Stand 2010). Allerdings sind „nur" 14.088 Euro Steuern zu bezahlen, was 26,6 Prozent des Einkommens entspricht (Durchschnittssteuersatz). Wer lediglich 10.000 Euro verdient, muss 315 Euro Steuern bezahlen. Das macht 3,2 Prozent des Einkommens aus (Durchschnittssteuersatz). Der letzte Einkommenseuro wird mit 17,6 Prozent besteuert (Grenzsteuersatz). [128]

Die durchschnittliche Besteuerung steigt ab dem Grundfreibetrag mit Null beginnend langsam an und würde im mathematisch Unendlichen schließlich wieder mit dem Grenz- und Spitzensteuersatz übereinstimmen. In Abbildung 2.25 sind der Verlauf der Grenzbesteuerung und der Durchschnittsbesteuerung im Vergleich dargestellt.

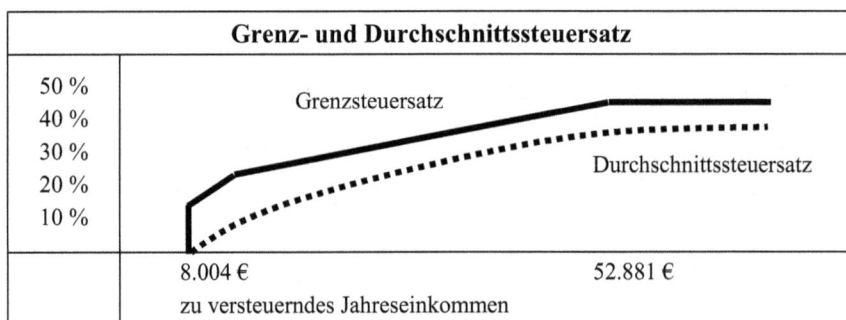

Abbildung 2.25: Verlauf des Grenz- und Durchschnittssteuersatzes.

9.4.4   Steueraufkommen und Steuervermeidung

Der Staat will möglichst viele Steuern einnehmen. Die Bürger wollen möglichst wenig Steuern bezahlen. Das kann zu paradoxen Situationen führen.

Beispiel Tabaksteuererhöhung: Mit einer Tabaksteuererhöhung können zwei Ziele verfolgt werden. Zum einen sollen aus gesundheitlichen Gründen die rauchenden Bürger dazu veranlasst werden, weniger oder gar nicht mehr zu rauchen (Lenkungsfunktion). Zum anderen sollen mit den erhofften steigenden Einnahmen staatliche Aufgaben und Ausgaben finanziert werden – insbesondere im Gesundheitsbereich (Finanzierungsfunktion)!

Das Gesundheitsministerium müsste sich also aus gesundheitlichen Gründen freuen, wenn niemand mehr raucht, sich aber auch grämen, wenn durch nachlassende Steuereinnahmen das Gesundheitssystem darben muss. Die Situation ist paradox:

---

[128] Einkommensbesteuerung für Alleinstehende, Stand 2010. (Quelle: iwd, Nr.4 / 2010)

Geld der Raucher fließt in das Gesundheitssystem, um Raucher zu behandeln. Je mehr rauchen, desto höher ist das Steueraufkommen und desto größer wird die Zahl der Kranken und desto umfangreicher ist der Geldbedarf für die Behandlung der Kranken. Raucht niemand, fallen keine Steuern an und da niemand (raucher)krank ist, sind auch keine Steuereinnahmen notwendig.

Was das Finanzministerium anbelangt, müsste sich dieses über jeden Raucher freuen, da er doch Einnahmen bringt. Doch eine Erhöhung der Steuer muss nicht unbedingt zu Mehreinnahmen führen, das Gegenteil ist meist der Fall. Die Raucher steigen auf Billigware und Schmuggelgut um oder hören tatsächlich mit dem Rauchen auf.[129]

„Entweder, man will das Gesundheitssystem finanzieren. Dann darf der Konsum von Zigaretten nicht zurückgehen. Oder man will den Tabakkonsum verringern. Dann erzielt der Staat durch die Erhöhung der Tabaksteuer keine Mehreinnahmen.“[130]

Aus Sicht der Bürger und Unternehmen bieten sich generell unterschiedliche Möglichkeiten an, Steuerzahlungen zu verringern oder zu vermeiden:

* **Steuervermeidung**: nicht Rauchen, Standortverlagerung
* **Steuerüberwälzung**: Preiserhöhung: Benzinerhöhung oder Mieterhöhung
* **Steuereinholung**: Umsatzausweitung
* **Steuerhinterziehung**: illegale Steuervermeidung

9.4.5   Laffer-Kurve

Dass eine Steuerreduzierung nicht automatisch zu Einnahmeverlusten für den Staat führen muss, ja im Gegenteil sogar zusätzliche Einnahmen bedeuten kann, soll anhand der Laffer-Kurve demonstriert werden.

Arthur B. Laffer ist ein amerikanischer Wirtschaftswissenschaftler, der in den siebziger Jahren bei einem Treffen mit Donald Rumsfeld und Dick Cheney anschaulich erklärt haben soll, warum eine geplante Steuererhöhung von fünf Prozent nicht zu mehr Steuereinnahmen, sondern zu weniger Steueraufkommen führen würde. Angeblich kritzelte Laffer damals eine Grafik auf eine Papierserviette, die in etwa folgendes Aussehen gehabt haben dürfte (siehe Abbildung 2.26):

Die Einnahmen ergeben sich aus Preis mal Menge. Somit sind im Hinblick auf die Steuergestaltung zwei Hebel denkbar: Preis (Steuersatz) und Menge (Steuerzahler und Einkommen).

---

[129] In Deutschland ging der Absatz versteuerter Zigaretten von 145,1 Mrd. Stück in 2002 auf 83,6 Mrd. Stück in 2010 zurück. Der Anteil nicht in Deutschland versteuerter Zigaretten stieg von 14,9 % in 2005 auf 21,8 % in 2011 an.

[130] So angeblich die Argumentation von CDU/CSU, FDP und Zigarettenindustrie. In: http://www.upi-institut.de/tabaksteuer.htm (29.06.2011)

Steuereinnahmen/-aufkommen [Euro]

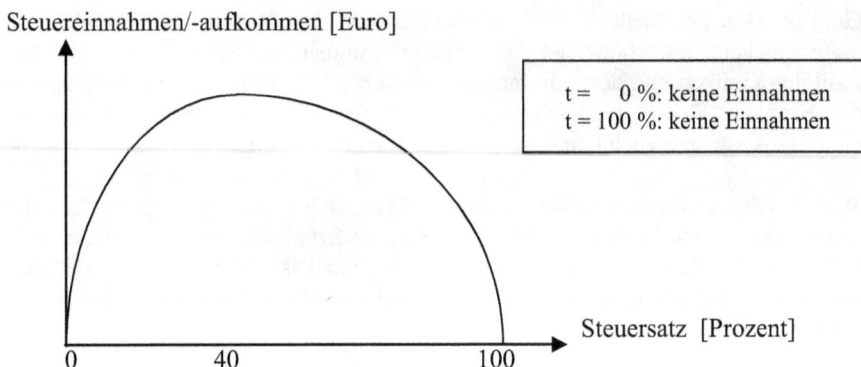

```
                                          ┌─────────────────────────────┐
                                          │ t =    0 %: keine Einnahmen  │
                                          │ t = 100 %: keine Einnahmen   │
                                          └─────────────────────────────┘
```

Steuersatz [Prozent]

0   40   100

Abbildung 2.26: Die Laffer-Kurve.

Folgender Zusammenhang zwischen Steuersatz und Steueraufkommen lässt sich herstellen: Mit zunehmendem Steuersatz steigt das Steueraufkommen, um ab einem bestimmten Satz wieder abzunehmen. Wird überhaupt keine Steuer berechnet (t = 0), können noch so viele Menschen arbeiten, das Steueraufkommen ist auf jeden Fall Null. Beträgt der Steuersatz 100 Prozent, muss also alles Einkommen vollständig an den Staat abgeführt werden, wird wahrscheinlich auch niemand mehr arbeiten (höchstens auf dem Schwarzmarkt!) und der Staat darf ebenfalls auf keine Einnahmen hoffen. Irgendwo zwischen 0 und 100 Prozent muss ein für den Staat optimaler Steuersatz liegen, bei dem möglichst viele Menschen arbeiten und ihre Steuern bezahlen

---

Laffer-Kurve:

➢ These, die einen Zusammenhang zwischen Steuersatz und Steuereinnahmen herstellt. Mit steigendem Steuersatz steigen die Steuereinnahmen zuerst überproportional, dann langsamer bis zu einem Maximum, um schließlich wieder zu sinken.

Wenn nun eine Steuererhöhung beschlossen wird und der bisherige Steuersatz lag über dem einnahmeoptimalen Satz – was in der Praxis oft der Fall ist – führt eine Steuererhöhung nicht zu mehr Einnahmen, sondern zu weniger Einnahmen. Denn je höher der Steuersatz, also der Preis für die Steuer, ist, desto weniger werden bereit sein, sich diese Steuer leisten zu wollen und arbeiten dann in der Schattenwirtschaft oder verzichten ganz auf Arbeit wenn es finanziell möglich ist oder bevorzugen eventuell auch staatliche Unterstützung durch Arbeitslosenhilfe.

Praxis: Anfang der 80er Jahre wurde in den USA in Erwartung höherer Einnahmen der Steuersatz gesenkt. Tatsächlich gingen die Steuereinnahmen jedoch zurück. Ein Problem liegt darin, den Maximalpunkt zu bestimmen. Zum anderen können time lags auftreten, wenn Einkommensbezieher beispielsweise aus der Schwarzarbeit in reguläre Beschäftigung wechseln.[131]

---

[131] Vgl. Blanchard, Illing, 2009, S. 723.

10 Verschuldung, Staatsquote und Schattenwirtschaft

Steuern sind die wichtigste Einnahmequelle für den Staat. An zweiter Stelle stehen die Einnahmen aus den Sozialversicherungsbeiträgen. Zusammen erbringt das ein Aufkommen von rund 1.100 Milliarden Euro pro Jahr. Die Ausgaben des Staates liegen jedoch im Jahr bei etwa 1.200 Milliarden (1,2 Billionen) Euro. Sonstige Einnahmen wie Müllgebühren, Bußgelder, Bundesbankgewinne oder Privatisierungserlöse reichen nicht aus, um die Ausgaben insgesamt finanzieren zu können. Was bleibt somit an Finanzierungsmöglichkeiten, sofern die Ausgaben nicht eingeschränkt werden? Antwort: Die Kreditaufnahme – also Schulden machen!

Gesamtverschuldung (auch Staatsschulden):
➢ bisheriger „Schuldenberg"

Neuverschuldung (auch Staats- oder Haushaltsdefizit):
➢ zusätzliche Schuldenaufnahme

Die Kreditaufnahme ist zwischenzeitlich tatsächlich zum zweitgrößten „Einnahmenblock" herangewachsen. Zwischen 60 und 100 Milliarden Euro beträgt die Bruttoschuldenaufnahme des deutschen Staates pro Jahr. Jedes Jahr kommen also neue Schulden dazu, die den bisherigen Schuldenberg auf rund 2 Billionen Euro weiter anwachsen lassen.

10.1 Gesamtverschuldung

Beginnen wir mit der Gesamtverschuldung des Staates, die auch als Staatsschulden oder Schulden der öffentlichen Hand bezeichnet werden.

10.1.1 Höhe und Entwicklung der Gesamtverschuldung

Der „Schuldenberg" hat in Deutschland zum Jahresende 2010 eine Höhe von 1.998,8 Milliarden Euro erreicht.

Gesamtverschuldung: 1.998,8 Milliarden Euro (Deutschland 2010)

Davon entfallen auf ... den Bund: 1.284,1 Mrd. Euro (64,2 %)[132]

                     ... die Länder: 595,3 Mrd. Euro (29,8 %)

                     ... die Gemeinden: 119,4 Mrd. Euro (6,0 %)

---

[132] einschließlich Fonds und Sondervermögen.

Ein Schuldenstand oder, wie es in den Medien oft heißt, ein Schuldenberg von rund 2000 Milliarden Euro ist zunächst einmal eine mehr oder weniger aussage-kräftige Zahl. Ob diese Zahl harmlos oder beängstigend ist, braucht eine Bewer-tung dieser Größe. Vielleicht hilft es zu sagen, dass 2.000 Milliarden ausgeschrie-ben 2.000.000.000.000 Euro bedeuten. Oder dass Staatsschulden von 2.000 Milli-arden Euro pro Einwohner in Deutschland über 24.450 Euro bedeuten. Das heißt, dass im Durchschnitt jede Person, egal ob Erwachsener oder Kind, eine staatliche Schuldenlast von über 24.450 Euro trägt und diese Last auch abtragen muss.

Wichtige Vergleichs- und Bewertungsmaßstäbe zur Einschätzung der Schuldensi-tuation sind schließlich der zeitliche und der räumliche Vergleich. Wir betrachten also die Entwicklung der Schulden in Deutschland im Zeitablauf und zum anderen die Schulden anderer Ländern.

Entwicklung der Staatsverschuldung:

Wenn man sich die Entwicklung der Schulden in Deutschland seit 1950 betrachtet (Abbildung 2.27), wird man feststellen, dass die Schulden von einem sehr niedri-gen Niveau aus stetig zugenommen haben. Die Ölpreiskrise in den 70er Jahren sowie die Belastungen durch die Wiedervereinigung in der ersten Hälfte der 90er Jahre führten zu einer deutlichen Erhöhung des Schuldenstandes. Das Krisenjahr 2009 brachte schließlich einen weiteren Schub in die Staatsverschuldung, so dass sich zwischenzeitlich rund 2 Billionen Euro angehäuft haben.

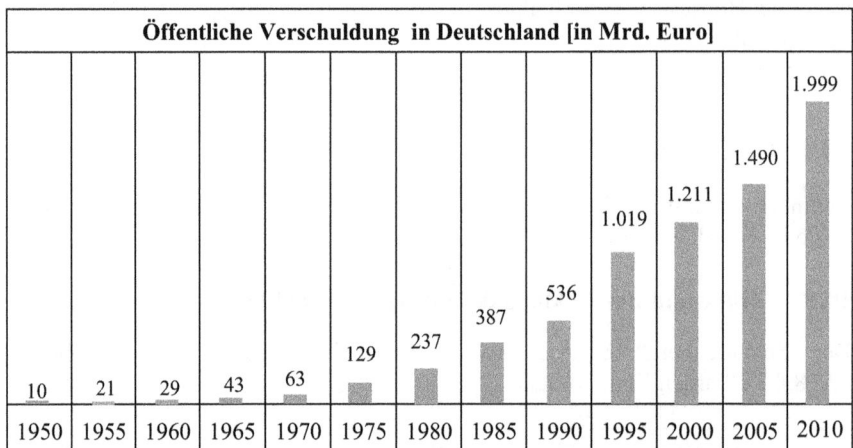

Öffentliche Verschuldung in Deutschland [in Mrd. Euro]												
10	21	29	43	63	129	237	387	536	1.019	1.211	1.490	1.999
1950	1955	1960	1965	1970	1975	1980	1985	1990	1995	2000	2005	2010

ab 1995 Gesamtdeutschland

Abbildung 2.27: Entwicklung der Staatsschulden. [Quelle: Statistisches Bundes-amt]

10.1.2   Die Schuldenquote

Schulden ob ihrer Problematik zu bewerten, setzt einen Vergleich mit dem Ein-kommen und der finanziellen Leistungskraft des Schuldners voraus. Bei einem Schuldenstand von beispielsweise 10.000 Euro macht es einen großen Unterschied, ob das Jahreseinkommen 5.000 Euro oder 200.000 Euro beträgt. Während im ersten Fall 10.000 Euro den Ruin bedeuten, sind im zweiten Fall 10.000 Euro Schulden „Peanuts". Ob Schulden problematisch sind, hängt vor allem von der wirtschaftlichen Leistungskraft ab, die der Schuldner und in diesem Fall der Staat innehat.

Die wirtschaftliche Leistungskraft eines Staates wird durch das Bruttoinlandsprodukt (BIP) definiert. Insofern bietet es sich an, die Höhe der Schulden zur Höhe des Bruttoinlandsprodukts ins Verhältnis zu setzen. Das Bruttoinlandsprodukt hatte im Jahr 2010 einen Wert von 2.500 Milliarden Euro.

Setzt man nun die Gesamtverschuldung ins Verhältnis zum Bruttoinlandsprodukt, erhält man die Gesamtverschuldungsquote. Diese beträgt somit 2.000 / 2.500 = 80 Prozent.[133] Die Verschuldung Deutschlands macht 80 Prozent der Wirtschaftsleistung eines Jahres aus.

Schuldenquote:
> Gesamtverschuldung im Verhältnis zum Bruttoinlandsprodukt beziehungsweise prozentualer Anteil der Wirtschaftsleistung.

Verschuldung: 2.000 / 2.500 = 80 Prozent (Stand 2010)

Sind nun 80 Prozent Schuldenquote ein erträgliches Maß oder gilt „Alarmstufe rot"? Ein wissenschaftlich „korrekter" oder verbindlicher Wert, der nun angeben würde, bis wann eine Staatsverschuldung in Ordnung ist und ab wann es zum Problem für einen Staat werden könnte, existiert nicht. Was aber existiert, ist ein politisch beschlossener Referenzwert.

Im Rahmen des Beitritts zur Europäischen Währungsunion müssen die Beitrittsländer bestimmte Konvergenzkriterien erfüllen und zu diesen Konvergenzkriterien gehört die Schuldenquote. Der Referenzwert der Schuldenquote beträgt für die Beitrittskandidaten 60 Prozent.[134] 60 Prozent gilt als kritisches Maß einer noch akzeptablen Gesamtverschuldungsquote.

EU-Kriterium für die Schuldenquote:
> 60 Prozent gemessen am Bruttoinlandsprodukt.

Deutschland bewegt sich mit einer Quote von 80 Prozent deutlich über dem „grünen" Bereich. Allerdings gibt es Länder, die sowohl weit über den 60 Prozent als auch weit darunter liegen.

---

[133] Die Zahlen sind ab- bzw. aufgerundet!
[134] Der Wert kann auch über 60 Prozent liegen. In diesem Fall muss jedoch eine deutliche Besserung erkennbar sein.

10.1.3   Staatsverschuldung im Vergleich mit anderen Ländern

Ein Vergleich mit anderen Ländern (Abbildung 2.28) zeigt, dass Deutschland mit einer Schuldenquote von über 80 Prozent relativ weit oben rangiert Die Bandbreite reicht insgesamt von 6,6 bis 142,8 Prozent. Länder wie Griechenland und Italien fallen besonders negativ aus der Reihe. International gehören in diese Liga auch die USA und Japan mit über 100 bzw. 200 Prozent. Spitzenreiter der Länderauswahl im positiven Sinne sind Estland, Bulgarien und Luxemburg.[135]

EU-Länder und deren Verschuldung im Jahr 2010
Schuldenstand in Prozent der Wirtschaftsleistung (BIP)

Griechenland	142,8
Italien	119,0
Belgien	96,80
Irland	96,2
Portugal	93,0
Deutschland	83,2
Frankreich	81,7
Ungarn	80,2
Großbritannien	80,0
Österreich	72,3
Malta	68,0
Niederlande	62,7
Zypern	60,8
Spanien	60,1
Polen	55,0
Finnland	48,4
Lettland	44,7
Dänemark	43,6
Slowakei	41,0
Schweden	39,8
Tschechien	38,5
Litauen	38,2
Slowenien	38,0
Rumänien	30,8
Luxemburg	18,4
Bulgarien	16,2
Estland	6,6
Japan	206,0
USA	105,8

Abbildung 2.28: Staatsverschuldung im EU-Ländervergleich. [Quelle: destatis]

Bestandsgröße: Die Staatsverschuldung ist eine Bestandsgröße und zeigt die gesamte Verschuldung des Staates zu einem bestimmten Zeitpunkt an. Diese Größe ist wichtig und aussagekräftig für die Beurteilung der finanziellen und wirtschaftlichen Situation eines Landes. Wichtiger aber noch als die Bestandsgröße der Gesamtverschuldung ist die Veränderung dieser Größe – in welchem Maß nimmt die Gesamtverschuldung zu, sofern sie zunimmt, oder in welchem Maß ist ein Abbau der Staatsverschuldung zu verzeichnen, was am besten wäre. Ein Zuwachs kommt übrigens dadurch zustande, dass immer wieder neue Schulden auf-

---

[135] Abweichungen zwischen Zahlenwerten in verschiedenen Statistiken können durch unterschiedliche Berechnungsmethoden (Statistisches Bundesamt, Eurostat, EU-Kommission, etc.) und Zeitpunkte der Berechnung bzw. Schätzung zustande kommen.

genommen werden. Diese neuen Schulden werden terminologisch auch als Haushaltsdefizit bezeichnet.

10.2 Haushaltsdefizit

In der politischen Diskussion spielt aus verschiedenen Gründen das Haushaltsdefizit eine wichtige aber auch umstrittene Rolle. Betrachten wir analog zum vorigen Kapitel den aktuellen Stand in Deutschland, die Entwicklung der letzten Jahre und den Vergleich mit anderen Staaten.

Begriffssystematik: Deutschland hatte im Jahr 2010 ein Haushalts- oder Staatsdefizit von 81,63 Milliarden Euro zu verzeichnen. Dieses Defizit ist nicht mit der Gesamtverschuldung zu verwechseln, sondern meint ausschließlich die Neuverschuldung – genauer noch die Nettoneuverschuldung. Die (Netto-)Neuverschuldung, beziehungsweise die (Netto-)Kreditaufnahme und das Staats- beziehungsweise Haushaltsdefizit, sind synonyme Begriffe. In Abbildung 2.29 sind die Unterschiede sowie der logische Zusammenhang zwischen den verschiedenen Begriffen im Rahmen der Schuldenthematik dargestellt.

Kreditaufnahme		Staatshaushalt			Gesamtschulden	
Bruttokredit-aufnahme (Neuver-schuldung)	Tilgung					
	Nettokredit-aufnahme	Nettokredit-aufnahme = Defizit	Ausgaben		Nettokredit-aufnahme	Gesamt-schulden
		Einnahmen			bereits bestehende Schulden	

Abbildung 2.29: Schulden-Begriffssystematik. [Quelle: In Anlehnung an Altmann, Wirtschaftspolitik, 2007, S. 340]

10.2.1 Höhe und Entwicklung des Haushaltsdefizits

Im Jahr 2010 hat Deutschland netto neue Schulden in Höhe von 81,63 Milliarden Euro (= Haushaltsdefizit) aufgenommen, um die Ausgaben, die durch Steuern, Sozialversicherungsbeiträge usw. nicht mehr gedeckt werden konnten, zu finanzieren.

Haushaltsdefizit: 81,63 Milliarden Euro (Deutschland 2010)

Wie vorher bei der Gesamtverschuldung stellt sich auch hier die Frage, ob ein Defizit in Höhe von rund 82 Milliarden Euro viel oder wenig ist. Die Antwort hierauf ist sowohl in der Politik als auch in der Wissenschaft umstritten, was sich auch in der Diskussion um eine gesetzliche Regelung in Deutschland und den europäischen Referenzwert zeigt.

Referenzwert: Beginnen wir mit dem Referenzwert. Als Referenzwert für das Staatsdefizit wurde im europäischen Stabilitätspakt 3 Prozent, gemessen am Bruttoinlandsprodukt, festgelegt. Der Stabilitätspakt wurde auf Initiative Deutschlands im Jahr 1997 beschlossen. Dieser Vertrag zwischen den damals 15 Mitgliedsstaaten schrieb fest, dass das Defizit der öffentlichen Haushalte die im Maastricht-Vertrag genannte Obergrenze von 3 Prozent des Bruttoinlandsprodukts nicht übersteigen darf. Bei Überschreiten sollten Sanktionen drohen.[136]

Haushaltsdefizit: 3,3 Prozent gemessen am BIP (Deutschland 2010)

In den Jahren von 2002 bis 2005 wurde dieser Referenzwert in Deutschland überschritten. Nach einer Besserungsphase sind wir mit Stand von 2010 wiederum bei einem Defizit von 3,3 Prozent (BIP 2.498,8 Mrd. Euro) angekommen, wobei dieses noch dem Krisenjahr 2009 geschuldet ist. Zukünftig soll es mit der Neuverschuldung im positiven Sinne sukzessive bergab gehen (Abbildung 2.30).

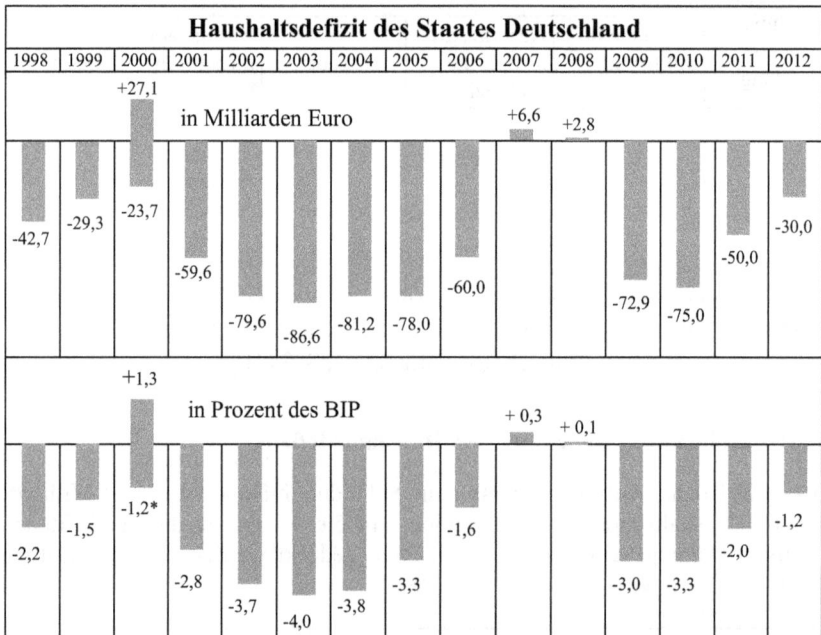

Haushaltsdefizit des Staates Deutschland

Jahr	1998	1999	2000	2001	2002	2003	2004	2005	2006	2007	2008	2009	2010	2011	2012
in Milliarden Euro	-42,7	-29,3	+27,1	-59,6	-79,6	-86,6	-81,2	-78,0	-60,0	+6,6	+2,8	-72,9	-75,0	-50,0	-30,0
in Prozent des BIP	-2,2	-1,5	+1,3 / -1,2*	-2,8	-3,7	-4,0	-3,8	-3,3	-1,6	+0,3	+0,1	-3,0	-3,3	-2,0	-1,2

*ohne Erlöse aus der Versteigerung der UMTS-Lizenzen
Die Angaben für die Jahre 2010 - 2012 beruhen auf Schätzungen.

Abbildung 2.30: Entwicklung des Defizits. [Quelle: StB, Eurostat]

---

[136]Zum Stabilitätspakt siehe auch Band II, Kapitel 13 „Europäische Währungsunion".

Eine Sondersituation gab es im Jahr 2000. Der Überschuss in den öffentlichen Kassen war nicht so sehr einer sorgsamen Haushaltsführung und guten Wirtschaftspolitik zu verdanken, sondern kam durch die Versteigerung der UMTS-Mobilfunk-Lizenzen in Höhe von 50,8 Milliarden Euro zustande.

Europa: Doch nicht nur Deutschland hat Probleme mit der Einhaltung der 3-Prozent-Hürde. Auch andere Länder tun sich mit der Haushaltsdisziplin schwer – und dazu gehören im Moment fast alle. Die Quote reicht von einem hauchdünnen Überschuss von 0,1 Prozent für Estland bis zu immensen 32,4 Prozent für Irland.

EU-Länder im Vergleich (Stand 2010)
Haushaltsdefizit in Prozent der Wirtschaftsleistung (BIP)

Irland	-32,4
Griechenland	-10,5
Ver. Königreich	-10,4
Spanien	-9,2
Portugal	-9,1
Polen	-7,9
Slowakei	-7,9
Lettland	-7,7
Litauen	-7,1
Frankreich	-7,0
Rumänien	-6,4
Slowenien	-5,6
Niederlande	-5,4
Zypern	-5,3
Tschechien	-4,7
Italien	-4,6
Österreich	-4,6
Ungarn	-4,2
Belgien	-4,1
Malta	-3,6
Deutschland	-3,3
Bulgarien	-3,2
Dänemark	-2,7
Finnland	-2,5
Luxemburg	-1,7
Schweden	0,0
+0,1	Estland
USA	-10,5

Abbildung 2.31: Haushaltsdisziplin in der EU. [Quelle: destatis, Eurostat]

10.2.2   Neuverschuldung und Investitionsausgaben

Im Zusammenhang mit der Neuverschuldung ist bisher ein Aspekt außen vor geblieben, nämlich die Frage, zu welchen Zwecken Kredite aufgenommen werden. Dies ist ein äußerst wichtiger Aspekt, macht es doch einen Unterschied, ob man einen Kredit für eine Konsumausgabe wie eine Wohnzimmergarnitur oder für eine Investition wie einen Personalcomputer ausgibt, mit dem man gegebenenfalls wieder Geld verdienen und eine Rendite erwirtschaften kann, die im Idealfall sogar höher ausfällt, als die Zinsen, die für den Kredit zu bezahlen sind. Lapidar könnte man sagen, dass Kredite für Konsum schlecht und Kredite für Investitionen nicht schlimm, wenn nicht sogar gut sind.

Wenn also Kredite aufgenommen werden, und das gilt auch für den Staat, sollten diese Kredite für Investitionen ausgegeben werden oder anders gesagt, dürfen die Kredite nicht höher sein als die vorgesehenen Investitionsausgaben. Diesem Umstand hat der deutsche Verfassungsgeber Rechnung getragen. In Artikel 115 des Grundgesetzes heißt es nämlich: „Die Einnahmen aus Krediten dürfen die Summe der im Haushaltsplan veranschlagten Ausgaben für Investitionen nicht überschreiten." Dass Deutschland gegen diese Vorgabe immer wieder verstoßen hat, zeigt Abbildung 2.32.

Abbildung 2.32: Schulden und Investitionen. [Quelle: globus 3391, Bundesministerium für Finanzen]

Doch wie in vielen rechtlichen Regelungen, ist auch hier eine Ausnahmeregelung vorgesehen. Weiter heißt es nämlich: „Ausnahmen sind nur zulässig zur Abwehr einer Störung des gesamtwirtschaftlichen Gleichgewichts." Und diese vage Formulierung und Ausnahmeregelung hilft der Regierung, nicht grundgesetzwidrig zu handeln.

Grundgesetz Art 115:

➢ Die Einnahmen aus Krediten dürfen die Summe der im Haushaltsplan veranschlagten Ausgaben für Investitionen nicht überschreiten. Ausnahmen sind nur zulässig zur Abwehr einer Störung des gesamtwirtschaftlichen Gleichgewichts.

Zwischenzeitlich hat Deutschland eine weitere rechtliche Regelung beschlossen – die sogenannte „Schuldenbremse". Diese Neufassung von Art. 115 GG beschränkt

die Nettokreditaufnahme des Bundes im Rahmen einer Übergangsregelung auf
maximal 0,35 Prozent des Bruttoinlandsprodukts. Ab 2016 ist ein ausgeglichener
Haushalt für den Bund und ab 2020 für die Länder zwingend vorgesehen.

10.3 Bedeutung und Problematik der Staatsverschuldung

*Aus der Verschuldungsfalle gibt es drei Auswege: Staatsbankrott, Inflation oder
Wachstum.*[137]

Was passiert eigentlich, wenn der Staat seine Schulden nicht mehr zurückbezahlt?
Wie macht der Staat Schulden? Bei wem hat der Staat Schulden? Sind Schulden
wirklich schlimm? Kann ein Staat sogar zahlungsunfähig werden? Dies sind Fragen, die im Zusammenhang mit der Schuldenthematik immer wieder zu recht
gestellt werden.

10.3.1 Sind Schulden schlimm?

Was die Einschätzung der Staatsschulden anbelangt, sind die Meinungen höchst
unterschiedlich. Die Meinungspalette reicht vom propagierten Staatsbankrott bis
zur Segensverheißung. Unwidersprochen ist sicherlich die Feststellung, dass
Schulden per se immer auch Guthaben in derselben Höhe bedeuten müssen. Somit
bedeuten höhere Schulden immer auch höhere Guthaben. Per Saldo ist die Finanzierung immer ausgeglichen.

Summe der Schulden = Summe der Guthaben!

Dieses buchhalterische Gleichgewicht heißt nun nicht, dass keine Probleme auftreten können. Gewaltige Konzentrations- und Verteilungsprozesse werden in Gang
gesetzt, die zum Ruin mancher Akteure und damit auch zum Ruin eines Staatswe-
sens führen können.

Finanzierung: Wenn der Staat Schuldner ist, müssen entsprechende Gläubiger
vorhanden sein. In erster Linie finanziert sich der Staat über die ...

... Ausgabe von Wertpapieren am Kapital- und Rentenmarkt: Bundes- und Län-
deranleihen, Bundesobligationen, Bundesschatzbriefe und Bundesschatzan-
weisungen, Landesobligationen und Landesschatzanweisungen.

... über Kredite bei Banken und Sparkassen sowie bei Versicherungen.

... über sonstige Quellen wie zum Beispiel Fremdwährungsschulden.[138]

---

[137] Dorothea Siems, Die Welt, 13.05.2009.
[138] Die Ausgabe von Wertpapieren macht zirka zwei Drittel des Finanzierungsvolumens
aus (Quelle: Statistisches Bundesamt).

An **Problemen** einer übermäßigen Staatsverschuldung können sich ergeben: [139]

1) Blockierung des Haushalts durch die Zins- und Tilgungszahlungen: Einschränkung künftiger finanzpolitischer Handlungsspielräume

2) Belastung des Kapitalmarktes:
   - Verdrängung privater Kredite und von Investitionen und Konsum
   - Zinsanstieg

3) Inflationsgefahren:
   - Zunahme der Nachfrage durch höhere Kreditausgaben (Nachfragesog)
   - Zunahme der Kosten durch höhere Zinsen
   - Geldmengenerhöhung

4) Wachstumsverluste

5) Umverteilung
   ... von vielen Steuerzahlern zu wenigen Gläubigern
   ... zwischen den Generationen zu Lasten der nachfolgenden Generationen

6) Verschlechterung der Leistungsbilanz mit der Tendenz zur Abwertung der heimischen Währung

Gemäßigte Formen der Verschuldung kann man mit Wachstum und/oder Inflation in den Griff bekommen; tritt jedoch Zahlungsunfähigkeit ein, bedarf man der Rettung anderer oder der Bankrott ist die Folge.

10.3.2 Bonität Deutschlands

Deutschland ist ein Schuldner, der sich von Banken, anderen Staaten und insbesondere den Kapitalmarktinvestoren finanzielle Mittel zur Verfügung stellen lässt. Und ebenso wie andere Schuldner – Privatpersonen oder Firmen – gute oder schlechte Schuldner sind, kann auch ein Staat wie Deutschland als vertrauensvoller oder als problematischer Kreditrückzahler eingestuft werden. Eine solche Einstufung nennt sich Rating. Unter Rating versteht man also die Einschätzung der Bonität (Güte) eines Schuldners, konkret die Fähigkeit, den vereinbarten Zins- und Tilgungszahlungen fristgerecht nachkommen zu können.

Rating (Einschätzung):

➢ allgemein: Einschätzung der Bonität (Güte) eines Schuldners.

➢ konkret: Fähigkeit, vereinbarte Zins- und Tilgungszahlungen fristgerecht zu begleichen.

Institutionen, die solche Einschätzungen vornehmen, sind Ratingagenturen. Die drei weltweit führenden Ratingagenturen sind Standard and Poor's (S&P), Moody's und Fitch; alle drei Agenturen sind US-amerikanische private Agenturen.

---

[139] In Anlehnung an Altmann: Wirtschaftspolitik, 2007, S. 355.

Ratingagenturen:
- Moody's
- Standard & Poor's
- Fitch Rating

Ratingagenturen unterziehen auch Staaten ihrer Bonitätsprüfung (siehe Abb. 2.33). Die Ratingklassen reichen von der Bestklasse AAA mit einer Ausfallwahrscheinlichkeit von 0,0 % bis zur schlechtesten Klasse C bzw. D mit komplettem Zahlungsausfall.

Rating europäischer Staaten (Standard & Poor's, Stand Mai 2011)	
Länder	**Rating**
Deutschland	AAA
Frankreich	AAA
Großbritannien	AAA
Niederlande	AAA
Österreich	AAA
Schweiz	AAA
Luxemburg	AAA
Belgien	AA
Spanien	AA
Irland	A
Italien	A
Portugal	BBB
Griechenland	CCC

Abb. 2.33: Rating verschiedener Länder. [Quelle: Standard & Poor's]

Wie hat nun Deutschland abgeschnitten? Sowohl Standard & Poor's als auch Moody's haben für Deutschland das bestmögliche Rating vergeben: AAA (bzw. Aaa) – ein sogenanntes Tripple-A! Kreditgeber können davon ausgehen, dass ihre Kredite an den deutschen Staat mit einer Wahrscheinlichkeit von 100 Prozent zurückgezahlt werden können, also sicher sind.

Bonität Deutschlands: → AAA bzw. Aaa (Tripple-A)!

Doch auf seinen Lorbeeren kann sich Deutschland nicht ausruhen. Denn auch eine Ratingherabstufung stand in der Diskussion. Solch eine potentielle Herabstufung bedeutet eine negative Signalwirkung und kann in Folge zu steigenden Finanzierungskosten führen. Ist nämlich ein Schuldner weniger glaub- und rückzahlungswürdig, desto mehr werden sich die Kreditgeber durch höhere Zinsen gegen das Risiko absichern.

10.4 Die Staatsquote

Das Wirtschaftssystem einer Marktwirtschaft zeichnet sich gegenüber der Planwirtschaft dadurch aus, dass es durch den freien Markt bestimmt wird. Den Umkehrschluss zu ziehen, dass die freie Marktwirtschaft eine Wirtschaft frei vom
Staat sei, wäre voreilig. Auch in einer freien Marktwirtschaft hat der Staat durch
Gesetze und die Wettbewerbsordnung „seine Hände mit im Spiel". Erst recht gilt
das für die Soziale Marktwirtschaft. Der Einfluss des Staates in das Wirtschaftsge-
schehen kann sogar recht groß sein. Oftmals ist der Staat neben den Unternehmen
und den privaten Haushalten größter Akteur der Wirtschaft. Dieser Einfluss des
Staates auf die Wirtschaft kann bestimmt und gemessen werden und zwar durch
die Staatsquote.

10.4.1 Definition und Sollgröße der Staatsquote

Die Staatsquote ist der wichtigste Indikator für das Mitwirken (eher positiv betrachtet) oder das „Einmischen" (eher negativ betrachtet) des Staates in die Wirtschaft. Die Staatsquote ist definiert als der Anteil der Staatsausgaben am Bruttoinlandsprodukt und wird üblicherweise als Prozentzahl dargestellt.

Staatsquote: Anteil der Staatsausgaben am Bruttoinlandsprodukt.

Im Jahr 2010 betrug die Staatsquote in Deutschland 48 Prozent. Das heißt, 48
Prozent des Bruttoinlandsprodukts in Höhe von 2.500 Milliarden Euro ging durch
die „Hände" des Staates. In absoluten Zahlen sind das 1200 Milliarden Euro.
Hierzu zählen die Ausgaben der Gebietskörperschaften und der Sozialversicherungen.

Staatsquote: 48 % (Deutschland 2010)

Berechnung: Staatsausgaben (G):   1.200 Mrd. Euro
                 Bruttoinlandsprodukt (BIP): 2.500 Mrd. Euro

Staatsquote = G / BIP = 1.200 / 2.500 = 48 %.

Die Staatsquote beträgt in Deutschland rund 48 Prozent. Ist eine Staatsquote in
dieser Größenordnung viel oder nicht viel? Ginge man vom Extremfall aus, dass
es ein Wirtschaftssystem ohne jeglichen Staatseinfluss gibt (Staatsquote 0 %) und
vom anderen Extremfall, dass die gesamte Wirtschaft ein reiner Staatsbetrieb ist
(Staatsquote 100 %), würde eine Staatsquote von 50 % eine „halbe" Marktwirtschaft oder eine „halbe" Planwirtschaft definieren. Ist also unsere Soziale Marktwirtschaft in Deutschland eine halbe Staatswirtschaft?

Dass es nicht Sinn sein kann, den Staat vollständig aus der Wirtschaft zu verban-
nen, dürfte klar sein. Eine Staatsquote von 0 % ist ein irrealer und unsinniger

Vergleichsmaßstab. Aber lässt sich nicht doch eine vernünftige Quote bestimmen – nicht im Sinne eines Minimums oder Maximums, sondern eines Optimums? Ist eine Staatsquote von 50 % in Ordnung oder sind 40, 30 oder gar nur 20 Prozent anzustreben?

Sollgröße: Die Antwort auf diese Frage hängt von der wirtschaftspolitischen Einstellung des Antwortenden ab. Je parteipolitisch linker und sozialistischer jemand eingestellt ist, desto höher sollte die Quote sein, und je rechter und liberaler die Gesinnung ist, desto niedriger sollte die Quote sein. Zwischenzeitlich hat sich in Deutschland insofern ein Konsens gebildet, dass ein Wert von 40 Prozent als realistische Zielgröße dienen könnte. Das heißt, der Anteil der Staatsausgaben sollte nicht mehr als 40 Prozent des Bruttoinlandsprodukts ausmachen.

Zielgröße für die Staatsquote in Deutschland: 40 %!

Um eine Maßgröße wie die Staatsquote einschätzen zu können, bietet sich neben der Formulierung einer Zielgröße auch ein zeitlicher und ein räumlicher Vergleich an: Welchen Wert hatte die Staatsquote in früheren Jahren und wie hat sie sich seither entwickelt? Wie hoch oder niedrig ist die Staatsquote Deutschlands im Vergleich zu anderen Wirtschaftsnationen?

10.4.2   Die Staatsquote im Zeitablauf und internationalen Vergleich

Beginnen wir im Jahre 1960 und schauen uns die Entwicklung der Staatsquote in Deutschland bis heute an (Abbildung 2.34).

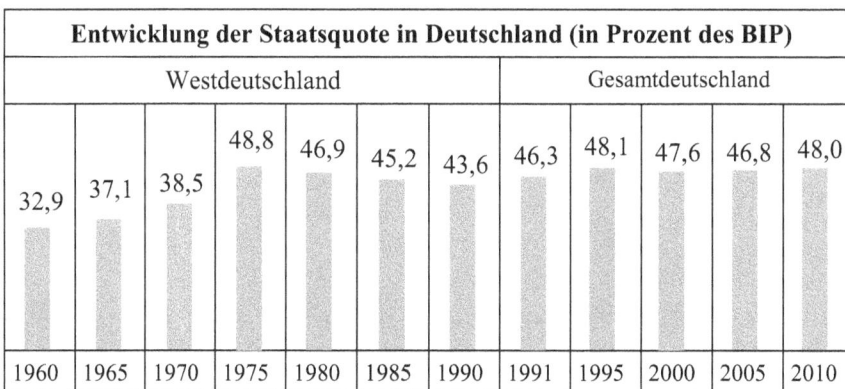

Entwicklung der Staatsquote in Deutschland (in Prozent des BIP)											
Westdeutschland							Gesamtdeutschland				
32,9	37,1	38,5	48,8	46,9	45,2	43,6	46,3	48,1	47,6	46,8	48,0
1960	1965	1970	1975	1980	1985	1990	1991	1995	2000	2005	2010

Abbildung 2.34: Entwicklung der Staatsquote. [Quelle: Bundesministerium für Finanzen]

Die Staatsquote hat sich in Deutschland von rund 33 Prozent im Jahr 1960 auf fast 50 Prozent im Jahr 1975 erhöht. Die Ölpreiskrise und die damit verbundene keynsianische Reaktion einer Staatsausgabenerhöhung sind eine singuläre Ursache für diesen Anstieg; vor allem jedoch ist eine Expansion der Transferzahlungen wesentliche Ursache für die Erhöhung der Staatsausgaben.[140] Nachdem in den letzten Jahren Bemühungen um eine Reduzierung der Staatsquote gefruchtet hatten, machte die Wirtschaftskrise im Jahr 2009 diesem positiven Trend vorerst ein Ende.

Ob der Korridor von 40 bis 50 Prozent einen üblichen Rahmen für die Staatsquote darstellt, zeigen die Staatsquoten im internationalen Vergleich.

Europa: Betrachtet man die Staatsquoten im europäischen und internationalen Vergleich (Abbildung 2.35), fallen Länder auf, die eine relativ hohe Staatsquote haben, wie Dänemark und Schweden, und solche, die im Vergleich eine relativ niedrige Quote aufweisen, wie Bulgarien, Rumänien und die Slowakei. Auch die USA und Japan können mit relativ niedrigen Quoten aufwarten.

Staatsquoten im europäischen und internationalen Vergleich (Stand 2010)			
Land	**%**	**Land**	**%**
Dänemark	57,6	Zypern	46,8
Schweden	55,6	Estland	46,7
Frankreich	55,1	Tschechien	46,5
Finnland	55,0	Malta	46,3
Belgien	53,8	Polen	46,1
Österreich	52,6	Litauen	46,0
Großbritannien	52,1	Lettland	45,7
Portugal	51,5	Spanien	45,6
Niederlande	50,9	Luxemburg	43,9
Italien	50,8	Bulgarien	39,5
Slowenien	50,2	Rumänien	38,6
Griechenland	49,4	Slowakei	37,5
Ungarn	49,4	EU-27	50,6
Irland	49,1	USA	43,8
Deutschland	**48,3**	Japan	41,6

Abbildung 2.35: Staatsquoten im europäischen Vergleich. [Quelle: BFM]

10.4.3   Abgabenquote

Wenn die Staatsquote als Gesamtausgaben des Staates im Verhältnis zu den gesamten Ausgaben der Wirtschaft definiert ist, müsste sich die Staatsquote analog über die Einnahmenseite bestimmen lassen. Denn was der Staat für Schulen, Straßen und Krankenhäuser ausgibt, muss er vorher über Steuern und Sozialversicherungsbeiträge eingenommen haben.

---

[140] Einen gesetzmäßigen Trend wachsender Staatsausgaben beim Übergang vom Ordnungs- zum Wohlfahrtsstaat meint Adolph Wagner (deutscher Ökonom, 1835 - 1917) erkannt zu haben. Man spricht deshalb auch vom Wagnerschen Gesetz.

- Staatsquote: Ausgabenseite des Staates
- Abgabenquote: Einnahmenseite des Staates

Abgaben: Steuern und Sozialversicherungsbeiträge sind aus Sicht der Steuer- und Beitragszahler nichts anderes als Abgaben, die an den Staat zu entrichten sind. Nimmt man diese Abgaben, die wir alle, ob Arbeitnehmer oder Arbeitgeber zu entrichten haben, und fasst sie zu den Gesamtabgaben zusammen und setzt diese ebenfalls ins Verhältnis zum Bruttoinlandsprodukt einer Volkswirtschaft, erhält man die Abgabenquote.

Abgabenquote:

➢ Anteil der Steuern und Sozialversicherungsbeiträge (Abgaben) am Bruttoinlandsprodukt

---

Wenn die Ausgaben des Staates seinen Einnahmen entsprechen, müsste die Abgabenquote den gleichen Wert haben wie die Staats(ausgaben)quote. Schaut man sich den Wert für Deutschland im Jahr 2010 an, wird man jedoch feststellen, dass die Abgabenquote nur 38 Prozent beträgt. Zur Erinnerung: Die Staatsquote als Verhältnis der Ausgaben zum Bruttoinlandsprodukt beträgt 48 Prozent. Wie kann das sein?

Die Logik kann nur eine Antwort geben: Die gesamten Ausgaben des Staates müssen größer sein als die Einnahmen des Staates durch Steuern und Sozialversicherungsbeiträge. Und das ist auch tatsächlich der Fall. Der Staat hat weitere Einnahmen wie Bundesbankgewinne, Privatisierungserlöse und Einnahmen durch Kredite. Diese Einnahmen sind nicht in den Abgaben enthalten. Insofern ist die Staatsquote als Ausgabenquote höher als die Abgabenquote durch die Steuer- und Beitragseinnahmen.[141]

Abgabenquote: 38 % (Stand 2010)

<u>Berechnung</u>: Steuereinnahmen (T):   531 Mrd. €
                       Sozialversicherungsbeiträge (Tr): 413 Mrd. €*

Abgabenquote = (T+Tr) / BIP = 944 / 2.500 = 38 %

---

* Hinweis: Die Sozialversicherungsbeiträge setzen sich aus den tatsächlich gezahlten Sozialbeiträgen zusammen. Unterstellte Beiträge für Beamte sind nicht enthalten!

---

[141] je nach Einbeziehung verschiedener Positionen in die Abgaben, z. B. fiktive Sozialversicherungsbeiträge für Beamte, können sich unterschiedliche Abgabenquoten ergeben (vgl. Statistisches Bundesamt und OECD).

10.5 Schattenwirtschaft und Schwarzarbeit

Für viele Bürger ist sie ein Kavaliersdelikt, für den Staat ein ärgerliches Übel und für Experten ein nicht ganz leicht einzuschätzendes Phänomen – die Schwarzarbeit oder die Schattenwirtschaft.[142]

10.5.1 Definition und Messung von Schwarzarbeit

Wie der Name sagt, ist Schwarzarbeit oder Schattenwirtschaft nicht etwas, das im „Hellen" und Offiziellen geschieht, sondern im „Dunkeln" und Verborgenen. Wenn die Leistung für den Handwerker nicht über eine Rechnung beglichen wird, sondern in bar bezahlt wird, ohne dass eine Steuer an den Staat entrichtet wird, ist das eine illegale, nicht gemeldete Beschäftigung. Unter Schwarzarbeit versteht man also Arbeitsleistungen, die für andere erbracht werden und bei denen die gesetzlichen Anmelde- und Anzeigepflichten umgangen werden. Insbesondere die Bauwirtschaft, das Handwerk und der Tourismus gelten als für Schwarzarbeit anfällige Branchen.

Schwarzarbeit:

➤ Arbeitsleistungen, die für andere erbracht werden und bei denen die steuerlichen und sozialversicherungsrechtlichen Pflichten umgangen werden (illegale, nicht gemeldete Beschäftigung).

Für die Akteure ist Schwarzarbeit verführerisch, kann man doch einiges an Abgaben und auch an umständlicher Bürokratie sparen. Für den Staat bedeutet Schwarzarbeit mehr oder weniger hohe Einnahmeausfälle.

Messung: Das Ausmaß der Schwarzarbeit zu messen, ist per se schwierig, da das Wesen der Schwarzarbeit als illegale, nicht gemeldete Beschäftigung gerade darin besteht, nicht offiziell zu sein, sondern im „Dunkeln" zu geschehen. Eine Möglichkeit der Bestandsaufnahme „schwarzer Arbeit" besteht darin, dass Wissenschaftler Menschen nach ihren Schwarzmarktaktivitäten befragen. Solche Umfrageergebnisse beziffern die Schwarzarbeit auf rund 4 Prozent des Bruttoinlandsprodukts.

Messung der Schwarzarbeit:
- Umfrageergebnisse (Repräsentativ-Umfragen)
- Erhöhung der Bargeldnachfrage (Bargeldumlauf)
- Entdeckungen („Delikte")

---

[142] Die Schattenwirtschaft kann weiter gefasst werden als die Schwarzarbeit und umschreibt alle wirtschaftlichen Aktivitäten, die nicht in das BIP eingehen. Neben der eigentlichen Schwarzarbeit gehören dann auch die „normale" Haushalts- und Selbstversorgungswirtschaft sowie das Ehrenamt dazu. Zuletzt kann auch die kriminelle Untergrundwirtschaft (Korruption, Drogenhandel, etc.) zur Schattenwirtschaft gezählt werden.

Eine andere Methode setzt an der Bargeldnachfrage an. Da verbotene Arbeit meist in bar bezahlt wird, kann von der zusätzlichen Nachfrage nach Euro-Scheinen auf den Umfang der illegalen Beschäftigung geschlossen werden.

Ausmaß der Schwarzarbeit:

- laut Schätzungen 348 Milliarden Euro (Deutschland 2010)
- entspricht einem Anteil von 13,9 Prozent am Bruttoinlandsprodukt

---

Schätzungen hierzu fallen deutlich höher aus, als die aus den Umfragen gewonnenen Ergebnisse. Offiziell wird die „inoffizielle Beschäftigung" für 2010 in Deutschland mit 13,9 Prozent des Bruttoinlandsprodukts angegeben. Dies entspricht einem Betrag von 348 Milliarden Euro.

10.5.2 Entwicklung der Schwarzarbeit in Deutschland

Schaut man sich die Entwicklung der letzten Jahre in Deutschland an, so hat die Schwarzarbeit einen regelrechten Boom erfahren. Man ist fast versucht zu sagen, dass eine schlechte offizielle Wirtschaftsentwicklung mit einer guten inoffiziellen einhergeht. Zudem gilt, dass der Anteil am Bruttoinlandsprodukt in dem Maß zunimmt, wie die Schwarzarbeit steigt und das Bruttoinlandsprodukt abnimmt.

1995 lag der Anteil der Schwarzarbeit mit einem Umsatz von 241 Milliarden Euro bei 13,9 Prozent des Bruttoinlandsprodukts und stieg dann auf 370 Milliarden Euro im Jahr 2003 an. Danach ging die Schwarzarbeit zurück, um aktuell in 2011 auf 13,7 Prozent prognostiziert zu werden (Abbildung 2.36).

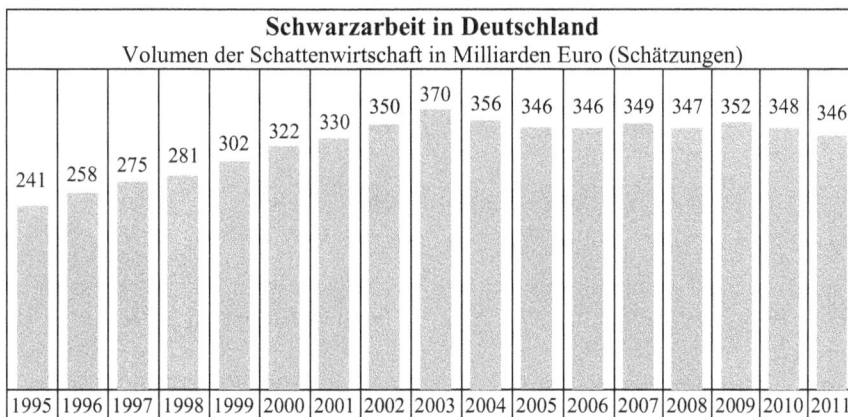

Schwarzarbeit in Deutschland
Volumen der Schattenwirtschaft in Milliarden Euro (Schätzungen)

1995	1996	1997	1998	1999	2000	2001	2002	2003	2004	2005	2006	2007	2008	2009	2010	2011
241	258	275	281	302	322	330	350	370	356	346	346	349	347	352	348	346

Abbildung 2.36: Schwarzarbeit in Deutschland. [Quelle: IAW, Prof. Schneider]

Je mehr die Reformen am Arbeitsmarkt und im Steuerrecht und in der Sozialversicherung greifen, desto eher wird ein Absinken der Schwarzarbeit zu erwarten sein. Man geht nämlich davon aus, dass eine Absenkung der Steuer- und Abgabenlast um 10 Prozentpunkte die Schattenwirtschaft um über 2 Prozentpunkte verringert.

10.5.3   Schwarzarbeit im internationalen Vergleich

Im internationalen Vergleich liegt Deutschland im Mittelfeld der Industrieländer. Besonders stark ausgeprägt ist die Schwarzarbeit in den Mittelmeerländern. In Griechenland liegt die Quote bei rund 26 Prozent, in Italien bei über 20 Prozent und in Spanien und Portugal bei jeweils rund 19 Prozent.

Am anderen Ende der Skala rangieren die USA, Schweiz und Österreich mit Quoten von unter 8 Prozent gemessen am Bruttoinlandsprodukt. Auch Japan und die Niederlande gehören mit Quoten von jeweils unter 10 Prozent zu den Staaten mit relativ niedrigem Schattenwirtschaftsanteil. (Abbildung 2.37)

Schattenwirtschaft im Ländervergleich
Prozentualer Anteil am Bruttoinlandsprodukt (Stand 2011 / Schätzung)

Land	Prozent
Griechenland	25,8
Italien	21,6
Portugal	19,4
Spanien	19,2
Belgien	17,1
Norwegen	14,8
Schweden	14,7
Dänemark	13,8
Deutschland	13,7
Finnland	13,7
Irland	12,8
Frankreich	11,0
Großbritannien	10,5
Niederlande	9,8
Japan	9,0
Österreich	8,0
Schweiz	7,9
USA	7,0

Abbildung 2.37: Schattenwirtschaft im internationalen Vergleich.
[Quelle: IAW Tübingen, Prof. Schneider]

10.5.4   Ursachen und Bekämpfung der Schwarzarbeit

Wird Schwarzarbeit als illegales und den Staatshaushalt schädigendes Verhalten klassifiziert, hat erstens die Bekämpfung von Schwarzarbeit Priorität und zweitens diese Bekämpfung zwei logische Ansätze, den juristischen im Sinne der Symptom- und Folgenbekämpfung (Strafe und Verfolgung) und den wirtschaftlichen im Sinne der Ursachenbekämpfung (Vermeiden der Gründe für Schwarzarbeit durch Abgabensenkung und Deregulierung).

Helfen beide letztlich vom Staat initiierten Maßnahmen nicht aus, bleibt schließlich nur die moralische Einsicht und das Unrechtsbewusstsein jedes Einzelnen im Sinne von „So etwas tut man nicht!".

Juristische Perspektive:

➤ Verbot von Schwarzarbeit und Strafverfolgung.

Wirtschaftliche Perspektive:

➤ Beseitigung der Ursachen von Schwarzarbeit durch Senkung der Abgabenlast und Deregulierung des Arbeitsmarktes.

Moralische Perspektive:

➤ Unrechtsbewusstsein „So etwas tut man nicht!".

---

a) Strafe und Verfolgung

Aus der juristischen Sichtweise wird Schwarzarbeit als illegales, verbotenes Tun betrachtet, was mit Strafe und Verfolgung geahndet wird – unabhängig von den Ursachen und der „Berechtigung" dieser illegalen Beschäftigung. Dieser juristische Ansatz der Bekämpfung von Schwarzarbeit ist in den letzten Jahren verschärft worden.

„Gesetz zur Intensivierung der Bekämpfung der Schwarzarbeit und damit zusammenhängender Steuerhinterziehung" (2004)[143]

Ordnungswidrigkeit und Straftatbestand Die maximale Geldbuße für illegale Arbeit ist von 5.000 auf 500.000 Euro heraufgesetzt worden. Zudem soll zukünftig Schwarzarbeit nicht mehr nur als Ordnungswidrigkeit, sondern auch als Straftatbestand eingestuft werden (jedoch nicht bei haushaltsnahen Dienstleistungen wie dem Beschäftigen einer Putzhilfe).

Die Zuständigkeit für die Verfolgung von Delikten soll von der Bundesagentur für Arbeit auf den Zoll übergehen. Die Personal- und Sachkosten der Schwarzarbeitsbekämpfung sind mit rund einer halben Milliarde Euro zu kalkulieren (Stand 2010).

b) Abgabensenkung und Deregulierung

Als Hauptursache für illegale Beschäftigung werden neben der kriminellen Energie vor allem wirtschaftliche Anreize gesehen, also das Verlangen, etwas mehr „in der Tasche zu haben", ja vielleicht sogar die „Notwendigkeit" auf dieses „etwas mehr" angewiesen zu sein. Denn je höher die Abgabenbelastung durch Steuern und Sozialabgaben ist, desto eher wird man versucht sein, diese Abgabenbelastung zu umgehen.

---

[143] Dieses Gesetz ist eine Weiterführung und Zusammenfassung des Gesetzes zur Bekämpfung der Schwarzarbeit aus dem Jahr 1957 (30.03.1957) und 1982 (29.01.1982).

Steuer- und Abgabenbelastung: In Deutschland beträgt die Steuer- und Abgabenbelastung der Arbeitskosten (einschließlich Mehrwertsteuer und Arbeitgeberanteil zur Sozialversicherung), die für einen ledigen Durchschnittsverdiener anfallen, 67,3 Prozent. Vergleicht man die Steuer- und Abgabenbelastung und die Quoten der Schwarzarbeit in anderen Ländern, lässt sich feststellen, dass die Länder, welche eine niedrige Abgabenbelastung aufweisen (Japan, Schweiz und USA mit jeweils unter 40 Prozent), auch die Länder sind, die eine niedrige Schattenwirtschaftsquote haben.

Wenn auch nicht alle Länder diesen Zusammenhang bestätigen, wird man im Grundsatz doch sagen können, dass mit zunehmender Abgabenbelastung der Anreiz für das Umgehen dieser Belastungen ebenfalls zunimmt. Je niedriger die Steuern und Sozialabgaben, desto weniger Anreiz und Notwendigkeit besteht, diese vermeiden zu wollen. Steuersenkungen und Reduzierungen der Sozialversicherungsbeiträge fallen dem Staat jedoch äußerst schwer, fürchtet er doch hohe Einnahmeausfälle. Diese sollen zwar durch vermehrte offizielle Tätigkeit kompensiert werden – was ja Sinn der ganzen Sache ist -, wobei diese Kompensierung jedoch Zeit braucht und eventuell auch nicht den gewünschten Effekt hat.

Regulierungsdichte: Neben der zu hohen Abgabenbelastung, die als Grund für Schwarzarbeit betrachtet wird, gilt auch die zu hohe Regulierungsdichte auf dem Arbeitsmarkt als Ursache für illegale Beschäftigungen. Je komplizierter es ist, jemanden anzustellen oder selbst eine unternehmerische Beschäftigung zu ergreifen, desto eher ist man versucht, den Weg der Beschäftigungsaufnahme zu vereinfachen, indem das „per Handschlag" geschieht. Besonders kleine Jobs wie Putzarbeiten oder Aushilfstätigkeiten werden gerne am Staat vorbei organisiert.

Mit der Einführung von Minijobs und Erleichterungen bei der Existenzgründung – zum Beispiel teilweise Abschaffung des Meisterzwangs – versucht die Bundesregierung hier Erleichterung zu verschaffen, die gepaart mit einer schärferen strafrechtlichen Verfolgung die Schwarzarbeit in Deutschland zurückdrängen soll. Die Steuer- und Sozialversicherungsreformen sind noch in Gange und werden ebenfalls ihre Auswirkungen zeigen.

c) Unrechtsbewusstsein „So etwas tut man nicht!"

Ob Maßnahmen und Reformen greifen, wird auch damit zu tun haben, inwieweit Menschen dem Staat vertrauen: Wird das Geld, das an den Staat zwangsabgeführt wird, auch gut verwendet? Wird Leistungsfähigkeit auch tatsächlich belohnt und nicht durch ein Zuviel an Abgaben beeinträchtigt? Gebietet die Wertehaltung des Einzelnen auch ohne Zwang und Strafandrohung, das zu tun was rechtens ist?

Moral und Motivation der Bürger sind belastbar, dürfen aber nicht überstrapaziert werden. Beides muss sich lohnen: Motivation und Leitungsbereitschaft einerseits und Moral und ehrliches Handeln andererseits.

11 Sozialpolitik und Daseinsvorsorge

11.1 Einführung in die Sozialpolitik

Wirtschaftspolitik in Zeiten grundlegender Reformen beinhaltet vor allem zwei Themen, erstens die Steuerpolitik und zweitens die Sozialpolitik. Im Rahmen der Sozialpolitik und der Infragestellung verschiedener sozialer „Errungenschaften", stellen sich Politiker und Bürger Fragen wie:

- Ist meine Rente sicher?
- Werde ich ab einem Lebensalter von 80 Jahren noch operiert?
- Muss ich Zahnersatz selbst bezahlen?
- Welche Unterstützung bekomme ich, wenn ich arbeitslos werde?

Analog zu diesen Fragen lassen sich die wichtigsten Themenbereiche der Sozialpolitik bestimmen, nämlich die Rentenpolitik, die Gesundheitspolitik und die Arbeitsmarktpolitik. Bevor auf diese einzelnen Themenbereiche näher eingegangen wird, ist die Sozialpolitik im Allgemeinen zu definieren und zu erläutern.

11.1.1 Definition und Systematik der Sozialpolitik

Mit Sozialpolitik verbindet man üblicherweise die sozialen Sicherungssysteme wie Kranken-, Arbeitslosen- und Rentenversicherung. Neben dieser traditionellen und engeren Sichtweise von Sozialpolitik lässt sich Sozialpolitik auch weiter fassen. Dann meint Sozialpolitik eine Einstellung und Haltung dem Mitmenschen gegenüber, die von Moral und Werten geprägt ist, und sie meint die Ordnung der Gesellschaft nach bestimmten Wertvorstellungen wie Freiheit und Verantwortung. Sozialorientierung in diesem Sinne charakterisiert und prägt unseren Staat neben den anderen Prinzipien der Demokratie, der Rechtstaatlichkeit und der marktwirtschaftlichen Ordnung.

Definition von Sozialpolitik:

- ➤ i.w.S.: Ordnung des gesellschaftlichen Zusammenlebens nach Maßgabe bestimmter Wertvorstellungen (soziale Politik).
- ➤ i.e.S.: Planung und Durchführung von Maßnahmen zum Erhalt und zur Verbesserung der Lebensgrundlagen gesellschaftlich schwacher und schutzbedürftiger Gruppen (System der sozialen Sicherung).

Institutionelle Ebenen: Die Gestaltung der unterschiedlichen Bereiche ist vor allem eine nationale Angelegenheit, besitzt aber auch eine supranational europäische und eine international weltweite Dimension, wenn auch bei weitem nicht in dem Maße, wie das bei der Geldpolitik oder der Außenwirtschaftspolitik der Fall ist. Nach innen kann die Sozialpolitik weiter in die gemeinschaftliche, betriebliche und individuelle Ebene differenziert werden. Hinzu kommen Sonderformen wie zum Beispiel kirchliche Träger (Abbildung 2.38).

Institutionelle Ebenen der Sozialpolitik		
Ebenen	**Institutionen (Träger)**	**Beispiele**
international	Sozialcharta der Vereinten Nationen	• Verbot von Sklaverei • Soziale Mindeststandards
supranational	Europäische Sozialpolitik	• EU-Sozialfonds
national	Staatliche Sozialpolitik (Bund, Länder und Gemeinden)	• Sozialversicherungssystem in Deutschland • Arbeitsschutzgesetze
gemeinschaftlich	Arbeitgeberverbände und Gewerkschaften	• tarifvertragliche Urlaubsregelungen
betrieblich	Sozialpolitik der Unternehmen	• Betriebskrankenkasse • Betriebliche Altersvorsorge • Betriebskindergarten
individuell	Eigenvorsorge	• Sparen und Versicherungen
Sonderformen	Kirchen	• Kinderheime

Abbildung 2.38: Ebenen der Sozialpolitik.

Subsidiaritätsprinzip: Wenn es in der Sozialpolitik und in der Daseinsvorsorge um Zuständigkeiten geht, sollte das Subsidiaritätsprinzip zum Tragen kommen. Das heißt, zuerst kümmert man um sich selbst und erst wenn das nicht mehr geht, sorgen sich Verantwortliche auf der nächst höheren Verantwortungsebene um das Wohlergehen.

Subsidiaritätsprinzip:

> Für die Problemlösung ist derjenige zuständig, bei dem das Problem entsteht. Erst wenn die Selbsthilfe nicht möglich ist, setzt die Hilfe anderer (übergeordneter oder entfernterer) Stellen ein.[144]

Beispiel: Habe ich Husten, mache ich mir einen Erkältungstee und erst wenn es nicht besser wird, nehme ich das staatliche Krankversicherungssystem (mit Arztbesuch, Krankmeldung im Betrieb, Rezeptausstellung, etc.) in Anspruch.

Inhaltliche Bereiche: Kern der Sozialpolitik ist die Gestaltung sozialer Sicherungssysteme wie Renten-, Arbeitslosigkeits- oder Krankenversicherung. Darüber hinaus können im Rahmen der Sozialpolitik Bereiche wie die Arbeitsmarktpolitik (z. B. Arbeitszeit, Arbeitsvermittlung oder Mitbestimmung) und die Gesell-

---

[144] Woll 2008, S. 727.

schaftspolitik (z. B. Familien- oder Bildungspolitik) thematisiert werden.[145] In Abbildung 2.39 sind diese unterschiedlichen Bereiche der Sozialpolitik dargestellt.

Bereiche der Sozialpolitik				
Soziale Sicherung	**Arbeitnehmerschutz im Betrieb**	**Ordnung des Arbeitsmarktes**	**Betriebs- und Unternehmensverfassung**	**Gesellschaftspolitik**
Renten-, Unfall-, Arbeitslosen-, Krankenversicherung, Sozialhilfe	Betriebsgefahrenschutz, Arbeitszeitregelung, Kündigungs- und Lohnschutz	Arbeitsförderung, -vermittlung und -beratung; Tarifpolitik	Informations-, Einspruchs-, Mitberatungs- und Mitbestimmungsrechte	Familie, Jugend, Alter; Bildung; Wohnungsförderung

Abbildung 2.39: Bereiche der Sozialpolitik [Quelle: In Anlehnung an May, 2008]

11.1.2   Ordnungs- und Gestaltungsprinzipien der Sozialpolitik

Da Sozialpolitik per se sozial und kollektiv ausgelegt ist, spielt das Ausmaß der staatlichen Einflussnahme hier eine besonders große Rolle. Leitbilder bzw. Ordnungsprinzipien der Sozialpolitik bewegen sich zwischen den beiden Polen der Freiheit und Selbstverantwortung auf der einen Seite und der Solidarität und Pflichtverantwortung auf der anderen Seite (Abbildung 2.40).

Individualprinzip	Sozialprinzip
Der Einzelne steht über der Gemeinschaft!	Die Gemeinschaft steht über dem Einzelnen!
→ „Leistungsgesellschaft"	→ „Sozialstaat"
Recht auf freie Entfaltung der Persönlichkeit: Freiheit, Eigenverantwortung und Selbsthilfe.	Kollektive Vorsorge: Unzureichende Bereitschaft und Fähigkeit der individuellen Vorsorge.
Nicht distributive Gerechtigkeit, sondern gleiche Ausstattung mit Freiheitsrechten und Chancen.	Grundsatz der Solidarität und der sozialen Gerechtigkeit.
Gerechte Handlungsregeln statt Verteilungsergebnis, z. B. Marktmechanismus.	Verteilungsgerechtigkeit: Staat sorgt für gerechte Güterverteilung.
Problem: Fehlende Versicherbarkeit bestimmter Risiken.	Problem: Einschränkung der Leistungsbereitschaft

Abbildung 2.40: Individualprinzip versus Sozialprinzip.

---

[145] Die Systematik ist letztlich „Geschmacksache". Arbeitsmarktpolitik kann als eigenständiger Politik- und Reformbereich aufgefasst werden oder sie kann als Teilbereich der Sozialpolitik definiert werden.

Während das Individualprinzip Freiheit des Individuums, Selbstverantwortung und Chancengleichheit betont, fordert das Sozialprinzip staatliche Vorsorge, Solidarität und Verteilungsgerechtigkeit.[146]

Die Sozialpolitik im Sinne der Daseinsvorsorge lässt sich durch einige wesentliche Prinzipien charakterisieren. In folgender Abbildung (2.41) sind diese Prinzipien im Zusammenhang dargestellt. Manche dieser Prinzipien wie Sparen und Versicherung sind verständlich, andere Prinzipien wie Versorgung und Fürsorge erschließen sich nicht auf den ersten Blick und bedürfen der Erklärung.[147]

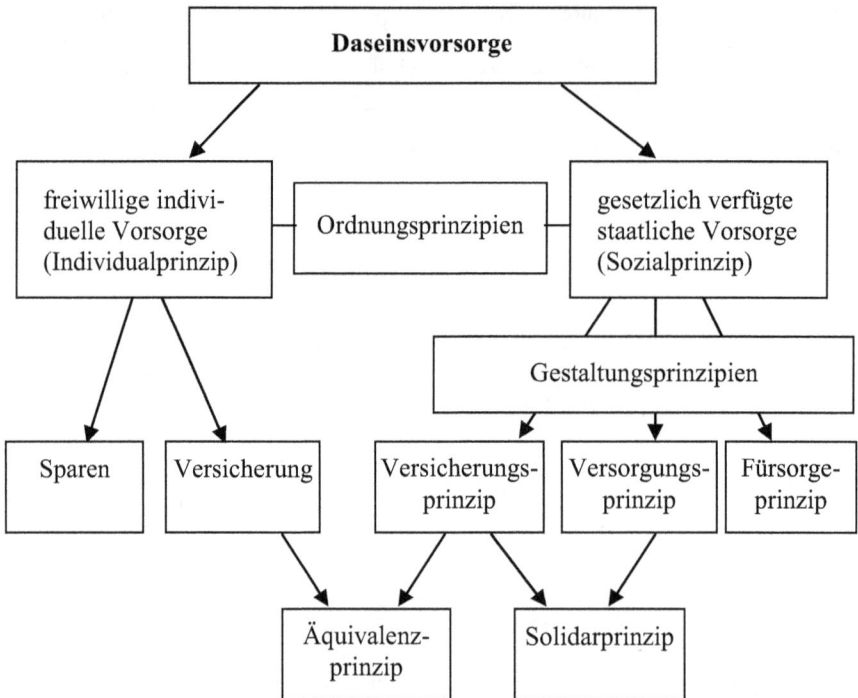

Abbildung 2.41: Prinzipien der Daseinsvorsorge [Quelle: Dietmar Kath: Sozialpolitik. In: Vahlens Kompendium der Wirtschaftstheorie und Wirtschaftspolitik, Bd. 2, 1999, S. 503]

---

[146] Hier kommen auch unterschiedliche Prägungen kontinentaleuropäischen und amerikanischen Versicherungsdenkens zum Ausdruck. Die Europäer sicherten ihre Seefahrten durch Versicherungssysteme ab („Beten ist gut. Versicherung ist besser."). Die Amerikaner dagegen sicherten sich durch „Gott" (Dollarnote: „We trust in God") und Schusswaffen ab. [Vgl. auch Peter Sloterdijk: Im Weltinnenraum des Kapitals, 2005, 138 - 150].

[147] Die Begriffe „Solidar" und „Solidarität" (siehe bspw. „Solidarprinzip" im Schaubild 2.41) werden synonym verwendet!

1) Individualprinzip

Individualprinzip meint, dass die Verantwortung für die Vorsorge beim einzelnen Menschen, beim Individuum, liegt – und zwar freiwillig.

Individualprinzip: freiwillige individuelle Vorsorge.

Diese individuelle, private Vorsorge kann auf zwei grundlegende Weisen geschehen – durch Ersparnisbildung und durch den Abschluss von Versicherungen.

1a) Sparen

Sparen bedeutet Vorsorge durch Ersparnisbildung, sei es, dass man Geld auf dem Sparkonto anlegt oder in Aktien investiert.

1b) Versicherung

Die zweite Möglichkeit der privaten Vorsorge besteht darin, durch den Zusammenschluss einer hinreichend großen Zahl von Individuen zu einer Gemeinschaft Versicherungen abzuschließen. Versicherungen werden üblicherweise gegen Risiken wie Krankheit, Tod, Unfall oder Arbeitsunfähigkeit abgeschlossen. Tritt der versicherte Fall ein, erhält der Versicherungsnehmer oder dessen Angehörige entsprechende Beitragsleistungen.

Versicherung: ➢ „Finanzdienstleistung, bei der das Versicherungsunternehmen (Anbieter) dem Versicherten (Nachfrager) eine bedingte Zusage auf Gewährung einer Leistung im Schadensfall gibt."[148]

Versicherungen können aber nicht nur *gegen* etwas, sondern auch *für* etwas abgeschlossen werden, sei es die Ausbildungsversicherung für die Kinder oder die Lebensversicherung für den Kapitalaufbau.

2) Sozialprinzip

Das Sozialprinzip ist durch eine gesetzlich verfügte Vorsorge gekennzeichnet. Im Gegensatz zur individuellen Vorsorge handelt es sich also um eine staatliche Zwangsvorsorge.

Sozialprinzip: ➢ staatliche Zwangsvorsorge (gesetzlich verfügt), z. B. gesetzliche Sozialversicherung.

---

[148] Lexikon Volkswirtschaft, 2000, S. 1021f.

Diese staatlich verfügte Vorsorge beruht auf unterschiedlichen Prinzipien, wozu das Versicherungsprinzip, das Versorgungsprinzip und das Fürsorgeprinzip gehören.

2a) Versicherungsprinzip

Beiträge: Die Beitragshöhe ist üblicherweise abhängig vom Einkommen.

Leistungen: Leistungen erfolgen bei Eintritt von Notfallsituationen wie Arbeitslosigkeit und Krankheit. Der Anspruch ergibt sich aufgrund der geleisteten Beiträge ohne Bedürftigkeitsprüfung. Die Leistungshöhe ist in der Regel abhängig von der Höhe der eingezahlten Beiträge (vgl. Arbeitslosigkeit und Rente); Leistungen aus der Krankenversicherung wie zum Beispiel eine Operation sind dagegen „gleich" (relative Beitragsäquivalenz).

Versicherungsprinzip:

➢ Leistungsansprüche bei Eintritt der Notfallsituation.
  (z. B. Arbeitslosigkeit oder Krankheit)

➢ Voraussetzung: Beitragszahlungen im Rahmen der Versicherung.
  (z. B. Arbeitslosen- oder Krankenversicherung)

Die Versicherungskasse ist getrennt vom Staatshaushalt, das heißt in der Regel nicht steuerfinanziert (betrifft Kranken-, Renten- und Arbeitslosenversicherung).

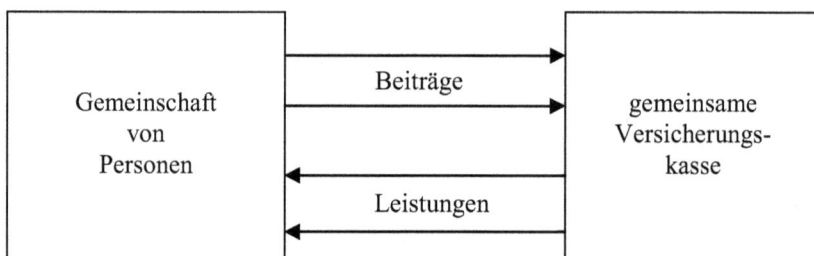

Kalkulation von Beiträgen und Leistungen: Das Versicherungsprinzip als gesetzlich verfügte Vorsorge geht von der Annahme aus, dass Risiken umso kalkulierbarer sind, je größer die relevante Gruppe und je homogener die Gruppenmitglieder sind (man denke an Rentner oder Kranke). So ist zum Beispiel die eigene Lebenserwartung kaum kalkulierbar, sehr wohl aber die Lebenserwartung der über 80 Millionen Menschen in Deutschland. Ob eine bestimmte Person beispielsweise Krebs bekommt oder nicht, ist kaum kalkulierbar, aber für eine Masse von Menschen existieren eindeutige Häufigkeitswahrscheinlichkeiten.

Bemessung der Beitragssätze: Der Unterschied zwischen individueller Versicherung und kollektiver Versicherung zeigt sich auch in der Bemessung der Beitragssätze. Beim privaten Risikoschutz im Rahmen des Individualprinzips werden die Versicherungsprämien auf der Grundlage von Risikoausgleichskalkülen nach dem

Prinzip der versicherungstechnischen Äquivalenz (Prämienleistung≡ beanspruch -
bare Leistung ≡ Wahrscheinlichkeit des Risikoeintritts) bemessen.

Beiträge in der Sozialversicherung orientieren sich nicht (zumindest bisher) an
individuellen Risikowahrscheinlichkeiten (Rauchen oder Gewicht im Rahmen der
Krankenversicherung oder Bildungsniveau im Rahmen der Arbeitslosenversicherung), sondern am Gehalt der Beitragszahler.

2b) Versorgungsprinzip

Im Gegensatz zum Versicherungsprinzip entstehen Leistungsansprüche nicht
aufgrund von Beitragszahlungen, sondern aufgrund anderer Voraussetzungen wie
das Erbringen von Leistungen für den Staat. Dies betrifft Beamte und Wehrdienst-
leistende, die vom Staat als ihrem Dienstherrn und Arbeitgeber *versorgt* werden.
So kümmern sich beispielsweise Landesämter für Besoldung und Versorgung um
die Gehaltszahlungen und die Gesundheitsleistungen ihrer Landesbediensteten.

Versorgungsprinzip:

➤   Leistungsansprüche (z. B. Gehälter und Krankenversicherung) auf
    Grundlage einer generellen Bedürftigkeit.

➤   Voraussetzung: Leistungserbringung für den Staat (z. B. Beamte und
    Wehrdienstleistende).

Generelle Bedürftigkeit: Zur staatlichen Versorgung gehören auch die Kriegsop-
ferversorgung und der Lastenausgleich für Vertriebene. Auf diese Leistungen
besteht ein grundsätzlicher Rechtsanspruch, der sich auf Grundlage einer „generellen Bedürftigkeit" ergibt. Die Finanzierung dieser Versorgungsleistungen erfolgt
über Steuereinnahmen.

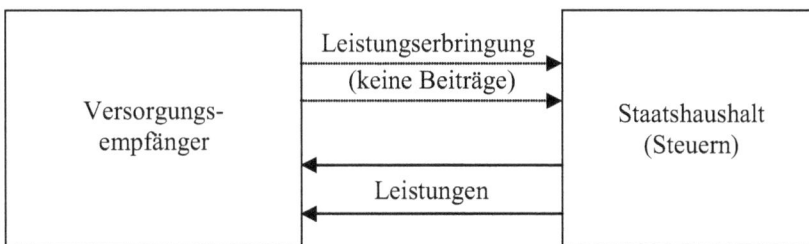

2c) Fürsorgeprinzip

Spezielle Bedürftigkeit: Während das Versorgungsprinzip auf einer *generellen*
Bedürftigkeit beruht, beruht das Fürsorgeprinzip auf der sogenannten speziellen
Bedürftigkeit. Grundlage oder Anlass einer solch „speziellen Bedürftigkeit" kann
der Eintritt eines Schadensfalls oder einer Notlage sein, unabhängig davon ob
diese un- oder selbstverschuldet ist.

Fürsorgeprinzip:

➢ Leistungsansprüche auf der Grundlage einer speziellen Bedürftigkeit
   (z. B. Sozialhilfe)

➢ Voraussetzung: Eintritt eines Schadensfalles oder eines Notfalls
   (z. B. Langzeitarbeitslosigkeit oder Obdachlosigkeit)

In solchen Schadensfällen oder Notlagen – man denke zum Beispiel an Arbeitslosigkeit, bei der die Arbeitslosenversicherung nicht greift – werden öffentliche Geld- und/oder Sachleistungen gewährt. Unter das Fürsorgeprinzip fällt in Deutschland die Sozialhilfe und auch das Arbeitslosengeld II.

Für Sozialhilfe besteht im Übrigen ein Rechtsanspruch, der „dem Grunde nach" zu gewähren ist, nicht aber in Art und Höhe garantiert wird. Die Sozialhilfe wird aus Steuern finanziert und ist Aufgabe der Gemeinden und Städte. Der Fall „Florida-Rolf"[149] verdeutlicht auch die Kritik am Fürsorgeprinzip: Unbestimmtheit der Leistungen, Notwendigkeit der Bedürfnisprüfung und Fremdhilfecharakter statt Eigenverantwortung und Subsidiarität.

Fürsorge-empfänger	keine Beiträge → →	Staatshaushalt (Steuern)
	← ← Leistungen	

3a) Äquivalenzprinzip:

Äquivalenzprinzip bedeutet, dass ein Äquivalent – also ein ‚Entsprechendes' – zwischen Geben und Nehmen beziehungsweise zwischen Leistung und Gegenleistung besteht. Es gilt das Motto: Leistung entspricht Gegenleistung („do ut des").

Äquivalenzprinzip

➢ Leistung entspricht Gegenleistung, z. B. KfZ-Versicherung und
   Schadensleistungen

Das Äquivalenzpinzip ist eines der maßgeblichen Grundprinzipien von Versicherungen. Das heißt, dass die Versicherungsleistungen den Beitragsleistungen ent-

---

[149] Dass der Rechtsanspruch auch für „Florida-Rolf" gegolten hatte, war der Öffentlichkeit nicht mehr zu vermitteln. Über Jahre bezog der deutsche Staatsbürger „Rolf" Sozialhilfe aus den deutschen Steuerkassen und konnte damit anscheinend in Florida recht gut leben.

sprechen. So leiste ich zum Beispiel Versicherungsbeiträge im Rahmen einer Unfallversicherung. Tritt der Unfall ein, habe ich Anspruch auf eine entsprechende Leistung. Zahle ich Beiträge in die Arbeitslosenversicherung, erhalte ich bei Eintritt der Arbeitslosigkeit entsprechendes Arbeitslosengeld.

Das Äquivalenzprinzip wird im Übrigen nicht nur bei Versicherungen angewendet, sondern findet sich auch im Steuersystem. Eine zu entrichtende Grundsteuer beispielsweise wird nach der Größe des Grundstücks bemessen.

3b) Solidarprinzip:

Neben dem Äquivalenzprinzip, das im Versicherungsbereich Anwendung findet, ist ein weiteres bedeutendes Prinzip der Daseinsvorsorge zu nennen, nämlich das Solidarprinzip. Das Solidarprinzip gehört zu den Gestaltungsprinzipien der staatlichen Vorsorge, ist also ein Sozialprinzip. Das „Soziale" des Solidarprinzips besteht darin, dass die Gemeinschaft dem Einzelnen hilft – und zwar nach Bedürftigkeit und unabhängig von dessen Leistungskraft und Höhe der Beitragszahlungen (kollektive Vorsorge): „Einer für alle, alle für einen!"

Solidarprinzip (kollektive Vorsorge):

➢   Versicherte tragen gemeinsam (solidarisch) die Risiken.

➢   Gewährung staatlicher Leistungen unabhängig von Risikowahrscheinlichkeiten des Einzelnen.

Versicherte erhalten die gleichen Leistungen, auch wenn sie nicht die gleichen Beiträge bezahlt haben – so zum Beispiel in der Krankenversicherung. Auch staatliche Transfers wie zum Beispiel das Kindergeld oder das Wohngeld beruhen auf dem Solidarprinzip.

11.2 Das System der sozialen Sicherung

Im Mittelpunkt der Sozialpolitik steht das System der sozialen Sicherung. Das System der sozialen Sicherung wiederum basiert hauptsächlich auf dem Sozialversicherungssystem, ist aber nicht identisch mit diesem. Denn nicht alle Komponenten der sozialen Sicherung (Sozialhilfe oder Kindergeld) sind Sozialversicherungen, die auf dem Versicherungsprinzip beruhen. Insofern ist das Sozialversicherungssystem ein Teil des Systems der sozialen Sicherung.

11.2.1 Zielsetzungen und Finanzierung des Systems der sozialen Sicherung

Zweck des Systems der sozialen Sicherung ist die Unterstützung und Förderung von Menschen sowie gesellschaftspolitisch wichtiger Tatbestände und Güter.

Chancen und Herausforderungen des Lebens (positive Perspektive):

- Ehe und Familie
- Gesundheit
- Beschäftigung
- Alter und Hinterbliebene
- Folgen politischer Ereignisse (z. B. Kriegsfolgeschäden)
- Wohnen
- Sparen und Vermögensbildung
- Allgemeine Lebenshilfen

Die Unterstützung und Förderung bedeutender „Güter" wie Familie, Gesundheit und Wohnen (positive Perspektive) besteht vor allem auch darin, dass man die Menschen gegen Risiken, die diese Güter gefährden könnten, in Schutz nimmt. Zu diesen Risiken gehören Krankheit, Mutterschaft, Unfall, Alter, Arbeitslosigkeit oder Tod (negative Perspektive). Gemeinsam ist diesen Risiken, dass Einkommensausfälle und/oder zusätzliche Belastungen damit verbunden sind.

Risiken des Lebens (negative Perspektive):

- Vorübergehender oder dauernder Verlust des Arbeitseinkommens, bedingt durch Krankheit, Mutterschaft, Unfall, Alter oder Arbeitslosigkeit.
- Tod des Ernährers (Ehepartner oder Eltern).
- Unplanmäßige Ausgaben im Falle von Krankheit, Mutterschaft, Unfall oder Tod.

Finanzierung: Zur Finanzierung des Systems der sozialen Sicherung existieren zwei grundsätzliche Wege:

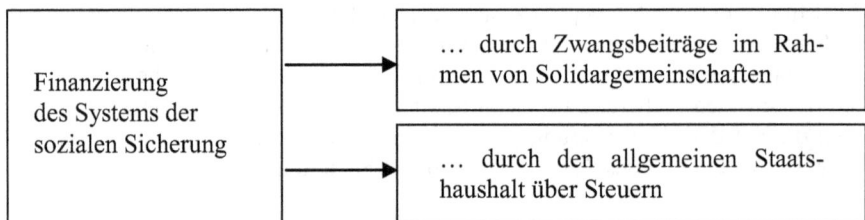

| Finanzierung des Systems der sozialen Sicherung | → | ... durch Zwangsbeiträge im Rahmen von Solidargemeinschaften |
| | → | ... durch den allgemeinen Staatshaushalt über Steuern |

Bei den Zwangsbeiträgen im Rahmen von Solidargemeinschaften ist vor allem an die Beiträge der Arbeitslosen-, Kranken- und Rentenversicherung zu denken. Steuerfinanzierte Sozialleistungen betreffen zum Beispiel Zuschüsse in die Rentenkasse oder die Finanzierung von Hartz-IV-Leistungen.

Die Mittel der Sozialversicherung werden durch Beiträge der Versicherten und ihrer Arbeitgeber sowie durch staatliche Zuschüsse aufgebracht. Staatliche Zuschüsse im Sozialwesen, die aus allgemeinen Steuermitteln finanziert werden und an deren Finanzierung jeder Steuerzahler beteiligt ist, werden mit einer allgemeinen gesellschaftlichen „Motivation" gerechtfertigt, zum Beispiel Anrechnung von Kindererziehungszeiten.

11.2.2 Gründe für eine verpflichtende Solidarversicherung

Warum ist ein soziales, gemeinschaftliches Absicherungssystem überhaupt notwendig oder zumindest hilfreich für den Einzelnen? Im Normalfall sollte es ja so sein, dass sich jeder Mensch sein eigenes Auskommen schafft und für Notfälle wie Krankheit oder Pflegebedürftigkeit, Arbeitslosigkeit und Alter vorsorgt.

Ob und in welchem Maß man in Notlagen gerät, ist nicht absehbar und kann die persönlichen Möglichkeiten und Kräfte übersteigen, so dass man froh sein wird, Hilfe zu erfahren. Die „Philosophie" der sozialen Sicherung besteht darin, dass jeder einen Beitrag in eine gemeinsame Kasse entrichtet, zum Beispiel in die Krankenkasse. Wer dann krank wird, bekommt eine Leistung aus diesem gemeinsamen Topf.

Vergleich Glückspiel: Man könnte das soziale Sicherungssystem mit einem Lottospiel vergleichen: Viele Menschen füllen ihren Lottoschein aus und entrichten einen mehr oder weniger kleinen Beitrag. Wenige werden dann das große Los ziehen und große Summen bekommen. In die Sozialversicherung zahlen auch viele etwas ein, nur mit dem Unterschied, dass man hier üblicherweise hofft, nicht zu den „Auserwählten", also Arbeitslosen oder Schwerkranken zu gehören, beziehungsweise, wenn doch der Fall eintreten sollte, man dann die Gewissheit hat, abgesichert und versorgt zu sein.

Pflicht: Es gibt im Gegensatz zum Lottospiel noch einen weiteren wesentlichen Unterschied. Die Teilnahme am Lottospiel ist freiwillig. Die Teilnahme am Sozialversicherungssystem in Deutschland ist Pflicht. Jeder muss teilnehmen, ob man will oder nicht. Grundsätzlich könnte das System auch auf freiwilliger Basis durchgeführt werden. Wer vorsorgt und sich absichert, kann das tun und wer nicht, soll es lassen und bekommt dann aber auch nichts, wenn der Ernstfall eintritt. Dass das System der sozialen Sicherung aber nicht freiwillig, sondern verpflichtend und solidarisch ist, hat mehrere Gründe:

Gründe für den Versicherungszwang:
- mangelnde Mündigkeit (nicht wollen)
- mangelnde Finanzkraft (nicht können)
- Vermeidung negativer externer Effekte
- Schaffung positiver externer Effekte
- Risikoasymmetrie und sozialer Ausgleich
- Vermeidung von Moral-Hazard-Verhalten

Mangelnde Mündigkeit: Erstens kann unterstellt werden, dass nicht alle Menschen weise und mündig genug sind (oder es nicht sein wollen), ihre zukünftigen Lebensrisiken einzuschätzen und sie deshalb zu "ihrem Glück" gezwungen werden. Anscheinend neigen Menschen dazu, künftige Bedürfnisse zu unterschätzen und zukünftige Einkommen zu überschätzen, was eine zu geringe Eigenvorsorge zur Folge haben kann.

Mangelnde Finanzkraft: Zweitens, kann es Fälle geben, dass jemand von vornherein überhaupt nicht die Möglichkeit hat, Geld anzusparen und zurückzulegen (Schwerstbehinderter oder unfreiwillig Arbeitsloser, evtl. Bezieher niedriger Einkommen); statt „nicht wollen", gilt hier „nicht können".

Vermeidung negativer externer Effekte: Auch wenn man dem Einzelnen zugestehen könnte, für sich selbst verantwortlich zu sein und sich gegebenenfalls die Gesundheit zu ruinieren, sind andere Menschen oft mitbetroffen, ja können sogar mitgeschädigt werden (Passivrauchen). Insofern kann es sinnvoll sein, allgemeine Gesetze zu erlassen (z. B. Rauchverbot) oder Pflichtversicherungen für den Krankheitsfall (Raucherlunge) einzuführen.

Schaffung positiver externer Effekte: Die Allgemeinheit hat ein Interesse, die individuelle Erwerbsfähigkeit zu sichern (z. B. durch Reha-Maßnahmen), weil das Humankapital als wichtiger Nährboden für Wohlstand gilt.

Risikoasymmetrie und sozialer Ausgleich: Die Arbeitswelt und Arbeitsbedingungen bergen Risiken (z. B. Unfälle am Arbeitsplatz), die nicht immer von denen getragen werden, die von den damit verbundenen Wohlstandssteigerungen profitieren. Der Staat sorgt hier für einen sozialen Ausgleich.

Moral Hazard: Unter Moral Hazard versteht man das moralische Risiko beziehungsweise Wagnis, dass Unmoral belohnt wird. Ein Taugenichts und Beitragsverweigerer spekuliert mit dem Wohlwollen der Gesellschaft, die ihn im Notfall unterstützen und retten wird – zum Nutzen für ihn und zum Schaden der anderen.[150]

Ob nun möglichst viel der privaten Initiative und Verantwortung überlassen wird, oder möglichst viel sozialisiert wird, also der Staat entscheidet, was für den Einzelnen „gut" ist, muss immer wieder gesellschaftlich (Wünschbarkeit) und wirtschaftlich (Machbarkeit) neu abgewogen und diskutiert werden.

11.3 Das System der Sozialversicherung in Deutschland

Die erste Sozialversicherung wurde 1883 unter Bismarck eingeführt und zwar die Krankenversicherung. Ein Jahr später folgte die Unfallversicherung. Geburtsjahr der Rentenversicherung – damals noch Invaliditäts- und Altensicherung – war

---

[150] Unsolidarisches Verhalten kann auch dadurch gefördert werden, dass solidarische Versicherungssysteme eingeführt werden. Sobald man versichert ist und Beiträge entrichtet hat, nimmt die Bereitschaft zur Leistungsinanspruchnahme (mittels Schadensfällen) zu.

1889. Nach einer längeren Zeitspanne kam 1927 die Arbeitslosenversicherung an die Reihe. Jüngstes Kind der Sozialversicherungen ist die Pflegeversicherung von 1995.

Einführungsjahr	Versicherung
1883	Krankenversicherung
1884	Unfallversicherung
1889	Rentenversicherung[151]
1927	Arbeitslosenversicherung
1995	Pflegeversicherung

Organisiert wird das soziale Sicherungssystem durch öffentlich-rechtliche Versicherungsträger (gesetzliche Krankenkassen oder Rentenanstalt) unter staatlicher Aufsicht. Finanziert wird es durch Beitragszahlungen der Versicherten und der Arbeitgeber. Bemessungsgrundlage ist üblicherweise das Arbeitseinkommen.

11.3.1   Beitragssätze und Beitragsbemessungsgrenzen

Wer ist nun verpflichtet Beiträge zu entrichten, welche Sätze gelten und in welcher Höhe sind die Sozialversicherungsbeiträge zu entrichten? Beitragspflichtig sind alle, die ein Arbeitseinkommen (Lohn oder Gehalt) beziehen. Konkret sind folgende Beiträge zu entrichten (Stand 2011):

- Krankenversicherung: 15,5 %
- Pflegeversicherung: 1,95 %
- Arbeitslosenversicherung   3,0 %
- Rentenversicherung   19,9 %
- → Summe   40,35 %

Dabei ist zu beachten, dass sich Arbeitgeber und Arbeitnehmer die Beitragszahlung teilen. Jeder zahlt also die Hälfte – mit Ausnahme der Krankenversicherung, denn hier zahlt der Arbeitnehmer einen Extrabeitrag von 0,9 Prozent!

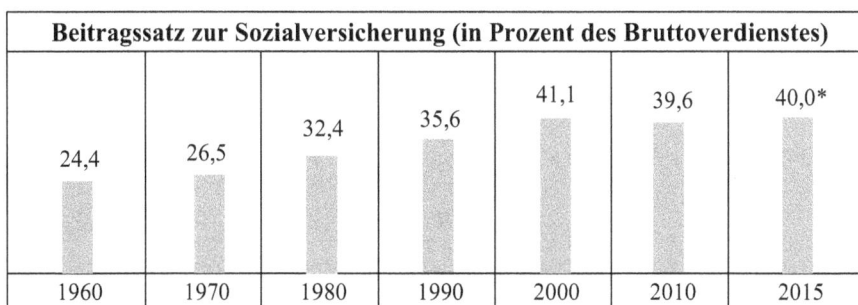

Abbildung 2.42: Beitragssatz zur Sozialversicherung in Deutschland. [Quelle: Bundesministerium für Gesundheit und soziale Sicherung]

---

[151] ursprünglich Invaliditäts- und Altenversicherung.

In der Summe zahlen Arbeitnehmer und Arbeitgeber rund 40 Prozent des Arbeits-
entgeltes in die Sozialkassen. Im Jahr 1960 lag dieser Anteil bei 24,4 Prozent, um
dann sukzessive auf die heutigen 40,35 Prozent anzusteigen. Ohne eine Reform
der sozialen Sicherungssysteme wäre ein weiterer Anstieg der Sozialabgaben
unausweichlich.

Die Beitragssätze sind kontinuierlich gestiegen. Doch was bedeuten diese prozentualen Beitragssätze konkret in Euro und Cent? Die Beiträge ergeben sich als
Prozentsatz auf das Bruttoeinkommen eines Arbeitnehmers. Verdient beispielsweise ein Arbeitnehmer 2.000 Euro, sind 398 Euro Rentenversicherung, 60 Euro
Arbeitslosenversicherung, 310 Euro Krankenversicherung und 39 Euro Pflegeversicherung zu bezahlen. Insgesamt macht dies einen Gesamtbeitrag von 807 Euro
aus, den sich Arbeitgeber und Arbeitnehmer – mit Ausnahme der Krankenversicherung – zur Hälfte teilen.[152]

Höchstbeiträge: Zu beachten ist noch, dass Höchstbeiträge für diese Versiche-
rungszahlungen existieren. Ab einem bestimmten Einkommen bleibt der Höchst-
beitrag konstant. Diese Höchstgrenzen ergeben sich aus den so genannten Beitragsbemessungsgrenzen. Die Versicherungen, die Beitragssätze und deren Beitragsbemessungsgrenzen sind in Abbildung 2.43 aufgeführt:

Sozialversicherungsbeiträge (Stand 2011)					
Arbeitnehmer- und Arbeitgeberanteil	Beitrags-satz	Beitragsbemessungs-grenzen		Höchstbeiträge	
		West	Ost	West	Ost
Rentenversicherung	19,9 %	5.500,00	4.800,00	1.094,50	955,20
Arbeitslosenver-sicherung	3,0 %	5.500,00	4.800,00	165,00	144,00
Krankenversiche-rung[1]	15,5 %	3.712,50	3.712,50	575,44	575,44
Pflegeversicherung[2]	1,95 %	3.712,50	3.712,50	72,39	72,39
Summe	**40,35%**			**1.907,33**	**1.747,03**

[1] Die Arbeitnehmer zahlen einen Sonderbeitrag von 0,9 Prozent. Der Arbeitnehmeranteil
beträgt also 8,2 Prozent und der Arbeitgeberanteil 7,3 Prozent.
[2] Kinderlose zahlen einen Extrabeitrag in Höhe von 0,25 Prozent der Bemessungsgrenze.

Abbildung 2.43: Beitragsbemessungsgrenzen und Höchstbeiträge. [Quelle:
Bundesministerium für Gesundheit und soziale Sicherung]

---

[152] Zwischenbemerkung: Letztlich zahlt der Arbeitnehmer doch den ganzen Beitrag, da der
Arbeitgeber den von ihm zu entrichtenden Anteil durch eine geringere Entlohnung oder
durch höhere Produktpreise wieder kompensiert.

Bei der Krankenversicherung ist nicht nur zu beachten, dass die Arbeitnehmer einen Sonderbeitrag von 0,9 Prozent bezahlen (Entlastung der Arbeitgeber!), sondern dass die Beitragsbemessungsgrenze und die Versicherungspflichtgrenze nicht identisch sind. Die Versicherungspflichtgrenze, also das Einkommen, bei der man in die Privatversicherung wechseln kann, liegt bei 4.125 Euro.[153]

Beitragsbemessungsgrenze:

➢ Einkommensgrenze, bis zu welcher Höhe Beiträge auf das Einkommen eines gesetzlich Versicherten erhoben werden.

11.3.2 Sozialleistungen

Die Sozialleistungen in Deutschland machen zwischenzeitlich ein Drittel der Wirtschaftsleistung, gemessen am Bruttoinlandsprodukt, aus. Zu Beginn der 60er Jahre lag der Anteil noch bei einem Fünftel (Abbildung 2.44).

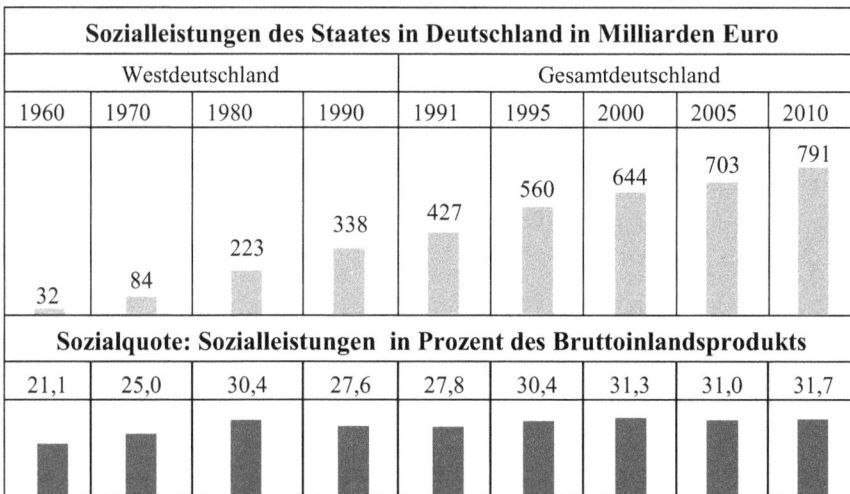

Sozialleistungen des Staates in Deutschland in Milliarden Euro								
Westdeutschland				Gesamtdeutschland				
1960	1970	1980	1990	1991	1995	2000	2005	2010
32	84	223	338	427	560	644	703	791
Sozialquote: Sozialleistungen in Prozent des Bruttoinlandsprodukts								
21,1	25,0	30,4	27,6	27,8	30,4	31,3	31,0	31,7

Abbildung 2.44: Sozialleistungen in Deutschland. [Quelle: BMAS und Deutschland in Zahlen 2010, Institut der deutschen Wirtschaft, Köln]

Die größten Posten des rund 720 Milliarden Euro Etats sind Alter und Krankheit, für die rund zwei Drittel der Sozialausgaben veranschlagt werden (Abbildung 2.45).

---

[153] ... mehr dazu im folgenden Kapitel zur Gesundheitspolitik!

Anteile der Sozialausgaben	
Prozentualer Anteil der gesamten Sozialleistungen (Stand 2010)	
Alter	33,0
Krankheit	32,3
Kinder	10,3
Invalidität	8,1
Hinterbliebene	7,1
Arbeitslosigkeit	5,8
Wohnen	2,2
Ehegatten	0,3
Mutterschaft	0,3
Sonstiges	0,6

Abbildung 2.45: Anteile der Sozialausgaben. [Quelle: BMAS]

12 Gesundheit, Alter und Arbeit

„Überhaupt aber beruhen neun Zehntel unseres Glückes allein auf der Gesundheit. Mit ihr wird alles eine Quelle des Genusses, hingegen ist ohne sie kein äußeres Gut, welcher Art es auch sei, genießbar." (Arthur Schopenhauer)

12.1 Gesundheitspolitik

12.1.1 Gesundheit und Krankheit – ein paar Fakten

Todesursachen und Krankmacher: Die mit Abstand häufigste Todesursache in Deutschland sind die Herz-Kreislauferkrankungen. Von den 827.000 Menschen, die 2007 in Deutschland starben, kamen 47,8 Prozent der Frauen und 38,5 Prozent der Männer an Herzerkrankungen ums Leben. Zweithäufigste Todesursache ist Krebs mit jeweils 22,6 bzw. 29 Prozent.[154] Bemerkenswert: Mehr als drei Mal so viele Männer wie Frauen begehen Selbstmord. In absoluten Zahlen sind das rund 7.050 Suizidopfer bei den Männern und 2.200 bei den Frauen (Abb. 2.46). Bemerkenswert ist auch die Zahl der Toten infolge von Stürzen. Diese liegt mit rund 7.900 Todesopfern weitaus höher als die Zahl der Verkehrstoten mit rund 5.200.

Todesursachen in Deutschland		
Im Jahr 2007 starben in Deutschland 827.000 Menschen		
Frauen: 436.000	davon an (in %):	Männer: 391.000
47,8 %	Herzkreislauf-Erkrankungen,	38,5 %
6,3 %	darunter Herzinfarkt	8,5 %
22,6 %	Krebs	29,0 %
6,4 %	Atemwegs-erkrankungen	7,7 %
4,8 %	Erkrankungen der Verdauungswege	5,4 %
2,6 %	Folgen äußerer Ursachen, darunter	4,9 %
1,0 %	Stürze	0,9 %
0,5 %	Suizide	1,8 %
0,3 %	Verkehrsunfälle	1,0 %
9,5 %	andere Ursachen	6,0 %

Abbildung 2.46: Die häufigsten Todesursachen in Deutschland.
[Quelle: Statistisches Bundesamt]

---

[154] Während bei den Frauen der Brustkrebs an erster Stelle steht, findet sich bei den Männern der Prostatakrebs als häufigste Krebsursache. An zweiter und dritter Stelle folgen sowohl bei den Frauen als auch Männern Krebs bei Darm und Lunge. [Quelle: Robert-Koch-Institut 2010]

Weltweit sind ebenfalls Herzerkrankungen und Schlaganfälle die häufigste Todesursache. Von den 58,8 Millionen Menschen, die 2004 starben, sind 22 Prozent auf
diese Ursachen zurückzuführen. An AIDS starben weltweit 2 Millionen Menschen
(3,5 %).[155]

Krankmacher: Was die häufigsten Krankmacher anbelangt, existiert eine spie-
gelbildliche Situation zwischen Industrie- und Entwicklungsländern (Abb. 2.47).
Während die häufigsten Krankmacher in den Industrienationen durch ein „Zuviel", und zwar an Tabak, Alkohol, Essen (Überfluss- und Wohlstandsfaktoren)
zustande kommen, sind die häufigsten Krankmacher der Entwicklungsländer
durch ein „Zuwenig", und zwar von Essen, Hygiene, Vitaminen (Mangelerschei-
nungen), gekennzeichnet.

Die zehn wichtigsten Gesundheitsrisiken			
(Anteil am Verlust gesunder Lebensjahre in %)			
Industrieländer		Entwicklungsländer (mit hoher Sterblichkeit)	
Tabak, Zigaretten	12,2	14,9	Untergewicht, Unterernährung
Bluthochdruck	10,9	10,2	ungeschützter Geschlechtsverkehr
Alkohol	9,2	5,5	kein Zugang zu sauberem Trinkwasser/sanitären Anlagen
hoher Cholesterinwert	7,6	3,6	Rauch durch Verbrennung fester Brennstoffe in Innenräumen
Übergewicht, Fettleibigkeit	7,4	3,2	Zinkmangel
zu wenig Obst und Gemüse	3,9	3,1	Eisenmangel
Bewegungsmangel	3,3	3,0	Vitamin-A-Mangel
illegale Drogen	1,8	2,5	Bluthochdruck
ungeschützter Geschlechtsverkehr	0,8	2,0	Tabak, Zigaretten
Eisenmangel	0,7	1,9	hoher Cholesterinwert

Abbildung 2.47: Die häufigsten Krankmacher. [Quelle: Weltgesundheitsreport
            2002 der WHO]

Die Gesundheit ist im Übrigen auch ein bedeutender Wirtschaftsfaktor. Denn die
Vermeidung von Tod und Krankheit und der Einsatz für Gesundheit und die Sorge
um ein langes Leben[156] machen Gesundheit zu einem Milliardengeschäft. Die
Gesundheitsausgaben beliefen sich im Jahr 2010 auf 170 Milliarden Euro, was

---

[155] Quelle: Weltgesundheitsorganisation (WHO).
[156] Kommentar: Gesundheit – das höchste Gut!? Dass Menschen krank sind und werden,
    muss nicht unbedingt dramatisch sein. Problematisch wird es, wenn wir uns unsere
    Krankheiten nicht mehr leisten können. Solange man eine Krankmeldung bekommt, der
    Arzt Tabletten verschreibt und die Kasse die Kosten übernimmt oder im hohen Alter ein
    neues Hüftgelenk zugestanden wird, ist die Welt noch in Ordnung. Das heißt, nicht die
    Krankheit an sich ist das Problem, sondern, ob wir uns Krankheit noch leisten können.

14,6 Prozent der staatlichen Gesamtausgaben entspricht. Und rund 4,2 Millionen Menschen in Deutschland sind im Gesundheitswesen beschäftigt.[157]

12.1.2   Das Krankenversicherungssystem

Die soziale Sicherung im Krankheitsfall erfolgt mehrheitlich über Versicherungssysteme – seien sie nun gesetzlich oder privat – und über die Lohnfortzahlungspflicht der Arbeitgeber.

System der sozialen Sicherung in Krankheitsfall:

- Gesetzliche Krankenversicherung (GKV)
- Private Krankenversicherung (PKV)
- Sonstige Sicherungssysteme (zum Beispiel Unfallversicherung)
- Lohnfortzahlungspflicht der Arbeitgeber bei Erkrankungen ihrer Mitarbeiter

---

12.1.2.1   Die gesetzliche Krankenversicherung

Die Finanzierung des Gesundheitswesens in Deutschland wird hauptsächlich über die gesetzliche Krankenversicherung geregelt. Zirka 70 Millionen Menschen, das entspricht 85 Prozent der Bevölkerung, gehören der gesetzlichen Krankenversicherung an. Rund 50 Millionen sind Vollversicherte, die anderen sind im Rahmen der Familienversicherung mitversichert.

Krankenkassen: Die bekanntesten gesetzlichen Krankenversicherungen sind die Allgemeinen Ortskrankenkassen (AOK)[158], die Deutsche Angestellten Krankenkasse (DAK) und die Barmer Ersatzkasse (BEK); die beiden Letztgenannten gehören zu den Ersatzkassen. Großer Beliebtheit erfreuen sich auch die Betriebskrankenkassen, die bis zur Gesundheitsreform mit relativ niedrigen Beitragssätzen gelockt hatten.

Krankenkassen:

- Ersatzkassen wie die Deutsche Angestellte Krankenkasse (DAK) oder die Barmer Ersatzkasse (BEK)
- Allgemeine Ortskrankenkassen (AOK)
- Betriebskrankenkassen (BKK „Firma")
- Innungskrankenkassen
- Sonstige wie die Bundesknappschaft für Bergleute, die Seekrankenkasse für Matrosen und die landwirtschaftlichen Krankenkassen

---

[157] Quelle: Statistisches Bundesamt.
[158] Die AOK bezeichnet sich selbst nicht als „Krankenkasse", sondern spricht von „Gesundheitskasse".

Welche Kasse die Versicherten wählen, ist ihnen freigestellt. 1996 wurde die freie Wahl der Krankenkasse eingeführt. Bis dahin war man als Arbeiter oder Angestellter an bestimmte Kassen gebunden.

Sowohl die Ortskrankenkassen als auch die Ersatzkassen machen jeweils rund ein Drittel der Mitglieder der gesetzlichen Krankenversicherung aus. Die Betriebskrankenkassen liegen, was die Mitgliederzahl anbelangt, bei 20 Prozent.

Versicherungspflicht: Während die Wahl der Kassen freigestellt ist, besteht keine Wahlfreiheit, ob man sich überhaupt versichern möchte. Seit dem 1. Januar 2009 besteht eine Versicherungspflicht für alle. Die Frage ist nur, ob man sich in der gesetzlichen Krankenversicherung versichern muss oder darf, oder ob eine Wahlfreiheit für eine private Versicherung möglich ist. Die Versicherungspflicht bzw. -freiheit ist an bestimmte Kriterien gebunden:

Versicherungspflicht	Versicherungsfreiheit
• Arbeitnehmer mit einem Verdienst von unter 4.125 Euro pro Monat • Arbeitslose • Landwirte • Künstler	• Arbeitnehmer, die mehr als 4.125 Euro pro Monat verdienen • Personen, die eine geringfügige Beschäftigung ausüben • Selbstständige • Beamte

Versicherungspflichtgrenze und Beitragsbemessungsgrenze: Von der Versicherungspflichtgrenze ist die Beitragsbemessungsgrenze zu unterscheiden. Bis zum Jahr 2002 waren beide Werte identisch. Danach wurde die Versicherungspflichtgrenze herauf gehoben, mit dem Zweck und der Folge, mehr Beitragszahler in der gesetzlichen Krankenversicherung zu behalten.

> **Versicherungspflichtgrenze:**
> ➤ Grenze, bis zu der Versicherungspflicht in einer gesetzlichen Kasse besteht: 4.125 Euro (Stand 2011).
>
> **Beitragsbemessungsgrenze:**
> ➤ Höchstgrenze, bis zu der die Beiträge berechnet werden: 3.712,50 Euro (Stand 2011).

Beitragssatz: Im Rahmen der Gesundheitsreform wurden die ehemals unterschiedlichen Beitragssätze in der gesetzlichen Krankenversicherung zu einem einheitlichen Beitragssatz zusammengefasst. Aktuell beträgt der Beitragssatz 15,5 Prozent, wobei die Arbeitnehmer einen Sonderbeitrag von 0,9 Prozentpunkten zu entrichten haben. Das heißt, der Arbeitnehmer bezahlt 8,2 und der Arbeitgeber 7,3 Prozent.

12.1.2.2   Die private Krankenversicherung

Ein Teil der Bevölkerung ist privat versichert. Dazu gehören die Beamten, die automatisch privat versichert sind. Personen, die mit ihrem Gehalt die Versicherungspflichtgrenze übersteigen, haben ein Wahlrecht. Sie können sich privat versichern oder auch in der gesetzlichen Krankenversicherung verbleiben.

Rund 8,5 Millionen Menschen sind privat voll versichert und ca. 21,5 Millionen haben private Zusatzversicherungen.

Private Krankenversicherung:
- Beamte sind automatisch privat versichert.
- Wahlrecht bei Einkommen über der Versicherungspflichtgrenze.

Die private Krankenversicherung weist einige signifikante Unterschiede zur gesetzlichen Krankenversicherung auf.

Rechnung: Privatpatienten bekommen eine Rechnung vom Arzt, die sie direkt zu bezahlen haben. Der Privatversicherte reicht dann die Rechnung bei seiner Privatkrankenkasse ein, die dann üblicherweise die Kosten erstattet. Gesetzliche Versicherte sehen in den meisten Fällen nie eine Rechnung, da die Bezahlung zwischen Arzt und Krankenkasse direkt erfolgt.

Familienmitversicherung: Ein weiteres Unterscheidungsmerkmal zur gesetzlichen Krankenversicherung besteht darin, dass privat versicherte Familien jede Person und damit auch die Kinder, extra versichern müssen. Bei den gesetzlichen Krankenversicherungen sind die Familienmitglieder kostenlos mitversichert.

Leistungen: Was die Leistungsseite anbelangt, können Privatversicherte je nach Versicherungsumfang auf bessere Leistungen hoffen. Und aus Sicht der Ärzte können Privatversicherte interessanter sein, da mehr abgerechnet werden kann, als bei gesetzlich Versicherten.

Beitragsrückerstattung: Manche Privatversicherungen bieten bei Nichtinanspruchnahme von Leistungen Beitragsrückerstattungen an.

Spezifische Merkmale der privaten Krankenversicherung:
- Privatpatienten erhalten eine Rechnung.
- Keine kostenlose Familienmitgliedschaft.
- Eventuell Kostenrückerstattung bei Nichtinanspruchnahme von Leistungen.

12.1.3   Akteure des Gesundheitswesens

Beitragszahler und Patienten: Die Hauptakteure des Gesundheitswesens sind die Beitragszahler und Patienten. Diese beiden Personengruppen können identisch sein, müssen es aber nicht. Das heißt, es kann Beitragszahler geben, die keine Patienten und somit auch keine Leistungsempfänger sind, weil sie nicht krank sind. Es kann Patienten geben, die Leistungen empfangen, obwohl sie keine Beitragszahler sind, zum Beispiel Sozialhilfeempfänger. Doch die Mehrheit der Beitragszahler sind sowohl Patienten als auch Leistungsempfänger (Abbildung 2.48).

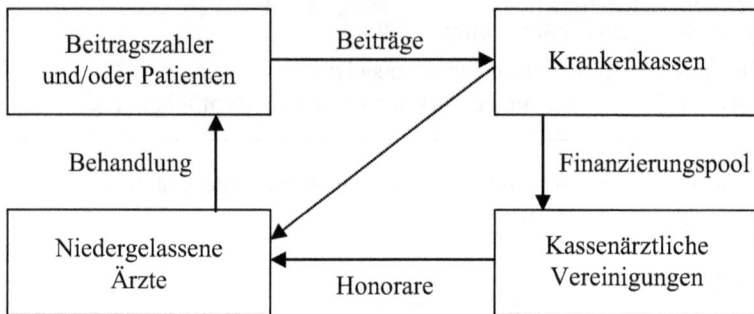

Abbildung 2.48: Akteure des Gesundheitswesens.

Ärzte und Krankenkassen: Schließlich sind die Ärzte zu erwähnen, die selbstständig sind (niedergelassen) oder in Krankenhäusern ihre Anstellung haben. Ein weitere Hauptakteur sind die Krankenkassen. Die Krankenkassen erhalten die Beitragszahlungen der Arbeitnehmer und Arbeitgeber und bezahlen davon die Rechnungen des Arztes bei den gesetzlich Versicherten oder erstatten die Rechnungen der Privatversicherten.

Kassenärztliche Vereinigungen: Die Abrechnung mit den Ärzten erfolgt nicht direkt – auch wenn es zur Zeit erste vorsichtige Versuche seitens der Krankenkassen gibt, eine direkte Abrechnung mit den Ärzten zu installieren – sondern über einen vierten Hauptakteur, nämlich die Kassenärztlichen Vereinigungen. Die Krankenkassen rechnen nicht mit jedem einzelnen Arzt direkt ab, sondern überweisen einen Milliardenpool an die Kassen(zahn)ärztlichen Vereinigungen, die ihrerseits damit ihre niedergelassenen Ärzte bezahlen.

Gesundheitsfond: Im Rahmen der Gesundheitsreform wurde das Zusammenwirken der Akteure neu geregelt und ein Gesundheitsfond eingerichtet. Alle Beiträge der gesetzlich Versicherten und der Arbeitgeber gehen in den Gesundheitsfond. Hinzu kommen zusätzliche Mittel aus den Steuereinnahmen. Aus dem Gesundheitsfond werden Pauschalen für jeden Versicherten an die Krankenkassen ausbezahlt, die ihrerseits evtl. Zusatzbeiträge von den Versicherten einfordern können.

12.1.4 Die gesetzliche Pflegeversicherung

Die Pflegeversicherung ist jüngstes Kind der Sozialversicherungen in Deutschland und wurde **1995 als „fünfte Säule"** eingeführt. Die Pflegeversicherung ist eine gesetzliche Versicherung mit Versicherungspflicht. Pflichtversichert sind alle gesetzlich und privat Krankenversicherten, sowie Arbeitslose, Rentner, Behinderte und Studenten. Der Beitragssatz für die Pflegeversicherung beträgt 1,7 Prozent vom Einkommen, der je zur Hälfte vom Arbeitnehmer und Arbeitgeber übernommen wird. Faktisch kann die Pflegeversicherung als eine Erweiterung der Krankenversicherung um den Tatbestand der Pflegefälle betrachtet werden.

Gesetzliche Pflegeversicherung:

- Finanzierung: Umlageverfahren
- Leistungsempfänger: Versicherte und pflegebedürftige Personen
- Beitragszahler: Krankenversicherte und Arbeitgeber
- Beitragssatz: 1,95 Prozent vom Arbeitsentgelt*
- Beitragsbemessungsgrenze: 3.712,50 Euro
- Versicherungspflichtgrenze: 4.125,00 Euro

---

* 0,25 % Beitragszuschlag für Kinderlose (trägt allein der Arbeitnehmer)

Träger der Pflegeversicherung sind die Pflegekassen, die unter dem Dach der gesetzlichen Krankenversicherung verwaltet werden. Analog der gesetzlichen Rentenversicherung wird auch bei der Pflegeversicherung das Umlageverfahren angewandt. Das heißt, die jetzigen Beitragszahler finanzieren die jetzigen Anspruchsberechtigten. Leistungen erhalten versicherte und pflegebedürftige Personen. Die Pflegebedürftigkeit wird in drei Stufen oder Schweregrade eingeteilt.

Pflegestufen:

Pflegestufe I: Erhebliche Pflegebedürftigkeit mit einen einmaligen, täglichen Hilfebedarf (mind. 1,5 Std./Tag).

Pflegestufe II: Schwerpflegebedürftigkeit mit einem dreimaligen, täglichen Hilfebedarf (mind. 3 Std./Tag).

Pflegestufe III: Schwerstpflegebedürftigkeit mit einem Pflegebedarf „rund um die Uhr" (mind. 5 Std./Tag).

Die Höhe der Leistungen ist abhängig vom Grad der Pflegebedürftigkeit und reicht von 440 Euro für ambulante Pflegedienste in Stufe I bis zu 1.510 Euro für die stationäre Pflege in Heimen bei Stufe III. Zirka 2,3 Millionen Menschen sind Leistungsempfänger in der Pflege (Stand 2010).

12.2 Rentenpolitik und Altersvorsorge

Neben der Sorge um Gesundheit und der Angst vor Krankheit, ist das Thema Alter ein weiteres „Sorgenthema" der Menschen und der Sozialpolitik. Auch hier gilt, dass nicht das Alter im Sinne des Älterwerdens der Angstauslöser ist, sondern analog der Gesundheitsthematik, die Sorge um sich das Leistenkönnen des Älterwerdens. Man lebt gerne lang – sofern man gesund ist und in Wohlstand lebt.

12.2.1 Das System der Altersvorsorge

Das System der Altersvorsorge und der Rentenversicherung verfolgt das Ziel der Vorsorge für das Alter und für Hinterbliebene. Um dieses Ziel zu erreichen, sind mehrere Wege begehbar.

Drei-Säulen-Konzept: Es gibt den Weg der gesetzlichen Rentenversicherung, der individuellen freiwilligen Lebensversicherung und der betrieblichen Alterssicherung. Neben diesen typischen Wegen existieren weitere Möglichkeiten der Altersvorsorge, die jedoch nicht auf dem Versicherungsprinzip beruhen. Dazu gehören das Sparen, der Hausbau, die Heirat und die Erbschaft.

Vorsorge für das Alter und für Hinterbliebene

- Versicherungen (Drei-Säulen-Konzept):
  - Gesetzliche Rentenversicherung
  - Betriebliche Alterssicherung
  - Lebensversicherung (Individualversicherung)
- Immobilienbesitz, Sparen, Geldanlage, Erbschaft, Heirat

Wie funktioniert nun die Sorge um das Alter und die Vorsorge für das Alter? Wichtigster Baustein der Alterssicherung in Deutschland ist das System der Rentenversicherung und hier die gesetzliche Rentenversicherung.

12.2.2 Die gesetzliche Rentenversicherung

Beitragszahler und Leistungsempfänger: Die Bürger, genauer, die abhängig Beschäftigten, sind gesetzlich verpflichtet, für das Alter und für Hinterbliebene vorzusorgen. Dazu haben sie einen bestimmten Anteil des Einkommens an die Rentenkasse abzuführen. Der Beitragssatz beträgt 19,9 Prozent (Stand 2011), der jeweils vom Arbeitnehmer und vom Arbeitgeber zur Hälfte übernommen wird.

Dem Erwerbsleben mit Beitragzahlung schließt sich schließlich das Nacherwerbsleben beziehungsweise der Ruhestand mit Rentenbezug an. Die verfügbare Eckrente liegt bei 1.224 Euro im Westen und bei 1.085 Euro im Osten (Stand 2010).[159]

---

[159] Rente nach 45 Versicherungsjahren mit durchschnittlichem Verdienst und nach Abzug der Beiträge zur Kranken- und Pflegeversicherung. Quelle: BMAS (Modellrechnung).

Die tatsächliche durchschnittliche Altersrente eines männlichen Rentners liegt bei
1.055 Euro im Westen und bei 1.017 Euro im Osten. Bei Frauen sind es 512 Euro
im Westen und 697 Euro im Osten (Stand 2010). Der Grund für das niedrigere
bzw. unterschiedliche Niveau im Vergleich zur Eckrente ist, dass viele Rentner
nicht immer ein Durchschnittseinkommen erzielen konnten und bei weitem nicht
immer die vollen 45 Jahre im Erwerbsleben standen.

Der generelle Anspruch auf die Regelaltersrente wird mit Erreichen des 65. Le-
bensjahres (für Jahrgänge ab 1964 das 67. Lebensjahr) erfüllt, vorausgesetzt die
Mindestversicherungs- bzw. Wartezeit von fünf Jahren ist gegeben. Das tatsächliche durchschnittliche Renteneintrittsalter liegt bei 61,4 Jahren (Frauen) und bei
62,1 Jahren (Männer).[160]

Gesetzliche Rentenversicherung:

> ➢ Ziel: Vorsorge für das Alter und für Hinterbliebene

- Beitragszahler: Arbeitnehmer und Arbeitgeber
- Beitragssatz: 19,9 Prozent
- Leistungsempfänger: Rentner
- Regelaltersrente: ab 65 Jahren
- Mindestversicherungszeit: 5 Jahre
- Eckrente: 1.224 Euro (West) und 1.085 Euro (Ost)
- Finanzierungsverfahren: Umlageverfahren

Dass die Rente im Rahmen der Sozialversicherung eine maßgebliche Rolle spielt,
zeigt sich allein am Anteil der Renten an den gesamten Sozialleistungen. Rund ein
Drittel aller sozialen Leistungen entfallen nämlich auf die Altersversorgung.

Generationenvertrag und Umlageverfahren: Wenn es darum gehen soll, das
gesetzliche Rentenversicherungssystem in Deutschland zu charakterisieren, dürfen
zwei Begriffe nicht fehlen – Generationenvertrag und Umlageverfahren. Der Generationenvertrag ist quasi die ideologische Untermauerung des Rentenversiche-
rungssystems, während das Umlageverfahren die dazugehörige Methodik der
Finanzierung beschreibt.

Generationenvertrag:

> ➢ Die heute Aktiven (Erwerbstätigen) finanzieren mit ihren aus dem
> Arbeitseinkommen entrichteten Beiträgen die Renten der heute Alten
> (ehemals Erwerbstätigen) und erwerben zugleich einen Anspruch auf
> Rente in der Zukunft, der dann von den heute Jungen (zukünftig Er-
> werbstätigen) über deren Beitragszahlungen einzulösen ist.

---

[160] Quelle: Statistisches Bundesamt und Bundesministerium für Arbeit und Soziales.

Im Jahr 1957 wurde in Deutschland das umlagenfinanzierte, auf dem Generationenvertrag basierende Rentenversicherungssystem eingeführt. Generationenvertrag bedeutet, dass die jeweilige arbeitende und Beiträge bezahlende (aktive) Generation die jeweilige sich im Ruhestand befindliche Generation finanziert.

Hinweis: Wenn man einen Staat finanziell vom „Nullpunkt" aus startet, ist ein Umlageverfahren notwendig, sonst würden die ersten Rentner keine Rente bekommen. Insofern ist das Argument, dass man einen Anspruch auf Rente hat, wenn man Beiträge entrichtet hat, richtig und nicht richtig. Man erwirbt sich lediglich Ansprüche auf die Zukunft. Sollte später niemand da sein, der arbeitet und Beiträge entrichtet, sind die Ansprüche zwar rechtlich gegeben aber faktisch wertlos.[161]

Kapitaldeckungs- und Umlageverfahren: Grundsätzlich gibt es zwei Möglichkeiten, die Rente zu finanzieren – über das Umlageverfahren oder über das Kapitaldeckungsverfahren. Die gesetzliche Rentenversicherung funktioniert über das Umlageverfahren, während die relativ neue – zwar freiwillige aber vom Staat unterstützte – Riester-Rente nach dem Kapitaldeckungsverfahren funktioniert. Worin besteht der wesentliche Unterschied zwischen diesen beiden Verfahren?

a) **Kapitaldeckungsverfahren**

- Beitragszahler und Rentner sind identisch (Personen-Identität)
- Der Beitragszahler finanziert sich selbst (Ungleichzeitigkeit).

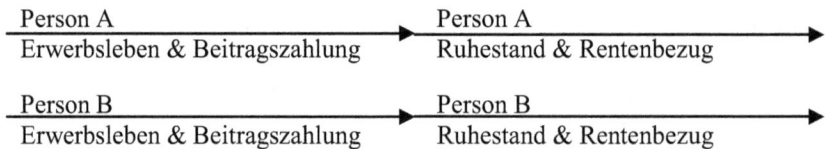

Person A	Person A
Erwerbsleben & Beitragszahlung	Ruhestand & Rentenbezug

Person B	Person B
Erwerbsleben & Beitragszahlung	Ruhestand & Rentenbezug

b) **Umlageverfahren**

- Beitragszahler und Rentner sind nicht identisch (Personen-Nicht-Identität).
- Der Beitragszahler finanziert den jetzigen Rentner (Gleichzeitigkeit).

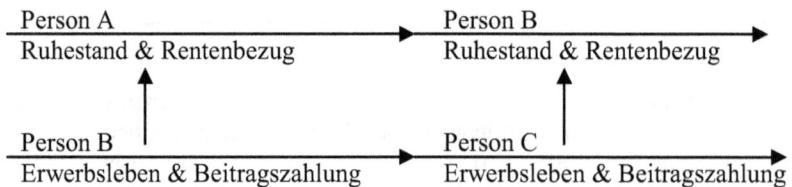

Person A	Person B
Ruhestand & Rentenbezug	Ruhestand & Rentenbezug

Person B	Person C
Erwerbsleben & Beitragszahlung	Erwerbsleben & Beitragszahlung

---

[161] Ein weiteres Argument zur Einführung des Umlageverfahrens war, dass bei einem umlagefinanzierten System kein Kapitalvermögen existiert, das durch Kriege oder andere große Krisen zerstört werden könnte.

Verhältnis von Beitragszahlern und Rentenempfängern

Um das Dilemma der demografischen Entwicklung der Beitragszahler und der Rentenempfänger plastisch zu beschreiben, wird der Begriff der (umgedrehten) Alterspyramide verwendet. Während das Fundament (der Anteil) der Beitragszahler heutzutage noch deutlich größer als der Überbau ist, soll sich dieses Verhältnis in den nächsten Jahrzehnten umkehren. Ein kleineres Fundament müsste einen größeren Überbau tragen. Dieses Bild ist überzeichnet, wenn auch der Anteil der Rentner im Verhältnis zu den Beitragszahlern deutlich zunimmt (Abbildung 2.49).

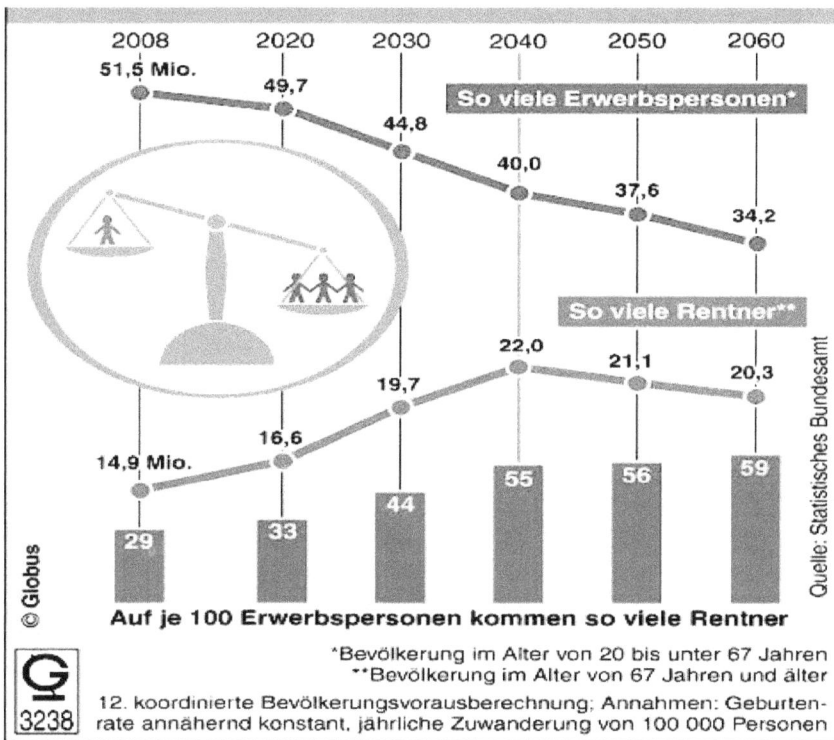

Abbildung 2.49: „Generationenvertrag": Verhältnis Rentner zu Beitragszahler.
[Quelle: Globus 3238]

Während heute das Verhältnis von Beitragszahlern zu Rentnern 3,5 zu 1 beträgt, soll es in Zukunft 1,7 zu 1 betragen. Statt 3,5 Beitragszahler müssten dann 1,7 Beitragszahler einen Rentner finanzieren.[162] Was sind Gründe für diese Entwicklung? Die Antwort lautet: Höhere Lebenserwartung und sinkende Geburtenraten!

---

[162] Nach Einschätzung von Norbert Reuter sind jedoch die Belastungen nicht so groß wie sie befürchtet werden. Er berechnet einen Anteil von 2,7 zu 1, wenn die Erwerbsfähigkeit altersmäßig von 15 bis 65 Jahre angesetzt wird und davon ausgegangen wird, dass 69 Prozent dieser Altersgruppe beschäftig sind. Zudem weist er darauf hin, dass weniger Kinder weniger (finanzielle) Belastung bedeuten. [Norbert Reuter: Die fetten Jahre sind nicht vorbei. In: Forschung & Lehre 5/2004, S. 264 f.]

12.2.3   Lebenserwartung und Geburtenraten

„Kinder werden sowieso geboren." (Konrad Adenauer)

Lebenserwartung: Im 19. Jahrhundert lag die Lebenserwartung bei 38,5 Jahren bei Frauen und bei 35,6 Jahren bei Männern. Heute betragen die Werte für neugeborene Mädchen 82,5 Jahre und 77,3 Jahre für Jungen (Abbildung 2.50). Schaut man fünfzig Jahre in die Zukunft, werden 86,6 und 81,1 Lebenserwartungsjahre prognostiziert.

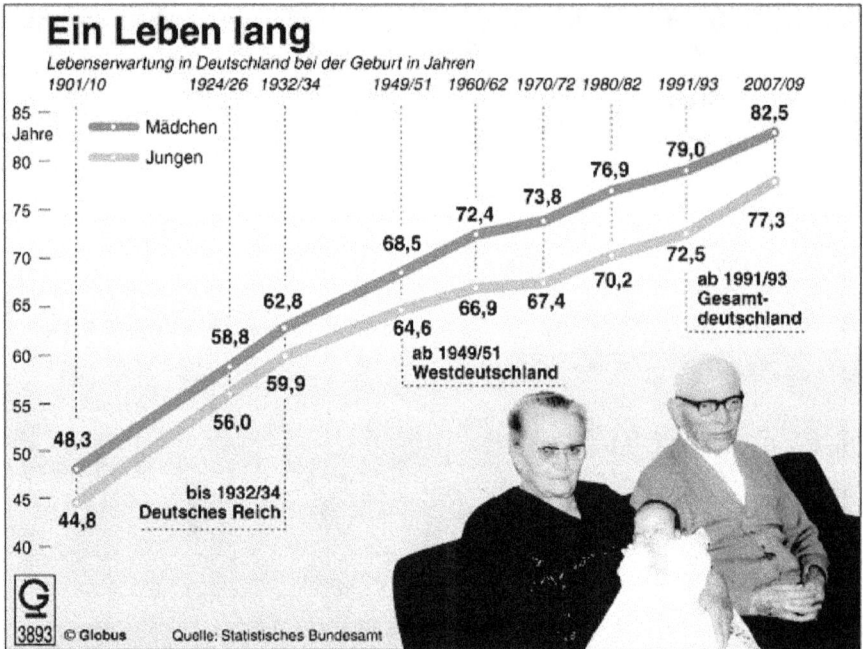

Ein Leben lang

Lebenserwartung in Deutschland bei der Geburt in Jahren

1901/10   1924/26 1932/34   1949/51 1960/62 1970/72 1980/82 1991/93   2007/09

- Mädchen
- Jungen

82,5
79,0
76,9
73,8
72,4
77,3
68,5
72,5
70,2
62,8
66,9   67,4
ab 1991/93
Gesamt-
deutschland
58,8
64,6
ab 1949/51
Westdeutschland
59,9
56,0
48,3
bis 1932/34
Deutsches Reich
44,8

G 3893 © Globus   Quelle: Statistisches Bundesamt

Abbildung 2.50: Lebenserwartung. [Quelle: Globus 3893]

Geburtenraten: Um die Bevölkerungszahl unabhängig von Zuwanderung konstant zu halten, müssten Frauen im Durchschnitt 2,1 Kinder zur Welt bringen. Tatsächlich sind es in Deutschland durchschnittlich 1,4 Kinder pro Frau. Island und Irland bringen es auf die „geforderten" 2,1 Kinder und Frankreich schafft immerhin 2.0 Kinder.

In Deutschland ist der Saldo von Geburten- und Sterbefällen negativ – es sterben also mehr Menschen als geboren werden. Der Saldo von Zuzügen aus dem Ausland und Fortzüge ins Ausland ist in Etwa ausgeglichen. In Summe nimmt die Bevölkerung jedoch ab – und zwar von heute 81,7 Millionen auf 69,4 Millionen in 2050.[163]

---

[163] Bevölkerungsvorausberechnung des Statistischen Bundesamtes.

12.2.4   Rentenformel und Rentenniveau

Das gesetzliche Rentenversicherungssystem in Deutschland beruht auf dem Umlagesystem und dem Generationenvertrag. Die jeweils Erwerbstätigen finanzieren mit ihren aktuellen Beiträgen zur Rentenversicherung die Zahlungen für die Rentner. Mit den Beitragszahlungen erwerben sich die Erwerbstätigen einen Anspruch darauf, später selbst als Rentner ein bestimmtes Einkommen zu erhalten.

Die Höhe dieses Renteneinkommens wird nach folgender Formel errechnet:[164]

Rentenformel:

➢ **Monatliche Rente = EP · ZF · RF · AR**

  EP: Persönliche Entgeltpunkte eines Arbeitnehmers
  ZF: Zugangsfaktor
  RF: Rentenartfaktor
  AR: Aktueller Rentenwert

EP Die Persönlichen Entgeltpunkte eines Arbeitnehmers sind abhängig von der Höhe der geleisteten Beiträge und der Zahl der Beitragsmonate. Für jedes Versicherungsjahr, in dem so viel verdient wurde wie der Durchschnittswert aller Versicherten, wird 1 Entgeltpunkt angerechnet; ansonsten kann der persönliche Entgeltpunkt über oder unter 1 liegen.

ZF Der Zugangsfaktor berücksichtigt die unterschiedliche Rentenbezugsdauer im Vergleich zur Normalrente bei vorzeitiger oder aufgeschobener Inanspruchnahme der Rente und hat üblicherweise den Wert 1.

RF Die unterschiedlichen Rentenartfaktoren entsprechen unterschiedlichen Rentenarten (z. B. 1,0 für Alters- und Erwerbsunfähigkeitsrente oder 0,6 für Witwen- und Witwerrente oder 0,2 für Vollwaisen).

AR Der Aktuelle Rentenwert koppelt die Höhe der Rente unter anderem an die Lohnentwicklung (dynamische Rente) und die Bevölkerungsentwicklung (demografischer Faktor).

Beispiel: Monatliche Rente = 45 · 1 · 1 · 27,2 = 1.224,00 €

Bedeutung des Rentenniveaus

Das Verhältnis der Rente zum Einkommen definiert das Rentenniveau. Bei einem Bruttoeinkommen von monatlich 2.550 Euro ergibt sich ein Rentenniveau von 48,0 Prozent (1.224 € / 2.550 €). Das Rentenniveau und der Beitragssatz zur Rentenversicherung sind auch entscheidende Größen in der Finanzierung der Renten. Demonstrieren lässt sich das an einer Gegenüberstellung von Einnahmen und Ausgaben im Rahmen der Rentenfinanzierung:[165]

---

[164] vgl. Bofinger 2011, S. 245.
[165] vgl. Bofinger, 2011, S. 247 f.

Einnahmen $= n_A \cdot$ **BAG** $\cdot$ **BS**	**Ausgaben** $= n_R \cdot$ **BAG** $\cdot$ **RN**
n_A = Zahl der Beitragspflichtigen BAG = durchschnittliches Brutto- arbeitsentgelt BS = Beitragssatz	n_R = Zahl der Eckrentner (Soll) BAG = durchschnittliches Brutto- arbeitsentgelt RN = Rentenniveau
Einnahmen = Ausgaben $\Rightarrow$ **RN** $= n_A/n_R \cdot$ **BS**	

Für die Bestimmung des Rentenniveaus aus den Gesamteinnahmen und -ausgaben spielt neben dem Beitragssatz das Verhältnis von Aktiven zu Rentnern (n_A/n_R) eine weitere entscheidende Rolle. Sollte sich beispielsweise das Verhältnis halbieren, wie Berechnungen voraussagen, müsste das folgende Konsequenzen haben:

➢ Rentenniveau halbieren: Problem der Grundsicherung.
➢ Beitragssatz verdoppeln: Problem der Leistungskraft und Motivation der Beitragszahler.

Aufgabe: Berechnen Sie aus folgenden Angaben die Einnahmen und Ausgaben im Rahmen der Rentenversicherung sowie das Rentenniveau: Zahl der Beitragspflichtigen 42 Mio., Zahl der Rentner 12 Mio., durchschnittliches Bruttoarbeitsentgelt 2.500 Euro, Rentenbeitragssatz: 20 Prozent.

Lösung: Einnahmen: 42 Mio. $\cdot$ 2.500 Euro $\cdot$ 0,2 = 21 Mrd. Euro
Rentenniveau: 42 Mio./12 Mio. $\cdot$ 0,2 = 0,7 (70 %)
Ausgaben: 12 Mio. $\cdot$ 2.500 Euro $\cdot$ 0,7 = 21 Mrd. Euro

Aufgabe: Angenommen die Zahl der Beitragspflichtigen nimmt um 10 Prozent ab und die der Rentner um 10 Prozent zu. Auf welchen Satz sinkt dann das Rentenniveau ab? Wie müsste in diesem Fall der Beitragssatz angepasst werden, um das ursprüngliche Niveau zu halten?

Lösung: Rentenniveau = 37,8 Mio./13,2 Mio. $\cdot$ 0,2 = 0,573 (57,3 %)
Beitragssatz = 0,7 $\cdot$ 13,2 Mio./37,8 Mio. = 24,4 %

Will man weder den Beitragssatz erhöhen noch das Rentenniveau absenken, müsste das Rentenalter heraufgesetzt und damit das Erwerbsleben verlängert werden. Der Kreis der Rentenpflichtigen müsste gegebenenfalls erweitert werden. Denkbar wäre auch, dass das Rentensystem durch Zahlungen aus dem allgemeinen Staatshaushalt, das heißt durch Steuern, quersubventioniert wird.

Ausblick: Da die Nacherwerbszeit und der Ruhestand zeitlich länger dauern werden als die Erwerbsphase, wird es nicht nur unumgänglich (finanziell), sondern auch sinnvoll sein, neue Lebensphasen einführen! Vergleichbar den Phasen Kindheit, Jugend, Ausbildung wird es zukünftig auch im Alter neue Lebensphasen des gleitenden Übergangs, einer „Nach"-Bildung und verschiedenster Aktivitäten geben – oder soll man 40 Jahre lang im Ruhestand verharren?

12.3   Arbeitsmarktpolitik

12.3.1   Arbeitslosenversicherung und -unterstützung

Die Arbeitslosenversicherung in Deutschland wurde 1927 eingeführt und gehört zum System der Sozialversicherungen. Gesetzliche Grundlage sind das Sozialgesetzbuch und das Arbeitsförderungsgesetz.

Versicherungspflicht: Alle gegen Entgelt beschäftigten Arbeitnehmer und ihnen gleichgestellte Personen mit Ausnahme von Beamten unterliegen der Arbeitslosenversicherungspflicht. Eine Befreiung von der Arbeitslosenversicherungspflicht erfolgt für geringfügig Beschäftigte. Die Einführung von Beitragsbemessungsgrenzen führt dazu, dass ein Teil des Einkommens von der Versicherungspflicht ausgenommen ist.

Finanzierung: Die Finanzierung erfolgt im Rahmen des Beitragssystems, wonach 3,0 Prozent des Bruttolohns je zur Hälfte vom Arbeitgeber und vom Arbeitnehmer zu entrichten sind (Stand 2011). Als Versicherungsleistung gewährt die Bundesagentur für Arbeit Lohnersatzleistungen beziehungsweise Fürsorgeleistungen; das sind Arbeitslosengeld I und II:

Arbeitslosenversicherung:

➢ Leistung: Arbeitslosengeld I und II

➢ Anspruch: Arbeitsloser, wenn er vor Eintritt des Versicherungsfalles innerhalb der letzten drei Jahre mindestens 360 Tage versicherungspflichtig beschäftigt war.

- Beitragssatz: 3,0 Prozent des Bruttolohns.
- Beitragsbemessungsgrenze: 5.500 Euro.

Arbeitslosengeld I: Versicherungsleistung, die sich nach der Höhe des zuletzt bezogenen Einkommens bemisst. Konkret beträgt das Arbeitslosengeld I 60 Prozent des letzten Nettoeinkommens (mit mindestens 1 Kind: 67 Prozent). Arbeitslosengeld I wird in der Regel für ein Jahr ausbezahlt.[166]

Arbeitslosengeld II: Fürsorge- bzw. Grundsicherungsleistung für Langzeitarbeitslose und erwerbsfähige Sozialhilfeempfänger (quasi Sozialhilfe für Arbeitsfähige). Die Regelleistung beträgt 364 Euro pro Person und Monat. Ab 2012 bzw. 2014 ist eine jährliche Anpassung an die Preis- und Lohnentwicklung (,Mischindex' und ,Laufende Wirtschaftsrechnungen') geplant. Hinzu kommen Erstattungen von Unterkunfts- und Heizkosten in angemessener Höhe[167] plus Übernahme der Beiträge für die Kranken-, Pflege- und Rentenversicherung.

---

[166] Arbeitslosengeldbezieher, die von Arbeitslosengeld I zu Arbeitslosengeld II überwechseln, bekommen in den ersten zwei Jahren im Rahmen einer Stufenregelung Zuschüsse, bevor im dritten Jahr der ALG-II-Regelsatz greift.

[167] als angemessene Wohnraumgrößen gelten für Singles 45 qm, für Paare 60 qm und für eine Familie mit einem Kind 75 qm.

Das Arbeitslosengeld II (Alg II oder Hartz IV) ist ein Ergebnis der Zusammenlegung von Arbeitslosenhilfe und Sozialhilfe im Jahr 2005.[168]

Arbeitslosengeld II

➢ Keine beitragsfinanzierte Versicherungsleistung, sondern eine steuerfinanzierte Fürsorgeleistung!

Das Arbeitslosengeld II könnte man als Sozialhilfe für Arbeitsfähige bezeichnen. Insofern ist das Arbeitslosengeld II keine beitragsfinanzierte Versicherungsleistung mehr, sondern eine steuerfinanzierte Fürsorgeleistung.

12.3.2 Problematik und Lösungsansätze der Arbeitslosenversicherung

In den 50er und 60er Jahren herrschte in Deutschland Vollbeschäftigung. Die „Kassen" in Nürnberg waren gut gefüllt.[169] Die Ausgaben waren entsprechend der geringen Zahl an Arbeitslosen niedrig. Herrscht große Arbeitslosigkeit, sind die Ausgaben deutlich höher und gleichzeitig die Einnahmen geringer – ein Dilemma. Den drohenden Rückgang der Einnahmen versucht man oftmals durch eine Erhöhung der Arbeitslosenbeiträge wenigstens in Teilen wettzumachen (Abb. 2.51).

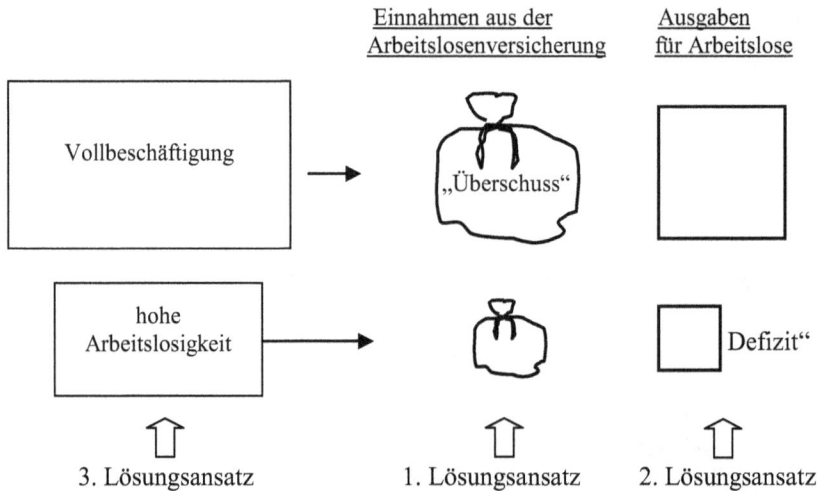

Abbildung 2.51: Dilemma des Arbeitsmarktes.

---

[168] Die Hartz-Gesetze sind Ergebnisse einer Kommission unter der Leitung von Peter Hartz, ehemaliger Personalchef bei Volkswagen. Der offizielle Name dieser Gesetze lautet: „Gesetze für moderne Dienstleistungen am Arbeitsmarkt" und kam unter der Kanzlerschaft von Gerhard Schröder zustande. Von 2003 bis 2005 wurden vier Gesetzesregelungen beschlossen und umgesetzt, deshalb spricht man auch von Hartz I bis IV.

[169] Bundesagentur für Arbeit, die die Einnahmen aus den Beiträgen zur Arbeitslosenversicherung verwaltet.

Wenn nun ein Ungleichgewicht zwischen Einnahmen- und Ausgabenseite besteht und diese Situation aus kassenorientierter Sichtweise betrachtet wird, gebietet die Logik zwei Lösungsansätze: Entweder man erhöht die Einnahmen oder man senkt die Ausgaben. Einnahmenerhöhung bedeutet Erhöhung der Beitragssätze und Beitragszahlungen und Ausgabensenkung bedeutet Leistungsreduzierung.

1. Lösungsansatz: Einnahmen erhöhen? ... d. h. Beitragssätze erhöhen!

Eine Erhöhung der Beitragssätze bedeutet eine Verteuerung der Arbeit für Unternehmen und eventuell noch mehr Arbeitslose sowie eine Verringerung der Kaufkraft für Arbeitnehmer; beides wirkt leistungsmindernd und motivationshemmend.

2. Lösungsansatz: Ausgaben reduzieren? ... d. h. Leistungen reduzieren!

Leistungen reduzieren bedeutet, dass Arbeitslosengeldempfänger weniger zur Verfügung haben, was die grundsätzliche Grundsicherung gefährden könnte, beziehungsweise politisch schwer durchsetzbar wäre.

3. Lösungsansatz: Beitragssätze senken? ... d. h. mehr Beschäftigung!

Anstatt kassenorientiert über Einnahmen und Ausgaben zu versuchen, das Arbeitslosenversicherungssystem zu retten, bietet sich eine Beschäftigung fördernde Vorgehensweise an. Man erhöht nicht die Beitragssätze, sondern senkt diese, um Arbeit zu verbilligen und somit für mehr Beschäftigung zu sorgen, die ihrerseits über eine größere Beschäftigtenzahl wieder zu mehr Einnahmen und durch weniger Arbeitslose zu weniger Ausgaben führt. [170]

12.3.3   Aktive Arbeitsmarktpolitik

Aufgabe und Ziel der aktiven Arbeitsmarktpolitik besteht darin, Rahmenbedingungen zu schaffen und Maßnahmen durchzuführen, die das Ziel eines hohen Beschäftigtenstandes zu verwirklichen mithelfen. Träger der Arbeitsmarktpolitik in Deutschland sind die Bundesagentur für Arbeit, die Landesarbeitsämter und die einzelnen Arbeitsagenturen.

Aktive Arbeitsmarktpolitik
➤ Schaffen von Rahmenbedingungen und Durchführung von Maßnahmen mit dem Ziel eines hohen Beschäftigtenstandes.

Träger der Arbeitsmarktpolitik: - Bundesagentur für Arbeit
- Landesarbeitsämter
- Arbeitsagenturen

---

[170] Im Zweifel ist es besser, die Ausgaben zu kürzen, als versuchen zu wollen, die Einnahmen zu erhöhen. Denn sonst könnte es passieren, dass durch Schwarzarbeit und Arbeitsplatzverlagerung das Problem nur in die Zukunft mit noch gravierenderen Folgen verschoben wird.

Maßnahmen der aktiven Arbeitsmarktpolitik: Die Maßnahmen der aktiven Arbeitsmarktpolitik reichen von Information und Beratung bis hin zur finanziellen Förderung von Bildung und Beschäftigung:

*   Information und Berufsberatung
*   Arbeitsvermittlung
*   Förderung der Arbeitsaufnahme, z. B. Zuschüsse zu Reise- u. Umzugskosten
*   Lohnkostenzuschüsse: Eingliederungsbeihilfen
*   Förderung der beruflichen Bildung durch Fortbildung und Umschulung
*   Kurzarbeitergeld
*   Arbeitsbeschaffungsmaßnahmen (ABM)

Der Sinn der aktiven Arbeitsmarktpolitik liegt darin, Menschen zu fördern und für die Arbeitsaufnahme und -vermittlung besser zu qualifizieren. Diese bewusste Förderung ist kompensatorischen Maßnahmen wie der „Verwaltung" der Arbeitslosen vorzuziehen.

Leitbild der aktiven Arbeitsmarktpolitik:

➢ Aktive und vorbeugende Maßnahmen wie berufliche Qualifizierungen und Arbeitsbeschaffungsmaßnahmen haben Vorrang vor kompensatorischen Leistungen wie Zahlung des Arbeitslosengeldes.

12.3.4 Bundesagentur für Arbeit

Agentur für Arbeit: Was die Veröffentlichung von Zahlen, die Verwaltung der Arbeitslosigkeit und die Durchführung von arbeitsmarktpolitischen Maßnahmen anbelangt, ist eine Behörde wohlbekannt, nämlich die sich in jeder größeren Stadt befindliche Agentur für Arbeit (ehemals „Arbeitsamt") und die Bundesagentur für Arbeit in Nürnberg.

Präsidenten: Vielleicht erinnern sich manche auch noch an den Skandal um die damalige Bundesanstalt für Arbeit unter dem Präsidenten Bernhard Jagoda im Jahr 2002, bei dem geschönte Vermittlungsergebnisse die Existenz und den Sinn dieser Mammutbehörde in Frage gestellt hatten. Nachfolger von Jagoda wurde Florian Gerster, der dann selbst infolge umstrittener Kommunikations-Beraterverträge seinen Hut nehmen musste. Derzeitiger Vorstandsvorsitzender der Bundesagentur für Arbeit ist Frank-Jürgen Weise.

Gründung: Die heutige Bundesagentur für Arbeit wurde 1952 als Bundesanstalt für Arbeitsvermittlung und Arbeitslosenversicherung gegründet. Sie diente der Integration von Kriegsheimkehrern, Vertriebenen und Flüchtlingen in den Arbeitsmarkt. Die damalige Arbeitslosenquote lag bei 9,5 Prozent.

„Bundesunke": In den sechziger Jahren herrschte mit einer Quote von 0,7 Prozent Vollbeschäftigung. Die siebziger Jahre zeichneten sich durch eine rasante

Zunahme der Arbeitslosenzahlen aus. 1975 überschritt die Arbeitslosenzahl erstmals die 1-Million-Grenze. Die Bundesanstalt für Arbeit wurde vor dem Hintergrund immer düster werdenden Zahlen „Bundesunke" gerufen. In den achtziger Jahren überschritt man die 2-Millionen-Marke. In den neunziger Jahren wurde diese Zahl verdoppelt. 1994 waren 4 Millionen Menschen arbeitslos. In den 2000er Jahren wurde schließlich die 5-Millionen-Marke geknackt. Heute sind unter 3 Millionen Menschen arbeitslos.

12.3.5   Sozialhilfe

Letztes, aber bei weitem nicht unbedeutendes und unwichtiges, Element der sozialen Sicherung ist die Sozialhilfe. Nachdem bereits eine soziale Absicherung für individuelle Notfälle wie Krankheit, Pflegebedürftigkeit, Unfall, Arbeitslosigkeit und Nichterwerbstätigkeit im Alter existiert, stellt sich die Frage, warum und wozu Sozialhilfe überhaupt noch gebraucht wird.

Begriff der Sozialhilfe

➢ Im Rahmen des Bundessozialhilfegesetzes vom 30.06.1961 eingeführte Bezeichnung für die bis dahin als öffentliche Fürsorge oder Fürsorgeunterstützung bezeichneten staatlichen Maßnahmen zugunsten Hilfebedürftiger.

Anspruch auf Sozialhilfe

Bedürftigkeit und Anspruch auf Sozialhilfe können dann entstehen, wenn Menschen weder als erwerbsfähige Personen im Alter von 15 bis 65 Jahren das Arbeitslosengeld II, noch als über 65jährige beziehungsweise als dauerhaft voll Erwerbsgeminderte die Leistungen der Grundsicherung im Alter und bei Erwerbsminderung erhalten. Sozialhilfe erhalten somit Menschen, für die vorübergehend keine Erwerbstätigkeit möglich ist. Wenn also Menschen in Not geraten und keine Unterstützung durch die Kranken-, Arbeitslosen- oder Rentenversicherung erfahren, erhalten sie Sozialhilfe, früher unter dem Namen Fürsorge bekannt.

Zielsetzung der Sozialhilfe

Mit der Sozialhilfe soll also ein dringender individueller Bedarf eines Hilfesuchenden in einer akuten Notlage befriedigt werden und ein menschenwürdiges Leben ermöglicht werden. Menschenwürdiges Leben wird durch den Terminus **„soziokulturelles Existenzminimum"** genauer spezifiziert. Soziokulturelles Existenzminimum meint nicht eine absolute Armutsgrenze (zum Beispiel, dass das Einkommen weniger als die Hälfte eines durchschnittlichen Arbeitnehmerverdienstes ausmacht), sondern ein Einkommen, dass es Menschen ermöglicht, am Schulausflug teilzunehmen, jemandem ein Geschenk zum Geburtstag kaufen zu können und sich einen Fernsehanschluss leisten zu können.

Ziel der Sozialhilfe

➢ Mit der Sozialhilfe soll ein dringender individueller Bedarf eines
Hilfesuchenden in einer akuten Notlage befriedigt werden und ein
menschenwürdiges Leben („sozio-kulturelles Existenzminimum")
ermöglicht werden.

➢ Sozialhilfe wird bei Bedürftigkeit gewährt.

Unterstützung gibt es in folgenden Fällen und Notlagen:[171]

- **Eingliederungshilfen** für behinderte Menschen: Betreutes Wohnen, Werkstätten für Behinderte und heilpädagogische Leistungen (720.000 Menschen).
- **Grundsicherung** für Ältere, deren Rente nicht zum Leben reicht, und für Menschen, die nicht mehr regulär arbeiten können (750.000 Menschen).
- **Hilfe zur Pflege** für Menschen, bei denen die Pflegekosten nicht oder nur zum Teil durch die Pflegeversicherung abgedeckt sind (390.000 Menschen).
- **Hilfe zum Lebensunterhalt** für Menschen, die ihre täglichen Ausgaben nicht selbst bestreiten können (314.000 Menschen).
- **Hilfen zur Gesundheit** für Menschen, die nicht krankenversichert sind (110.000 Menschen).

Regelsatz: Der Regelsatz zur Sozialhilfe liegt bei 364 Euro pro Monat im Westen und im Osten (Stand 2011). Das Sozialamt übernimmt zudem die Kosten für die Unterkunft (Miete und Heizkosten) sowie die Kranken- und Pflegeversicherungsbeiträge. Der Regelsatz gilt für allein stehende Erwachsene und Haushaltsvorstände. Alle anderen Haushaltsangehörigen über 14 Jahren erhalten 80 Prozent und Kinder unter 14 Jahren 60 Prozent des Betrages. Die einzelnen Positionen zur sozialen Grundversorgung sind in Abbildung 2.52 aufgeführt.

Abstandsgebot: Abstandsgebot bedeutet, dass ein Erwerbstätiger nicht weniger verdienen darf als ein Sozialhilfeempfänger. Aus Sicht des Sozialhilfeempfängers heißt das, dass das Niveau der Sozialhilfe unter dem Einkommen eines gering verdienenden Erwerbstätigen liegen muss. Wäre dem nicht so, würde zumindest finanziell kein Anreiz mehr bestehen, eine Arbeit aufzunehmen.

Träger der Sozialhilfe sind:

- Kommunen und Länder
- Landeswohlfahrtsverbände
- Verbände der freien Wohlfahrtspflege: Arbeiterwohlfahrt, Deutscher Caritasverband, Diakonisches Werk der evangelischen Kirche, Deutscher Paritätischer Wohlfahrtsverband, Deutsches Rotes Kreuz und Zentralwohlfahrtsstelle der Juden.

---

[171] iw-dienst Nr. 25, 23.06.2011, S. 2 (Stand 2009).

Die Wohlfahrtsverbände stellen übrigens auch einen bedeutenden ökonomischen Faktor dar. Über 1 Million hauptamtliche Mitarbeiter sind dort beschäftigt und in den rund 90.000 Einrichtungen stehen rund 3,2 Millionen Betten beziehungsweise Plätze zur Verfügung.

Regelsatz für die soziale Grundversorgung Monatsausgaben für einen Einpersonenhaushalt: gesamt 364,00 Euro	
Nahrungsmittel, alkohol-freie Getränke	128,46 €
Elektronik, Sport, Kino, Hobbys	39,96 €
Telefon, Internet, Brief-marken	31,96 €
Bekleidung, Schuhe	30,40 €
Wohnung, Instandhal-tung, Handwerker	30,24 €
Möbel, Haushaltsgeräte	27,41 €
Schmuck, Uhren, Friseur, Bank	26,50 €
Verkehr: Fahrrad, Bus, Bahn	22,78 €
Gesundheits-pflege	15,55 €
Restaurant, Imbiss, Cafe	7,16 €
Inflations-zuschlag	2,19 €
Bildung	1,39

Abbildung 2.52: Regelsatz der Sozialhilfe. [Quelle: Bundesministerium für Arbeit und Soziales]

Das Dilemma der Sozialhilfe wie auch der Sozialpolitik im Allgemeinen besteht darin, dass man einerseits zu wenig und andererseits zu viel gibt. Werden staatliche Unterstützungsleistungen zu großzügig bemessen, besteht die Gefahr des Ausnutzens seitens der Empfänger und der Demotivation der Arbeitenden und Steuerzahler. Werden staatliche Unterstützungen zu niedrig angesetzt, besteht die Gefahr von Armut und Entwürdigung, also „Hunger" und Ausgrenzung der auf Hilfe Angewiesenen.

Dieses richtige Austarieren macht generell eine gute Wirtschaftspolitik aus und dieses rechte Maß – dieses mittlere Maß – ist immer wieder neu zu definieren!

Abkürzungs- und Symbolverzeichnis

A	Angebot
abh.	abhängig
ALQ	Arbeitslosenquote
BIP	Bruttoinlandsprodukt
ΔBIP	Wachstumsrate des Bruttoinlandsprodukts
BMAS	Bundesministerium für Arbeit und Soziales
CO_2	Kohlendioxyd
c.p.	ceteris paribus
E	Einkommen
EU	Europäische Union
FAO	Food and Agriculture Organization
G	Gewinn
G	Staatsausgaben (Government)
GATT	Allgemeines Zoll- und Handelsabkommen
GG	Grundgesetz
GKV	Gesetzliche Krankenversicherung
HVPI	Harmonisierter Verbraucherpreisindex
IWF	Internationaler Währungsfond
K	Kosten
l	Lohnsatz
L	Lohn
M	Geldmenge
N	Nachfrage
n	nominal
OECD	Organisation für wirtschaftliche Zusammenarbeit und Entwicklung
OPEC	Organisation erdölexportierender Länder
p	Preis
P	Preisniveau
PKV	Private Krankenversicherung
r	real
reg.	registriert
t	Zeitraum
t	Steuersatz (tax)
T	Steuern
U	Umsatz
v	Umlaufgeschwindigkeit des Geldes
VPI	Verbraucherpreisindex
WTO	Welthandelsorganisation
x	Menge
Y	Einkommen
Y_b	Bruttoeinkommen
Y_n	Nettoeinkommen

Abbildungsverzeichnis

Modul 3.1

Modul 3.2

Literaturverzeichnis

Abelshauser, Werner: Deutsche Wirtschaftsgeschichte. Von 1945 bis zur Gegenwart. beck, München 2011.

Altmann, Jörn: Volkswirtschaftslehre. 7. Auflage, Lucius & Lucius, Stuttgart 2009.

Altmann, Jörn: Wirtschaftspolitik. 8. Auflage, Lucius & Lucius, Stuttgart 2007.

Ambrosius, Gerold, **Petzina**, Dietmar und **Plumpe**, Werner (Hrsg.): Moderne Wirtschaftsgeschichte: Eine Einführung für Historiker und Ökonomen. 2. Aufl., Oldenbourg, München 2006.

Arnold, Lutz: Makroökonomik. 3. Aufl., Mohr Siebeck, Tübingen 2003 und 2009.

Bartling, Hartwig und **Luzius,** Franz: Grundzüge der Volkswirtschaft. 16. Aufl., Vahlen, München 2008.

Baßeler, Ulrich, **Heinrich**, Jürgen und **Utecht**, Burkhard: Grundlagen und Probleme der Volkswirtschaft. 19. Auflage, Schäffer-Poeschel, Stuttgart 2010.

Blanchard, Olivier und **Illing,** Gerhard: Makroökonomie. 5. Aufl., Pearson Studium, München 2009.

Bofinger, Peter: Grundzüge der Volkswirtschaftslehre. 3. Aufl., Pearson Studium, München 2011.

Clement, Reiner, **Terlau,** Wiltrud und **Kiy,** Manfred: Grundlagen der Angewandten Makroökonomie. 4. Aufl., Vahlen, München 2006.

Dornbusch, Rüdiger und **Fischer,** Stanley: Makroökonomik. 8. Aufl., Oldenbourg, München 2003.

Edling, Herbert: Volkswirtschaftslehre schnell erfasst. 2. Aufl., Springer, Berlin 2010.

Eibner, Wolfgang: Internationale wirtschaftliche Integration. Ausgewählte internationale Organisationen und die Europäische Union. Oldenbourg, München 2007.

Erhard, Ludwig: Wohlstand für alle. Econ, Düsseldorf (1957) 2004.

Frantzke, Anton: Grundlagen der Volkswirtschaftslehre. 2. Aufl., Schäffer-Poeschel, Stuttgart 2004.

Görgens, Egon, **Ruckriegel,** Karlheinz und **Seitz,** Franz: Europäische Geldpolitik. 5. Aufl., Lucius & Lucius Stuttgart 2008.

Grüske, Karl-Dieter (Hrsg.): Die Nobelpreisträger der ökonomischen Wissenschaft. Bd. IV: 1994 - 1998, Verlag Wirtschaft und Finanzen, Ein Unternehmen der Verlagsgruppe Handelsblatt, Düsseldorf.

Hardes, Heinz-Dieter und **Uhly,** Alexandra: Grundzüge der Volkswirtschaftslehre. 9. Aufl., Oldenbourg, München 2007.

Heine, Michael und **Herr,** Hansjörg: Die Europäische Zentralbank. 3. Aufl., Metropolis, Marburg 2008.

Heinsohn, Gunnar und **Steiger,** Otto: Eigentum, Zins und Geld. 4. Aufl., metropolis Marburg 2006.

Herz, Wilfried (Hrsg.): Zeit-Bibliothek der Ökonomie. Die Hauptwerke der wichtigsten Ökonomen, Schäffer-Poeschel, Stuttgart 2000.

Herz, Dietmar und **Weinsberger,** Veronika (Hrsg.): Lexikon ökonomischer Werke. Wirtschaft und Finanzen, Düsseldorf 2006.

Hesse, Helge: Personenlexikon der Wirtschaftsgeschichte: Denker, Unternehmer und Politiker in 900 Portraits. Schäffer-Poeschel, Stuttgart 2009.

Klump, Rainer: Wirtschaftspolitik. 2. Aufl., Pearson Studium, München 2011.

Koch, Walter A. S. und **Czogalla,** Christian: Grundlagen der Wirtschaftspolitik. 3. Aufl., UTB, Stuttgart 2008.

Kolb, Gerhard: Geschichte der Volkswirtschaftslehre. 2. Aufl., Vahlen, München 2004.

Kolb, Gerhard: Wirtschaftsideen: Von der Antike bis zum Neoliberalismus. Oldenbourg, München 2008.

Krugman, Paul R. und **Obstfeld,** Maurice: Internationale Wirtschaft. Theorie und Politik der Außenwirtschaft. 8. Auflage, Pearson Studium, München 2009.

Linß, Vera: Die wichtigsten Wirtschaftsdenker. Marix, Wiesbaden 2007.

Luhmann, Niklas: Die Wirtschaft der Gesellschaft. 5. Aufl., Suhrkamp, Berlin 1994.

Mankiw, Gregory N.: Grundzüge der Volkswirtschaftslehre. 3. Aufl., Schäffer-Poeschel, Stuttgart 2004.

Mankiw, Gregory N. und **Taylor** Mark P.: Grundzüge der Volkswirtschaftslehre. 4. Aufl., Schäffer-Poeschel, Stuttgart 2008.

May, Hermann (Hrsg.): Handbuch zur ökonomischen Bildung. 9. Aufl., Oldenbourg, München 2008.

Mussel, Gerhard: Volkswirtschaftslehre: Eine Einführung. 3. Aufl., Vahlen, München 2002.

Mussel, Gerhard: Einführung in die Makroökonomik. 10. Aufl., Vahlen, München 2009.

Mussel, Gerhard und **Pätzold,** Jürgen: Grundfragen der Wirtschaftspolitik. 7. Auflage, Vahlen, München 2008.

Pilz, Frank und **Ortwein**, Heike: Das politische System Deutschlands. 4. Aufl., Oldenbourg, München 2007.

Peto, Rudolf: Makroökonomik und wirtschaftspolitische Anwendung. Oldenbourg, München 2008.

Pindyck, Robert S. und **Rubinfeld,** Daniel L.: Mikroökonomie. 7. Aufl., Pearson, München 2009.

Puhani, Josef: Volkswirtschaftslehre für Betriebswirte. 3. Aufl., Oldenbourg, München 2009.

Sautter, Hermann: Weltwirtschaftsordnung. Vahlen, München 2004.

Siebert, Horst: Einführung in die Volkswirtschaftslehre. 15. Auflage, Kohlhammer, Stuttgart 2007.

Strathern, Paul: Schumpeters Reithosen. Die genialsten Wirtschaftstheorien und ihre verrückten Erfinder. 2. Aufl., Campus, Frankfurt a. M. 2006.

Sydsæter, Knut und **Hammond,** Peter: Mathematik für Wirtschaftswissenschaftler. 3. Aufl., Pearson, München 2008.

Van Suntum, Ulrich: Die unsichtbare Hand. 4. Aufl., Springer, Berlin 2011.

Varian, Hal R.: Grundzüge der Mikroökonomik. 7. Aufl., Oldenbourg, München 2007.

Wagner, Helmut: Einführung in die Weltwirtschaftspolitik. 6. Aufl., Oldenbourg, München 2009.

Weitz, Bernd O. (Hrsg.): Bedeutende Ökonomen. Oldenbourg München 2008.

Wildmann, Lothar: Einführung in die Volkswirtschaftslehre, Mikroökonomie und Wettbewerbspolitik. (Module der Volkswirtschaftslehre, Band I). 2. Aufl., Oldenbourg, München 2010.

Wildmann, Lothar: Makroökonomie, Geld und Währung. (Module der Volkswirtschaftslehre, Band II). 2. Aufl., Oldenbourg, München 2010.

Lexika:

Gabler Kompakt-Lexikon Volkswirtschaftslehre von Dirk Piekenbrock, 3. Aufl., Gabler, Wiesbaden 2009.

Gabler Kompakt-Lexikon Wirtschaft von Dirk Piekenbrock, 10. Aufl., Gabler, Wiesbaden 2010.

Gabler Wirtschaftslexikon, 8 Bände, 17. Aufl. 2009.

Lexikon der Volkswirtschaft von Michael Hohlstein, Barbara Pflugmann, Herbert Sperber und Joachim Sprink, 3. Aufl., Beck-Wirtschaftsberater im dtv, München 2009.

Lexikon Volkswirtschaft von Friedrich Geigant, Franz Haslinger, Dieter Sobotka, Horst M. Westphal, 7. Aufl., moderne industrie, Landsberg am Lech 2000.

Vahlens Kompendium der Wirtschaftstheorie und Wirtschaftspolitik, 2 Bände, 9. Aufl., Vahlen, München 2007.

Vahlens Großes Wirtschaftslexikon (Hrsg. Erwin Dichtl, Otmar Issing). 2 Bände, 3. Aufl., Vahlen, München 2011.

Wirtschaftslexikon von Artur Woll, 10. Aufl., Oldenbourg, München 2008.

Fachzeitschriften:

WiSt Wirtschaftswissenschaftliches Studium (monatlich), Vahlen München.

wisu das wirtschaftsstudium (monatlich), Lange Düsseldorf.

Daten und Grafiken:

Deutschland in Zahlen. iw Institut der deutschen Wirtschaft, Köln.
www.iwkoeln.de

dpa Picture-Alliance (globus Infografiken)
www.picture-alliance.com

Internet-Adressen

Institution	Adresse
Bundesagentur für Arbeit	www.arbeitsagentur.de
Bundesfinanzministerium	www.bundesfinanzministerium.de
Bundeswirtschaftsministerium	www.bmwi.de
Bundeszentrale für politische Bildung	www.bpb.de
Deutsche Bundesbank und Europäische Zentralbank	www.bundesbank.de
Deutscher Industrie- und Handelskammertag (DIHK)	www.dihk.de
Deutsche Zentralbibliothek für Wirtschaftswissenschaften	www.zbw.eu
Europäischer Datenservice	www.eds-destatis.de
Europäische Kommission	europa.eu
Europäische Zentralbank	www.ecb.int
Institut der deutschen Wirtschaft Köln	www.iwkoeln.de www.divkoeln.de
Internationaler Währungsfonds	www.imf.org
Organisation for Economic Cooperation and Development (OECD)	www.oecd.org
Sachverständigenrat zur Begutachtung der gesamtwirtschaftlichen Entwicklung	www.sachverstaendigenrat-wirtschaft.de
Statistik-Portal	de.statista.com
Statistisches Bundesamt Deutschland	www.destatis.de
Weltbank	www.worldbank.org
Welthandelsorganisation	www.wto.org
Wirtschaftsforschungsinstitute: DIW Berlin HWWI Hamburg Ifo München IfW Kiel IWH Halle RWI Essen ZEW Mannheim	 www.diw.de www.hwwi.de www.cesifo.group.de www.ifw-kiel.de www.iwh-halle.de www.rwi-essen.de www.zew.de

Stichwortverzeichnis